中国建筑材料科学研究总院

中国建筑材料科学研究总院（以下简称“建材总院”）是国内建筑材料与无机非金属新材料专业最大的综合型研究机构和技术开发中心。是国内唯一一家集研制、开发、生产、测试和人才培养于一体的石英玻璃专业研究院，下设挂靠行业石英玻璃重点实验室，全资子公司北京金格兰石英玻璃股份有限公司、中建材衡州金格兰石英有限公司。目前，已完成国家和行业科研项目近50余项，获国家和部级科技进步奖20余项，形成气炼熔制石英玻璃、化学气相沉积合成高纯石英玻璃（CVD）、高频等离子体化学气相沉积合成超纯石英玻璃（PCVD）、掺杂石英玻璃、石英玻璃仪器与制品等研发领域，产品涉及航天、航空、船舶、电子、兵器、核能、光通讯、半导体和精密光学等军工及民用大尺寸高性能光学石英玻璃、超纯石英玻璃、耐辐照石英玻璃、石英玻璃仪器等一系列石英玻璃新材料与制品。

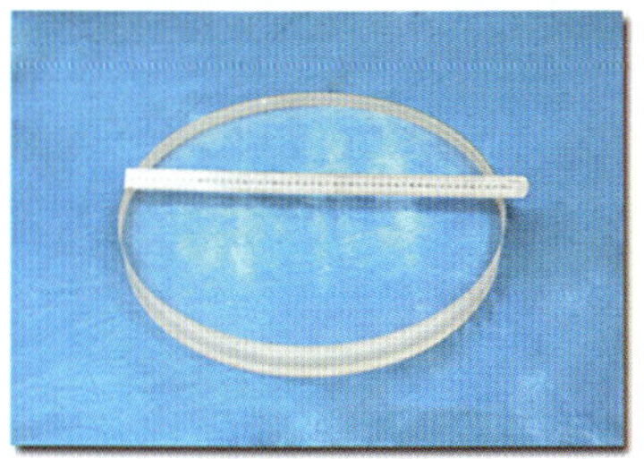

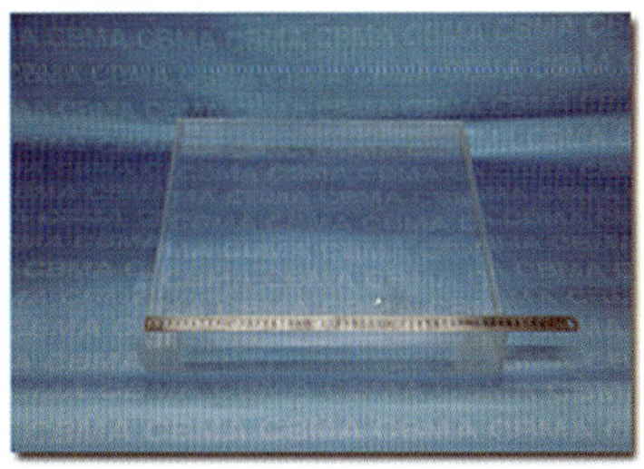

JC-Z系列(JGS1)石英玻璃材料

产品特性：

光学均匀性：80%通光口径内Δn：3×10^{-6}

（特殊要求Δn：2×10^{-6}）

无气泡：无0.01mm以上气泡

无条纹：通光方向无条纹

低应力：≤4nm/cm

光谱特性：200-2000nm无吸收

超纯石英玻璃材料及超精密石英片

产品特性：

全光谱透过（190-3300nm）

OH<1ppm

金属杂质<1ppm

400*400mm口径　1000*400mm石英玻璃反射镜

产品特性：

尺寸：1000*400mm以下系列

应力：热应力<5nm/cm（加工后不变形）

气泡：浅表无30um以上气泡

轻量化率：30-50%

耐辐照石英玻璃光学元件

（NFZ-01及NFZ-02系列）

产品特性：

截紫外/非截紫外耐辐照石英玻璃

耐辐照：抗宇宙高能射线辐照

地址：北京市朝阳区管庄东里1号

网址：http://www.cbma.com.cn/index.jsp

联系电话：010-51167673　　邮编：100024

白洪强　仲伟科　唐乃美　等编

全国硅产业绿色发展战略联盟　组织编写

中国硅产业年鉴 (2014)

China Silicon Industry Yearbook (2014)

化学工业出版社

·北京·

我国硅产业经过多年高速发展，基本形成以有机硅、高纯硅、纳米硅材料、金属硅、高纯石英为主要支柱的完整产业体系。

本年鉴按硅材料发展概况、分支行业、硅产业专利、产业政策、重点企业、安全生产几个方面详细阐述了2013～2014年硅产业在国内的发展情况，包括产业的基本情况、进出口数据、消费数据等，对于硅材料产业的管理人员、从事相关产业发展咨询的技术人员、产业政策制定者有很好的参考价值。

图书在版编目（CIP）数据

中国硅产业年鉴（2014）/白洪强，仲伟科，唐乃美等编；全国硅产业绿色发展战略联盟组织编写．—北京：化学工业出版社，2015.1
ISBN 978-7-122-21916-9

Ⅰ.①中… Ⅱ.①白…②仲…③唐…④全… Ⅲ.①硅-化学工业-中国-2014-年鉴 Ⅳ.①F426.7-54

中国版本图书馆CIP数据核字（2015）第007372号

责任编辑：仇志刚　　装帧设计：张　辉
责任校对：宋　玮

出版发行：化学工业出版社（北京市东城区青年湖南街13号　邮政编码100011）
印　　刷：北京永鑫印刷有限责任公司
装　　订：三河市宇新装订厂
787mm×1092m　1/16　印张17¼　字数445千字　2015年3月北京第1版第1次印刷

购书咨询：010-64518888（传真：010-64519686）　售后服务：010-64518899
网　　址：http：//www.cip.com.cn
凡购买本书，如有缺损质量问题，本社销售中心负责调换。

定　　价：368.00元

京化广临字2015——1号

《中国硅产业年鉴（2014）》编委会

奥瑟亚（中国）投资有限公司中国区总裁　司俊芬
浙江合盛硅业有限公司总经理　方红承
迈高精细高新材料（深圳）有限公司董事长　辛宇
教育部有机硅化合物与技术工程中心副主任、教授　黄驰
洛阳中硅高科技有限公司工程师　罗洁
武汉大学印刷与包装系教授　黎厚斌
洛阳中硅高科技有限公司安全环保部经理　鲁永洁
广州标美硅氟新材料有限公司总经理　黄振宏
洛阳中硅高科技有限公司高纯原料部副经理　黄争先
浙江新安化工集团股份有限公司工程师　蒋志秋
中国化工信息中心原总工程师　钱鸿元
原化工部晨光化工研究院副总工程师　姜承永
中国有色金属工业协会硅业分会副秘书长　马海天
河南省化工医药安全生产协会秘书长、高级工程师　徐晓航
景德镇宏柏化学科技有限公司副总经理　李明崽
浙江新安化工集团股份有限公司工程师　邱本陆
云南硅储物流有限公司总经理　谢洪
武汉绿凯科技有限公司副总经理　易生平
张家港楚人新材料有限公司技术总监　张方方

本书第三章第一部分节选自2013年度国家知识产权局专利分析和预警项目“有机硅产业专利分析和预警报告”，由寿晶晶同志摘编。

有机硅产业专利分析和预警项目组

（1）领导小组
组　长：贺　化　杨铁军
成　员：廖　涛　黄　庆　马维野　龚亚麟　徐　聪　葛　树　高　康　毛金生　崔　军
（2）课题组
负责人：崔　军　陈　燕
组　长：朱　芳　孙全亮
副组长：李开扬
成　员：蔡林歆　丛丽晓　叶　坤　马　进　陈　辉　孙　玮　王瑞阳
（3）主要撰稿人
朱　芳　寿晶晶　李开扬　马　进　丛丽晓　陈　辉　蔡林歆　叶　坤　刘庆琳　王瑞阳
（4）课题秘书：寿晶晶
（5）主要统稿人：崔　军　朱　芳　丛丽晓
（6）审稿人：崔　军　陈　燕
（7）入编内容执笔人：寿晶晶

序

为了新中国的国防和国民经济建设需要，我国在20世纪50年代初就开始对有机硅开发、生产和应用技术进行研究。1954年开始我有幸与我国有机硅学科的先行者杨大海、杨冬麟两位一起，共同参与了有机硅单体与高聚物等相关项目的研究开发，并从此开始与硅结了缘，得以参与和见证了新中国硅工业、特别是有机硅工业60来年的发展历程。

新中国刚成立的50年代初，外有西方国家的“巴黎统筹会”对新中国需要的新材料、新技术严密封锁；国内科研开发所必需的物质条件很是欠缺；科研工作必不可少的技术资料、情报信息也十分有限。我国有机硅产业就是在这样的条件下逐步实现从无到有、从小到大，打破重重壁垒，支持了国家的国防、航空、航天等尖端领域的发展需求。今天，我国硅产业的发展，无论产业规模、产品门类都已今非昔比。不仅能满足自身建设的需要，还开始走出国门为世界其他国家和地区的经济社会发展作贡献。今天，我们的研究单位、大专院校和企业的人才资源充沛，研发、生产实力大大增强，充分具备了向更高层次迈进的基础和实力，在硅产业的各个分支领域不断取得新的进展。每每看到这些，我就不由自主的为国家在硅产业领域的实力增强而欣喜。

关于硅产业未来如何向更高层次发展的问题，我看到、听到许多业内人士的真知灼见，也进行过一些思考。我赞同本书编者的一个基本观点，那就是未来硅产业的前进方向，要继续依靠、加强基础性研究并不断创新。原因有二：一是产业发展有了较雄厚的基础，特别是人才的成长。如果只跟随别人亦步亦趋是难以走到世界行业的前列和实现新超越的，必须要有新的思维；二是硅产业本身经过多年的发展，已经显露出一些深刻的瓶颈，不依靠深度创新是难以克服的。因此搞好基础性研究和创新不仅是目前自身发展的需要，也是长远、持续发展的内在需求。

我们国家也有引进外国先进技术的需要和国策。历史告诉我们要发展工业确实可以通过引入先进技术、装备和管理模式走一些捷径，但因此认为凡引进的必先进，而产生了一种重引进、轻创新的惯性思维则是错误的。特别是硅产业不同于装配性工业和来料加工，可以说没有一家外国的重化工企业会轻易地将他们的所谓“先进工艺”和“技术诀窍”传授给潜在的竞争对手！外资企业对其核心技术是极其保密、严加防范的。所以尽管我们国家有钱、愿意出高价，“先进技术”也不见得能买得到手。西方国家在硅产业方面能够放手卖给中国的技术或工艺很难称得上是一流的，愿意高价转让的技术多半也是他们要剥离的、或是行将过时、缺少竞争活力的技术。

中国工业 60 多年的发展历程证明，依赖引进，不搞消化吸收和再创新，很难有突破和发展，甚至求复制亦不可得。如果不加强基础性研究，自主研发、自主创新更是一条不能大步前进的窄胡同。这应该成为硅产业决策者和技职人员们时刻不能忘记的重要经验和教训。

硅是重要的战略资源，硅产业是重要的战略产业。目前，硅产业在清洁能源和高性能材料等领域的重要性还将不断加强，这已经成为有识之士的共识。

衷心祝愿我国硅产业的上层决策者、专家学者和一线职工同志们，能够在现有基础上立足基础性研究、不断创新，把我国由硅产业大国建设成硅产业强国！为国家的国防和经济建设与世界硅产业发展贡献更大力量！

傅积赉

二○一四年十一月

前言

硅的地壳丰度为25.7%，仅次于氧（49.4%），相当于其他所有元素总和，是碳元素的1000倍，其可采储量近乎无限。硅与碳同属第四主族过渡元素，与碳性质相似但更为稳定，这决定了它作为能源材料、电子材料、节能材料以及非石油基替代材料的巨大潜力。

随着人类社会工业化、现代化步伐的逐渐加快，能源、资源问题逐渐成为影响人类社会和平稳定乃至进一步发展的瓶颈。在这宏观背景下，以硅材料开发利用为核心的硅产业近年来蓬勃兴起，在太阳能开发利用、替代碳基有机材料和各领域的节能减排工作中取得了令人瞩目的璀璨成就。

经过数十年的发展，我国已经成为名副其实的硅材料开发利用大国。目前我国多晶硅、有机硅、金属硅、纳米二氧化硅及高纯石英行业产能、产量和消费量各占世界总量的1/3以上，均居世界首位。但总体而言，我国硅产业得以大发展的基础在于资源、成本优势，在技术和市场层面距离硅产业强国仍有明显差距，突出表现在基础科研落后、技术创新不足、关键技术尚未完全掌握；企业竞争力偏弱，尚未出现世界级领军企业。

为客观、全面记载我国硅产业发展成就，总结经验，引导我国硅产业健康、稳定、可持续发展，中国化工经济技术发展中心、全国硅产业绿色发展战略联盟（SAGSI）决定共同编辑出版《中国硅产业年鉴（2014）》。全书约45万字，共分为六章，第一章由白洪强编写，第二章主要由仲伟科、唐乃美、王玉芬、朱春雨、马海天编写，第三章第一节由国家知识产权局“有机硅产业专利分析和预警”项目组提供，寿晶晶同志编写，第三章第二节及第四、第五章由仲伟科、唐乃美同志编写，第六章由徐一星等同志编写，全书由白洪强统稿、仲伟科统校。编写过程中，中国有色金属工业协会硅业分会、中国氟硅有机材料工业协会相关领导给予了大力支持，各位编委参与稿件撰写并悉心指导，在此一并致谢！由于行业发展成果浩繁、编者水平有限，难免出现遗漏和不足，恳请读者提出宝贵意见和建议。

祝祖国硅产业永远蓬勃兴旺！

编者

二〇一四年十月

目 录

第1章 我国硅产业发展概论

硅是重要的石化替代材料、能源材料和电子材料。硅的地壳丰度为27%，仅次于氧（46%），大约是碳的1000倍，资源极其丰富，开发潜力巨大。大规模、低成本利用硅资源以生产人类社会需要的能源及材料，并以此应对化石资源减少带来的威胁，减少碳排放及温室效应，是人类社会通向未来的一条必经之路，因此，硅材料的开发利用已成为工业界和全社会关注的焦点。

我国硅产业经过多年高速发展，基本形成以有机硅、高纯硅、纳米硅材料、金属硅、高纯石英为主要支柱的完整产业体系，主要产品生产、消费和出口规模均占世界前茅，我国也已成为全球首屈一指的硅材料生产、消费大国，并连续多年为其它国家提供了大量的基础硅原料；基本建立了覆盖基础科研、工程开发和下游应用，学科健全的硅材料科研开发体系，取得了众多工业化成果，部分掌握了主干领域的核心知识产权，并培养了一批科研人才、工程师和产业工人；近年来，国家先后出台多项重大政策，对多晶硅、金属硅、有机硅单体等实行行业准入、淘汰落后产能及节能改造，大力扶持国内光伏电站建设，对光伏产业争取公平贸易环境提供国家支持，为硅产业健康发展提供了坚强后盾。

我国硅产业得以快速发展有三个重要前提条件：一是我国有丰富且廉价的硅石资源，能源和劳动力成本较低，发展基础硅材料工业具有难得的资源保障；二是技术基础较好，新中国建立之后，以化工部晨光化工研究院等为代表的一大批科研单位和老一辈工程技术人员，从无到有，自力更生，艰苦创业，建立起了较为完善的硅材料科研和工业体系，并且培育了一批关键人才，为20世纪末以来硅产业快速发展提供了智力保障；三是改革开放后国民经济快速发展，轻工、机电、冶金、新能源等硅材料下游行业国内外需求迅速扩大，为硅产业发展提供了难得的市场空间和历史机遇。

当前，国内外宏观形势正在发生深刻变化，硅产业自身在快速发展过程中也面临着更多新问题，随着我国国民经济发展水平的逐步提高，“十三五”我国硅产业将进入一个关键时期，如何适应新常态，在国内外形式发生深刻变革的新环境下自我调整，进一步提高发展质量，实现产业转型升级、环境保护及资源合理利用，使我国真正成为世界硅产业强国，是摆在硅产业面前的最核心议题。本章将主要分析硅材料产业发展现状，研究产业发展趋势并提出有关政策建议，旨在抛砖引玉，推动这方面的深入研究。

1.1 我国硅产业发展成就

截至2013年，我国共有规模以上硅材料企业600余家，从业人员约15万人（表1-1)，剔除行业内部销售后的整体对外销售收入约为800亿元，分别较2010年增长约200家，3万人和约250亿元。

表 1-1 2013 年我国主要硅材料分支行业经营情况和从业人数统计

行业	平均开工率/%	开工企业数/家	TOP5 产量集中度/%	直接从业人员
金属硅	35.3	>100	50	20000
多晶硅	35.0	7	95	20000
有机硅-单体	58.6	16	64	20000
有机硅-HTV	61.3	>50	73	5000
有机硅-RTV	78.2	>150	31	15000
有机硅-LSR	62.6	<30	84	2000
有机硅-硅油	76.4	>200	55	5000
有机硅-硅烷	62.3	>50	55	5000
气相二氧化硅	53.3	33	65	5000
沉淀二氧化硅	53.1	62	26	10000
高纯石英	30.0	<50	20	5000
其他		—		38000
合计		约 600		150000

来源：SAGSI 统计及估计。

截至 2013 年年底，我国硅产业规模以上生产企业数量达到约 600 家（包含外资在华生产基地、合资企业和中资在国外生产企业），其中销售收入超过 100 亿元左右 1 家，20 亿～50 亿元 2 家，10 亿～20 亿元约 30 家，5 亿～10 亿元约 60 家，1 亿～5 亿元约 100 家，2000 万～1 亿元企业约 400 家。

根据行业分布情况看，2013 年销售收入超过 20 亿元的企业，主要是大型的多晶硅、有机硅一体化企业；5 亿～20 亿元销售收入的企业多属在某一行业具有较强竞争优势的中型企业，如具备一定生产规模和技术水平的多晶硅、有机硅单体企业和较大型金属硅企业及一部分硅烷、沉淀二氧化硅及高纯石英加工企业。其余销售收入低于 5 亿元的企业中，以有机硅下游生产企业为主，约占 50%，金属硅企业约占 20%，其余硅烷、气相二氧化硅、沉淀二氧化硅和高纯石英加工企业也均有一定分布。

据全国硅产业绿色发展战略联盟统计，2013 年，我国主要硅材料行业中，有机硅行业销售收入约 260 亿元，多晶硅行业约 140 亿元，金属硅行业约为 150 亿元（扣除国内消费），硅烷、高纯石英和沉淀二氧化硅行业各约 50 亿元，气相二氧化硅行业约 15 亿元，其他约 80 亿元。

全国硅产业绿色发展战略联盟分别以产能简单累计和省区对外销售收入为基准对我国硅产业地域分布进行了分析：根据产能计算，江苏、浙江、新疆、云南、山东、四川、江西、广东是我国比较重要的硅产业聚集区；从产值规模来看，江苏省是我国最重要的硅产业聚集区，浙江、山东、广东、新疆次之，江西、云南、四川硅产业也较为发达（图 1-1 和图 1-2）。

1.1.1 产业规模进一步扩大，市场占有率持续提高

近年来，国外经济形势时有反复，而国内经济保持稳定高速增长，使我国硅产业的市场地位进一步巩固。硅材料的各应用领域都呈现出市场活跃、需求旺盛的特点，拉动我国硅材料的市场占有率不断提高。

受关税政策利好、国外市场复苏和国内产业向新疆等低成本地区转移等影响，我国金属

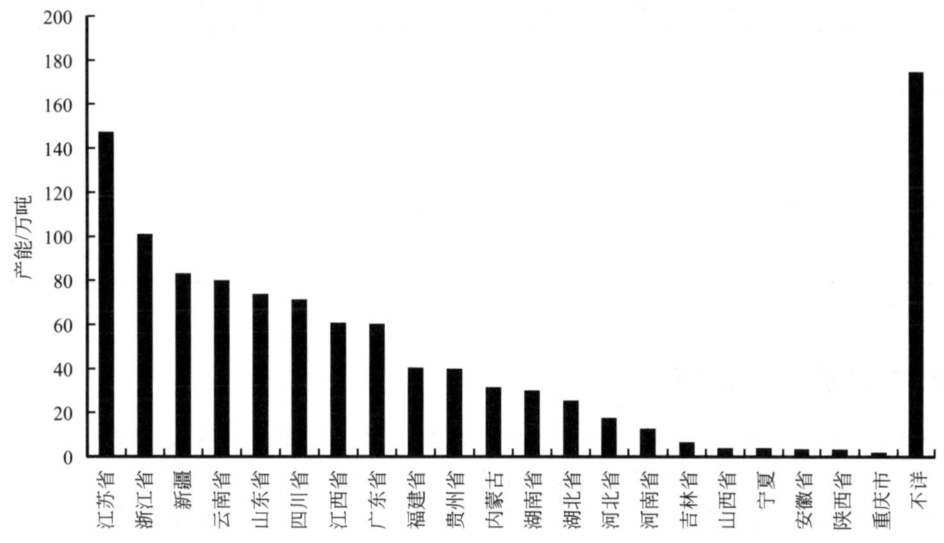

图 1-1　2013 年我国各省区硅产业按产能地域分布情况

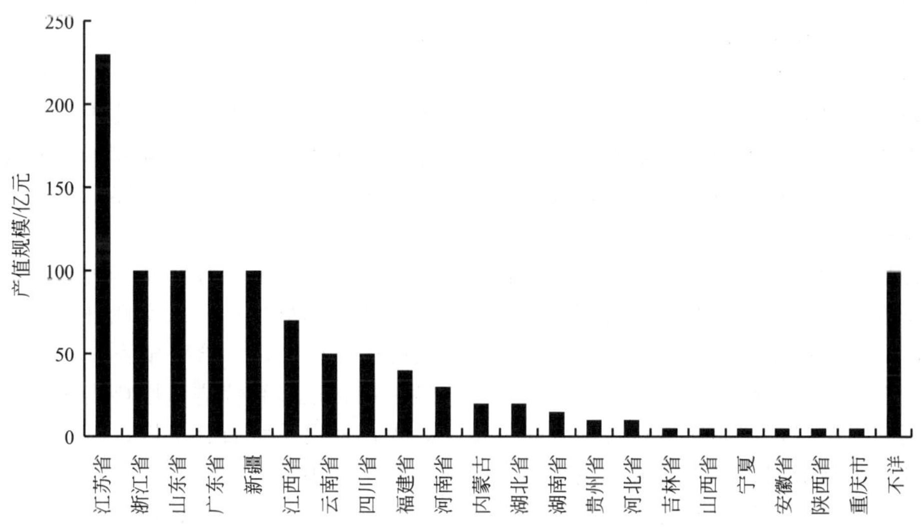

图 1-2　2013 年我国各省区硅产业按产值规模地域分布情况

硅行业近几年保持快速增长，出口复苏并同比大幅增长，继续在国际市场占据主要地位；多晶硅行业合理运用反倾销等贸易政策工具，推进冷氢化等大规模技改，产量和行业开工率稳步提高，开始扭转进口量连续增加的态势；有机硅行业经过阶段性调整，产量继续增加，产品结构有所改善，有望在 2015 年成为净出口国；气相二氧化硅、沉淀二氧化硅和硅烷等行业在产量方面已基本满足国内高速增长的需求，其中气相二氧化硅方面我国已逆转成为净出口国，硅烷和沉淀二氧化硅行业则继续保持净出口国地位。

截至 2013 年，全球金属硅、有机硅（折纯硅氧烷）、多晶硅、气相二氧化硅产量分别约为 231 万吨、162 万吨、26.6 万吨和 23.5 万吨，我国产量分别达到 148.8 万吨、64.1 万吨、8.2 万吨和 5.5 万吨，分别占世界总产量的 64.4%、39.6%、30.8% 和 23.4%，可见我国硅产业在世界市场已经占据举足轻重的地位（表 1-2）。

表 1-2　2013 年我国主要硅产业产量占世界总产量的比例

产品	全球产量/万吨	我国产量/万吨	我国产量占比/%	净出口量/万吨	净出口占比/%
硅氧烷	162.0	64.1	39.6	−4.6	—
多晶硅	26.6	8.2	30.8	−7.8	—
金属硅	231.0	148.8	64.4	69.9	47.0
气相二氧化硅	23.5	5.5	23.4	0.6	10.9
沉淀二氧化硅	N. A.	107.0	约 50	29.9	27.9
硅烷	29.1	14.0	48.1	4.0	28.6

来源：SAGSI 统计及估计。

1.1.2 关键技术持续突破

金属硅方面：大功率金属硅冶炼炉逐步开始国产化，自 2012 年后，新建装置大量采用 25500kW 以上炉型，基本实现尾气回收，部分厂商开始采用余热发电装置，金属硅生产电耗、物耗继续下降，与发达国家水平逐渐缩小，微硅粉回收率显著提高，低灰份煤批量使用，减少了对环境的污染。产品质量稳步提高，部分企业可以达到欧美有机硅企业的质量要求并已实现大量定向出口。

有机硅方面：有机硅单体合成装置单套能力持续扩大，逐步掌握 15 万吨/年及以上单套装置设计、运行技术，部分生产企业通过多年摸索，在流化床设计、催化剂、硅粉和周期控制方面取得一定进步，能耗、收率及选择性等显著改善，少数大型企业自主完成装置改扩建，并取得了良好的运行效果，部分国内装置成本水平接近外资在华同类装置；有机硅下游产品开发进程加快，室温胶企业在高端工业胶种市场份额不断扩大，高温胶、液体胶内资企业产能产量逐渐占据市场主流，硅油及硅树脂产品国内生产规模扩大，动摇了国外厂商长久以来的垄断地位。

多晶硅方面：西门子法多晶硅能耗物耗水平显著降低，冷氢化技术基本实现普及，还原炉等关键设备由完全进口基本实现国产化；硅烷流化床多晶硅生产技术实现自主突破，已经建成 5000t 级装置并实现开车，高纯单硅烷生产规模迅速扩大，自给率显著提高。

高纯石英方面：高纯石英原料纯度取得突破性进展，逐步替代进口原料成功应用于石英坩埚及高纯石英管，产品质量接近国外先进水平，大尺寸电子级石英坩埚、高性能熔石英玻璃、超纯石英玻璃取得突破，成功应用于半导体单晶生产中。

其他方面：成功建成并运行万吨级硅醇直接法烷氧基硅烷生产装置，实现无氯生产硅烷原料；纳米硅材料产业规模逐渐扩大，高纯硅溶胶、超细纳米沉淀二氧化硅等中高端产品逐渐规模化，附加值稳步提高。

1.1.3 安全、环保水平进一步提升

金属硅、多晶硅、有机硅副产物综合治理水平大幅提高，循环经济模式基本建立，实现了四氯化硅、一甲基三氯硅烷产品的全面综合利用，刺激了企业副产物回用的积极性；有机硅、多晶硅和氯硅烷生产系统 HCl 回收率稳步提高，2013 年达到 75%以上，逐步接近国外 90%的水平，从根源上减少了环境事故发生的风险；各级政府环保执法力度不断加强，通过严打环境危害事故，杜绝了偷排现象。

行业安全生产形势明显改善，2008 年至今国内公开披露的硅行业安全事故在 59 起以上，造成多人死伤。2013 年较 2012 年披露的安全事故显著下降，但 2014 年上半年又有所反复（表 1-3）。全国硅产业绿色发展战略联盟统计认为，2008 年之后我国硅产业安全及环

境事故进入高发期，并在 2010～2012 年达到非常严重的程度，全国硅产业绿色发展战略联盟认为，这一趋势与近年来我国大量上马硅材料项目、装置试车管理不到位、经验不足有关，其后在安全、环保等管理部门严格管理、加强引导等政策刺激下，2013 年行业安全形势有所缓解，企业管理逐步规范。但总体而言，我国硅产业面临的安全生产形势仍比较严峻，我们建议各硅分支产业继续根据国家安全、环保法规要求主动整改，同步实现增长、安全与健康的和谐统一。

表 1-3　2008～2014 年上半年硅材料各分支行业安全及环境事故及伤亡情况

行业	人员伤亡	2008	2009	2010	2011	2012	2013	2014	合计
多晶硅	4 死 4 伤	1	1	6	10	3	1	3	25
有机硅	3 死 5 伤	3	5	7	1	9	4	1	30
金属硅	1 死 19 伤	1	1	1			1	1	5
合计	8 死 28 伤	5	7	14	11	12	6	5	60

在公开披露的 59 起事故中，从地区来看，湖北、江苏、浙江、河南等地是事故高发区，湖北、内蒙古、四川、江西、云南、山东、浙江等省发生的事故造成了人员死亡（表 1-4）。

表 1-4　2008～2014 年上半年我国各省区硅产业安全及环境事故及伤亡情况

省份	事故数	伤亡人数	省份	事故数	伤亡人数
湖北	14	2 死 1 伤	甘肃	2	1 死 1 伤
江苏	10	1 伤	广东	2	
浙江	7	5 伤	山东	2	7 伤
河南	5		四川	2	2 死 1 伤
河北	4		云南	2	9 伤
江西	4	1 死 2 伤	陕西	1	
内蒙古	3	2 死 1 伤	上海	1	
合计				59	8 死 28 伤

从行业来看，多晶硅行业事故更为频繁，特别是氯硅烷副产物泄露和违规倾倒造成的环境危害事故和危险气体引发的爆炸事故，相当一部分的事故属于环境违法或运输途中发生；金属硅行业事故烈度较高，需要严格预防冶炼过程发生炸炉事故和硅熔浆外泄造成人员伤害；有机硅下游发生的事故主要属于燃烧事故，烈度相对可控，但上游原料生产也多次发生人员死伤的烈性事故。从事故类型来看，泄漏和环境违法事件主要发生在有机硅和多晶硅的副产物处理环节，爆炸事故则多与硅粉、单硅烷、多晶硅和有机硅生产涉及的危险气体相关，特别是造成多人伤亡的事故多与硅粉爆炸和单硅烷爆炸有关。对事故过程简单分析即可看出，绝大部分的事故属于违规操作、知法犯法造成的责任事故，完全可以避免，应该给予惩戒（表 1-5）。

表 1-5　2008～2014 年上半年硅产业安全及环境事故类型分析

类　型	数量	物　质
泄漏	28	四氯化硅和三氯氢硅 13 起，硅熔浆 1 起，各类有机硅 14 起
爆炸	15	硅粉 3 起、单硅烷 1 起，有机硅 9 起，氯硅烷 2 起
燃烧	13	硅粉 1 起，有机硅 10 起，氯硅烷 2 起
违规倾倒	4	四氯化硅 4 起
其他明显违规操作引发的事故	9	

1.1.4 单位能耗及碳排放水平持续降低

2010年以来，我国硅材料产业节能减排有较明显进步。截至2013年，我国西门子法多晶硅生产平均还原能耗已基本接近国外水平，已降低至2010年水平的50%左右，硅粉/三氯氢硅等原材料消耗也较2010年同期降低60%以上；金属硅新建项目的炉型和装机数量均持续扩大，使副产物和余热回收技术得以实质推广，还原剂和硅石消耗降低，金属硅生产电耗较2010年平均下降约1200～1500kW·h/t，有10%以上产能单位能耗接近欧美先进水平；有机硅单体合成阶段平均能耗持续下降，通过对流化床和生产工艺进行改造，开车水平都有明显提高，使蒸汽消耗、电耗水平持续下降，与世界巨头水平的差距不断缩小。

据SAGSI统计，2010年我国有机硅、多晶硅、金属硅三大硅产品的产量约占世界总量的1/3，但是碳排放约占全球总量的一半以上（有机硅和多晶硅按照能耗折算），单位销售收入对应的碳排放更几倍于发达国家。如2010年我国每生产1t金属硅的直接碳排放当量约为6.5t，远高于巴西、挪威等国。而随着生产技术的改进，2013年该指标已经降低至约5t以下（表1-6）。如综合考虑能耗、物料和副产物回收抵扣，2013年我国硅产业全口径二氧化碳碳排放总量估计较2010年减少200万～250万吨，少消耗木材30万～50万吨以上；每吨金属硅、多晶硅、聚硅氧烷的二氧化碳排放分别减少25%、50%和15%。

表1-6 2013年我国硅产业各分支行业平均能耗水平

行业	电力/kW·h	蒸汽/t	折标煤（含原料）/t	国外先进水平/t	2013年产品吨价/元	吨煤实现产品价值/元	备注
金属硅	14500	—	2.1	1.8	15000	7150	—
多晶硅	110000	10	23	15	130000	5600	金属硅1.3t/t，TCS 6t/t。TCS=0.3tce
硅氧烷	4000	15	4.3	2	16500	3800	金属硅0.5t/t，甲醇0.4tce
气相二氧化硅	1800	0.5	0.3	0.25	30000	100000	氢气已折算至电力中

来源：SAGSI调研。

1.1.5 相关产业政策体系迅速完善，国家重视程度显著提高

硅材料作为重要的军工材料和半导体材料，新中国建立后即投入大量人力物力扶植其发展，奠定了行业发展的基础。21世纪初以来，硅材料作为能源新材料、碳基替代材料产业，对缓解我国化石资源紧缺状况的加剧并满足我国半导体电子工业发展需要的重要意义日益凸现，国家逐步从多方面开始鼓励硅材料行业引进先进技术和装置、促进资源合理开发、促进公平贸易，保护民族工业等角度，先后出台了一系列相关政策。2009年以来，国务院常务会议多次讨论如何引导多晶硅光伏产业健康发展，扶持光伏新能源产业，并先后出台多项文件和优惠政策，大力促进我国光伏装机发展，并从国家层面积极协调我光伏出口遭遇的多起贸易争端。这些举措，都使硅产业的重要性在一定程度上上升到了国家层面。

截至2013年年末，适用于硅产业的全国性产业政策主要包括四大类：一是采取反倾销和贸易救济等政策措施确保硅材料、光伏行业的公平贸易；二是通过设置行业准入条件积极引导硅产业转型升级；三是提高光伏新能源安装容量，直接扶持光伏及硅材料产业；四是鼓励硅材料科技创新，重点引导配置科研资源向重点领域倾斜（表1-7）。

表 1-7　近年硅产业重要政策、文件精神

分类	能　源	准　入	贸　易	科　技
金属硅	—	自 2009 年以来，陆续淘汰 5300、6300 及 12500 以下金属硅产能	2009 年，我国限制金属硅等 9 种资源性产品出口，欧盟上诉；2010 我国征收 15%出口关税，至 2013 年取消	—
有机硅	—	2010 年以来，产业结构调整目录限制新上有机硅单体 2 万吨、10 万吨装置	2003 年，我国对美国、德国、日本、泰国进口有机硅反倾销；2007，有机硅出口退税从 5%上调至 13%	2011 年新材料“十二五”规划，新材料“十二五”科技发展规划
多晶硅	2011，新能源产业十二五规划；2012.12、2013.6，国务院常务会议，2013.7，《意见》提出到 2015 年光伏总装机达 35GW 以上，2013～2015 年年均新增 10GW 左右	2009.9，抑制产能过剩的若干意见，38 号文 2010.12，多晶硅行业准入条件，不允许新上 3000t 以下，还原电耗 80kW·h/kg 装置	2010.8，限制进口废晶圆头尾料； 2012 年以来，欧洲、美国、印度、澳大利亚对我国出口光伏反倾销； 2012 年，我国对韩、美、欧进口多晶硅反倾销	2011 年新材料“十二五”规划，新材料“十二五”科技发展规划

1.2　我国硅产业国际竞争力分析

硅产业不是资源性行业，也不存在政策性垄断，限制潜在从业者进入的障碍主要是资金门槛和技术门槛。行业经过多年发展，已有相当数量的从业企业和充分的市场竞争环境，因此总体而言，硅产业是已经充分市场化、主要通过技术和服务手段竞争的行业。

自 2008 年之后，我国逐渐成为世界最主要的硅材料生产国、供应国，主要产品产量、需求量均居世界首位，但我国在世界硅材料产业分工中仍整体处于中上游，处于第二梯队的领先位置。

1.2.1　我国硅产业发展阶段分析

2013 年，SAGSI 从资源、资金、环境安全与健康、科技、人力资源、企业竞争力等角度，对主要国家硅产业发展的历史、现状、特点和竞争特点进行了分析，结论认为：自 2005 年之后，中国已由单纯的硅资源大国的身份转变为硅市场大国，并于 2009 年之后一跃成为硅产业大国，但距离发展成为硅产业强国仍有相当距离（图 1-3）。

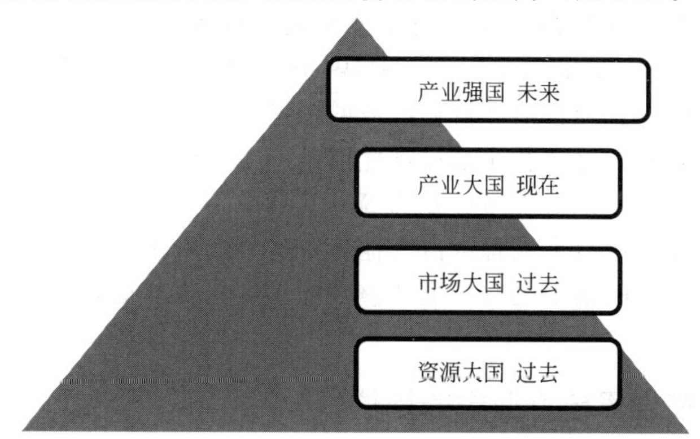

图 1-3　我国硅产业市场发展阶段分析

1.2.2 成本仍是我国硅产业核心优势

我国硅产业在国际产业格局中的主要竞争优势主要体现在价格方面，具体包括较低的资源（能源）价格、环境成本、资金成本以及较为低廉的人力资源成本，主要劣势体现在技术和服务方面，具体包括企业竞争力总体偏弱，尚无世界级品牌，国际市场影响力不足；尚未掌握核心技术，无科技储备；环境安全与健康理念落后，历史欠账过多。

硅产业联盟同时对金属硅、有机硅上游、有机硅下游、多晶硅和纳米硅材料等分支行业进行了细分分析，认为各分支行业均属于技术密集型产业，核心竞争要素在于技术水平，金属硅和多晶硅产业同时属于能源密集型产业，核心竞争要素也包括能源价格。以上行业我国均处于市场大国、产业大国阶段，未来均面临转型升级的挑战，其中局部地区金属硅行业面临向低成本地区转移或退出的问题（表 1-8）。

表 1-8 我国硅产业各分支行业核心竞争力及发展趋势

产业链环节	核心竞争要素	主要特性	我国行业现状	未来发展趋势
金属硅	能源价格、 生产技术水平	能源/技术密集型	产业大国	转型升级+转移退出
有机硅上游	生产技术水平	技术密集型	准产业大国	转型升级
有机硅下游	应用技术水平	技术密集型	市场大国	转型升级
多晶硅	能源价格、 生产技术水平	能源/技术密集型	市场大国	转型升级
纳米硅材料	生产技术水平	技术密集型	产业大国	转型升级

1.2.3 不同类型企业在本土市场的竞争优势分析

硅产业联盟从品牌/口碑、产业链深度、技术 know-HOW、HSE、公共关系等六个方面对硅材料主干行业的外资跨国巨头、本土龙头企业和本土第二梯队企业在我国市场的市场竞争格局进行了分析。得出以下结论。

跨国巨头在我国市场的主要竞争优势在于其品牌/口碑、健全的产品系列和技术 know-HOW，其劣势在于运营成本和 HSE 投入高，公共关系稍弱。

本土龙头企业的最大优势则往往在于公共关系，其次是较为完整的产业链深度，其在 HSE 投入、管理成本方面低于跨国公司但高于本土第二队企业，在口碑/品牌、产业链深度和技术 know-HOW 方面则优于本土第二梯队，但不如跨国公司。

本土第二梯队企业的优势则主要体现在公共关系处理、较低的管理成本和 HSE 投入，其在口碑/品牌、产业链深度和技术 know-HOW 方面则得分最低（图 1-4）。

以上分析结论表明：我国目前硅材料产业的市场竞争是多层次和多角度的，加之不同分支行业市场存在较大差别，每个企业都很难凭借某一方面的优势彻底排挤其他竞争对手；由于经营理念存在较大差异，也很难通过并购等方式形成新的整合；任何企业要想增加市场份额，最大可能将是开发新增需求或者抢占其他处于劣势的中小竞争对手的市场；因此总体而言，市场在出现一定程度的集中之后，继续整合的难度将逐渐提高，预计将长期维持高度竞争的格局。

1.2.4 我国企业在世界硅产业中的地位

我国硅产业主要企业实力不断增强，产业链不断健全，正逐渐实现一体化。一批较大规

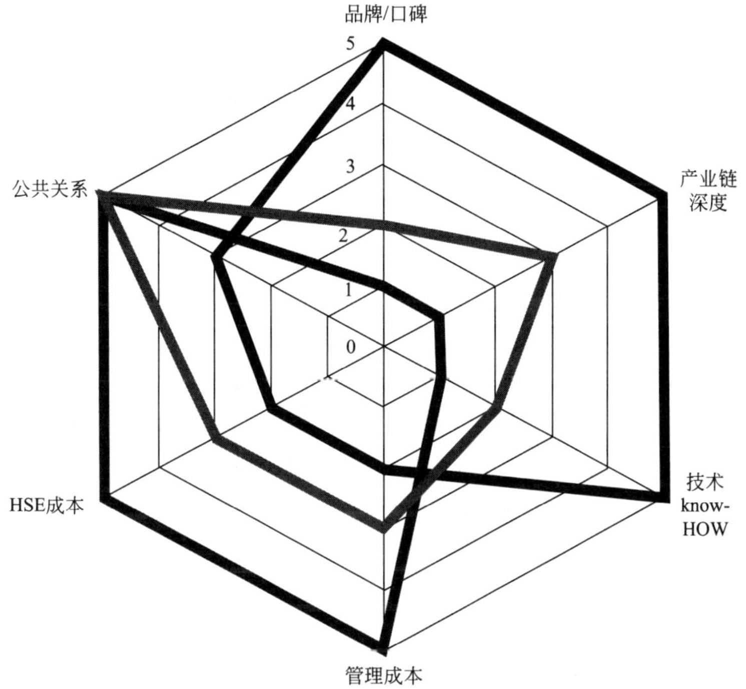

图 1-4　本土市场不同类型企业竞争优劣势分析

模企业的出现，为产业技术进步、国际市场开拓和行业整体 HSE 水平的提高创造了条件。

SAGSI 对 2013 年世界金属硅、有机硅、多晶硅、气相二氧化硅、硅烷主要硅材料生产商进行了排名（表 1-9），共有 35 家企业最终入围，较 2010 年增加 1 家，其中中国 19 家、美国 7 家、日本与德国各 2 家，巴西、韩国、法国、挪威、乌克兰各 1 家；与 2010 年相比，中国企业增加 5 家，日本减少 2 家、美国和挪威各减少 1 家，德国、韩国和法国企业上榜数量不变，剔除兼并重组因素后，可以看出中国企业的综合实力水平已经超越日本、韩国、法国等国家。

但在分支行业前三范围内统计发现，德国、美国企业上榜数量没有变化，中国企业数量虽有所增加，但主要是在硅烷和气相二氧化硅等体量较小的行业，显示我国企业与美国、德国跨国巨头之间仍有较大距离，仍然处于第二梯队的领先位置。

参照有效产能、品牌影响力和一体化程度等指标，同时考虑硅材料行业的特点，我们对 2013 年世界硅材料主要生产商国际市场地位进行了评估，认为道康宁、瓦克、赢创德固赛和迈图四家企业目前处于世界硅产业的第一梯队，属于世界级巨头；认为中国中能、挪威 REC、美国卡博特、韩国 OCI、中国新安、中国蓝星、美国 MEMC、美国尤尼明、日本德山、日本信越、法国苏威（罗地亚）、美国大西洋和中国合盛等十三家企业目前处于世界硅产业的第二梯队，属于区域性或分支行业性的领军企业。

除第一、第二梯队企业外，SAGSI 认为美国 SunEdison、中国特变、中国中硅、中国赛维、中国大全、中国东岳、美国邱博、中国恒业成 、中国江汉、中国新蓝天、中国宏柏、中国吉必盛、中国金岭、中国富士特、乌克兰卡路什、巴西 Rima 、中国三新、中国宏盛锦盟、中国株洲兴隆、中国无锡确成、中国东海太平洋等企业在各自领域保持了较为稳固的市场地位，属于世界硅产业的第三梯队，具备继续上升成长为分支行业龙头企业的潜力（表 1-10）。

表 1-9　硅产业绿色发展战略联盟发布的 2013 年世界主要硅材料生产商排名

排名	金属硅		有机硅单体		多晶硅		气相二氧化硅		硅烷	
	2014	2010	2014	2010	2014	2010	2014	2010	2014	2010
1	中国合盛	美国大西洋	美国道康宁	美国道康宁	中国中能	美国 Hemlock	德国赢创	德国赢创	中国新蓝天	美国迈图
2	美国大西洋	美国道康宁	德国瓦克	德国瓦克	德国瓦克	德国瓦克	美国卡博特	美国卡博特	美国迈图	德国赢创
3	美国环球冶金	挪威 Elkem	中国蓝星	中国蓝星	韩国 OCI	韩国 OCI	德国瓦克	德国瓦克	中国江汉	美国道康宁
4	美国道康宁	中国合盛	美国迈图	美国迈图	美国 Hemlock	中国中能	日本德山	日本德山	德国赢创	中国江汉
5	中国蓝星	美国环球冶金	日本信越	日本信越	挪威 REC	中国赛维	韩国 OCI	乌克兰卡路什	美国道康宁	中国新蓝天
6	中国新安	中国新安	中国新安	中国新安	中国赛维	美国 MEMC	中国吉必盛	中国吉必盛	中国宏柏	德国瓦克
7	中国三新	巴西 Rima	中国恒业成	中国合盛	中国特变	挪威 REC	中国新安	美国迈图	德国瓦克	中国宏柏
8	德国瓦克	美国 Timminco	中国合盛	中国东岳	美国 SunEdison	日本德山	中国富士特	中国盛森	日本信越	日本信越
9	巴西 Rima	中国蓝星	中国东岳	中国宏达	中国中硅	日本三菱	乌克兰卡路什	中国中硅	法国罗地亚	法国罗地亚
10	中国宏盛锦盟	德国瓦克	中国金岭	中国金岭	中国大全	中国中硅	美国迈图	中国新安	中国晨光	日本智索
中国企业数	5	3	6	6	5	3	3	4	4	3

表 1-10　我国硅产业各分支行业核心竞争力及发展趋势

梯队	定义及标准	企业(集团)
第一梯队/世界级巨头	2 个以上领域长期保持世界前 3，或 3 个以上领域能够进入世界前 5，在全球范围具有较大市场影响力	美国道康宁、德国瓦克、德国赢创、美国迈图
第二梯队/区域性或领域性领军企业	基本实现一体化，1 个以上领域长期保持世界前 3，或 2 个以上领域能够进入世界前 10，在全球范围具有一定市场影响力	中国中能、挪威 REC、美国卡博特、韩国 OCI、中国新安、中国蓝星、美国 MEMC、美国尤尼明、日本德山、日本信越、中国合盛、法国苏威(罗地亚)、美国大西洋
第三梯队/优势企业	尚未实现一体化，但在 1 个领域能够进入世界前 10，或已初步实现一体化，在某一地区具备较大市场影响力	美国 SunEdison、中国特变、中国中硅、中国赛维、中国大全、中国东岳、美国邱博、中国恒业成、中国江汉、中国新蓝天、中国宏柏、中国吉必盛、中国金岭、中国富士特、乌克兰卡路什、巴西 Rima、中国三新、中国宏盛锦盟、中国株洲兴隆、中国无锡确成、中国东海太平洋……

1.3 “十三五”硅产业发展走势预测与中国硅产业面临的挑战

1.3.1 对“十三五” 硅产业发展的走势预测

我国经济正在走向“新常态”，世界经济也正在迎来新的格局，硅材料产业自身的发展也已经进入新的阶段，面临着基础产品产能阶段性饱和、深加工产品市场应用仍有待突破、生产成本持续上升等一系列挑战，硅产业整体发展走势将呈现新的特点。

1.3.1.1 继续保持平稳增长

硅材料性能独特、分支众多、用途广泛，仍属于小体量的新兴朝阳产业，故其市场增长与单个行业关联度低，但与宏观经济形势关联度高，例如根据世界各地的多年经验，某地有机硅需求的增速一般是当地 GDP 增速的 1.5～2 倍。目前世界经济正逐步走出本轮经济危机的阴影，原油等原材料价格水平稳中有降，有利于世界经济格局的持续发展，欧美发达国家经济缓慢复苏，中国等新兴国家继续保持高速增长，各国财政支付和人民消费能力提高，市场需求的增长是有保障的。

从技术层面来看，硅材料各主干产品生产技术相对成熟，成本不断降低，应用技术水平持续提高，可以连续推出新产品满足市场需求，有利于市场范围的扩大。此外，其他硅材料各分支行业的下游多属于交通、新能源、新材料产业，还可以享受到各国政府给予的一定政策红利。

1.3.1.2 一体化、差异化竞争模式并存

自 20 世纪 50 年代硅材料工业化以来，行业先后经历多轮螺旋上升周期，产业规模急速扩大，从业企业大量增加，市场秩序趋于规范，发展水平越来越高。目前，基础硅材料行业已经达到相对成熟的阶段，产能出现相对过剩，生产商、生产技术和消费渠道已相对固化，但下游领域技术创新层出不穷，新的市场热点不断涌现，投资相对活跃，竞争也更为激烈。

从企业层面来看，已经高度一体化的世界巨头一面不断通过并购等手段整合资源，努力维护已取得的领先地位，一面投入大量资源进行创新，以求取得未来发展的先决机会，例如近年来主要巨头连续在我国谋求收购发展较好的本土下游企业，希望借此进一步完善产业链，降低运营成本并快速扩大市场份额；日本、美国均已积极开发新一代直接法有机硅原料生产路线，并已经取得阶段性成果；道康宁公司创新商业模式，成功建立更为高效低廉的 xiameter 网络销售平台，扩大市场占有率，降低市场运营成本。处于第二梯队的地区性龙头企业积极推动一体化，通过建设相对完整的产业链乃至水电蒸汽和环保设施配套，降低综合运行成本、提高企业抗风险能力，同时积极改善管理和运营，努力进入第一梯队。在此情况下，数量更多的行业性龙头企业则往往凭借自身的地域优势，集中资源努力扩大自身在本地区特定行业的市场份额，以此与大型企业集团竞争。特别是在新兴市场、新兴领域和交叉领域，存在众多规模不大但市场占有率非常高的特色企业，这些企业的广泛存在很大程度上维护了硅产业公平竞争秩序，并推动了市场应用领域的扩大。

由此可见，一体化和差异化竞争模式是目前不同类型企业所采取的两种不同方式，未来硅产业中资源集中和分支散叶将长期同时存在。

1.3.1.3 投资与并购行为有望进入相对活跃期

多晶硅、有机硅行业发展历史上都曾经表现出明显的周期特性，在重大利好或市场需求增加的刺激下，行业进入相对繁荣期，其后由于产能过剩，造成行业盈利能力减弱，部分企业退出，市场逐步恢复平衡，其后随着市场继续增长，又迎来新的繁荣，总体呈现波浪前进

或螺旋上升的发展规律。在行业低谷向高峰期过渡的阶段一般都伴随有大量企业间的并购、退出和向低成本地区的转移。例如，多晶硅行业在工业化后一度出现大量企业，但很快因为超过半导体行业的需求而出现倒闭潮，之后直到20世纪90年代之后，随着个人电脑的普及，才重新迎来一轮新的扩张潮，但很快就在2000年左右重新陷入衰退，大量产能退出，美国生产企业从二十余家减少到3家，日本从5家减少到3家，欧洲从6家减少到2家，直到2005年之后，光伏产业兴起，多晶硅行业又重新进入一轮扩张周期；有机硅行业最近一次行业周期也大致从1998年之后开始，并在2009年之后重新进入谷底并持续至今，在本轮周期过程中，GE和法国罗地亚的有机硅业务先后被收购，从而退出有机硅行业，中国本土的吉化、北京化二等企业也先后退出；金属硅由于主要面向汽车、有机硅和多晶硅行业，也同步显示出一定的周期规律，并在2009年左右出现全球性的萎缩，迎来一段行业内兼并重组的小高峰，Elkem、Holla等西方企业先后被收购。

从目前来看，由于世界经济复苏，特别是中国经济持续快速增长，世界硅材料需求增长有可能加快，而自2009年至今，世界多晶硅、有机硅和金属硅行业都在经历去产能化过程，如果产业能够顺利整合，则有望在未来数年内重新走入新一轮景气周期，但景气周期维持的时间长短和繁荣程度，取决于本轮去产能化及产业调整的彻底与否。预计未来数年内，硅材料行业的并购和投资行为有望重新进入活跃期，特别是在中国等增长较快的新兴经济体和产业下游的新兴领域。

1.3.1.4　新兴地区硅产业逐渐兴起

每一轮产业周期都伴随有国际分工的重新调整和产业重心的转移，例如在多晶硅行业最近的两次行业周期内，多晶硅产业重心先是由美国扩张至欧洲、日本，又逐渐扩展至中国、韩国，目前则面临向更低成本的中东等地区转移的问题；有机硅行业在1998年之后重新恢复元气的过程中，产业重心逐渐从美国和欧洲转移至中国；金属硅、气相二氧化硅的产业重心也都在20世纪末开始从欧、美等地向中国转移，而金属硅行业目前还出现向更低成本的中东和澳大利亚、东欧等地扩散的迹象。

从投资角度来看，1999年之后，除并购外，硅材料行业70%以上的新增投资都产生在中国，既造就了中国硅产业的重要地位，也带来了大量的低效产能。由于中国市场仍具有巨大的发展潜力，并一直保持着高速增长，因此中国硅产业的去产能化过程很难彻底，未来几年行业将主要围绕调整结构、优化产能来提高效率，并且会继续保持硅材料出口大国的地位，特别是面向新兴市场国家的出口将高速增长。

由于资源、人力和环境成本的持续上升，我国部分能源密集型、劳动密集型、高污染产品正逐渐失去竞争力，具备条件的新兴市场国家和低成本国家将未来填补这些空白，因此新一轮硅产业的转移是不可避免的，但趋势可能更为缓和。预计“十三五”末期，新兴国家硅产业领域的投资将有可能超过我国。我国企业应当看到这一趋势不仅仅是挑战，也是重要的机遇。

1.3.2　未来中国硅产业发展面临的挑战

我国硅产业在取得重大成就的同时，近年也暴露出许多突出问题，主要体现在：主要产品产能严重过剩，固定投资回报率持续走低；基础科研落后，科技创新在增长中的贡献度较低，行业普遍无技术储备；增长模式仍依赖资源与投入，随着资源和劳动力价格上升，开始长期面临成本压力；企业缺少积累和长期战略，尚未有真正的世界级领军企业脱颖而出，硅产业“中国制造”品牌影响力不足；行业发展及贸易结构失衡，使产业调节效果难以保证，也触发大量针对中国的贸易争端。

1.3.2.1　企业运营成本将持续攀升

我国硅材料工业得以迅速发展，主要竞争优势是成本低廉，企业可以用较小的代价调动充足的生产要素，如能源、资源、人力、土地及资金，同时环境、安全和职业健康投入一直保持在相对较低的水平。但随着我国人均收入达到中等发达国家，我国社会、经济、文化都在发生深刻变化，企业运营成本将持续攀升。主要原因是：①我国经济持续高速发展，原材料、能源和土地价格水平不断提高；②人力资源由过剩转为紧缺，劳动力成本将继续抬高；③生产技术水平总体较低，主要产品单位物耗、能耗大部分高于国外水平，副产物回收利用率低；④安全、环保和职业健康法律法规陆续出台，执法力度加大，企业投入近年内将明显提高；⑤第三产业快速发展，融资成本持续升高，加之前一轮产业扩张造成大量投资沉淀，硅产业全行业财务费用持续升高，必然最终反映在生产成本上。

与此同时，由于大量过剩产能仍有待消化，大宗硅材料产品价格在三至五年内仍将维持在较低水平，因此我国企业在未来几年仍将面临巨大的压力，经营情况难有本质改善。

1.3.2.2　基础科研滞后，无充足技术准备

我国硅产业基础科研工作起步早，但在 20 世纪末开始明显落后于国外先进水平，目前则已找不到还在从事基础科研的专业院所、大学和中青年专家。几大主要产品中，除多晶硅行业近年掌握部分核心技术外，金属硅、有机硅、单晶硅、纳米硅材料、硅烷等领域与国外的技术差距都在 10 年以上，主要原因是我国硅化学基础研究滞后，不能提供理论和实践支持；国内开展的应用技术研发也停留在模仿国外过期专利产品的阶段，21 世纪以来尚未发展出一项被全行业认可的新应用；对硅材料前沿技术，如有机硅原料的新一代直接合成路线、新一代碳化硅半导体材料，至今尚无计划。

基础科研的滞后决定我国硅产业难以产生真正的创新，而主要跨国巨头都掌握有大量的专利和技术储备，这决定了我国硅产业短期内仍将处于跟随和模仿的阶段，难以形成对国际巨头真正的超越，应当继续戒骄戒躁，练好内功。

1.3.2.3　一体化程度有待提高

一体化可以有效提高企业抗风险能力，降低企业综合运行成本。但一体化不仅具有经济意义，更具有战略价值。只有一体化才能够在实践中促进全过程各个环节的整体优化；只有一体化才能更有效地加深对硅化学的理解，创造出新思维、新技术、新成果，孕育产业未来。

一体化程度的高低，不仅体现在产品链的健全，更体现在全流程的管理运行的水平高低。我国本土大型企业目前都在积极布局自身产业链，但至今尚没有出现像瓦克、道康宁一样能够同时覆盖金属硅、有机硅、多晶硅等主干行业，技术实力、产业规模和运行水平均居世界一流的一体化企业。

我国本土企业中，新安化工、蓝星集团、合盛集团产品链日趋完善，江苏中能、东岳集团、江西宏柏、荆州江汉、新蓝天等企业也在努力提高一体化水平，其中，新安化工集团一体化程度相对更高，并已经开始体会到一体化带来的内在益处，其余部分企业则仍在扩充产品链的阶段，综合管理水平有待继续提高。

1.3.2.4　国际贸易争端高发

我国硅产业崛起对世界硅产业及相关产业格局带来了巨大的影响，在很大程度上影响了原有的市场分配格局甚至一些国际企业的发展与衰落，与之相伴的，是逐渐进入高发期的硅材料相关国际贸易争端。

我国所面临的国际贸易争端主要是两类：一类是国外企业对我国出口产品发起的反倾销、反补贴调查，如欧盟对我金属硅、巴西对我沉淀二氧化硅、欧洲美国对我光伏产品等；

另一类是我国企业发起的对进口产品的反倾销调查，如我国对进口有机硅、多晶硅产品发起的反倾销调查。除此之外，各国政府也在很大程度上介入了硅材料国际贸易，如我国曾限制金属硅等高耗能产品出口，并曾征收出口关税，也曾通过限制某些多晶硅头尾料等形式管理多晶硅进口贸易，巴西、印度、欧盟、挪威、美国、澳大利亚、加拿大等国家和地区都曾针对我国硅材料产品出口给予过政策性的限制或鼓励，虽然这些国家彼此之间也存在硅材料贸易争端，但针对我国产品的争端占据多数，这不能不引起产业界的重视。

我国硅产品出口集中遭遇贸易争端的主要原因表面是市场需求和产能增长过快，市场竞争激烈所致，深层次原因则与二十多年来的发展模式有关。对内而言，当国内市场发展而我国本土企业竞争力不足，国外巨头会凭借技术优势低价抢夺市场，威胁本土企业发展；对外来说，我国一些行业凭借低廉的资源、环境和劳动力成本，短时间内扩建大量产能集中释放，既破坏环境，也威胁到其他企业，特别是同处于产业链低端地区的发展中国家的企业，所以发展中国家的企业针对我国产品的反倾销诉求在一定程度上是符合公平原则的。

在未来几年，我国硅材料贸易仍将处于高度不平衡的阶段，高端产品如单晶硅、高纯石英产品仍然属于大量净进口，纳米硅材料、硅烷、金属硅和多晶硅下游光伏产业也将保持大量出口，但平均出口价格与欧美产品仍有差距，这些都可能在未来继续引发新的争端。贸易争端高发不利于我国硅产业的健康发展，短期内也难以化解，我国硅产业界应深入反思如何减少贸易争端。

此外，反倾销等政策工具并不是万能的，如果产业自身没有进步，使用贸易政策工具还会有后遗症。例如，我国有机硅产业的反倾销在胜诉后，市场迅速回暖导致产能急剧扩张，并使得外资巨头下定决心在国内投资建厂，造成了超乎预料的影响；欧盟多年对我金属硅反倾销以保护自身产业，但最终中国企业下决心买下了欧盟境内最大的金属硅生产商，直接将产业链布局到了欧盟境内；我国多晶硅产业反倾销后，虽然因为产能过剩严重市场没有立即大幅反弹，但某些国外巨头随后就开始在国内合作建厂，令人不得不思考两者之间的关联。

1.4 对当前硅产业发展的六点建议

我国硅产业从 20 世纪 90 年代开始真正大规模工业化并发展至今，已经在更高平台上进入新的阶段。过去二十多年的发展，我们依靠低廉的价格取胜，从无到有，由小变大，成为世界最主要的硅材料生产大国，这期间全行业面临的真正挑战，是环境保护和资源合理利用的问题。

从 2010 年至今相当长的时间之内，我国各类生产要素价格已上升至较高水平，主要硅材料产品产能严重过剩，价格持续下行，部分下游消费行业转型升级压力增大，需求放缓，这表明硅产业凭借成本优势实现快速扩张的老路已经终结。从现实情况看，我国硅材料企业虽然数量众多，但已明显分化，各分支行业都已经出现行业性龙头企业，这些企业在行业产能严重过剩的前提下保持着较高的开工水平，产品质量较高且更为稳定，服务到位，拥有忠实的客户群，已经进入企业发展的良性循环。而前期通过低成本扩张、低价格竞争迅速扩大的企业多数遇到了资金问题，部分企业甚至已经破产或濒临淘汰。由此可见，在未来一段时间之内，我国硅材料市场竞争的决定性因素已经从产品价格转为广义的产品质量，而这一转变将推动我国硅材料产品总体质量得到大幅提升，我国也将实现从硅产业大国到硅产业强国的转变（表 1-11）。

表 1-11　不同时期我国硅产业面临的挑战和市场决定因素

时间	过去/1990～2010 年	现在/2010～2020 年	未来/2020 年
主要挑战	环境保护与资源合理利用	成本持续攀升	知识产权保护
市场决定因素	价格	质量(服务)	创新

未来我国硅产业要继续向高水平发展，实现从追随到引领的跨越，必然要面对与掌握优势地位和大量资源的现有巨头之间的激烈竞争，要突破这些发展障碍，就必须从生产技术、科研机制、企业战略甚至商务模式进行多角度、全方位的创新，要达成这一目标，不仅要投入大量资源扶持创新工作，还必须逐步加强知识产权保护，从体制上为创新提供坚强后盾。

1.4.1　加大知识产权保护力度

加大知识产权保护力度，是保护创新积极性、实现企业正向淘汰的根本保证，也是进一步提升我国硅产业发展水平的必然选择。

知识产权问题并不能简单理解为发达国家对我国的围堵手段，在所有开放的市场中，知识产权都是强者维护自身利益的主要工具，换言之，弱者自然不需要保护自己的知识产权。我们硅材料产业高速发展已经二十多年，在世界产业界从无足轻重到三分天下，已经不能再采用起步阶段追随、模仿为主的发展方式，必须要切实改变思维方式，才能更好的把握未来。

加大知识产权保护力度，一方面要求健全相关法律法规体系并加大执法力度，另一方面要求改变对待知识产权保护问题的思维方式，这不仅仅是要求相关单位加强自律，减少侵权行为发生，更要求相关单位和个人善用相关法律法规，增强保护自身合法权益的意识和能力。

1.4.2　扶持基础科研和创新性研究

在计划经济体系下，基础科研由国家统一管理。各个行业都建立了科研机构，任务由国家下达，成果由国有企业共同分享。进入市场经济模式后，科研机构和企业都被一股脑推向市场，由集中到放松的过程转折太突然，很多企业还没有建立起来自己的科研机构，而科研机构对于科技成果转化也茫然，造成了产学研脱节。经济高速发展，对新技术的渴求是巨大的，对研发投入见实效的时间要求也加快，急功近利是中国目前各企业各单位的普遍心态。基础科研一般都是周期长，出成果慢，产生经济效益更慢，再加上我国对知识产权的保护措施还有待完善，基础科研就渐渐不被重视，即使投入资金和精力搞出了成果，往往以很低的代价就被其他企业获取利用并取得经济效益。

其他国家已经形成了相应的制度来鼓励支持基础科研。诺贝尔奖基本上是倾向于基础科研的。诺贝尔物理学奖评选委员会秘书拉尔斯·贝里斯特罗姆最近在公开场合就表达过："中国的科研人员数量很多，若能激励他们坚持自己的研究，一定能获得更多的好成果"。贝里斯特罗姆认为科研人才的培养与平台建设都需要国家长期大力的支持。瑞典近些年来也面临着企业对物理和化学这类基础研究不再感兴趣和不再大幅投资的困境。这是因为以利润最大化为目的的企业很难在短期内看到这些基础研究的成果以及后期转化应用带来的收益预期，所以基础科学的研究需要有国家的资金扶持，并且是长期和稳定的。瑞典、美国、德国等国家目前的模式是，以国家为主导，促使一些私人基金会的投资运用到国家长期科研发展投资中来，确保基础学科的研究项目得以平稳发展下去。

基础科研是制约我国硅产业转型升级，实现赶超的最大短板。建议从以下三个方面大力扶持基础科研和创新性研究。

一是继续推动现有技术升级改造：我国各主要硅材料生产技术与国际先进水平差距仍然十分明显，主要体现在能耗、物耗、效率、质量和安全环保方面，例如：我国有机硅单体流化床设计、催化体系、原料质量控制和周期控制至今没有本质突破，硅烷低聚物、废渣的减量控制和后处理技术仍然面临较大困难，高端纳米硅材料、单晶硅、硅晶圆和超高纯电子气体等方面至今没有掌握核心技术等。

建议国家集中基础科研单位、大型一体化企业集团的科研力量，系统开展相关基础研究和创新性研究，特别应重视对现有生产工艺的技术改进与节能减排技术的攻关，支持研发新型高效环保技术与应用，关注硅材料应用技术的研究开发。支持符合条件的硅材料企业申报国家科技重大专项、高技术产业化专项、重点行业结构调整专项和装备制造业发展专项，推动以优势企业为核心的现有技术升级改造体系。建议将技术先进、优势明显、带动和支撑作用强的重大项目，纳入国家和省级项目规划重点，并给予重点支持。依靠政府政策支持，加大财税扶持政策支持力度，确保早日收到成效。

二是探索新一代硅材料生产和利用技术：硅材料生产成本偏高的原因主要是提纯过程能耗高、流程长，只有开发出更为简单高效的工艺，硅产业才有可能发展成为通用材料；其次，硅材料的优异性能远远没有得到发掘，在相当长的时间内仍将是信息产业、新材料行业重要的前沿方向之一，这寄托了硅产业和下游产业共同的殷切希望；目前，美国、日本等发达国家都已经开展新一代硅材料生产和利用技术的研究，并已经取得阶段性进展。例如欧美近年来已广泛开展新一代碳化硅半导体材料的研究，已接近实际生产水平，未来将对信息产业和人类生活带来巨大革新。2013 年美国印第安纳州 Ball 州立大学公布的科研成果显示可在常温下用电化学方法直接由硅石和甲醇生产有机硅中间体，且收率较高，如果该法能成功工业化，将是硅产业具有颠覆性的革新。

建议国家在现有基础科研计划范畴内，明确列入新一代硅材料生产和利用技术，通过 5～10 年的扶持，使我国进入硅材料科学的世界前沿，抢占世界硅产业发展的制高点，为我国硅产业培养一批具有世界影响的科学家和科研单位。

三是适当转变科研战略，积极探求与非硅产业结合发展：对非硅材料的替代一直被行业界广泛认为是硅材料下游发展的有效战略，这一战略强调硅材料在某些领域对非硅材料的优越性，但目前来看并不能够真正帮助硅材料行业快速发展。除较为低端的玻璃产品之外，至少目前还没有任何一种硅材料已具备了在某个下游市场替代传统材料并被真正大规模推广的潜力。

以上战略的局限性在于：首先其成立的重要前提是化石能源价格持续上升，而硅材料产品价格持续下降。但实际上，随着非常规油气资源开发技术的日益成熟，石化能源价格反而出现了下降；其次，硅材料虽然某些领域性能优，但也存在重要缺陷，如有机硅材料机械强度较低，光伏发电成本高、效率低，这些软肋在目前限制了硅材料成长为通用材料；其三，硅产业包括光伏产业在全球能源和材料工业中的比例仍然微不足道，例如人类目前使用的传统有机材料全球消费量每年数亿吨，而有机硅材料只有一百多万吨，相差百倍，人类 2013 年消耗的一次能源折合石油超过 120 亿吨，但当年全球光伏发电量只有约 2000 亿千瓦时，约合 1650 万吨石油，仅占 1.4‰。如果硅产业片面强调对传统产业的替代、竞争，则会面临来自四面八方的竞争压力。

更为合理的发展战略，首先要正视硅材料自身的缺陷，主动与更为成熟的传统产业紧密结合，取长补短，通过彼此融合借鉴来改善传统材料并弥补自身性能差异，从强调竞争转变为积极合作，从而开辟新的应用市场和交叉领域，只有这样才有可能快速打开市场跳跃式增

长的突破口。

1.4.3 扶持优势企业和特色产业聚集区

产业发展最终要依靠企业。目前我国硅材料企业已经涌现出一大批具有较大产业规模、较强研发能力和较高一体化水平的大型企业，她们寄托了我国硅产业振兴的希望。但总体而言，这些企业在规模、技术、人力资源、管理经验及市场渠道等方面与国际巨头存在不小差距，且由于体量小，很少能够得到政府专门的政策和资金扶持。“十三五”期间，国家应通过定向的政策扶持，在产品出口，择优培育一批世界级企业和品牌，力争培养成1～2家世界级龙头企业和相应的国际性品牌，从而带动中国硅材料产业的整体发展和技术进步，从根本上提升我国行业的国际国内竞争力。

硅材料产业在资源、技术、物流、市场等方面具有自身的特点，聚集发展有利于提高原材料、信息、资金、技术和人才等产业资源的配置效率，有利于环保、安全工作水平的开展，有利于提高聚集区企业的市场竞争力。经过多年发展，我国已形成江苏东海高纯石英产业聚集区、江苏徐州多晶硅相关产业聚集区、江西永修有机硅产业聚集区等一批特色硅产业聚集区，这些聚集区一般都聚集有同一产品链条上的数十家乃至数百家企业，具备“专、精、特、新”的突出特点和产业优势，个体企业发展水平也高于同类规模的分散企业。此外，福建三明沉淀二氧化硅产业，珠三角和长三角有机硅下游产业、新疆部分地区金属硅产业也出现了不同程度的产业聚集，已经逐渐成为地方特色。

我国相关地方政府为推进硅产业集聚做出了许多积极探索，特别是江苏省东海县为推动硅产业发展，专门成立了正科级的硅产业发展局，由一名分管副县长负责，专门管理推动当地硅产业发展，当地硅产业总产值连年高速增长，市场占有率和国际知名度连年提高，取得了十分明显的成果，这一经验值得全国其他相关地方学习借鉴。

但与国外大企业主导的集中分布式硅材料产业聚集区相比，总体而言，我国硅产业聚集仍处在较低水平，表现为：规模总体偏小；资源聚集强度低；主体多，主体间资源流动不顺畅；安全、环保水平总体偏低。十三五期间，管理部门特别是相关地方政府应继续推动硅材料产业聚集区综合发展水平的提高，继续扩大聚集规模、提高聚集强度，优化聚集区企业结构，提高聚集区安全、环保和综合管理水平，争取在5～10年之内打造出2～3个产业发达、科技领先、人才汇集、贸易繁荣、环境优美的世界级特色硅产业园区，成为中国硅产业强国的名片。

1.4.4 调整外贸和对外投资政策，鼓励优质过剩产能输出

贸易税率调节是很好的外贸调整手段。我国近年对金属硅出口税多次调整，对抑制低水平重复建设和推动节能减排发挥了很好的作用，随着国际市场回暖，我国政府及时取消退税征收，保护金属硅对外出口市场。但总体来看，我国贸易税收和退税政策对硅产业的支持力度不够，调整不及时，比如硅烷偶联剂、气相二氧化硅这类技术含量高、靠近终端消费的产品所享受的出口退税偏低，对非资源性硅产品的出口尚未有扶持政策。

此外，我国基础的硅原料产业普遍出现过剩局面，其中部分行业产能过剩比例超过100%，其中部分产能属于技术较为先进，但受限于当地资源环境或市场总量，而不能发挥效益。我们有较为先进的基础硅材料生产技术和人力资源储备，也可以提供相应的技术转移或输出服务。向硅资源相对丰富、市场有需求的其他国家和地区输出优质过剩产能在技术、资金和市场等方面有充分的保障，符合我国和输入国的根本利益，值得国家主管部门和产业界关注。

1.4.5 加强硅材料标准研究

当前，各国政府高度重视硅材料产业的发展，涉及硅原料和硅产品的国际和各国标准达到8000余项，我国相关标准则不足100项，远远落后于发达国家水平，也不能满足自身快速发展的需要。因此，站在国家战略高度，立足国际、国内硅产业发展态势和市场需求，研究我国硅材料产业及其标准化战略，制定并实施适合我国国情的硅材料标准体系及标准，对提升我国硅产业的国际竞争力具有十分重要的现实意义。

我国硅材料标准体系的建立、标准的制定、标准化的实施原则应是：建立硅材料产业标准整体构架，实现产品全面覆盖；实施不对称发展战略，实现高端领域的重点突破；以点带面，实现产业升级。其具体实施办法是：

（1）建立多晶硅、单晶硅、半导体硅、有机硅、人造压电水晶、石英玻璃制品、硅微粉、新型电光源等八大产品系列的全面标准体系框架；（2）对技术成熟、质量稳定，市场占有率高的硅材料产品，制定国家或行业标准，积极争取国际标准制定主导权；（3）对我国拥有自主知识产权的高技术材料产品，推行专利标准化战略，争取制定国际标准；（4）标准化范围不限于产品，对装备、工艺等均考虑其标准化需求；（5）对属于新增产品类别的新产品、新产业，鼓励先行制定标准联盟统一产品标准，待时机成熟，及时制定国家或行业标准。

1.4.6 加强全产业统筹协调，推动产业健康发展

我国硅产业体系涉及产业领域较多，如冶金、有色、化工、能源、电子等，长期以来各产业间各自封闭，产业之间分割严重，使行业间的内在链接断裂。特别是我们在产业政策制订、基础科研、原料及产品供需统筹等方面往往着眼于单一产业，而忽视了从全行业进行科学统筹考虑。相关行业组织包括有色金属工业协会、有机氟硅材料工业协会、电子材料工业协会、可再生能源学会等，在推动产业发展的工作中，大都从自己的归属工作范围考虑，使行业组织之间缺少必要的联系。这些都在一定程度上影响了国家相关产业政策的统揽性、连贯性和科学性。我国至今仍没有出现大型一体化生产企业与现有条块分割的行业管理体制不无关系。建议由工信部、发改委、能源局、商务部、科技部等有关部门，吸收各行业协会，建立一个涵盖硅材料生产、加工、应用的行业协调机制，加强各个部门在政策制定等方面的有机协调，使政策更科学，执行更高效、效果更突出。建议从长远角度出发，制定科学、可行、有针对性和指导意义的行业整体发展规划，并采取行之有效的调节手段。

第2章 分支行业发展成就

2.1 金属硅

金属硅又称工业硅或结晶硅，通常是在电炉中由碳还原二氧化硅而制得，其主要用途是作为非铁基合金的添加剂和生产半导体硅、有机硅的起始原料。

在我国，金属硅通常按其所含的铁、铝、钙三种主要杂质的含量来分类。按照金属硅中铁、铝、钙的百分比含量，金属硅可分为553、441、411、421、3303、3305、2202、2502、1501、1101等不同的牌号。

【基本情况】

2013年中国金属硅产量同比增加26.1%至148.8万吨，国内平均开工率为39.2%。2013年中国金属硅出口量大幅增加至70.4万吨，涨幅高达46.7%。

2013中国金属硅表观消费量为78.7万吨，同比增加11.9%。表2-1为2010～2013年中国金属硅供需统计。

表2-1 2010～2013年中国金属硅供需概况

年份	2010	2011	2012	2013
产能/(万吨/年)	270	320	360	380
产量/万吨	109	125	118	148.8
开工率/%	40.4	39.1	32.7	39.2
进口量/万吨	0.8	0.8	0.3	0.3
出口量/万吨	63.3	58.4	48	70.4
表观消费量/万吨	46.5	67.4	70.3	78.7

金属硅生产采用碳热法，即用硅石、碳质还原剂在矿热炉内进行冶炼的方法。这样制得的硅纯度为97%～98%，再将其融化后重结晶除去杂质，得到纯度为99.7%～99.8%的金属硅。

以石英砂为原料冶炼金属硅，包括石英砂制块、配制炉料和矿热炉冶炼几个步骤。目前，中国生产金属硅的碳热法的生产工艺路线：普遍采用的是以硅石为原料，石油焦、木炭、木片、低灰煤等为还原剂，在矿热电炉中高温熔炼，从硅石中还原出金属硅，其为无渣埋弧高温熔炼过程。

金属硅生产中，矿热电炉容量越大，产量也越大，交流电耗也越少，发展大容量矿热电炉，节能和生产效益显著。

截止到2013年年底，中国已投产炉型中，6300kVA及以下冶炼炉数量为58台左右，占总炉数的13.3%，合计产能约16万吨/年，占全国总产能的比例下滑至4.1%左右；12500kVA（含）～25000kVA（不含）冶炼炉接近316台，占总炉数的72.3%，是目前数量最多的炉型，合计产能约284万吨/年，占全国总产能的74.8%左右；25000kVA及以上的大型冶炼炉数量为38台，占总炉数的8.7%，产能约65万吨/年，占全国总产能的17.2%左右；其余型号冶炼炉如8000kVA，10000kVA等冶炼炉数量为25台，占总炉数的5.7%，产能约15万吨/年，仅占全国总产能的3.9%。中国有超过150家金属硅生产厂商，近440座炉子，6300kVA炉型逐渐减少。2013年中国前3大金属硅企业产能为78万吨/年，占全国总产能的20.5%。宁波合盛集团一跃成为我国产能最大的金属硅企业，旗下有黑河合盛硅业有限公司（简称黑河公司）和新疆西部合盛硅业有限公司（简称新疆公司）两个金属硅子公司，合计设计产能30万吨/年。目前，12500～25000kVA炉型所占比重上升较快，大炉增长势头强劲，小炉型逐渐退出。

表2-2　2013年已投产炉型统计

炉　　型	炉型数量/台	炉型占比/%	炉　　型	炉型数量/台	炉型占比/%
6300kVA及以下	58	13.3	其他炉型	25	5.7
12500～25000kVA	316	72.3	总计	437	
25000kVA及以上	38	8.7			

2013年，中国金属硅产能为380万吨/年，同比增长5.6%；产量148.8万吨，同比上升26.1%。2013年，中国金属硅新增产能约为30.5万吨/年，主要以较大企业为主，同时淘汰落后产能接近10.5万吨/年，贵州、云南等地6300kVA小型电炉被列入工业行业淘汰落后产能企业名单，其中贵州地区企业关停较多。

2013年中国金属硅装置平均开工率为39.2%，比2012年提高6.4个百分点。根据目前金属硅市场行情以及宏观经济形势，预计2018年中国金属硅装置产能约462万吨，平均开工率约为45%。

受国家抑制行业产能过剩及积极推动金属硅电炉转向大型化与规模化的发展趋势，小型电炉近两年将逐渐被全面淘汰，加上湖南、福建及贵州部分企业市场竞争力削弱、将逐渐退出舞台。综合考虑新增及关停产能情况，预计2014年中国金属硅总产能约396万吨/年，2014年后中国金属硅的产能增度将放缓，2014～2018年产能年均增长率约为3.0%。2003～2013年中国金属硅生产情况及预测见图2-1和表2-3。

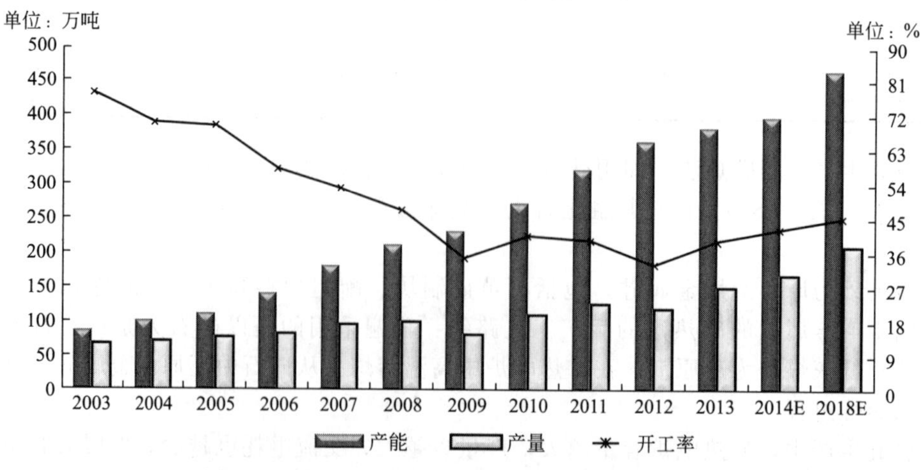

图2-1　2003～2013年中国金属硅生产情况及预测

表 2-3　2003～2013 年中国金属硅生产情况及预测

年份	产能/(万吨/年)	产量/万吨	开工率/%
2003	85	66	77.6
2004	100	70	70
2005	110	76	69.1
2006	140	81	57.9
2007	180	95	52.8
2008	210	99	47.1
2009	230	80	34.8
2010	270	109	40.4
2011	320	125	39.1
2012	360	118	32.8
2013	380	148.8	39.2
2014E	396	166.4	42.0
2018E	462.3	208	45.0

金属硅属于高能耗、高污染行业，在生产过程中，需要消耗大量的能源，并且能源成本占总成本的 50%以上。因此，中国金属硅企业在水电资源丰富的西南地区，或低价电力资源的西北和东北地区分布较为集中。西南地区因具备独特的地理优势和廉价的水电资源，金属硅产能和产量的市场份额较高。部分地区政府出台金属硅产业结构调整意见，调结构、降排放，淘汰落后产能，且受下游需求面低迷影响，金属硅主产地产能也发生相应变化。2010～2013 年，拥有优势电力资源的新疆产能增长最快；2013 年云南、新疆产能增速显著；随着电力成本的上升，湖南、贵州及福建等产地的产能有所减少。

2013 年，中国金属硅产量最大的省份是云南，产量为 43.2 万吨，同比增长 43.9%；新疆次之，产量为 40.2 万吨，同比大幅增加 111.5%，主要受新厂投产拉动。2010～2013 年中国主要金属硅产地产量变化见图 2-2。从该图可以看出，2013 年，贵州、湖南和福建等产地产量有所减少，其中贵州随着落后产能淘汰、产量同比下滑 14.3%左右；湖南电价高企、产量同比走低 16.7%。

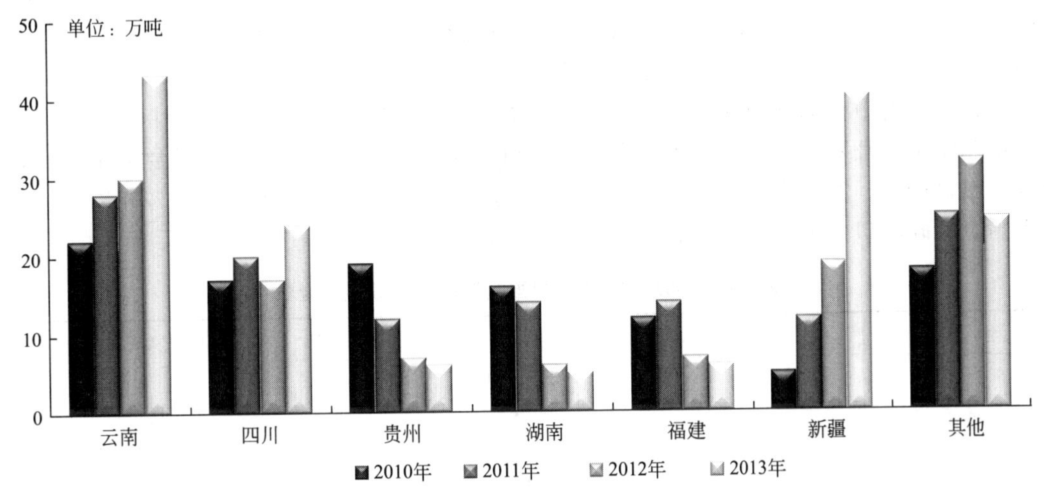

图 2-2　2010～2013 年中国主要金属硅产地产量变化

2014 年，在大炉企业投产带动下，新疆、湖北、甘肃等地产能产量将明显增加。

2014 年后，在湖北三新、四川潘达尔及四川协鑫等大炉企业带动下，中国金属硅生产集中度将大幅提升。表 2-4 为 2013～2014 年中国新增产能列表。

表 2-4　2013 年中国新增产能统计表

企　业	新增冶炼炉/台	炉型/kVA	新增产能/(万吨/年)	投产年份
新疆西部合盛硅业有限公司	10	12500	8	2013
青海中航硅材料	2	13500	1.25	2013
四子王旗佳辉硅业	3	25000	3.75	2013
浙江九晟光伏材料	2	25500	2	2013
瑞丽景成	4	12500	5.5	2013
湖北三新	4	33000	5	2013
甘肃三新	4	33000	5	2013
云南宏盛锦盟硅业	4	25500	4	2014
巴州毅龙润巍硅业	8	13500	6.5	2014
云南盈江佳兆鑫硅业	4	12500	3	2014
潘尔达	1	33000	2.2	2014

从产品结构来看，近几年多晶硅、有机硅行业的发展带动化学级金属硅产量占比逐年提高，2013 年，化学级金属硅所占比例较 2012 年提升两个百分点至 48%（表 2-5）。随着国内经济不断发展，有机硅需求将不断上升；政府利好措施推动下，多晶硅市场逐渐回暖，预计 2014 年，中国化学级金属硅产量所占比重将升至 50%以上。

表 2-5　2010～2013 年中国金属硅分级别产量表

年份	2010	2011	2012	2013
总产量/万吨	109	125	118	148.8
冶金级产量/万吨	68.7	75	63.2	78
化学级产量/万吨	40.3	50	54.8	70.8
化学级百分比/%	37	40	46	48

【进出口贸易】

中国是世界最大的金属硅生产国和净出口国，金属硅进口量不多，2013 年的进口量只有 2822 吨左右，对我国市场影响甚微，在此不另作分析。本章节分析数据主要基于税则号 28046900 下的记录。2013 年出口关税取消后，金属硅的出口走私现象得到一定程度的遏制，年内走私量不足 1 万吨，保障了正规出口企业的利益。

2013 年，中国金属硅出口量再创新高，欧元区经济复苏、利好区域内新车消费市场，同时也刺激了欧洲对金属硅的需求；金属硅出口关税取消，有效提升了我国金属硅在东南亚地区的出口份额。2013 年中国金属硅出口量达到 70.4 万吨，同比增长 46.7%。2003～2013 年中国金属硅出口数量及金额见表 2-6。

表 2-6　2003～2013 年中国金属硅出口数量及金额

年份	出口数量/万吨	出口金额/百万美元	均价/(美元/吨)
2003	47.9	437	912
2004	54.5	588.7	1080
2005	53.6	560.9	1046
2006	61.4	663.1	1080
2007	69.8	964.7	1382
2008	69.3	1544.3	2228
2009	42.2	751.9	1782
2010	63.3	1473.7	2328
2011	58.4	1605.9	2750
2012	48	1144.4	2384
2013	70.4	1442.3	2049

2013 年，金属硅月度出口均实现正增长，8 月、11 月份出口量高达 6.9 万吨，其次，5 月、7 月以及 12 月出口量也处于较高水平。图 2-3 为 2012～2013 年中国金属硅月度出口量对比。

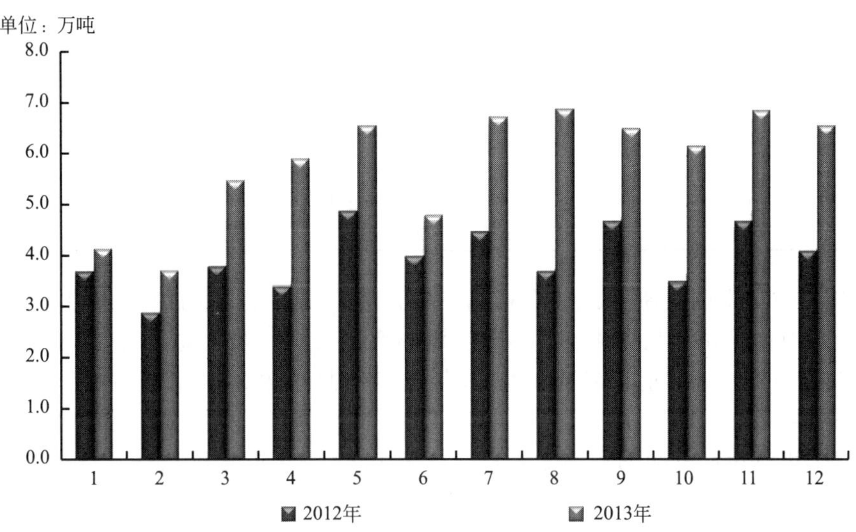

图 2-3　2012～2013 年中国金属硅月度出口量对比图

2013 年金属硅月出口均价波动缓和，峰值 2133 美元/吨与谷底价格 1985 美元/吨，价差仅 147 美元/吨，但整体均价低于去年水平。图 2-4 为 2012～2013 年中国金属硅月度出口均价变化趋势。2013 年中国金属硅出口至世界 71 个国家与地区。

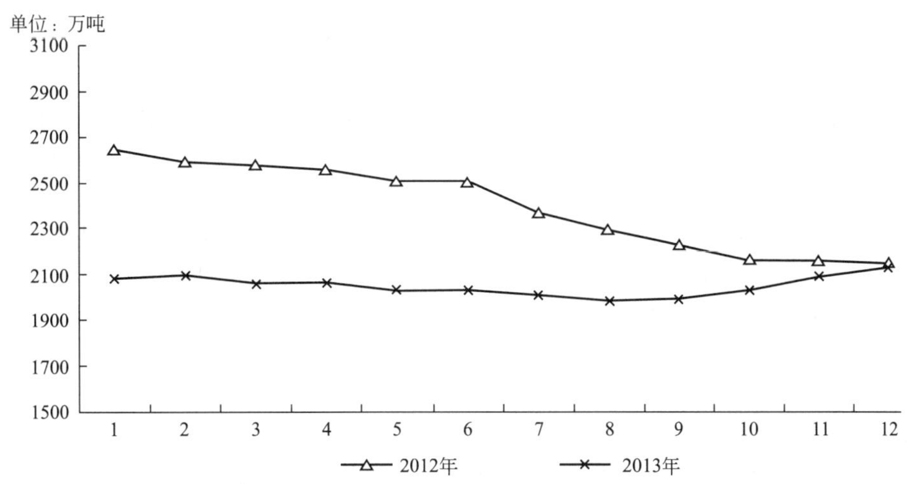

图 2-4　2012～2013 年中国金属硅月度出口均价变化趋势对比图

表 2-7 为 2013 年中国金属硅主要出口目的地。2013 年中国金属硅主要出口至韩国、日本和泰国，其中韩国与日本占据出口市场近 34.5%的份额。

从牌号上看，中国出口金属硅主要以 553# 、441# 为主，其中对日韩出口金属硅大多数为 553#，主要原因在于日韩汽车工业比较发达，对冶金级金属硅需求量大。化学级金属硅则因西方国家自身产量较大，需求相对偏小。

表 2-7 2013 年中国金属硅主要的出口目的地

国家和地区	出口数量/万吨	出口金额/百万美元	国家和地区	出口数量/万吨	出口金额/百万美元
韩国	12.5	254.5	德国	2.4	54.6
日本	11.8	244.9	阿拉伯联合酋长国	2.2	45.4
泰国	5.0	102.0	墨西哥	2.2	41.7
中国香港地区	4.9	98.6	卡塔尔	1.7	35.5
英国	4.2	92.3	俄罗斯联邦	1.5	33.2
印度	3.7	72.4	巴林	1.3	26.9
中国台湾地区	3.6	70.6	印度尼西亚	1.3	26.4
荷兰	2.8	55.4			

2013 年，位居中国金属硅出口企业前三甲的企业分别为厦门国贸集团股份有限公司、大连道氏贸易有限公司和瓦克化学贸易（上海）有限公司，合计总量为 12.1 万吨，占国内出口总量的 17.1%；出口前十名企业 2013 年出口量共计达 23.6 万吨左右，占国内出口总量的 33.5%。

欧洲汽车市场历经 6 年的低迷之后，预计 2014 年将缓慢走出低谷，汽车生产商及业内人士预计，欧洲车市预计迎来 3%的增长，虽产能过剩阻滞着车市强劲反弹，但温和向好有望拉动中国金属硅出口；随着全球对光伏行业的追捧、预计 2014 年太阳能电池需求势头良好，进而带动多晶硅行业反弹，从而激增对金属硅的需求量，作为全球主要金属硅产地及出口大国的中国、出口市场看好；2014 年中国金属硅出口仍执行零关税政策，有效遏制走私的同时利于提高中国金属硅在国际市场上竞争。多重利好影响，预计 2014 年，中国金属硅出口总量有望达到 78 万吨。

【消费情况】

2013 年，中国金属硅实际消费量为 78.7 万吨，同比增加 15.7%。从下游行业对金属硅的消费情况来看，铝合金、有机硅及多晶硅对金属硅消耗量分别同比增长 30.4%、11.0%和 11.7%。

自 2012 年以来，多晶硅企业产能过剩、多数厂家处于停产状态，导致对原料需求增幅有限，而有机硅行业蓬勃发展，整体来看，我国金属硅需求面呈现缓慢攀升态势。

1. 合金

合金是金属硅的主要消费领域之一。铝合金、镁合金以及少量的铜基、铁基合金都要添加少量的硅，以提高铸造性能、耐磨性能、焊接性能等，其中硅铝合金是用量最大的硅合金。近几年随着汽车行业的快速发展、铝合金消费量节节攀高，国家统计局的数据显示，2013 年中国铝合金产量为 592.9 万吨，同比增长 25.1%，综合估算，2013 年合金行业消耗金属硅 30 万吨、同比增长 30.4%。

随着汽车轻质化程度提高，汽车用铝合金比重呈增长趋势、且硅铝合金增速高于汽车产量增速，2013 年废铝原铝价差减少、更多企业选用原铝进行硅铝合金生产，据估算，目前中国铝合金的平均硅含量提升至 5.1%左右。尽管在铝合金生产过程中，存在部分再生铝已含硅，但是大量的镁合金以及其他合金中用硅量可以大致抵消。据统计，中国合金用硅量从 2011 年的 19 万吨增加至 2013 年的 30 万吨。

2. 有机硅

2013 年，中国有机硅单体产能过剩格局持续，生产企业数目维持在 16 家，总产能 99.6 万吨/年（折硅氧烷）、产量为 64.1 万吨（折硅氧烷），同比分别增长 6.4%和 13.1%，装置平均开工率为 64.4%。产能排名前 6 位的企业为道康宁-瓦克、恒业成、蓝星星火、新安化工（含新安迈图）、山东东岳及浙江合盛，合计产能占国内总产能的 65.7%。2013 年，有机硅行业对金属硅消耗量在 33.3 万吨，较 2012 年增长 11.0%。

3. 多晶硅

据统计，2013 年年底，中国多晶硅产能达 21.4 万吨/年，多晶硅产量为 8.22 万吨，同比分别增长 6.3%与 15.0%。2013 年，多晶硅行业对金属硅消耗量约 13.4 万吨，同比增长 11.7%左右。

近几年，光伏产业国内市场供过于求，多晶硅产品价格出现大规模跳水，中国多晶硅企业 2012～2013 年纷纷关闭。2013 年上半年，仅有 6 家企业维持生产，下半年，在政府一系列措施刺激下，光伏行业开始回暖，一些多晶硅企业复产，到第四季度维持常态生产的企业数增至 15 家。

4. 其他

2013 年，金属硅下游消费领域整体好于 2012 年，呈现正增长局面，其中铝合金消耗金属硅比重增加最多。2011～2013 年中国金属硅下游消费情况见表 2-8。

表 2-8　2011～2013 年中国金属硅下游消费量　　单位：万吨

消费领域	2011 年	2012 年	2013 年
铝合金	19	23	30
有机硅	26	30	33.3
多晶硅	16	12	13.4
其他	3	3	2

2014 年，中国汽车市场受能源、交通、空气质量以及政府限购等多方因素交织影响、产销形势具有不确定性，但居民对汽车的需求热情持续走高，汽车消费量将延续增长态势，同时对硅铝合金的需求仍维持增长势头。预计，2014 年中国铝合金行业对金属硅的消费量在 34.7 万吨左右。

行业分析机构纷纷预测 2014 年全球光伏产业将有望出现 25%增幅，但中国供应过剩及成本高企局面下，状况难以如此乐观。预计 2014 年我国多晶硅产能在 23 万吨/年、产量 10.2 万吨，对金属硅需求量约 15.0 万吨左右。

预计未来 5 年内，聚硅氧烷在建筑、电子、纺织等传统领域需求量基本稳定，电力、新能源及个人护理用品等需求面保持较快增长，医疗、交通及日用消费品等新兴领域需求将不断扩张。预计 2014 年，聚硅氧烷产能将达到 120.3 万吨/年、产量 73 万吨，对金属硅消耗量在 37.0 万吨。

总的来看，2014 年中国金属硅产量有望达到 166.4 万吨，出口量预计增至 78 万吨左右，加之其它行业消费变动不大、国内消费量合计约 88.7 万吨（表 2-9）。

表 2-9　2013～2014 年中国金属硅供需概况

年份	2013	2014E	年份	2013	2014E
产能/(万吨/年)	380	396	进口量/万吨	0.3	0.3
产量/万吨	148.8	166.4	出口量/万吨	70.4	78
开工率/%	39.2	40.0	表观消费量/万吨	78.7	88.7

【技术进步】

中国金属硅行业整体落后，手工操作、经验配料、原料采购不稳定等技术问题普遍存在，但中国生产技术也在不断进步，尤其是大型、新建生产企业正在向世界先进水平靠拢。例如，湖北三新硅业有限公司已经能够做到非间歇操作，安全稳定地连续出硅。一些先进的企业已经发现了开始对原料杂质含量问题开始重视起来，不再只凭价廉和总纯度指标选货。

由中国化工经济技术发展中心全国硅产业绿色发展战略联盟携手中国有色金属协会硅业分会联合举办的2013年中国金属硅生产技术培训班12月9～13日在云南昆明举行并获行业一致好评。30多家国内大炉子企业参加了此次培训，受益匪浅。

此次培训方特邀请国外知名专家担任主讲。具体内容：介绍冶金级硅和化学级硅的全球市场；代表性生产设备及工具；电弧炉所涉及的化学原理；熔炉管理步骤：管理工具，最佳固碳率选择；原料选择：石英、黑色材料、木屑、电极、添加剂等等；管理混合计算和达到预期粗金属硅的工具；针对不同供应商所供原料的最佳生产方案，中国的相关情况；精炼浇注粉碎工艺；炉子电气管理：最佳的电压/电流组合；电极管理，工厂的分析工具；总制造成本计算工具；有机硅、多晶硅及硅合金不同工艺路线对硅粉的质量要求。

【问题与建议】

1. 产能结构性过剩

我国金属硅企业过度依赖电价进行竞争，缺乏技术创新。尽管近几年在国家大力指出下，涌现出一批优秀的大炉企业，推动了国内工业硅技术及各项产品指标的不断进步，但落后产能淘汰问题依然没有得到有效解决，目前还有20万吨/年属于政策规定需淘汰的产能，导致国内工业硅企业依靠竞相低价来抢占市场份额的现状仍未杜绝，企业利润难以提升，阻碍了国内工业硅产业良性发展。中国超过300家金属硅企业占全球约63%的产量，而37%的产量由西方国家10家公司提供，产能集中程度与规模化生产的差距可见一斑。

2. 技术进步缓慢，产业升级艰难

由于市场竞争激烈，企业生产经营困难，也给整个产业造成技术进步缓慢、产业升级艰难等问题。目前工业硅产业急需通过技术创新和技术改造，解决替代木炭的新型还原剂：生产自动化，机械化；余热综合利用等一系列问题，但是在目前的市场环境下，企业生存都十分困难，更无法通过技术研发来提升竞争力。

3. 环保回收产品销路有问题，存在偷排固体废物现象

金属硅行业的烟尘排放是主要的环保问题，技术上已经没有问题，技术上已经没有问题你，主要经济问题，每回收一吨烟尘会增加企业成本600元左右，现在市场销售的普通微硅粉不到200元，企业回收积极性差，回收系统使用率不高，偷排现象较严重。

4. 建议

（1）提高金属硅产业准入政策。从炉型、规模、区域内上下游资源状况及企业综合实力等多方面进行规范，限制产能肆意扩张；

（2）实行阶梯电价制度。对节能减排企业给予一定电价优惠，对落后产能企业给予惩罚性电价；

（3）规范矿权市场，提高矿权市场准入标准。保护优质矿石资源、合理开采，提高产品附加值，同时相关机构或组织加强对产业或企业的监督、监管力度，保障行业有序、正规、健康发展；

（4）促进产业升级。政府出台相关文件，加快落后产能淘汰，鼓励企业技术进步，促进兼并重组、提高产业集中度，加速产业升级。

2.2 多晶硅

多晶硅是单质硅的一种形态，在电子工业中用于制造半导体收音机、录音机、彩电、录像机、电子计算机等的基础材料。在新能源行业，多晶硅是生产太阳能电池的重要原料。

多晶硅的生产工艺分为两大类：冶金法和化学法。化学法又包括西门子法、改良西门子法、硅烷法、流化床法等。目前中国多数企业采用改良西门子法，采用硅烷法的企业有两家，中国江苏中能正在对其改良西门子法生产工艺进行改进，准备采用流化床法，2013 年中试已获成功。

【基本情况】

中国成为全球最大的多晶硅生产国，2013 年新增产能 1.265 万吨/年，总产能达 21.365 万吨/年，产量从 2009 年的 1.8 万吨增加至 8.22 万吨。2013 年中国多晶硅产量比 2012 年增长 15.6%，平均开工率 39%。

2013 年新增产能包括：新疆西部合盛硅业有限公司新建的 5000 吨/年项目，12 月底开始调试；宜昌南玻硅材料公司扩产 3000 吨/年，8 月开始调试；内蒙古晶阳能源有限公司新建 3000 吨/年项目，8 月开始调试；内蒙古神舟硅业有限责任公司增加 500 吨/产能；大全新疆生产线产能由 5000 吨/年增至 6150 吨/年，全国合计 1.265 万吨/年。2013 年中国化学法多晶硅产能见表 2-10。

表 2-10　2013 年中国化学法多晶硅产能

企　业	产能/(万吨/年)	企　业	产能/(万吨/年)
江苏中能硅业发展有限公司	6.5	四川永祥多晶硅有限公司	0.4
江西赛维 LDK	1.8	陕西天宏硅材料有限公司	0.375
特变电工新疆新能源股份有限公司	1.5	昆明冶研新材料股份有限公司	0.3
洛阳中硅高科技有限公司	1	内蒙古晶阳能源有限公司	0.3
大全新能源有限公司	1.065	内蒙古盾安光伏科技有限公司	0.3
四川瑞能硅材料有限公司	0.8	青海黄河上游水电公司	0.25
宜昌南玻硅材料公司	0.6	内蒙古锋威硅业有限公司	0.15
亚洲硅业(青海)有限公司	0.5	湖北随州晶星科技股份有限公司	0.15
新疆西部合盛硅业有限公司	0.5	其他	4.375
内蒙古神舟硅业有限责任公司	0.5	合计	21.365

中国电子级多晶硅发展相对缓慢。据统计，2013 年中国半导体用多晶硅产量不足 1000t，发展慢的主要原因是原料和技术。尽管目前国内多条生产项目定位是电子级多晶硅(包括陕西天宏、昆明冶研、黄河水电、峨眉半导体、四川新光)，总产能已经突破 1.1 万吨/年，但是实际产品不达标，只能用于光伏产业。

中国多晶硅企业主要分布于华东、华中、西北以及西南地区，产能较大企业为江苏中能硅业、江西赛维 LDK、洛阳中硅、新特能源、大全等。继 2012 年“双反”之后，内陆多晶硅企业的优势渐渐被西部地区取代，主要因素就是西部地区的电价较低，这对多晶硅企业降低成本是很关键的。除了江苏中能外，2013 年西北多晶硅企业开工率明显比其他地区高。西北地区在成本竞争中优势逐渐凸显，该地区现有企业有：新特能源、内蒙盾安、亚洲硅业和新疆大全。浙江合盛也加入到新疆，大全在新疆还有进一步扩产计划。2013 年中国多晶硅在建项目及新建计划统计见表 2-11。

表 2-11　2013 年中国多晶硅在建项目及新建计划统计

公司	建设地	新增产能/(吨/年)	投资额	进度(计划)
REC 硅材料公司和天宏新能源有限公司	陕西省榆林市	19000	4.98 亿美元	2013 年 2 月 28 日签合同
大全集团	新疆　一期扩建	6000	10 亿元	2014 年完成
大全集团	新疆　二期新建	13000	40 亿元	2015 年全部建成
江苏中能硅业科技发展有限公司	江苏徐州	5000		2014 年 5 月试车
四川永祥多晶硅有限公司	四川乐山	10000		暂停

中国多晶硅产能由 2010 年 9.8 万吨/年，迅速增长到 2013 年的 21.365 万吨/年。2013 年中国产量约为 8.2 万吨，开工率约为 39%；产能增长 1.265 万吨/年或 6.3%，产量增长 1.07 万吨或 14.9%（表 2-12）。

表 2-12　2008～2013 年中国多晶硅生产情况及 2018 年预测

年份		产能/(吨/年)	产量/t	开工率/%
2008		15310	4515	30
2009		42810	20084	47
2010		97860	52203	53
2011		165000	84801	57
2012		201000	71500	35
2013		213650	82180	39
2014E		225000	102000	44
2015E		238000	119000	49
2016E		241000	137000	56
2017E		260000	148000	56
2018E		280000	165000	59
年均增长率/%	2009～2013 年	49.46	42.23	—
	2014～2018 年	5.62	12.77	—

【进出口贸易】

中国不仅是全球最大的多晶硅生产国和消费国，也是最大的进口国。为了满足国内快速增加的需求，近几年中国多晶硅进口量一直占消费量的 50%以上。2009 年中国进口多晶硅为 2.27 万吨，2012 年增加至 8.27 万吨（仅统计税号 28046190 下。38180090 和 38180011 税号下共计 0.38 万吨），年均增幅超过 50%。2013 年进口略降 2.5%，为 8.06 万吨（仅统计税号 28046190）。相比进口，中国多晶硅出口极少。据统计，中国多晶硅出口量多年维持在 2000t 以下，仅 2010 年出口量达到 2227t。2013 年，中国多晶硅实际出口量仅为 2800t 左右，参与国际市场竞争的能力十分微弱。

1. 出口

2013 年多晶硅在该税号下的出口量为 4720 吨，同比增长 170%，见表 2-13；出口均价为 17.95 美元/千克，同比下降 27%。实际上，2013 年该税号下出口的约有 1/3 为金属硅，还有少部分电池组件，剔除这些后，2013 年中国出口多晶硅 2830t。本章分析仍按 4720t，但多晶硅消费分析时按 2830t 计算。

表 2-13　2011～2013 年中国多晶硅出口量月度统计　　单位：t

月份	2013 年	2012 年	2011 年
1	427.0	68.4	175.4
2	376.0	158.7	75.1
3	654.8	104.3	136.2
4	115.6	52.5	111.0
5	432.0	108.5	98.7
6	140.0	183.4	84.2
7	73.6	55.5	115.1
8	132.5	165.9	172.0
9	268.0	95.3	87.0
10	284.2	96.5	76.9
11	654.0	409.8	66.9
12	1162.4	244.4	52.9
合计	4720.2	1743.0	1251.0

2013 年中国多晶硅出口主要销往中国台湾，总量为 2617t，占总量的 55.44%，这些货物实际上都是多晶硅；其次是韩国，为 1208t，但大部分是工业硅。经由海关主要是上海海关，总量为 2784t，占比为 59.2%，其次是青岛海关，为 754t，占比为 16%。2013 年度中国多晶硅出口量最大省份是上海市，为 2766t，占总量的 58.6%。

2013 年中国多晶硅出口企业超过 100 家，基本上都是物流贸易企业。

2. 进口

2013 年多晶硅进口总量约为 8.06 万吨，同比减少 2.5%，主要受贸易战影响；进口产品均价为 18.75 美元/千克，同比下降 26%，比 2012 年的 56.9%降幅略小（表 2-14，图 2-5 及图 2-6）。

表 2-14　2010～2013 年中国多晶硅进口量月度统计　　单位：t

月份	2013	2012	2011	2010
1	6791	4682	5522	3159
2	7991	7615	3317	2648
3	6433	7657	5921	3240
4	7265	6185	5664	3280
5	5859	7896	5273	3221
6	4801	6911	4693	3784
7	6878	71242	5161	3682
8	5330	7706	6474	3731
9	7515	8720	6479	4763
10	5328	5738	4566	4242
11	7914	5772	5434	6155
12	8549	6754	6070	5612
合计	80653	82760	64574	47516

2008～2013 年，中国多晶硅进口量占消费总量的比例一直 40%～62%之间，而国内生产线的开工率在 30%～53%之间。2013 年价格比较平稳，各月平均价在 17.7～20 美元/千克之间。

2013 年，德国、美国和韩国为我国多晶硅主要进口来源国，进口量分别为德国 26122t、美国 22313t、韩国 21631t，占总量的百分比分别比 2012 年增加 6 个百分点、降低 12 个百分点和增加 3 个百分点；平均进口 CIF 价格分别为德国 21.69 美元/千克、美国 13.83 美元/千克、韩国 18.76 美元/千克（图 2-7）。

据统计，2013 年中国多晶硅进口仍主要经由上海海关、天津海关、南京海关和西安海

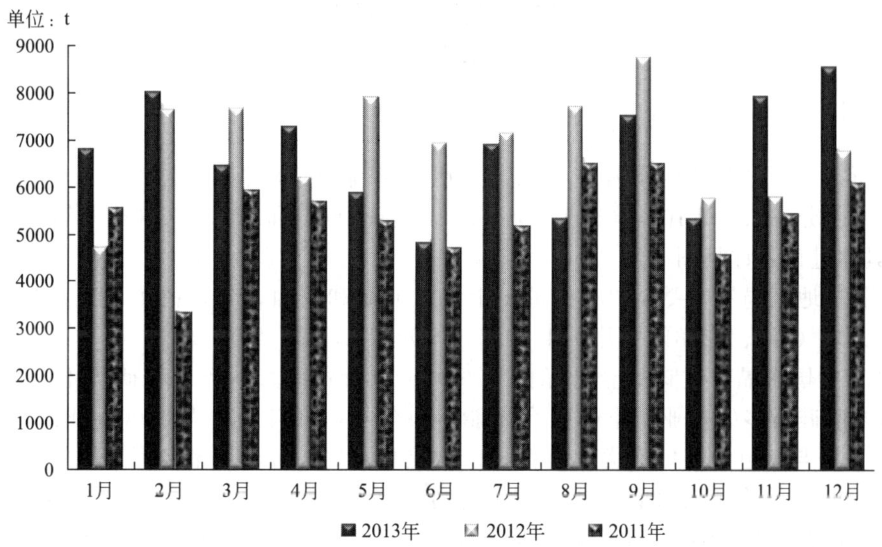

图 2-5　2011～2013 年中国多晶硅进口量月度走势

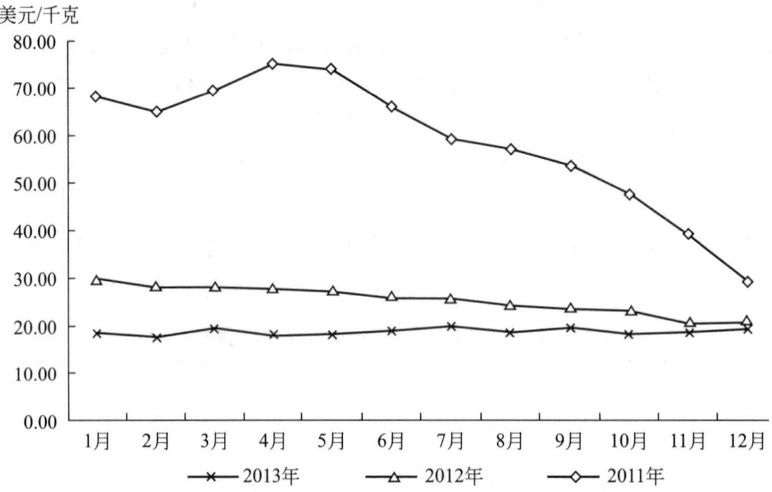

图 2-6　2010～2013 年中国多晶硅进口均价月度走势

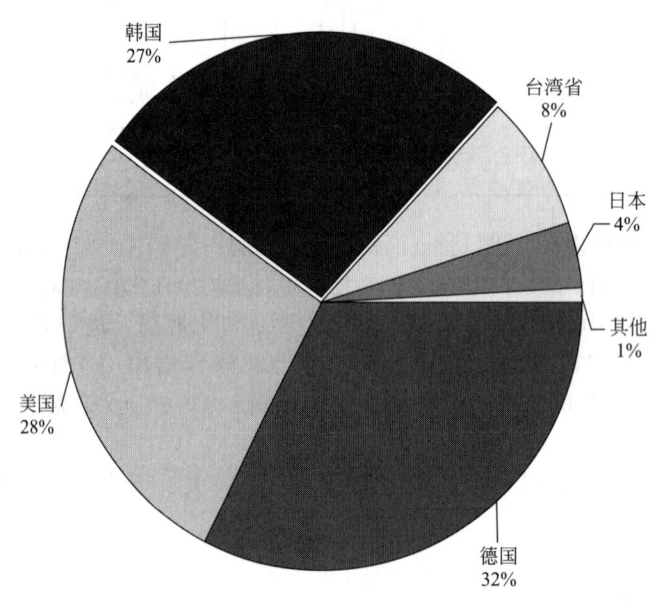

图 2-7　2013 年中国多晶硅主要进口来源国

关报关，所占比例（按量）分别为 43.4％（比上年高 10.88 个百分点）、18.26％（比上年低 10.12 个百分点）、13.10％（比上年高 0.93 个百分点）和 10.66％（比上年高 1.34 个百分点），具体进口量详见图 2-8。

进口收货地区仍然主要集中在江苏、上海、河北和陕西，分别占了进口总量的 26.3％（降）、19.4％（降）、12.8％（升）和 10.5％（升），详见图 2-9。

2013 年中国多晶硅进口的企业超过 200 家，涉及贸易、生产及科研等不同类型企业。其中进口多晶硅最多的企业是常州天合光能有限公司，进口量约为 6700t，比 2012 年增加 1600 多吨，这与其电池组件出货量大涨 62.5％是相符的；进口量排名第二位的是英利能源，进口量约 4400t；无锡尚德太阳能电力有限公司从 2011 年的进口量第一下滑至第十二，进口为 1816t。国内顶级电池组件生产商几乎都在列。2013 年中国多晶硅进口前 10 企业（贸易物流企业除外）情况见表 2-15。

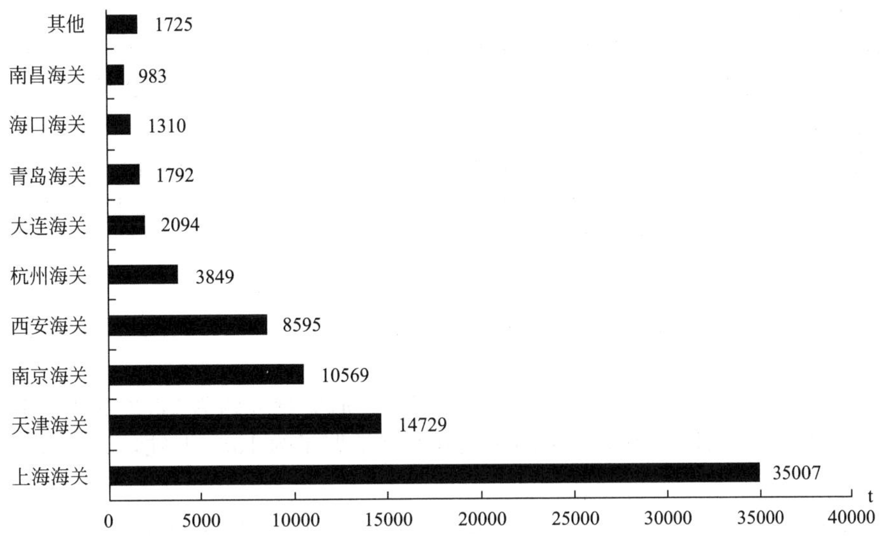

图 2-8　2013 年中国多晶硅进口海关分布统计

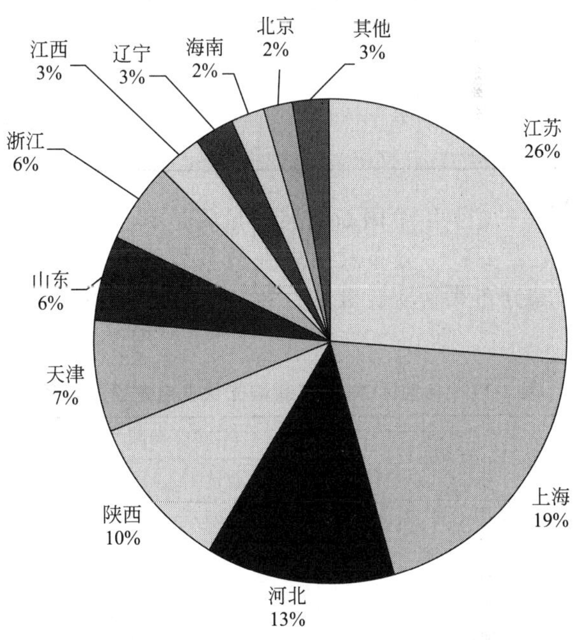

图 2-9　2013 年中国多晶硅进口地区分布统计（按量）

表 2-15　2013 年中国多晶硅进口主要企业统计

序号	进口企业	进口数量/t	序号	进口企业	进口数量/t
1	常州天合光能有限公司	6708	6	西安华晶电子技术有限公司	3348
2	英利能源(中国)有限公司	4402	7	浙江昱辉阳光能源有限公司	3135
3	宇骏(潍坊)新能源科技有限公司	4141	8	江西晶科能源有限公司	2126
4	上海卡姆丹克太阳能科技有限公司	3619	9	晶澳太阳能有限公司	2007
5	高佳太阳能股份有限公司	3349	10	海南英利新能源有限公司	1870

【消费情况】

据统计，2013年，中国多晶硅表观消费量达到16万吨，同比略增2.6%。由于2012～2013年上半年多晶硅价格太低，生产萎缩，市场上形成了去库存化，根据下游生产情况估算，2013年实际消费量约为16.4万吨。

2013年中国硅片产量约为25GW，同比增长19%。中国地区新增装机量为11.3GW，同比增长151%。2013年下半年中国针对光伏发电出台了一系列支持政策，内需急剧增加；同时多晶硅价格低迷，刺激了下游生产和出口。

多晶硅消费领域主要包括光伏产业和半导体产业两个领域。

2013年，全球光伏新增装机达37GW，同比增长15.6%，中国新增装机量达11.3GW，同比增长151%。

按光伏电池产量计算，2013年全球太阳能多晶硅消费量大约为22.2万吨，电子级多晶硅消费约3.8万吨，合计26万吨。中国多晶硅实际消费量为16.4万吨，其中太阳能行业消费15.5万吨。

在光伏产业方面，由于门槛不高，中国凭借廉价的资源和劳动力，光伏产业链中后端的太阳能电池以及组件领域快速发展，2013年电池产量为25GW，比2012年增长19%（表2-16）。

表2-16　2010～2013年中国太阳能电池组件产量　　单位：MW

年份	全国	英利	天合	晶澳	阿特斯	晶科	昱辉阳光	韩华	尚德
2010	14100	1117	1116	1464	n. a.	n. a.	n. a.	n. a.	1584
2011	20100	1603	1510	1700	n. a.	n. a.	n. a.	n. a.	1900
2012	21000	2300	1600	1600	1260	n. a.	n. a.	n. a.	2000
2013	25000	3200	2600	1920	1760	1750	1720	1500	600

按国家能源局的规划，2014年中国新增装机量将达到14GW，同比增长23.9%，给各地区分配的新增装机量见表2-17。分布式发电在政策鼓励下将进一步发展，尤其是东部经济发达地区，2014年国家分布式新增装机量为8GW。而大型光伏电站项目仍主要集中于西北部地区。

表2-17　各地区2014年新增光伏发电建设规模表

序号	省(自治区、直辖市)	2014年新增光伏发电建设规模/×10^4kW		
		合计	分布式光伏	光伏电站
合计	全国	1405	800	605
1	北京	30	20	10
2	天津	22	20	2
3	河北	100	60	40
4	山西	45	10	35
5	内蒙古	55	5	50
6	山东	120	100	20
7	辽宁	25	20	5
8	吉林	15	10	5
9	黑龙江	10	5	5
10	上海	20	20	
11	江苏	120	100	20
12	浙江	120	100	20
13	安徽	55	30	25
14	福建	35	30	5
15	河南	75	55	20

续表

序号	省(自治区、直辖市)	2014 年新增光伏发电建设规模/$\times 10^4$kW		
		合计	分布式光伏	光伏电站
16	湖北	40	20	20
17	湖南	25	20	5
18	江西	38	30	8
19	四川	10	2	8
20	重庆	1	1	
21	西藏	6	1	5
22	陕西	50	10	40
23	甘肃	55	5	50
24	宁夏	50	10	40
25	青海	55	5	50
26	新疆	65	5	60
	兵团	20		20
27	广东	100	90	10
28	广西	15	10	5
29	云南	11	1	10
30	贵州	6	3	3

中国新增装机量将会随着国家政策支持呈现“井喷式增长”，同时，对多晶硅的消费也会随之激增，预测 2014 年中国对多晶硅的消费量将达到 18 万吨左右（图 2-10）。其中国内生产的多晶硅将达到 10 万吨左右。

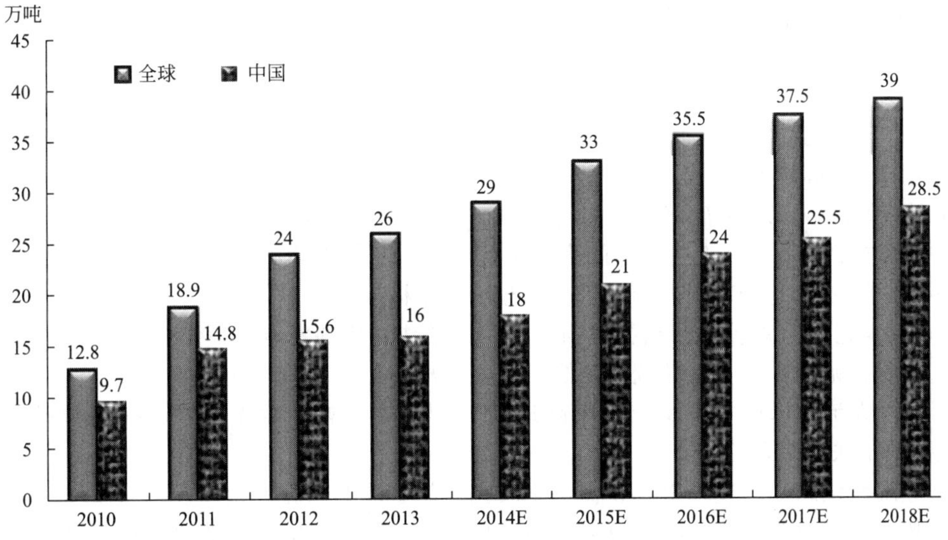

图 2-10 2010～2018 年全球及中国多晶硅消费预测

开发新能源是全球能源发展的主流方向，未来多晶硅消费仍将主要集中在光伏领域。经过近几年的行业洗牌，相关市场技术都在走向成熟，价格下降也为光伏产业摆脱对补贴的依赖打好了基础。因此众多机构预测 2014 年将是光伏产业大幅反弹之年。

中国光伏产业在全球中的地位举足轻重，预计 2014 年中国光伏新增安装量可能超过 14GW。2013 年虽然出口量下降，但中国电池组件在全球市场份额达到 67%，2014 年该比例不会有太大下降，多晶硅需求量预计为 18 万吨。

而在半导体产业方面，由于半导体下游环节技术进步，芯片越来越小，尽管半导体产业仍维持快速增长，但是对硅材料的需求量将维持低速增长，对多晶硅未来供求关系影响不大。

目前各国光伏产业已经成为政治因素，外贸市场将不停地震荡，难以预测。但总体来看，预计 2014 年进口量将会进一步缩减，自给率将增加。2008～2013 年中国多晶硅供需状况及 2014 年预测数据见表 2-18。

表 2-18　2008～2013 年中国多晶硅供需状况及 2014 年预测数据

年　份	2008	2009	2010	2011	2012	2013	2014E
产能/(吨/年)	15310	42810	97860	165920	200900	213650	230000
产量/t	4515	20084	52203	84801	71000	82180	102000
开工率/%	30	47	53	51	34	39	44
进口量/t	17017	22755	47517	64574	86500	80653	80000
出口量/t	5132	1656	2252	1251	1743	2832	2000
表观消费量/t	16400	41183	97468	148038	155800	160001	180000
缺口/t	11885	21099	45265	63323	84757	77821	78000
自给率/%	38	48.8	53.5	57.3	46	51.4	56.7

注：1. 表观消费量＝产量＋进口量－出口量；2. 缺口＝表观消费量－产量；3. 自给率＝产量/表观消费量。

【技术进步】

多晶硅行业是一个高技术风险、高经济风险的行业。在激烈的市场竞争中，那些产品质量好、能耗低、闭路循环物料利用率高的企业，在竞争中自然就会优势明显。竞争压力迫使企业努力降本提质，技术进步是企业生存的硬指标。

经历 2011～2012 年的产业洗礼，国内企业充分认识到了技术进步的重要性，抓住 2012～2013 年市场普遍低迷的机会，埋头技术改造。总结 2013 年，中国多晶硅生产技改有三大方向。

(1) 工艺技术改造，硅烷流化床法被关注　对于硅烷流化床法工艺，国内多晶硅龙头保利协鑫（江苏中能硅业发展有限公司）顺利完成 5000 吨/年级中试，并开始加紧推进万吨级硅烷硫化床多晶硅技术量产，量产后可大幅度降低多晶硅的生产成本至 10 美元/千克。国际多晶硅专家曾警告：FBR 硅沉积不容易控制，新工厂会出现问题。但保利协鑫报告称已经完全掌握该技术。由于该工艺不但能降低生产成本，还能提高产品质量，保利协鑫计划把全部多晶硅生产线都由改良西门子法改造为硅烷流化床法。

保利协鑫总结硅烷流化床新技术与改良西门子法对比的特点如下：

① 流程大幅缩短，基于硅烷在精馏，尾气分离等工序比改良西门子法节省。

② 硅烷在流化床中裂解反应效率高达 98%以上，大幅减少副产物，提高物料利用率，而改良西门子法一次还原率只有 10%。

③ 硅烷流化床实现连续生产，而不是改良西门子法的间隙性生产。

④ 超大型高效单体流化床反应器已经达到 6000 吨/年产能，比改良西门子法 48 对棒还原炉的 600 吨/年产能是 10 倍差距。

⑤ 极低电耗，更少蒸汽。保利协鑫 2012 年完成的千吨中试线实现 25kW·h/kg 多晶硅综合电耗，而目前保利协鑫全球最低的改良西门子生产工艺综合电耗也仅仅达到 60kW·h/kg。

⑥ 单位产能投资大幅下降。保利协鑫 2011 年完成的万吨改良西门子法生产线单位产能投资达到 30 美元/千克，但目前已经完成设备安装进入调试阶段的保利协鑫 12000t 硅烷流化床的单位投资可以低至 12～13 美元/千克。

另外，由于解决了流化床内衬污染问题，目前第二、第三代流化床工艺生产的颗粒硅产品均能达到电子级。高品质的颗粒硅产品对连续铸锭拉棒工艺是最好的配合。

(2) 缩短工艺流程、提高反应效率、减少消耗、提升品质等节能降本措施　在产品质量方面，陕西天宏等企业通过技术研发，已经能够批量生产电子级多晶硅。

在降低能耗方面，国内多晶硅行业也取得巨大进步。2013 年国内多晶硅综合能耗水平已从 2009 年的 200～300kW·h/kg 下降到 130～150kW·h/kg，还原电耗也从 120kW·h/kg 下降至 60kW·h/kg，下降幅度达 50%以上。目前，国内多晶硅的各项指标均领先全球水平，几家多晶硅企业也都位列全球多晶硅行业的领军位置。保利协鑫等龙头企业，综合电耗已降至 70kW·h/kg 以下，还原电耗已下降至 45kW·h/kg 以下。

(3) 围绕副产物的回收利用工程　多晶硅副产物的处理主要集中在四氯化硅的处理上。随着四氯化硅冷氢化技术研发与推广，我国已经实现了将多晶硅生产过程中产生的 95%的副产物四氯化硅氢化转化为三氯氢硅原料，剩余约 5%含杂质四氯化硅经提纯后用于生产气相白炭黑或其他有机硅产品，目前已经真正做到物料闭式循环利用，既有效解决了副产物处理难题，也降低了生产成本，消除了四氯化硅的污染隐患。

2013 年开车的装置 90%以上配套了冷氢化技术，原有的热氢化技术基本被替代，这也是全行业能耗水平大幅下降的关键因素。但技术水平参差不齐，主要体现在循环效率上。

2013 年中电投黄河公司新能源分公司成功研发出完整的冷氢化技术，使得该公司的耗电量从以前的每吨 4500kW·h 降低为 800kW·h，每吨多晶硅成本减少 3.4 万元。

南玻集团 2013 年也投巨资进行多晶硅生产线技改产能大升级。宜昌南玻硅材料有限公司多晶硅产能升级至 6000 吨/年，并对原生产线进行优化重组，淘汰工艺技术落后的生产装置，引进了美国 DEI 公司最先进的冷氢化工艺和全球最大的冷氢化炉，采用优化的天津大学差压耦合精馏工艺等，对能量进行最大化的综合利用，对四氯化硅、二氯二氢硅等物料进行了循环利用，实现了尾气零排放。经测算，技改升级后的宜昌南玻多晶硅的综合电耗降至 80kW·h/kg 以下，而三氯氢硅的单耗在 6kg/kg 以下，质量全部达到太阳能一级以上。

停车一年多的赛维马洪硅料基地也在 2013 年年底开始冷氢化改造，以期降低成本，提高固废的利用，重新获得市场竞争力。

2013 年底以来四氯化硅价格飙涨，也说明了我国多晶硅生产中副产物处理技术的巨大进步。

2.3　三氯氢硅

三氯氢硅是制造多晶硅的主要原料。目前，三氯氢硅的合成方法主要有两种：一种是传统的合成方法即硅氢氯化法。该方法是用冶金级硅粉或硅铁、硅铜作原料与 HCl 气体反应，该法适合通过离子膜烧碱生产装置合成获取氯化氢原料采用，三氯氢硅反应炉中硅粉转化率可达 90%以上，是我国目前的主流方法。另一种是四氯化硅氢化法，该反应由四氯化硅、氢气、工业硅参与反应，为提高三氯氢硅的收率，在氯化氢存在下进行。该法目前主要为多晶硅生产企业所采用，用于处理回收副产物四氯化硅。

近年来，我国三氯氢硅市场发展很快（表 2-19），2004 年我国三氯氢硅产能为 4280 吨/年，生产企业仅有 4 家；到 2006 年，随着一批大型三氯氢硅装置的投产，总产能猛增到 4.4 万吨/年左右，2007 年产能更增加到 9.2 万吨/年，生产企业也增加到 10 家左右。2007 年之后，多晶硅行业的快速发展带动了三氯氢硅迅速发展，国内企业纷纷扩建或新建三氯氢硅装置。但 2011 年以后，有能力的多晶硅企业都自建了四氯化硅冷氢化装置，硅氢氯化法生产商遭遇打击，行业陷入困境，2013 年开车的企业不足半数。据统计，2013 年我国有 50 多家生产企业（表 2-20），三氯氢硅总产能约 126 万吨/年，总产量约 59 万吨。其中 51 万吨用于多晶硅生产，6 万吨用于硅烷生产，出口约 2 万吨。目前我国三氯氢硅新建、拟建项目见表 2-21。

表 2-19 2004～2013 年我国三氯氢硅产能和产量

年份	2006	2007	2008	2009	2010	2011	2012	2013
产能/(万吨/年)	4.4	9.2	30.0	60.0	82.0	112.0	120	126.0
产量/万吨	2.5	4.5	17.0	22.0	43.0	68.0	51	59.0

表 2-20 2013 年我国主要三氯氢硅生产企业

公司名称	产能/(万吨/年)	备注
湖北荆州市华翔化工有限公司	6	主要供硅烷生产
唐山三孚硅业有限公司	6.5	外销
河南尚宇新能源股份公司	6	外销
山东新龙硅业科技有限公司	6	供硅烷偶联剂、多晶硅
景德镇宏柏化学科技有限公司	6	供硅烷偶联剂生产
宁夏福泰硅业有限公司	4	2012 年 8 月投产
山东省新泰市利源化工有限公司	4	供硅烷偶联剂
浙江新安化工集团股份有限公司	4	自消费
文登市和谐硅业有限公司	3	自消费
泰安阳光硅业科技有限公司	2	
镇江江南化工有限公司	2.5	2013 年已经建成但未正式投产
德山化工(浙江)有限公司	1	
湖北江钻天祥化工有限公司	3	
江西晨光新材料有限公司 [原名:诺贝尔(九江)高新材料有限公司]	2	
乐山永祥硅业有限公司	2	供四川永祥多晶硅
其它	62	
合计	126	

表 2-21 目前我国三氯氢硅新建、拟建项目

公司名称	地址	新增产能/(万吨/年)	项目所处阶段	预计投产时间
镇江江南化工有限公司	江苏镇江	2.5	二期,进度未知	未知
内蒙古伊东集团东兴化工有限责任公司	内蒙古乌兰察布	3.0	2010 年奠基	取消
重庆天原化工有限公司	重庆白涛化工园区	1.5	扩建,预计 2013 年投产	2013 年
唐山三孚硅业有限公司	陕西榆林	12.0	2012 年环评,仍未动工	2014 年
乐山福鹏化工材料有限公司	四川乐山	6.0	2011 年环评	取消
内蒙古锋威硅业有限公司	内蒙古阿拉善盟	12.0	2013 年 5 月开建	
文登市和谐硅业有限公司	山东文登	4.0	2011 年 10 月环评	扩建
浙江富士特硅材料有限公司	浙江江山	2.0	2013 年 5 月开建	
山东鼎昌硅业科技发展有限公司	山东省日照	4.2	未知	
徐州隆天硅业有限公司	江苏徐州	4.0	2009 年开建	暂停

2.4 聚硅氧烷

聚有机硅氧烷（简称聚硅氧烷），一般是指以硅氧烷（—Si—O—Si—）为主链的聚有机硅氧烷，其商品化的产品包括：硅油、有机硅环体、硅橡胶、硅树脂等。

聚硅氧烷一般采用有机硅单体合成，单体是制备硅橡胶、硅油、硅树脂的主要原料，是有机硅工业的基础原料。有机硅单体的种类很多，主要包括甲基氯硅烷、苯基氯硅烷、乙烯基氯硅烷、甲基苯基氯硅烷等。最常用的有机硅单体为二甲基二氯硅烷，约占市场总量的90%以上，其次为苯基氯硅烷，约占市场总量的5%，其余为乙烯基、乙基产品等。

有机硅中间体是以二甲基二氯硅烷为主要原料，经过水解后缩聚形成以硅氧（Si—O）键为主链、硅原子上直接连接有机基团的有机-无机化合物。主要包括二甲基硅氧烷混合环体（DMC）、八甲基环四硅氧烷（D4）等。DMC、D4 可进一步开环缩聚制得硅油、110 生胶、107 胶等产品。中间体和各种聚合物均属于聚硅氧烷，为了便于统计，如无特指，各种聚合物制品均折算为纯聚硅氧烷。

【基本情况】

2013 年，中国有机硅单体生产企业共 16 家，总产能达 99.6 万吨/年（折硅氧烷），产量为 64.1 万吨（折硅氧烷），产能和产量分别同比增长 6.4%和 13.1%。2013 年有机硅单体装置平均开工率为 64.4%，同比增长 3.8%。2009～2013 年中国聚硅氧烷消费结构及预测见表 2-22。

表 2-22　2009～2013 年中国聚硅氧烷消费结构及预测

年份	产能/(万吨/年)	产量/万吨	开工率/%
2009	44.1	27.0	61.2
2010	78.3	33.2	42.1
2011	81.7	46.4	56.8
2012	93.6	56.7	60.6
2013	99.6	64.1	64.4
2014E	120.3	73.0	60.7
2018E	178.0	119	66.9

其中，产能排名前 6 位的企业为道康宁-瓦克、恒业成、蓝星星火、新安化工（含新安迈图）、山东东岳和浙江合盛，2013 年这六家企业产能合计占国内总产能的 65.7%。由于市场竞争激烈，国内各大企业纷纷扩大生产规模、延伸产业链，以确保在竞争中处于不败之地。已经初步实现全产业链生产的企业包括蓝星星火、新安化工，实现有机硅原料和下游产品生产匹配的企业有江苏宏达新材料股份有限公司，浙江合盛等企业也在努力延伸产业链。

2002～2013 年中国甲基单体产能、产量统计及预测见图 2-11，表 2-23 为 2013 年中国甲基单体生产企业产能统计。

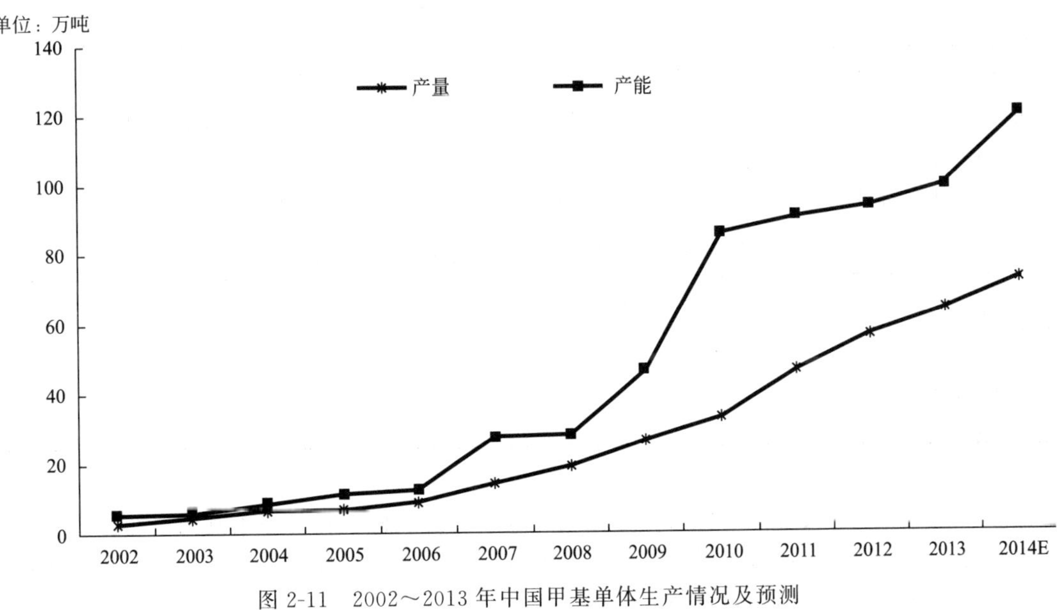

图 2-11　2002～2013 年中国甲基单体生产情况及预测

表 2-23　2013 年中国甲基单体生产企业产能统计

生产企业	区域	产能/(万吨/年)	生产企业	区域	产能/(万吨/年)
道康宁-瓦克(张家港)	华东	19.0	宏达新材	华东	4.5
恒业成	华北	11.3	江苏弘博	华东	4.5
山东东岳	华东	9.0	湖北兴发	华中	3.6
新安化工(含新安迈图)	华东	9.0	中天氟硅	华东	3.6
蓝星星火	华东	9.0	山西三佳	华中	2.7
浙江合盛	华东	8.1	鲁西化工	华东	2.7
山东金岭	华东	6.7	四川硅峰	西南	1.4
唐山三友	华北	4.5	合计	—	99.6

苯基单体可大幅提升有机硅材料性能。目前国内甲基氯硅烷生产已达一定规模，产品质量也能满足一般材料需求。如何开发出高性能的新型有机硅单体，尤其是苯基单体，已成为国内有机硅行业的重要课题。苯基氯硅烷是一种用途非常广泛的中间体。可用于制备多种偶联剂，也是制备有机硅聚合物的重要单体之一。在有机硅单体中，其用量及重要性仅次于甲基氯硅烷，居第二位。国产的苯基硅橡胶主要为二甲基二苯基乙烯基硅橡胶，多采用含二苯基的环硅氧烷与二甲基环硅氧烷以及甲基乙烯基环硅氧烷在碱催化下重排制成。

2013 年，中国苯基单体（一苯三氯硅烷、二苯二氯硅烷、甲基苯基二氯硅烷）的总产能为 1.98 万吨/年，产量为 5100t。中国苯基环体生产技术水平不高，限制了国内产品的使用。2013 年中国苯基单体生产企业如表 2-24。

表 2-24　2013 年中国苯基单体生产企业

生产企业	所在区域	生产企业	所在区域
新安化工股份有限公司	华东	安徽蚌埠合众硅氟新材料有限公司	华东
安徽凤台淮河化工厂	华东	中昊晨光化工研究院	西南
大连元永有机硅厂	东北	衢州瑞力杰化工有限公司	华东
杭州师范大学	华东	浙江华成有机硅材料有限公司	华东
安徽凤台淮峡化工有限公司	华东	江苏宏达新材料股份有限公司	华东

聚硅氧烷商品化的产品主要有硅橡胶、硅油及硅树脂。其中硅橡胶发展较为成熟，又可以分为高温胶、液体胶、室温胶等品种；硅油又可分为甲基硅油、苯基硅油、氨基硅油、含氢硅油、羟基硅油等。中国硅橡胶发展的最为成熟，市场需求量较大，发展速度也较快。而硅油一直保持较为稳定的发展速度，生产量和消费量均逐年增加，纺织行业增速的放缓某些程度上影响了硅油的消费速度。硅树脂产品特别是高品质硅树脂产品却出现供不应求的情况，其应用不断开拓中。2013 年中国主要聚硅氧烷产品生产统计见表 2-25。

表 2-25　2013 年主要聚硅氧烷产品生产统计

产品	产能/(万吨/年)	产品	产能/(万吨/年)
硅橡胶		硅油	22.2
高温硫化硅橡胶	54.9	硅树脂	3.5
室温硫化硅橡胶	62.7	合计	146.67
液体硅橡胶	3.37		

注：按实物量统计。

自 20 世纪 40 年代有机硅材料工业化生产以来，有机硅材料已渗透到国民经济的各个部门和人们的日常生活中，对于提高工业水平和改进生活质量发挥了重要作用。未来几年，建筑、汽车、纺织、电子电气、电力等领域仍然是带动有机硅各类产品发展的主因，各类产品

仍将保持正增长，但因应用领域的不同，发展速度会出现差异。在新兴消费市场，如 LED 和太阳能电池领域，潜在的市场需求比较大。

【改扩建情况】

虽然中国有机硅单体整体处于过剩状态，但目前新建项目仍较多，江西星火有机硅厂 20 万吨/年单体装置、泸州北方 7 万吨/年单体装置均已建好，另外内蒙古佳辉硅业已接近尾声，湖北兴发和唐山三友新建装置也将于 2014 年完工。江苏宏达 15 万吨/年在建装置连同老装置一起转卖给镇江江南化工，新装置将继续建设。与此同时，2013 年新疆西部合盛硅业开始筹建 20 万吨/年有机硅单体项目。若所有项目均能按计划投产，届时中国有机硅单体新增产能将达 128 万吨/年，折合硅氧烷 57.6 万吨/年。2013 年中国有机硅单体新建拟建项目见表 2-26。

表 2-26　2013 年中国有机硅单体新建拟建项目统计

厂家名称	产能/(万吨/年)	地点	动工时间	投产时间
江西星火有机硅厂	20	江西永修	2009 年	已投产
泸州北方化学工业有限公司	7(10)	四川泸州	2010 年	转让中
镇江江南化工有限公司(原属江苏宏达新材料)	15	江苏扬中	2011 年	—
浙江新安迈图有机硅有限责任公司	20	浙江建德	2012 年	—
新疆鑫锦华硅业有限公司	20	新疆	2012 年	2015 年
湖北兴发化工集团股份有限公司	10(20)		2013 年	2014 年
唐山三友硅业有限责任公司	10	唐山	2013 年	2014 年
内蒙古佳辉硅化工有限公司	8	内蒙古	2012 年	已投产
新疆西部合盛硅业有限公司	20	新疆	2013 年	—
合计	128	—	—	—

【进出口贸易】

聚硅氧烷产品在中国海关主要列在 39100000（初级形状的聚硅氧烷）、38249099（其他化学工业及其相关工业的化学产品及配制品）和 29310000（其他有机-无机化合物）三个税号下，其中 39100000 下全部为有机硅类，绝大部分为 DMC、D4 及基础聚合物，出口商品基本上为硅橡胶、硅油等有机硅产品，该税号下的硅氧烷贸易量约占总量的 95%。38249099 下的有机硅类商品主要为有机硅中间体、高温硫化硅橡胶生胶和 107 胶，29310000 下的有机硅类商品主要为硅烷偶联剂、交联剂、硅油等，以上两个税号的贸易量约占总量的 5%。三个税号下的硅氧烷商品种类众多，难以识别的约占 15%。

通过对 2013 年三个税号下的产品进行整理分类，2013 年三个税号下共进口折纯硅氧烷 11.0 万吨，出口约 7.4 万吨，净进口约 3.6 万吨。

随着中国有机硅原料生产量的扩大，2010 年以来，中国聚硅氧烷的出口量呈逐年增加趋势，相反进口呈逐年递减趋势。硅氧烷净进口在最近 10 年经历了增长、下滑的变动，预计在 2017 年之后出现净出口，图 2-12 给出了在 39100000（初级形状的聚硅氧烷）税号下聚硅氧烷进出口量、净进口量变化趋势及预测。

2002～2013 年中国初级形状的聚硅氧烷进出口价格走势见图 2-13。无论是进口还是出口，整体呈上涨趋势，主要是由于原材料价格上涨和人工成本的提升。2013 年聚硅氧烷的进口均价为 6861 美元/吨，同比提高 37.1%；2013 年聚硅氧烷出口均价为 4077 美元/吨，同比提高 15.7%。预计 2014 年聚硅氧烷的进出口价格还将进一步提高，而且进口价格和出口价格差距将拉大，主要由于进出口产品档次差距悬殊。

2013 年，中国出口初级形态聚硅氧烷约 7.4 万吨，同比减少 10.8%。除 2 月份受传统

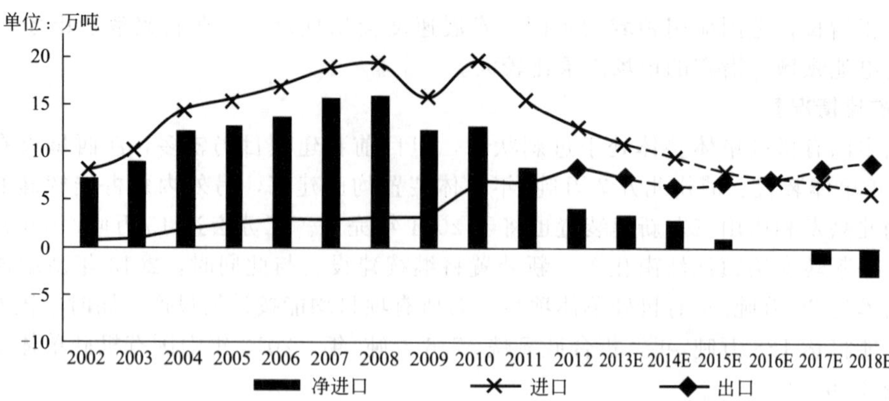

图 2-12　2002～2013 年中国聚硅氧烷进出口量、净出口量变化统计及预测

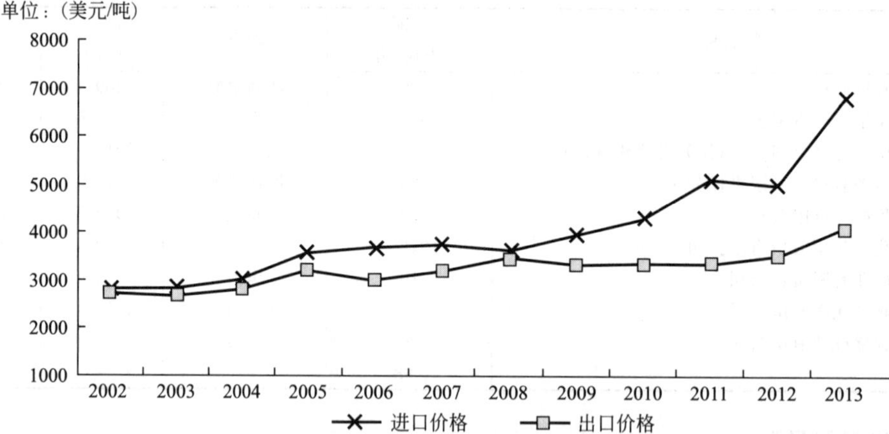

图 2-13　2002～2013 年中国初级形状的聚硅氧烷进出口价格走势

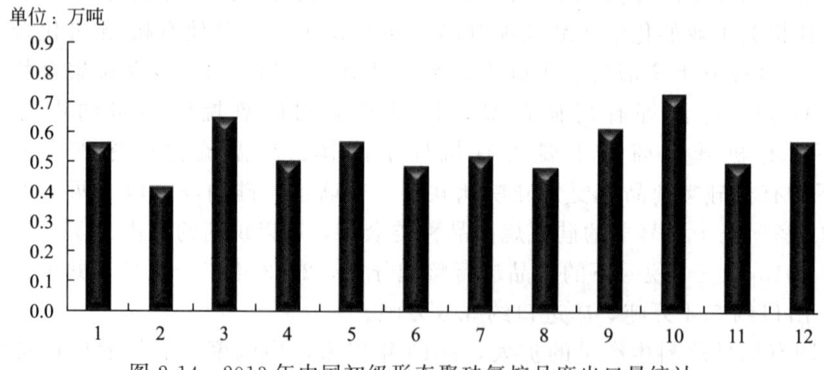

图 2-14　2013 年中国初级形态聚硅氧烷月度出口量统计

春节影响较低外，其他月份均保持 0.5 万吨以上的月度出口量。2013 年中国初级形态聚硅氧烷月度出口量统计见图 2-14。

2013 年，中国聚硅氧烷出口最大的市场是韩国，出口量高达 1.8 万吨。此外，中国香港跃居第二，出口到该地区的聚硅氧烷约为 0.8 万吨。2013 年中国聚硅氧烷出口市场分布如图 2-15 所示。

2013 年中国出口的聚硅氧烷产品中，HTV 总量最大，约占 39%；其次是硅油，约占 26%；DMC 和 D4 等中间体约占 14%；RTV 和乳液各占约 6%。2013 年中国聚硅氧烷出口分品种统计见图 2-16。

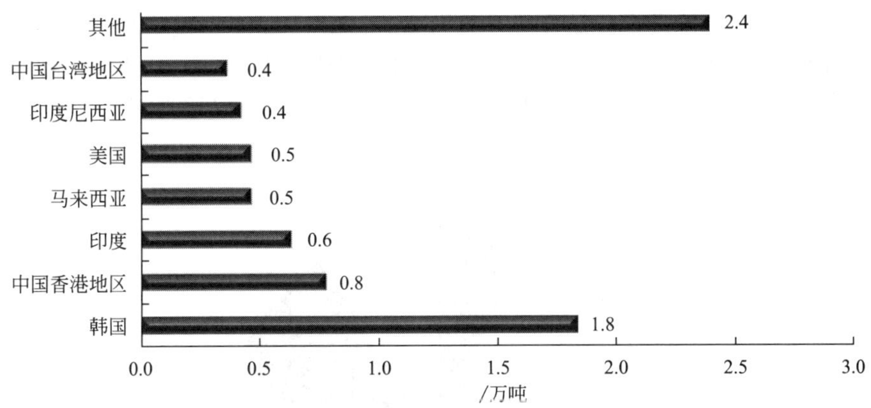

图 2-15　2013 年中国初级形态聚硅氧烷出口市场分布统计

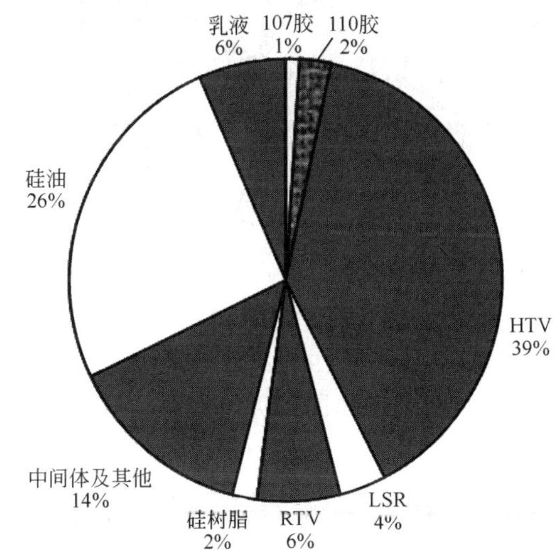

图 2-16　2013 年中国聚硅氧烷出口分品种统计（实物量）

2013 年，中国进口聚硅氧烷按折纯量统计为 11.0 万吨，月均进口 0.92 万吨。2013 年中国初级形态聚硅氧烷月度进口量统计见图 2-17。由该图可以看出，除 2 月份外，其他月份均保持较高的进口量。

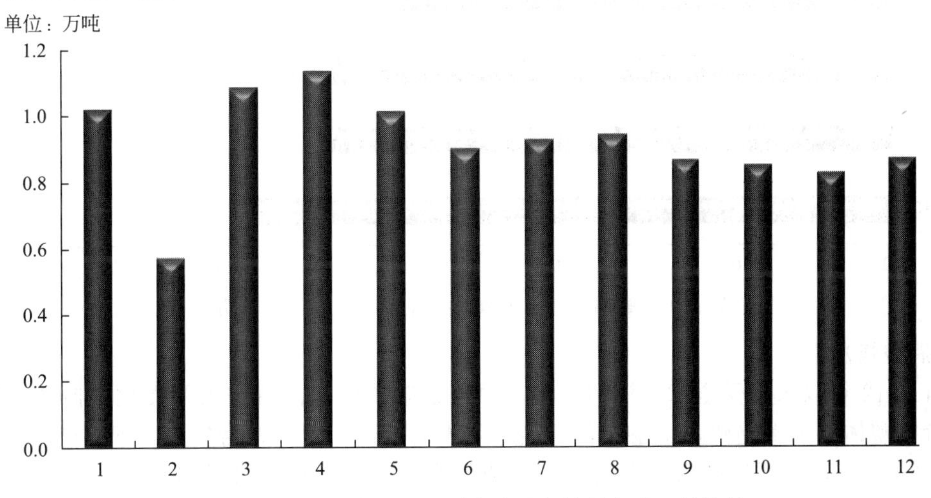

图 2-17　2013 年中国初级形态聚硅氧烷月度进口量统计

2013年中国聚硅氧烷进口分品种统计见图2-18。2013年中国进口的聚硅氧烷产品种类与出口基本相同，比例略有不同。其中进口最多的是HTV和硅油，均占27%的比例，其次是中间体及其它占12%的比例。107胶占9%；RTV占8%；110胶占5%；乳液占6%；LSR占4%；硅树脂仅占2%。

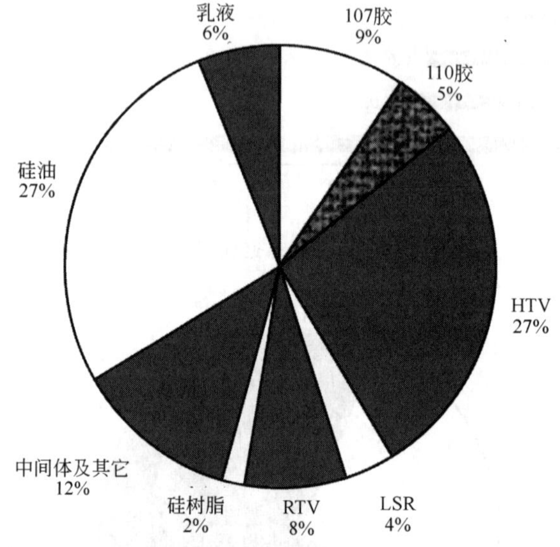

图2-18　2013年中国聚硅氧烷进口分品种统计（实物量）

2013年中国聚硅氧烷进口来源见图2-19。2013年，中国进口的聚硅氧烷主要来自德国、日本、美国、泰国、韩国，其中来自德国、美国的聚硅氧烷比例同比提高；来自韩国的比例下降。

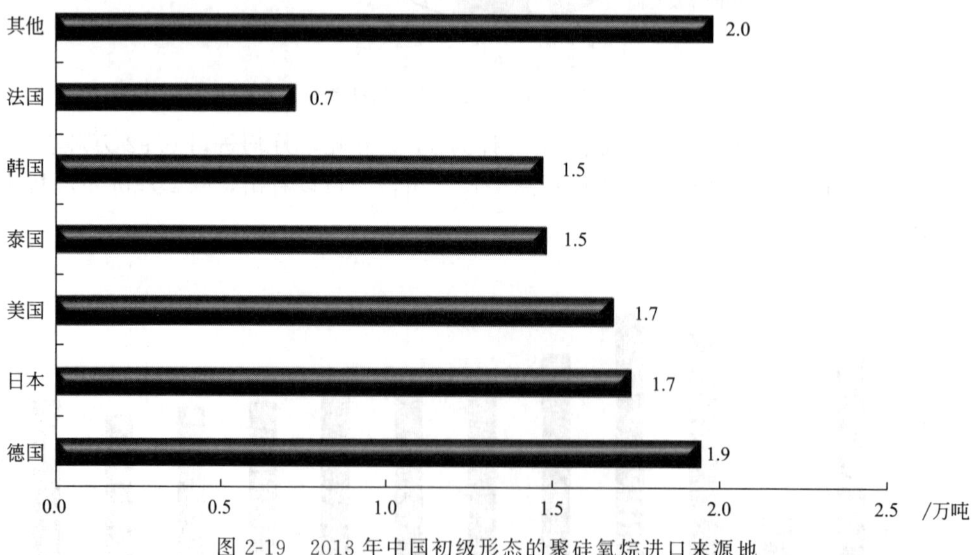

图2-19　2013年中国初级形态的聚硅氧烷进口来源地

【消费情况】

自2012年以来，受全球经济的影响，中国聚硅氧烷的消费进入缓慢增长阶段。聚硅氧烷的价格整体呈下滑趋势，上游单体产能过剩矛盾突出，生产较为集中，下游产品生产较为分散。2013年，中国聚硅氧烷产品表观消费量为68.7万吨，同比增长11.0%，与2012年相当。2006～2013中国聚硅氧烷消费年均增长率为15.1%。综合多方面因素，我们略微下调了未来聚硅氧烷的消费预期。预测到 2018 年，中国聚硅氧烷消费量将达到 116.1 万吨，2013～2018 年期间年均增长 11.1%。2006～2013 年中国聚硅氧烷消费增长情况及预测如表 2-27 所示。

表 2-27　2006～2013 年中国聚硅氧烷消费增长情况及预测

年份	消费量/万吨	缺口/万吨	需求增长率/%	自给率/%
2006	25.7	13.7	15.3	46.7
2007	30.8	15.8	19.9	48.7
2008	36.3	14.3	18.0	60.6
2009	40.0	13.0	10.2	67.5
2010	47.1	13.9	17.8	70.5
2011	56.0	9.6	18.9	82.8
2012	61.8	5.1	10.7	91.7
2013	68.7	4.6	11.0	93.3
2014E	76.0	3.0	10.6	96.1
2018E	116.1	−2.9	7.0	102.6

2013 年，中国经济增速进一步下滑，有机硅行业产能过剩进一步加剧，欧美需求不振，致使聚硅氧烷整体消费遭受影响，需求疲软，行业整体更加低迷。严厉的房地产调控政策，为未来的趋势发展带来很大的不明朗性，传统行业如纺织增速下滑。

据统计，2013 年，中国聚硅氧烷消费量约为 68.7 万吨，同比增长 11.0%，是近几年最低增速。其中，高温硅橡胶、液体硅橡胶、室温胶、硅油、硅树脂分别占聚硅氧烷消费总量的约 34%、2%、34%、26%、4%。具体如图 2-20 所示。

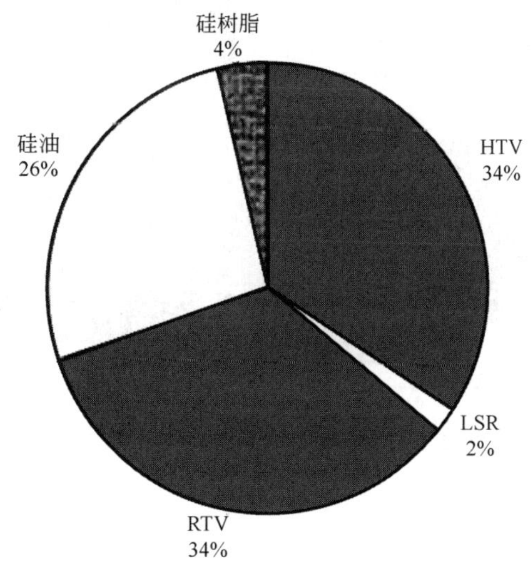

图 2-20　2013 年中国聚硅氧烷在各领域的消费比例

中国硅氧烷表观消费量与国民经济增速特别是出口贸易有很强的关联性，近几年聚硅氧烷的消费增速走势基本与 GDP 增速和出口额增速保持一致。近几年，中国有机硅行业发展进入成熟期，因此 GDP 增速与聚硅氧烷表观消费增速的差距正在逐渐缩小。2013 年中国 GDP 增速为 7.7%，聚硅氧烷消费增速为 11.0%，国内出口总值增长率为 7.9%。与此同时，世界各地硅氧烷消费增长缓慢，中国在世界聚硅氧烷消费市场中的份额持续提高，至 2013 年中国聚硅氧烷消费量已占世界聚硅氧烷消费量的 42.4%，同比提高 2.2%。

2001～2013 年中国聚硅氧烷表观消费量增长趋势与 GDP 增速、出口贸易增速对比见图 2-21。

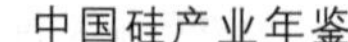

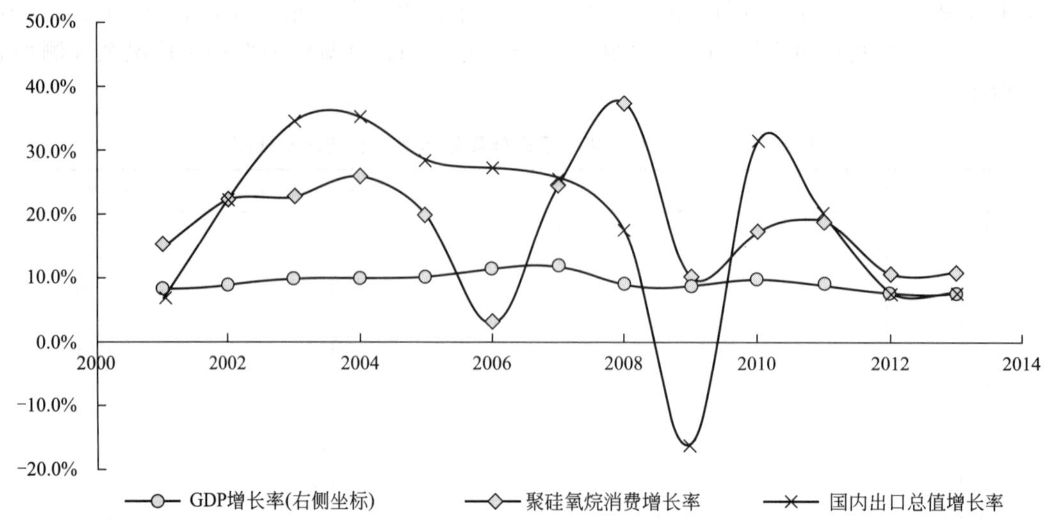

图 2-21　2001～2013 年中国聚硅氧烷表观消费量与 GDP、出口增速对比

2013 年，中国聚硅氧烷消费比例最大的是建筑、电子/小家电领域，分别占硅氧烷消费总量的 24%、20%，纺织、电力、个人护理品行业分别占 10%、14%、6%，医疗、交通、新能源及日用品等的消费占比均在 2%～3%，显示仍有较大的发展空间（图 2-22）。

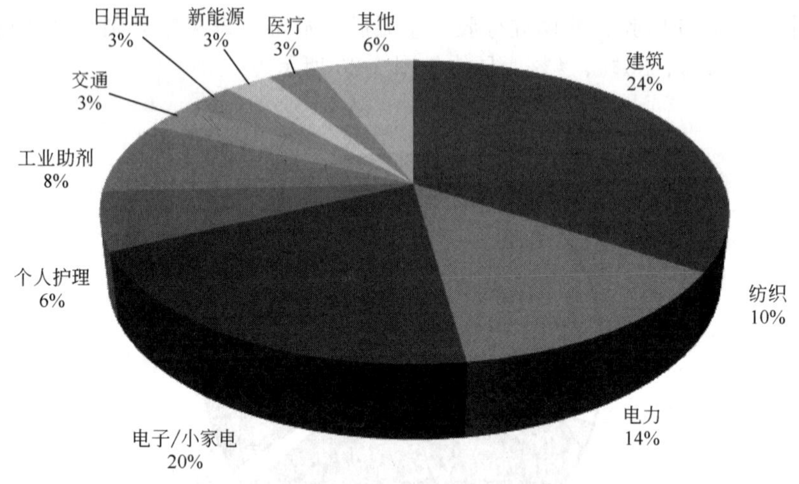

图 2-22　2013 年中国聚硅氧烷下游消费领域

【技术进步】

有机硅单体生产技术差距主要体现在二甲基二氯硅烷选择性、物耗、能耗及副产品的综合利用等方面，并进一步体现在原料成本上。

流化床生产得到二甲基二氯硅烷的同时，同时得到一甲、三氯氢硅、高沸物等副产品，合理利用粗硅烷等生产过程中的副产品，达到综合效益最大化尤为关键。一甲可转化为气相白炭黑；三氯氢硅可提纯还原制多晶硅、单晶硅；高沸可歧化成二甲、含氢等。副产的氯化氢与二甲基二氯硅烷水解时生成的氯化氢一起用于生产氯甲烷。

目前国内单体厂商都已关注副产物处理问题，并因此兴起了一批气相白炭黑生产企业。提高企业副产物综合利用水平的主要难度：一是技术来源；二是处理规模偏小，经济性较差；三是运输成本较高，难以集中处理。国内外甲基氯硅烷生产技术经济指标对比见表 2-28。

表 2-28　国内外甲基氯硅烷生产的主要技术经济指标对比

序号		项目	国际先进水平	国内企业	
				先进水平	平均水平
甲基单体合成	1	流化床年开工时数/h	8200	7200	7000
	2	二甲选择性/%	≥88	≥85	≥80
	3	硅粉选择性/%	80～86	75	70
	4	氯甲烷单耗/(t/tMCS)	0.82	0.85	0.86～0.9
	5	氯甲烷选择性/%	70～80	40	30
	6	未反应的氯甲烷/%	20	60	70
	7	参与反应的氯甲烷/%	80	40	30
	8	每吨氯甲烷所产生的二甲/kg	710	300	240
水解、裂解	9	总收率(以 DMC+D4 计)/%	≥99		95～97
	10	每吨 MCS 得 DMC+/D4/(t/t)	0.5		0.4～0.44
综合指标	11	蒸汽(中压)	5～6		13
	12	电/(kW·h/t)	1100		4000
	13	天然气(m^3/t)	63.16		
副产物利用	14	一甲	生产白炭黑或外销	生产白炭黑或外销	外销
	15	三甲、含氢、高低沸	歧化或外销	外销	外销

聚硅氧烷具有上游单体集中生产、下游分散深加工的特点，上下游有明显区别。聚硅氧烷下游产品开发，由于面向不同行业，客户需求千差万别，重点在配方与材料性能技术，需要对应用有深入的了解。因此生产有机硅下游产品需要大量投入和长期积累才能在高端消费领域站稳脚跟。聚硅氧烷下游产品分支较多，综合可分为三大类：硅橡胶、硅树脂、硅油。目前硅橡胶、硅油领域已得到举足轻重的发展，硅树脂处于初级发展阶段，技术壁垒是关键。

【发展趋势】

预计 2013～2018 年，在聚硅氧烷众多的下游应用领域中，建筑、电子、纺织等传统领域需求基本稳固；电力、新能源、个人护理用品等需求增速将加大，医疗、交通、日用消费品等的新兴需求不断拓宽。2013～2018 年中国聚硅氧烷供需预测见表 2-29。

表 2-29　2013～2018 年中国聚硅氧烷表观消费量统计及预测

年份	供应量/万吨	净进口/万吨	消费量/万吨	供应增长率/%	需求增长率/%
2013	64.1	3.6	68.7	13.1	11.0
2014	73.0	3.0	76.0	13.9	10.6
2015	85.4	1.2	86.6	17.0	13.9
2016	99.2	0.1	99.3	16.2	14.7
2017	110.0	−1.5	108.5	10.9	9.3
2018	119.0	−2.9	116.1	8.2	7.0

展望 2014 年，世界经济有望逐步走出国际金融危机阴影，经济复苏总体趋于改善，GDP 增速预计好于 2013 年。OECD 预计，2014 年，世界经济增速将为 3.6%。IMF 预计，2014 年发达经济体经济增势有望持续，或增长 2%。其中，美国经济将增长 2.6%；欧元区触底回升，增长率将达 1%；日本后续动力可能减弱，增长率预计为 1.2%；新兴经济体和

发展中经济体增长5.1%，略好于2013年，印度、俄罗斯经济增速从前几年的6%～8%回落至3%～5%。

2014年，中国经济发展具有基本面良好、外部环境趋于改善、市场预期好转等有利条件。中西部承接产业转移步伐进一步加快；高技术产业（制造业）和战略性新兴产业继续保持较快增长；技术创新投入增长将保持两位数；新能源汽车产销将迎来较快增长；房地产行业迎来低速增长期。2013年，中国聚硅氧烷产能为99.6万吨/年，产量为64.1万吨，整体开工率64.4%。有机硅单体呈过剩状态，即便如此，未来几年仍有约128万吨/年的单体装置计划兴建，去除部分淘汰装置和搁置项目，预计将至少增加80万吨/年的产能，这对于已经萎靡的市场是一个天文数字。

综合以上分析，2014年受国内外经济环境带动，有机硅下游市场需求仍将稳步增长，市场供应过剩，2014年有机硅市场价格整体将走下滑路线，有机硅供大于求的局面愈演愈烈。预计2014年DMC价格将下滑至16000元/吨，个别厂家下滑至15500元/吨。2014～2016年，国内DMC价格将会稳定在15500～16700元/吨，每吨产品利润继续下滑，生产企业将依靠销量和下游产品生存。

2.5 高温硫化硅橡胶

高温硅橡胶，简称HTV，别名混炼硅橡胶、固体硅橡胶。高温硅橡胶是硅橡胶中发展最为成熟的产品之一，因其具有良好的耐高低温、耐候、憎水、抗电弧、电气绝缘性、生理惰性等特点，在国防工业、医疗卫生、工农业生产及人们的日常生活中得到广泛应用。

高温硅橡胶是以分子量一般为40万～80万的聚硅氧烷（即生胶）为原料加入补强填料和其它各种添加剂，采用有机过氧化物为硫化剂，经加压成型（模压、挤压、压延）或注射成型并高温硫化而得。

液体硅橡胶一般也需要加温硫化，可分为单组分和双组分两种，有别于高温硅橡胶。但因该产品也需要加温，故放在一起讨论。

【基本情况】

目前中国高温硅橡胶的发展已经较为成熟，2013年产能已达到54.9万吨/年，产量达32.9万吨。而液体硅橡胶即加成型双组分液体硅橡胶（LSR）刚刚起步，2013年产能达3.67万吨/年，同比增加56.2%；产量约1.77万吨，同比增长17.2%（表2-30）。该产品发展速度要高于高温胶，某些场合还出现了替代高温胶应用的现象。

表2-30　2009～2013年中国HTV、LSR的产能、产量及开工率

年份	HTV			LSR		
	产能/(万吨/年)	产量/万吨	开工率/%	产能/(万吨/年)	产量/万吨	开工率/%
2009	28.6	20.0	69.9	0.83	0.45	54.2
2010	31.0	21.0	67.7	0.92	0.55	59.8
2011	35.0	24.0	68.6	1.00	0.65	65.0
2012	50.7	29.8	58.8	2.35	1.51	64.3
2013	54.9	32.9	59.9	3.67	1.77	48.2
2014E	59.0	36.3	61.5	4.20	2.17	51.7

目前国内主要的高温硅橡胶企业有新安化工、东爵、宏达、蓝星、合盛等。而液体硅橡胶企业有深圳森日、广东聚合、新安化工、东莞新东方等。

除非特别说明，本文中产量、消费量、进出口量都指实物量。

1. 高温胶（HTV）生产现状

2007～2013 年中国高温硅橡胶的生产也一直保持较高的增长速度，但是增速逐年放缓，主要是因为市场需求跟不上。相对于其他国家，中国高温硅橡胶生产增速仍然十分可观，主要得益于中国经济的高速增长，下游需求支撑。2007～2013 年中国 HTV 的生产情况见表 2-31，产能产量变化见图 2-23。2013 年中国主要混炼胶（HTV）、110 生胶生产企业生产情况见表 2-32 和表 2-33。

表 2-31　2007～2013 年中国 HTV 的生产情况

年份	2007	2008	2009	2010	2011	2012	2013	2014E
产能/(万吨/年)	21.2	24.0	28.6	31.0	35.0	50.7	54.9	59.0
产能增长率/%	24.7	13.2	19.2	8.4	12.9	44.9	8.3	7.5

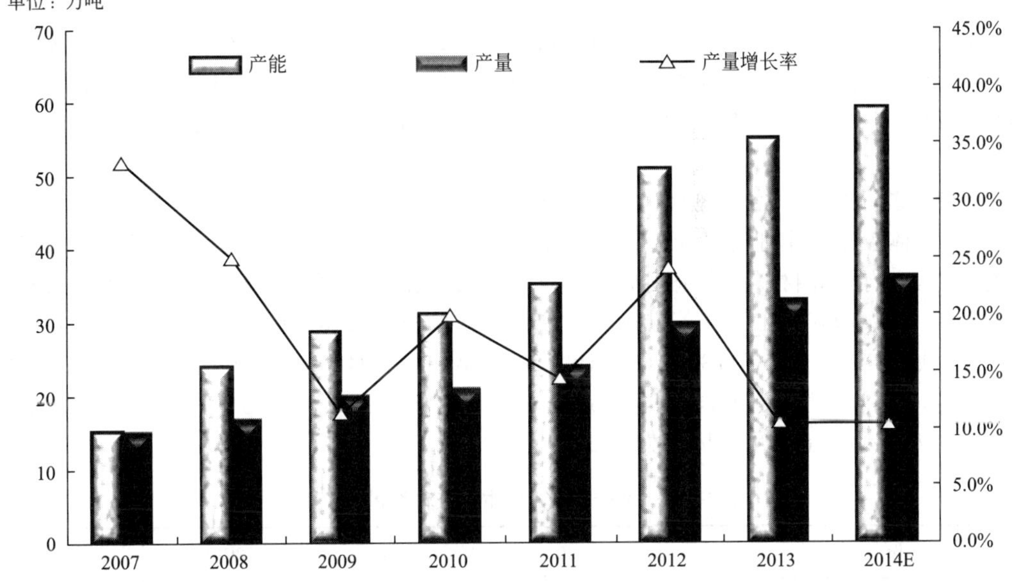

图 2-23　2007～2013 年中国 HTV 产能 、产量、开工率情况及预测

表 2-32　2013 年中国主要混炼胶（HTV）生产厂家

序号	公司名称	序号	公司名称
1	江苏宏达新材料股份有限公司	13	山东东岳有机硅材料有限公司
2	道康宁(张家港)有机硅有限公司	14	南京永金精细化工有限公司
3	东爵有机硅(南京)有限公司	15	东莞润营有机硅科技有限公司
4	浙江新安化工集团	16	溧阳市利达有机硅科技有限公司
5	宁波鑫谷硅胶有限公司	17	东莞南泰绝缘材料有限公司
6	江西星火有机硅厂	18	深圳市固加实业发展有限公司
7	浙江合盛硅业有限公司	19	江西金帆达生化有限公司
8	浙江恒业成有机硅有限公司	20	义乌市理康特种橡胶有限公司
9	浙江富士特集团富士特化工有限公司	21	信越有机硅(南通)有限公司
10	江苏天辰硅胶有限公司	22	其他
11	淄博华星有机硅材料有限公司	23	总计
12	迈高精细高新材料(深圳)有限公司		

表 2-33　2013 年中国主要 110 生胶生产厂家

序号	公司名称	序号	公司名称
1	东爵有机硅(南京)有限公司	8	浙江恒业成有机硅有限公司
2	江苏宏达新材料股份有限公司	9	浙江中天氟硅材料有限公司
3	江西星火有机硅厂	10	浙江合盛硅业有限公司
4	浙江新安化工集团	11	山西三佳化工新材料有限公司
5	道康宁(张家港)有机硅有限公司	12	湖北兴发化工集团股份有限公司
6	山东东岳有机硅材料有限公司	13	迈图高新材料(南通)有限公司
7	宁波鑫谷硅胶有限公司	14	唐山三友硅业有限公司

国内高温硫化硅橡胶生产企业大部分都分布在长江三角洲地区和珠江三角洲地区，主要生产厂家有东爵有机硅、江苏宏达新材料股份有限公司（含东莞新东方）、浙江新安化工集团（已收购新安天玉）、蓝星化工新材料股份有限公司江西星火有机硅厂、浙江合盛硅业和浙江恒业成等。随着市场竞争加剧及下游市场的发展，规模小、技术含量低的企业可能会逐渐退出 HTV 市场，如已被新安收购的天玉。东爵、新安等公司继续占据国内 HTV 市场绝大部分份额。

2. 液体胶（LSR）生产现状

中国液体胶生产企业近十家，但规模都不大。较大的企业如深圳森日有机硅材料有限公司和广东聚合有机硅材料有限公司等，另外一些实力比较雄厚的企业也开始逐步进入液体硅橡胶领域，例如新安化工、江苏宏达等。液体硅橡胶虽然起步较晚，但是在硅橡胶领域中却是发展最快的产品。据 SAGSI 调研估计，2013 年中国液体胶的产能约 3.67 万吨，产量约 1.77 万吨，产能和产量分别同比增长 56.2%和 17.2%。2009～2013 年中国液体胶的生产情况如表 2-34 所示，主要生产厂家如表 2-35。

表 2-34　2009～2013 年中国液体胶的生产情况

年　　份	2009	2010	2011	2012	2013
产能/(万吨/年)	0.83	0.92	1.00	2.35	3.67
产能增长率/%	18.6	10.8	8.7	135.0	56.2

表 2-35　2009～2013 年中国 LSR 主要生产厂家

序号	公司名称	序号	公司名称
1	深圳市森日有机硅材料有限公司	7	安徽裕虹有机硅材料有限公司
2	广东聚合有机硅材料有限公司	8	广东标美硅氟新材料有限公司
3	道康宁(张家港)有机硅公司	9	信越有机硅(南通)有限公司
4	江西星火有机硅厂	10	其他
5	浙江新安化工集团	11	合计
6	东莞新东方新材料有限公司		

【改扩建情况】

近几年高温硅橡胶计划新增的产能远不及室温胶，具体请见表 2-36。

表 2-36　近几年高温硅橡胶新增产能统计

企业名称	产品	产能/(万吨/年)	开工	投产时间	备注
江苏宏达新材料股份有限公司	HTV	3.0	2012 年	2015 年	扩大至总产能 11 万吨
迈图高新材料(南通)有限公司	HTV	0.84	2012 年	2013 年	已完工
迈图高新材料(南通)有限公司	110 生胶	0.8	2012 年	2013 年	已完工
唐山三友硅业有限责任公司	110 生胶	1.0	2012 年	2013 年	已完工
东爵有机硅(南京)有限公司	110 生胶	2.2	2012 年	2013 年	已完工

【进出口贸易】

HTV 在中国没有单独的进出口税则号，该产品的进出口包含在税则号 39100000（初级形态的聚硅氧烷）中，该税则号下商品主要有有机硅中间体、硅橡胶、硅树脂、硅油、乳液、硅烷偶联剂和有机硅单体。

2013 年中国出口 HTV 约 36787 吨，同比下滑 28.8%；2013 年中国进口 HTV 约 36391 吨，同比下滑 35.0%。2013 年中国净出口 HTV 约 1396 吨。2013 年起中国成为 HTV 净出口国。110 生胶进口 6640 吨，同比下滑 23.1%，出口 2189 吨，同比下滑 21.4%。

2006～2013 年中国 HTV 进出口变化如图 2-24 所示。由该图可以看出，从 2010 年开始，中国进口 HTV 呈逐年降低趋势，说明这期间国内相关企业发展较快。2013 年，HTV 出口同比下滑 28.8%。

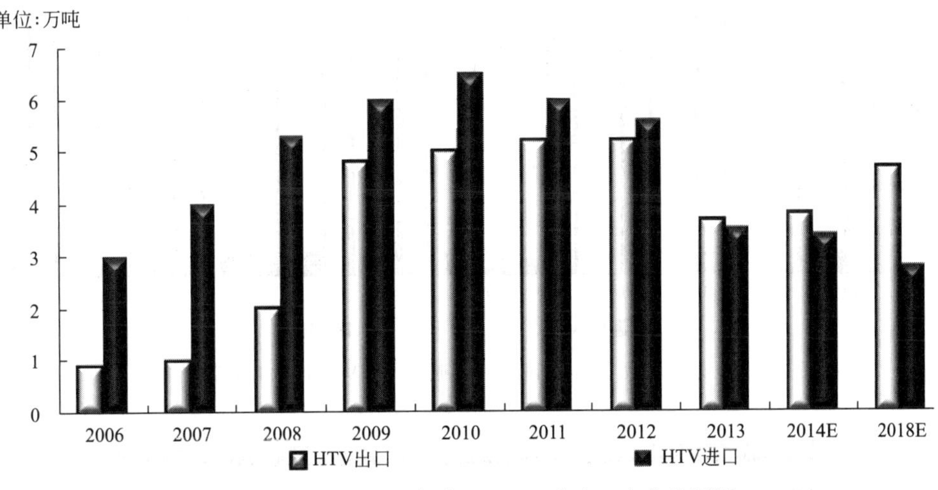

图 2-24　2006～2013 年中国 HTV 进出口变化及预测

2012～2013 年中国高温硅橡胶进出口月度价格如图 2-25 所示。2013 年中国高温硅橡胶的进口价格变动幅度较大，维持在 5.4～8.0 美元/千克，均价为 5.9 美元/千克，高于 2012 年 5.1 美元/千克，同比增长 15.7%。

2013 年中国高温硅橡胶的出口价格较稳定，维持在 2.9～3.2 美元/千克，均价为 3.0 美元/千克，低于 2012 年的 3.5 美元/千克，同比增长 14.3%。

1. HTV 出口

近几年中国出口 HTV 一直保持着较高的增长趋势，2013 年中国出口 HTV 约 36787t，同比下滑 28.8%。图 2-26 为 2013 年中国 110 生胶和 HTV 月度出口情况，图 2-27 为 2013 年中国 HTV 出口市场分布，图 2-28 为 2013 年中国 110 生胶出口市场分布。可以看出 IITV 出口主要面向中国香港、韩国、印度、中国台湾、美国等国家和地区。110 生胶出口市场较集中，最大市场是韩国，出口量为 947t，其次是俄罗斯联邦、印度等周边国家和地区。

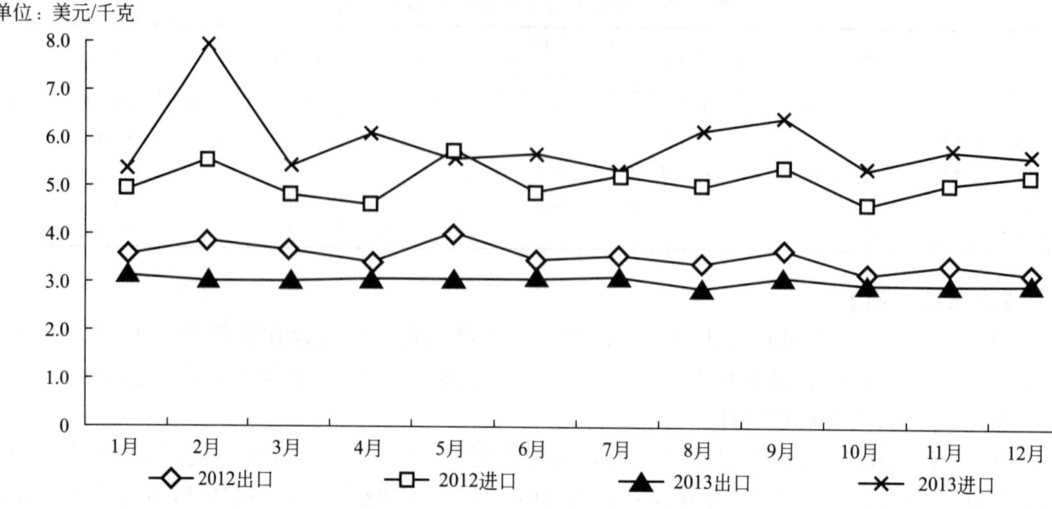

图 2-25　2012～2013 年中国高温硅橡胶进出口月度价格

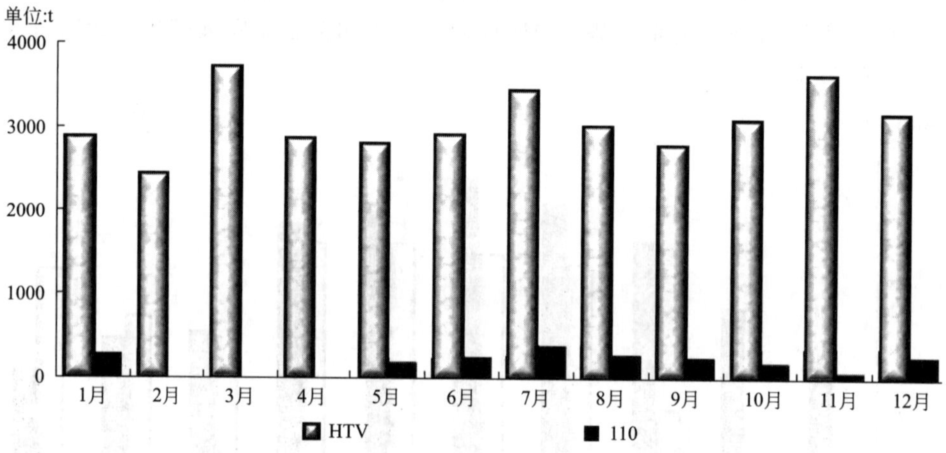

图 2-26　2013 年中国 110 生胶和 HTV 月度出口情况

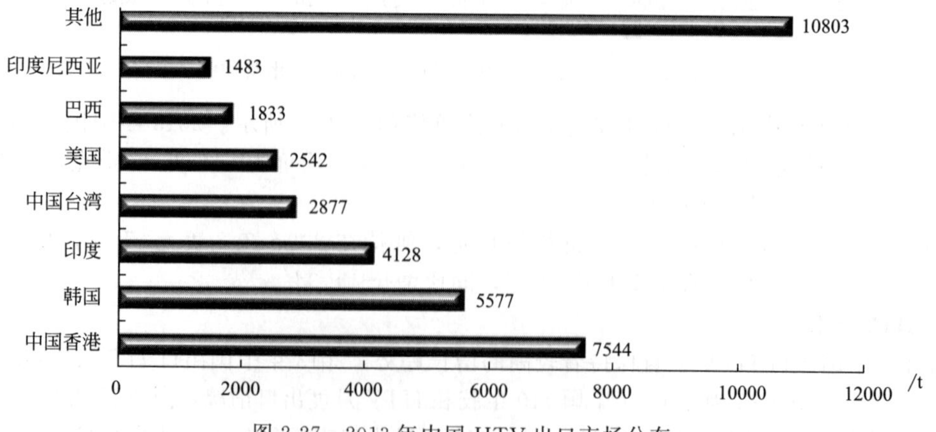

图 2-27　2013 年中国 HTV 出口市场分布

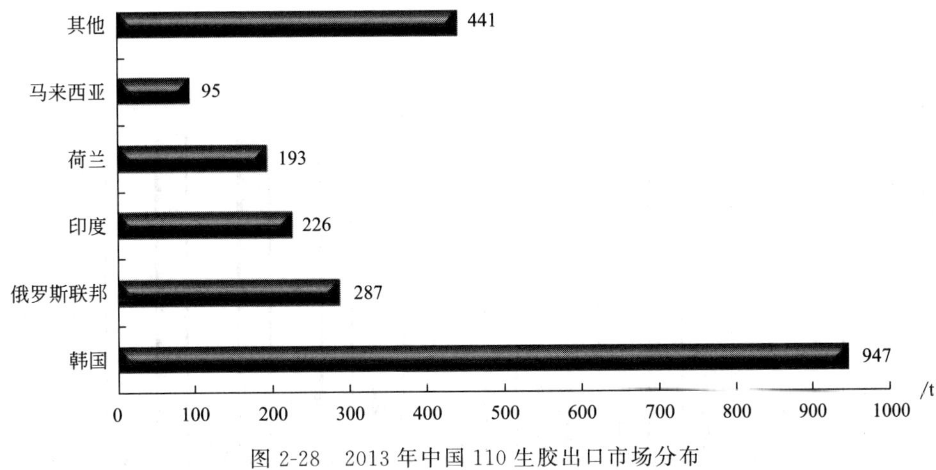

图 2-28　2013 年中国 110 生胶出口市场分布

2013 年中国 HTV 的出口主要经由上海海关、南京海关、黄埔海关、深圳海关、宁波海关等海关，各海关分别占总出口的 46%、26%、12%、9%、2%。由此可见上海海关所占比重较大，主要是由于东爵、宏达、迈图等大企业经由上海海关出口所致。2013 年中国出口 HTV 和 110 生胶的前十名企业如表 2-37 所示。

表 2-37　2013 年中国出口 HTV 和 110 生胶的前十名企业

序号	HTV 出口企业名称	110 生胶出口企业名称
1	东爵有机硅(南京)有限公司	浙江新安化工集团股份有限公司
2	迈图高新材料(南通)有限公司	江苏宏达新材料股份有限公司
3	江苏宏达新材料股份有限公司	浙江恒业成有机硅有限公司
4	浙江恒业成有机硅有限公司	蓝星有机硅(上海)有限公司
5	道康宁(张家港)有机硅有限公司	宁波市晟安化工有限公司
6	新安天玉有机硅有限公司	蓝星化工新材料股份有限公司江西星火有机硅厂
7	溧阳市利达有机硅科技有限公司	上海交运福祉物流有限公司
8	东莞新东方科技有限公司	宁波科技园区栋汇进出口有限公司
9	迈图(上海)贸易有限公司	维世佳(沈阳)电力器材有限公司
10	瓦克化学(张家港)有限公司	深圳市深尔特贸易有限公司

由该表可以看出，中国 HTV 的出口仍然集中在东爵有机硅（南京）有限公司、迈图高新材料（南通）有限公司、江苏宏达新材料股份有限公司、道康宁（张家港）有机硅有限公司、新安天玉有机硅有限公司等大型生产企业。110 生胶出口量较大的企业有浙江新安化工集团股份有限公司、江苏宏达新材料股份有限公司、浙江恒业成有机硅有限公司、蓝星有机硅（上海）有限公司等，其中浙江新安化工集团股份有限公司出口 110 生胶约 1723.8t，出口量较大。

2. HTV 进口

2013 年中国进口 HTV 约 36391 吨，同比下滑 35.0%；进口 110 生胶约 6640 吨，同比下滑 23.1%。2013 年中国 110 生胶和 HTV 月度进口情况如图 2-29 所示，可以看出进口的 HTV 远高于 110 生胶，2 月份受春节影响，HTV 进口量较少。

2013 年中国进口 HTV 报关海关分布如图 2-30 所示，中国进口 HTV 主要经由黄埔海关、上海海关、深圳海关、广州海关、青岛海关、南京海关等海关。

2013 年中国 HTV 进口主要来源国家和地区如图 2-31 所示，HTV 的进口主要来源于日本、德国、韩国、美国、中国台湾、泰国等国家和地区，分别占进口总量的 27%、18%、17%、12%、11%和 6%。由此可见 HTV 进口多数来源于邻近国家和地区。

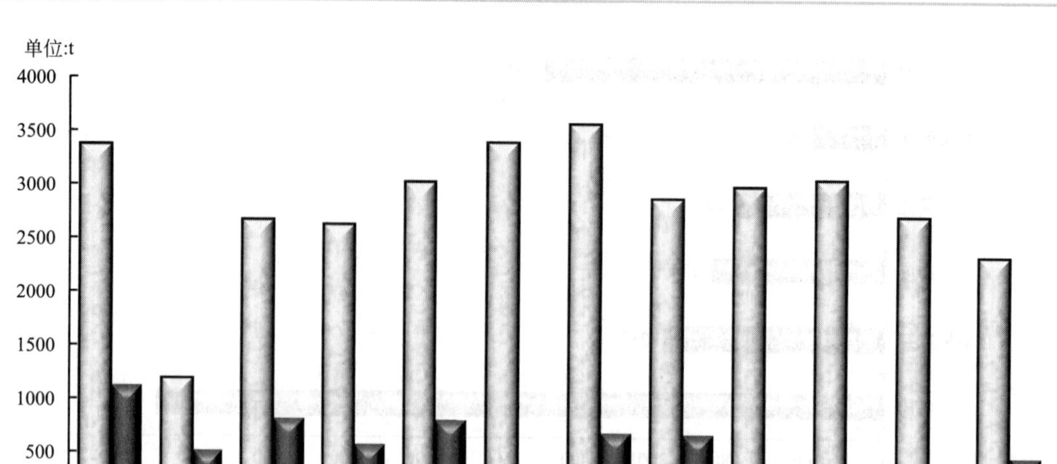

图 2-29 2013 年中国 110 生胶和 HTV 月度进口情况

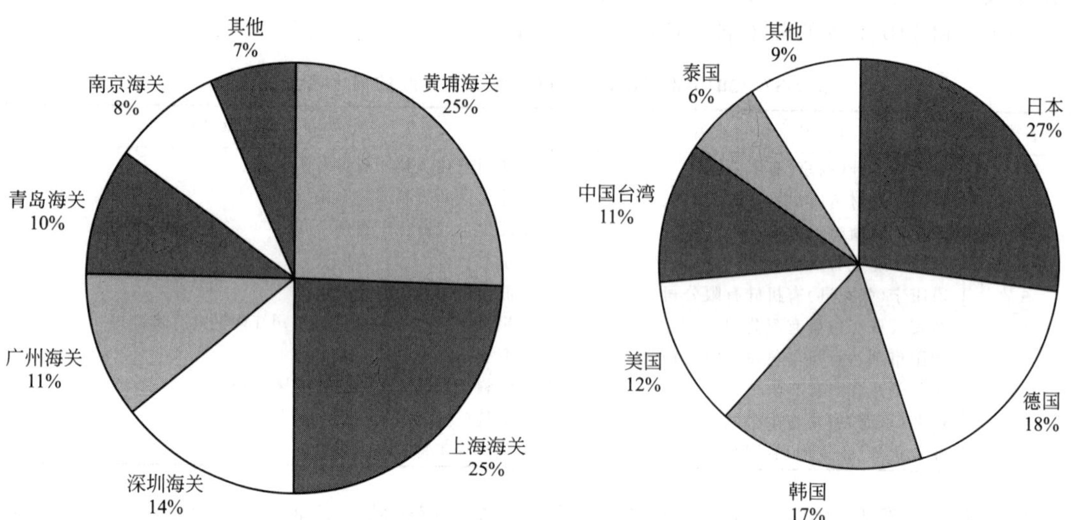

图 2-30 2013 年中国进口 HTV 报关海关分布

图 2-31 2013 年中国 HTV 进口主要来源国家和地区

2013 年中国境内进口 HTV 和 110 生胶前十名企业如表 2-38 所示。

表 2-38 2013 年中国境内进口 HTV 和 110 生胶前十名企业

序号	HTV 进口企业名称	110 生胶进口企业名称
1	莱州同济化工有限公司	道康宁(张家港)有机硅有限公司
2	瓦克化学(张家港)有限公司	蓝星有机硅(上海)有限公司
3	蓝星有机硅(上海)有限公司	瓦克化学(张家港)有限公司
4	上海东图经贸有限公司	东莞润营有机硅科技有限公司
5	广州刚辉橡塑五金制品有限公司	道康宁(中国)投资有限公司
6	优品精密橡胶零件(东莞)有限公司	道康宁(上海)有限公司
7	信越有机硅国际贸易(上海)有限公司	广州群英精密橡塑有限公司
8	佛山市南海区雅邦硅胶有限公司	瓦克化学(中国)有限公司
9	瓦克化学(中国)有限公司	东莞宝顺硅胶制品有限公司
10	东莞捷基硅胶制品有限公司	泓众(上海)贸易有限公司

3. LSR 出口

2013 年中国进口液体硅橡胶约 5030t，同比下滑 20.5%；出口液体硅橡胶约 3330t，同比下滑 32.3%；市场缺口约 1700t。

2013 年中国液体硅橡胶月度出口情况如图 2-32 所示，月度出口量保持在 200t 以上，比 2012 年有增长，2 月受春节影响，出口量较低。

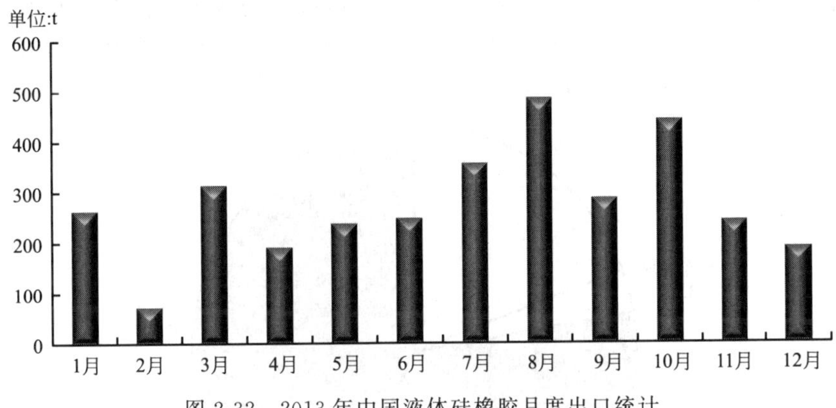

图 2-32　2013 年中国液体硅橡胶月度出口统计

2013 年中国液体硅橡胶出口主要面向中国香港、泰国、美国、印度、土耳其、中国台湾等国家和地区，经由拱北海关、深圳海关、上海海关、南京海关、黄埔海关等海关报关，各海关出口报关数量分别占出口总量的 32%、28%、18%、11%、7%。

2013 年我国主要 LSR 出口企业有：广东聚合有机硅材料有限公司、深圳市森日有机硅材料有限公司、迈图高新材料（南通）有限公司、道康宁（中国）投资有限公司、东莞宝顺硅胶制品有限公司等 LSR 生产和贸易企业。

4. LSR 进口

2013 年我国液体硅橡胶月度进口情况如图 2-33 所示。我国每月进口液体硅橡胶维持在 550t 上下。

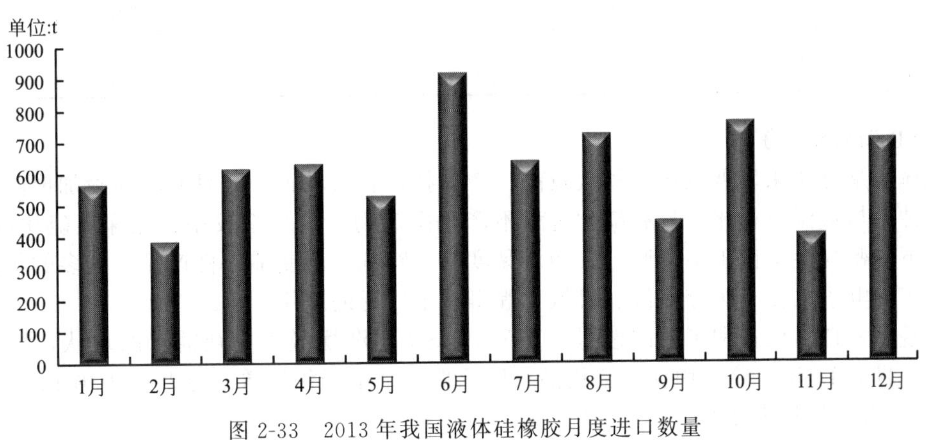

图 2-33　2013 年我国液体硅橡胶月度进口数量

2013 年中国液体胶的进口主要来源于日本、德国、中国台湾、法国、泰国、美国等国家和地区，较为分散。

2013 年中国液体硅橡胶进口主要经由黄埔海关、上海海关、深圳海关、福州海关、天津海关、青岛海关等海关，各海关分别占进口总量的 45%、25%、10%、6%、5%和 3%。

2013年中国主要LSR进口企业包括东莞捷讯橡胶有限公司、蓝星有机硅（上海）有限公司、福清昭和精密电子有限公司、东莞众亿硅胶制品有限公司、道康宁（中国）投资有限公司、东莞荒井橡胶制品有限公司、东莞雅士电子有限公司、瓦克化学（中国）有限公司等橡胶制品和贸易企业。

【HTV消费情况】

中国高温硅橡胶（HTV）主要用于电子、电线电缆、绝缘子、汽车以及航空航天等领域（图2-34），每个领域发展速度和特点略有差异，但总体呈正增长趋势。随着国民经济的发展，中国对HTV的需求正以每年以8%～12%的速度增长。

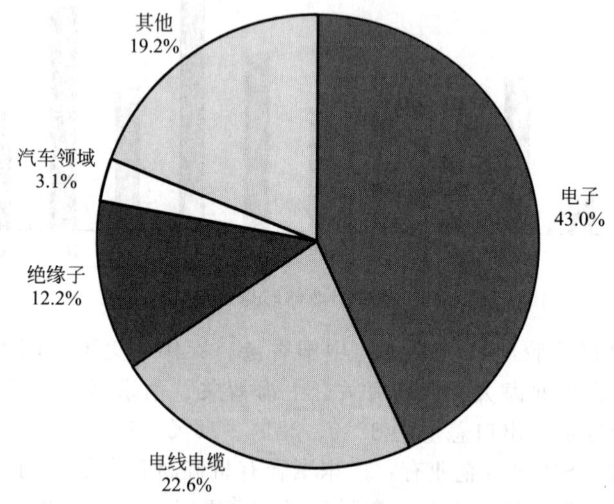

图2-34　2013年中国高温硅橡胶在各领域的消费情况

2013年中国HTV表观消费量达到32.8万吨，同比增长约8.6%，国内产量约为32.9万吨，同比增长10.4%，市场净出口0.1万吨。2007～2013年中国HTV需求量见表2-39。

表2-39　2007～2013年中国HTV的需求情况

年份	2007	2008	2009	2010	2011	2012	2013
消费量/万吨	18.0	20.0	22.0	25.0	27.0	30.2	32.8
缺口/万吨	3.0	3.3	2.0	4.0	3.0	0.44	−0.1

【LSR消费情况】

液体胶是近年来发展较快、档次较高、产品技术含量较大、且具有较高附加值的一类硅橡胶品种，与室温胶相比，具有硫化过程不产生副产物、收缩率较小、能深层硫化的优点，在高温下的密封性也优于室温胶。其相对黏度低，特别是和制造小件产品。众多的优点使得它在汽车、电子电器、医疗保健、机械工程得到了广泛的应用。

得益于材料、设备和工艺的改进与革新，LSR逐渐摆脱了小众需求的现状，扩大了应用领域。目前LSR主要应用在孕婴用品、医疗保健、电子领域等。近几年中国LSR需求量及2013年需求量见表2-40。

表2-40　2006～2013年中国LSR的需求情况

年份	2009	2010	2011	2012	2013
消费量/%	1.20	1.40	1.50	1.65	1.94
缺口/万吨	0.75	0.85	0.85	0.14	0.17

【行业发展方向】

1. 2013 年中国高温硅橡胶技术开发方向

① 通过对生胶分子结构设计、分子量控制、乙烯基含量及其分布的控制及其共聚技术，开发高性能和新型热硫化硅橡胶生胶。

② 开发无卤阻燃硅橡胶、低压变高抗撕硅橡胶、免二次硫化硅橡胶、医用硅橡胶以及耐高温、高强度、高透明、高阻燃、高导电、高阻燃、高阻尼等特种功能硅橡胶。

③ 攻克苯基硅氧烷环体和二甲基硅氧烷环体相容性差、开环活性差等技术难题，致力于苯基含量可控、质量稳定、高苯基含量的甲基苯基硅橡胶。

2. 2013 年液体硅橡胶技术开发方向

液体硅橡胶是近年来发展较快、档次较高、产品技术含量较大、具有较高附加值的一类有机硅产品，具有加热硫化速度快、生产效率高、综合成本低等特点。随着人们对液体硅橡胶的认识，目前该产品主要集中在以下方向研究：粘接性能的改善；单组分液体硅橡胶储存性的研究；新型催化剂、抑制剂的开发。

3. 发展趋势和建议

有机硅行业作为国家鼓励类行业，是最具发展潜力的新材料行业之一，将纳入中国“十二五”规划重点发展的新材料范围内。有机高温硅橡胶作为有机硅行业内的子行业，近年来一直保持着平稳的增长率。然而受全球整体经济形势的影响，近两年 HTV 市场出现萎缩现象，预计未来几年 HTV 增长速度将放缓，需求增长率将在 7%～10%，仍然呈正增长趋势，不同领域增幅不同。此外，受市场增速放缓的影响，国内企业扩产速度也随之下降，有效缓解高温胶萎靡的市场现状，预计三年左右的时间将明显改善。目前国内高温胶的生产多采用间歇式或半间歇式生产方式，仍属于劳动密集型产业，未来应朝着智能化制造设备、全自动生产工艺，降低人力成本。其次高温胶仍面临着二次硫化等较为棘手的问题，需要进一步研究解决。

此外，专家队伍力量薄弱，技术人才培养缓慢，基础理论研究太少等弊端逐渐显现，各大高校科研院所与企业需求脱离，实际研究与下游应用相脱离。因此企业在运作时需要密切注意以上问题，规模的扩张需与自身优势、市场状况、供需情况等相结合，因地制宜的发展。

液体硅橡胶经过多年的研究和发展，越来越多得到人们的认知和认可，近几年迎来了硅橡胶加工业高效率，高质量及低成本生产的新纪元。同传统的热硫化（HCR）成型工艺相比，采用 LIM 工艺生产橡胶制品时，具有省时节能，免除后处理工艺，产品成品率高，综合成本低（LIM 比 HCR 节约 40%左右）等优点。未来该产品的重点在于新应用领域的开拓、机械模具的制造、低黏度高强度配方的研究。液体硅橡胶的市场应用前景很广，发展速度要高于其他硅橡胶品种。

为此建议国内相关企业充分发挥自己优势，注重技术和销售人员的培养，切实做好安全生产工作。规模扩大前要统筹做好规划、提前认知市场现状、未来发展走势。就高温硅橡胶来说，目前国内虽处于产能过剩的状态，但不是针对所有高温胶而言，部分特种高温胶仍有较高的利润，企业的发展在于生产、技术、营销等方面的综合把握。而对于液体硅橡胶来说，虽说目前刚处于起步阶段，前景广阔，但也不适合所有企业随意扩建装置，产品的利润是建立在产品高质量—客户认可—销量扩大这一基础之上。对于液体硅橡胶这样的精细化学产品来说，生产、销售、先进设备、技术开拓缺一不可，环环相扣。

2.6　室温硫化硅橡胶

除高温胶（HTV）外，室温胶（RTV）也占据很大的市场份额。室温硫化硅橡胶一般分子量较低（3 万～6 万）。室温硫化硅橡胶在分子链的两端（有时中间也有）各带有一个或两个官能团，在一定条件下（空气中的水分或适当的催化剂），这些官能团可发生反应，从而形成高分子量的交联结构。本文中室温硅橡胶专指缩合型室温硫化硅橡胶。室温硫化硅橡胶按其包装方式可分为双组分和单组分两种类型。单组分室温硅橡胶（RTV-1）又可分：脱醋酸型、脱醇型、脱肟型、脱酰胺型、脱胺型、脱酮型。

RTV-1 使用时靠吸收空气中的水分硫化进行反应，固化成弹性体。最常见类型：脱酸型，脱醇型和脱肟型。交联剂还可以是含烷氧基、肟基、氨基、酰氨基、酮基的硅烷，硫化时分别释放出醇、肟、胺、酰胺和酮。

双组分室温硅橡胶（RTV-2）的硫化与空气中的水分无关，而是靠催化剂（一般为有机锡）引发交联反应。通常将有机硅基胶、填料、交联剂作为甲组分包装，催化剂作为乙组分包装，或采用三组分包装，但必须把交联剂和催化剂分开。最常见缩合方法为脱醇型，在催化剂作用下，羟基封端的聚硅氧烷胶与交联剂（如正硅酸乙酯等烷氧基硅烷）发生缩合反应，形成网状结构的弹性体，同时释放出醇类低分子物质。

【基本情况】

目前国内主要 RTV 生产企业有广东白云、成都硅宝、广州新展、杭州之江、郑州中原等。2013 年，中国室温硅橡胶产能约为 62.7 万吨/年，产量约为 44.7 万吨，对比 45.1 万吨左右的消费量，缺口大约为 0.4 万吨。近两年，随着中国房地产、电子和可再生能源领域的飞速发展，室温硅橡胶行业得到长足的发展。国外有机硅生产企业均看好中国市场，纷纷在中国建设生产基地，如道康宁、瓦克、迈图、信越。国内生产厂家也大幅扩大生产规模，如成都硅宝、广州新展、杭州之江，扩产规模之宏伟令人难以想象。2007～2013 年中国室温胶的产能年均增长率高达 12.3%，产量年均增长率高达 12.0%。2013 年，中国室温硅橡胶生产企业有 50 多家，总产能已达 62.7 万吨/年，产能利用率为 71.3%。其中规模在 2 万吨/年以上的有 10 家，合计生产能力为 44.9 万吨/年，占全国总产能的 71.6%。

表 2-41 是中国室温硅橡胶近几年产能、产量以及开工率情况。中国主要 107 胶和 RTV 生产厂家分别如表 2-42 和表 2-43 所示。

表 2-41　2007～2013 年中国室温硅橡胶生产情况及 2014 年预测

年份	产能/(万吨/年)	产量/万吨	开工率/%
2007	31.2	22.7	72.8
2008	34.3	26.4	77.0
2009	38.0	29.6	77.8
2010	42.0	31.5	74.9
2011	47.5	35.0	73.7
2012	53.0	39.0	73.6
2013	62.7	44.7	71.3
2014E	71.5	50.1	70.1

表 2-42　2013 年中国主要 107 胶生产厂家

序号	公司名称	序号	公司名称
1	道康宁(张家港)有机硅有限公司	9	浙江合盛硅业有限公司
2	内蒙古恒业成有机硅有限公司	10	山东金岭集团有限公司
3	山东东岳集团	11	中蓝晨光化工研究院
4	瓦克化学(张家港)有限公司	12	浙江中天氟硅材料有限公司
5	浙江新安化工集团	13	湖北兴发化工集团股份有限公司
6	江西星火有机硅厂	14	山西三佳化工新材料有限公司
7	唐山三友集团	15	深圳市安品有机硅材料有限公司
8	四川省硅峰有机硅材料有限公司		

表 2-43　2013 年中国主要 RTV 生产企业

序号	公司名称	序号	公司名称
1	广州新展有机硅公司	12	湖北回天胶业股份有限公司
2	郑州中原应用技术研究开发有限公司	13	扬州晨化科技集团有限公司
3	道康宁(张家港)有机硅有限公司	14	浙江中天氟硅材料有限公司
4	杭州之江有机硅化工有限公司	15	镇江东辰新材料有限公司
5	广州市白云化工实业有限公司	16	北京天山新材料有限公司
6	江西星火有机硅厂	17	苏州天山新材料有限公司
7	浙江凌志精细化工有限公司	18	信越有机硅(南通)有限公司
8	成都硅宝科技有限公司	19	深圳市安品有机硅材料公司
9	瓦克化学(张家港)有限公司	20	宁波润禾化学工业有限公司
10	迈图高新材料(南通)有限公司	21	上海灼日精细化工有限公司
11	浙江新安化工集团	22	江苏宏达新材料股份有限公司

1. 中性胶

近几年来，中国室温硫化硅橡胶得到极大的发展。由于中性胶无腐蚀性，在各大领域得到推广和应用，尤其在电子电器方面。此外幕墙方面，国家标准中明确规定要求使用中性胶，为中性胶的发展提供有力的发展条件。中性胶的市场比重加大，目前市面上中性胶约占70%左右的比例，多以脱酮肟型为主。中性胶的应用范围广泛，除了门窗外，幕墙上用量更大。中性胶主要有以下几方面的用途：汽车、造船、铁路客车等车身地板、侧身、车顶棚接缝处密封、幕墙。

2. 酸性胶

目前市面上酸性胶约占近 30%的比例。酸性聚硅氧烷密封胶因硫化时产生醋酸而称为酸性。由于酸性成分对钢铁、水泥、石材等存在一定腐蚀性，所以应用有所限制，一般只用在铝合金玻璃门窗的安装上。

【改扩建情况】

从产能扩建来看，未来两年，杭州之江预计扩建 2.2 万吨/年和硅宝科技扩建 5 万吨/年。未来随着新建产能的陆续释放，预计室温硅橡胶的竞争将更加激烈。室温胶主要应用领域为建筑，相关领域包括玻璃幕墙、中空玻璃 、室内装修和门窗密封等。其中，玻璃幕墙和中空玻璃的行业增速在 2011 年出现了比较大的下滑，玻璃幕墙同比下滑 8.8%，中空玻璃同比下滑 5.8%。而过去三年，房地产施工面积和竣工面积同比增速都保持在 15%以上，拉动了室内装修和门窗密封对硅橡胶的消费。

2013 年中国室温硅橡胶新建及拟建项目如表 2-44 所示。

表 2-44　2013 年中国室温硅橡胶新建及拟建项目

公司名称	产能/(万吨/年)	开工日期	完工日期	备　　注
浙江新安化工集团有限责任公司	3.0	2009 年	—	一期 1.5 万吨/年已完成，进入二期阶段
杭州之江有机硅化工有限公司	4.0	2012 年	2014 年	预计 2014 年年中完工
成都硅宝科技有限公司	5.0	2012 年	2016 年	
湖北回天胶业股份有限公司	0.12	2012 年	2013 年	已完成
佛山市华瑞达硅胶有限公司	1.0	2013 年	2015 年	
四川省硅峰有机硅材料有限公司	0.3	2014 年	2015 年	投资 1.2 亿元，位于泸州市龙马潭区

【进出口贸易】

RTV 目前没有单独的海关税则号，与高温胶、硅油、DMC 等产品一起统计在税则号 3910000（初级形态的聚硅氧烷）下，另外在 29319000 税号下也有少量贸易。

2013年中国进口RTV约1.02万吨，同比下滑18.4%。与2012年相比，中国RTV出口量降低，可能是由于国内消费的比重加大所致，2007～2013年中国对RTV需求的年均增长率为11.2%。2013年的进口仍保持2012年下滑走势，2013年中国出口RTV约0.58万吨，同比降低45.3%。主要原因是由于近两年随着中国主要生产企业产能的大幅扩张，产能得到有效释放，需求也快速增长。2013年中国进口107胶约1.27万吨，同比下滑26.6%；出口107胶985t。

2007～2013年中国RTV进出口量变化如图2-35所示。

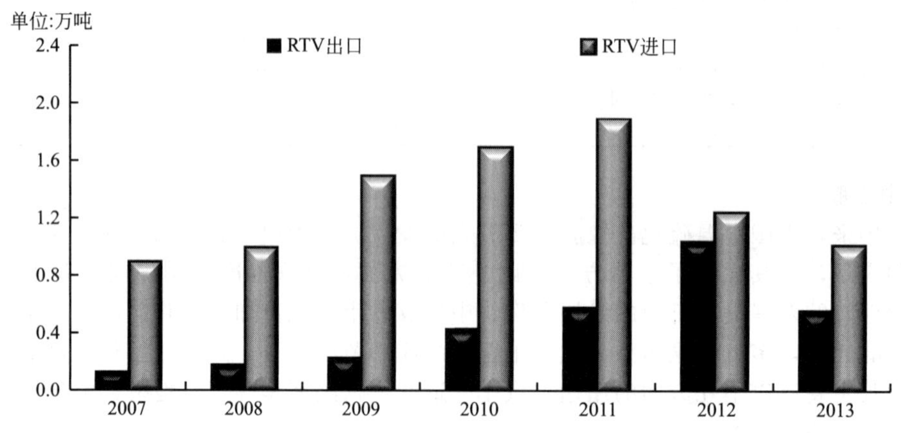

图2-35　2007～2013年中国RTV进出口量变化

1. 出口

图2-36为2013年107胶和RTV月度出口情况，可以看出RTV的出口要远高于107胶的出口。2013年7～11月，RTV的月度出口量较少。

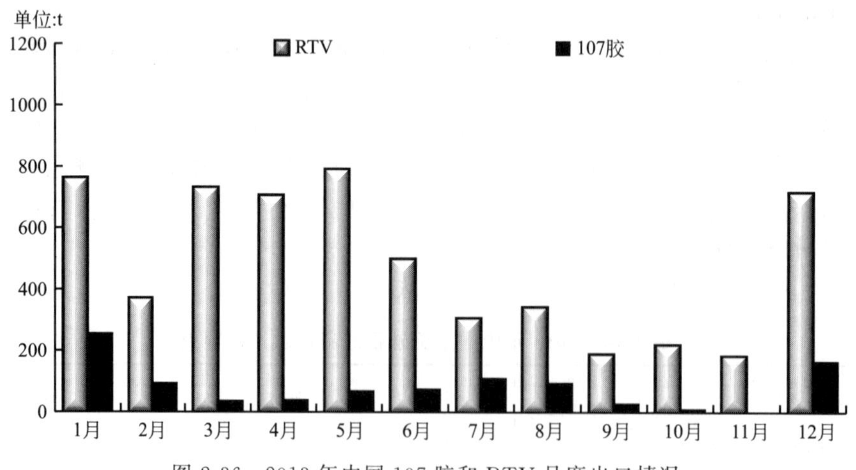

图2-36　2013年中国107胶和RTV月度出口情况

图2-37为2013年中国RTV出口主要面向的国家和地区，可以看出RTV出口主要面向韩国、中国香港、中国台湾、印度、马来西亚等国家和地区，分别占总出口量的21%、19%、10%、8%、7%，由此可见中国RTV的出口偏重于周边相邻国家和地区。

2013年中国RTV出口主要经由上海海关、黄埔海关、广州海关、深圳海关、天津海关、南京海关等海关出口，分别约占45.0%、18.9%、15.2%、9.1%、2.8%、2.0%。由此看出，RTV的出口多集中在上海、广州一带，说明该地区的室温胶企业较为集中。

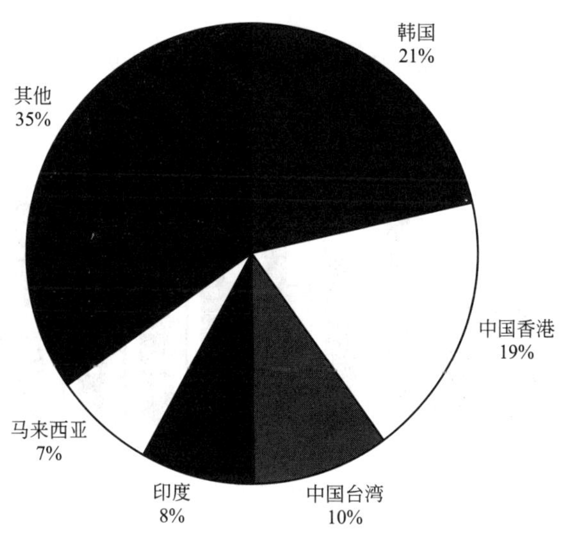

图 2-37　2013 年中国 RTV 出口主要面向的国家和地区

2013 年中国出口 RTV 和 107 胶的前十名企业如表 2-45 所示。

表 2-45　2013 年中国出口 RTV 和 107 胶的前十名企业

RTV 出口企业	107 胶出口企业名称
道康宁(张家港)有机硅有限公司	山东东岳有机硅材料有限公司
道康宁(上海)有限公司	迈图高新材料(南通)有限公司
道康宁(中国)投资有限公司	浙江恒业成有机硅有限公司
蓝星有机硅(上海)有限公司	蓝星有机硅(上海)有限公司
深圳中外运物流有限公司	蓝星化工新材料股份有限公司
杭州置信化工有限公司	江西星火有机硅厂
上海黎仓物流有限公司	武汉捷鸿国际贸易有限责任公司
东莞宝顺硅胶制品有限公司	迈图(上海)贸易有限公司
深圳市金运达国际物流有限公司	常熟市利巨进出口有限公司
深圳市矽尔德新材料有限责任公司	深圳市广顺凯贸易有限公司
	厦门佰旭莱贸易有限公司

2. 进口

2013 年中国进口 RTV 约 1.02 万吨，同比下滑 18.4%。进口 107 胶约 1.27 万吨，同比下滑 26.6%。

2013 年中国 107 胶和 RTV 月度进口情况如图 2-38 所示，可以看出，2013 年中国对 RTV 月均进口量仍保持在 750t 左右。107 胶月度进口差异较大，可能是某些大型企业集中备货所致。

图 2-39 为 2013 年中国进口 RTV 主要来源国家和地区，可以看出进口 RTV 主要来源于日本、韩国、美国、德国、中国台湾等国家和地区，分别占总出口量的 30.3%、19.5%、16.2%、10.4%、7.4%。

2013 年中国 RTV 的进口主要经由上海海关、黄埔海关、广州海关、深圳海关、天津海关、南京海关等关口进口，分别约占总进口的 45%、19%、15%、9%、3%、2%。

2013 年中国进口 RTV 和 107 胶的前十名企业如表 2-46 所示。

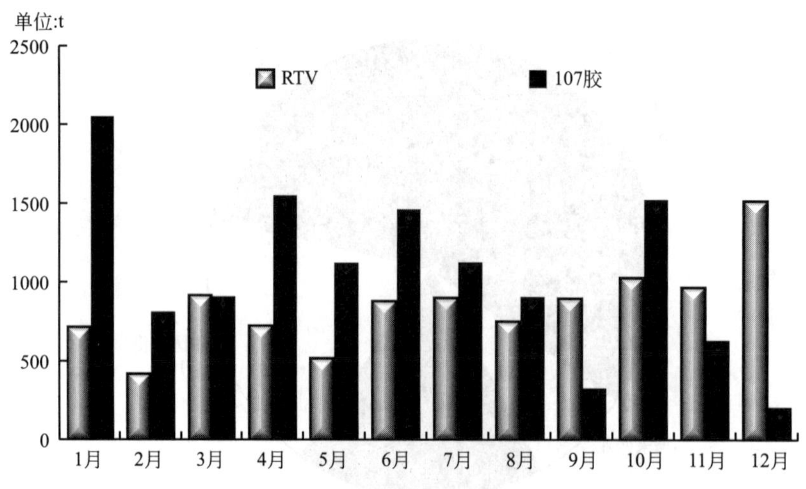

图 2-38　2013 年中国 107 胶和 RTV 月度进口情况

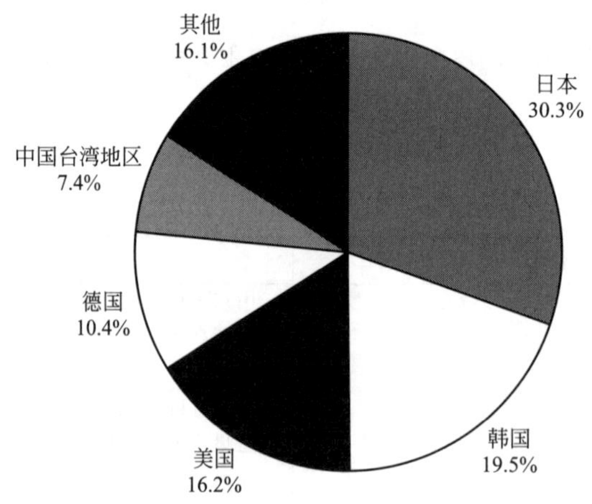

图 2-39　2013 年中国进口 RTV 主要来源国家和地区

表 2-46　2013 年中国主要 RTV 和 107 胶进口企业

RTV 进口企业	107 胶进口企业
佛山市南海裕天贸易进出口有限公司	道康宁(中国)投资有限公司
上海海棕榈进出口有限公司	广东新展化工新材料有限公司
道康宁(中国)投资有限公司	杭州之江新材料有限公司
广州市伽鑫贸易有限公司	道康宁(上海)有限公司
上海三众化轻发展有限公司	深圳市深成达实业有限公司
泓众(上海)贸易有限公司	道康宁(张家港)有机硅有限公司
中国出版对外贸易总公司	南京海辰化工有限公司
东莞亚锋电脑零配件有限公司	迈图高新材料(南通)有限公司
道康宁(上海)有限公司	上海西川密封件有限公司
伟康医疗产品(深圳)有限公司	瓦克化学(张家港)有限公司

【消费情况】

中国属于发展中国家，正处于高速建设阶段，因此有机硅室温胶（RTV）最大的消费对象多年以来一直是建筑行业，应用主要包括建筑幕墙、房屋建筑的密封和门窗节能玻璃加工三个方面。2013 年，建筑领域消耗的有机硅室温胶约 30.4 万吨，占中国全部有机硅室温胶消费量的 67.4%。另外在电子电力、可再生能源及其他制造业方面，RTV 广泛用于封装、胶粘等领域。电子领域和可再生能源领域近几年得到飞速发展，RTV 用量逐年提升。可再生能源领域近两年一直保持 20%的增长速度，虽然目前 RTV 在可再生能源领域所占的消费比重不大，但是该领域却是 RTV 下游应用中发展最快的领域。2013 年该领域消耗 RTV 约 3.5 万吨，约占中国全部有机硅室温胶消费量的 7.8%。低端产品一直呈现过剩状态，但中高端产品则供不应求。2013 年室温胶在各领域所占消费比例见图 2-40。

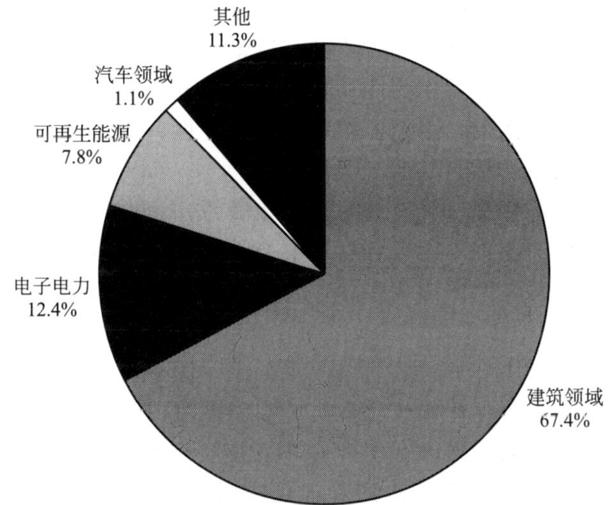

图 2-40　2013 年中国 RTV 在各领域的消费情况

2013 年中国 RTV 消费量达到 45.1 万吨，同比增长 15.1%；国内产量约为 44.7 万吨，市场缺口 0.4 万吨左右。2006～2013 年中国 RTV 需求量及预测见表 2-47。

表 2-47　2006～2013 年中国 RTV 的需求情况及预测

年份	2006	2008	2011	2012	2013	2014E
产量/万吨	20	26	35	39	44.7	50.1
消费量/万吨	20.5	26.3	35.7	39.2	45.1	50.5
缺口/万吨	0.5	0.3	0.7	0.2	0.4	0.4
需求增长率/%	21.4	10.0	11.6	9.8	15.1	12.0

【发展建议】

近几年中国的室温硅橡胶的发展十分迅猛，各企业生产规模不断放大，受下游需求的支撑，室温胶的产量及消费量已经上升至更新的高度。2013 年中国 RTV 产能已经达到 62.7 万吨/年，产量达 44.6 万吨，消费量为 45.1 万吨，净进口量约 0.5 万吨。

就技术而言，欧盟从 2010 年起逐步限制含有机锡的室温硫化硅橡胶的使用，因此对于催化体系的研究要加以重视，加快寻求有机锡催化剂替代品的研究，研究含钼、锌、钛等元素的催化体系及与室温硫化硅橡胶的配制技术；其次，加强自动化生产体系的研究，提高产品储存性能；就应用而言，加强应用与技术开发的密切结合。目前中国企业存在一个严重的问题是研、产、需相脱离，除了注重研究外，还应密切研究市场需求。

对于生产来说，应在系统化生产、降低管理成本、运输等方面努力降低成本。室温硅橡胶由于其对水分要求的苛刻性，密闭自动化生产将成为主流。

此外，专家队伍力量薄弱，技术人才培养缓慢，基础理论研究太少等弊端逐渐显现，各大高校科研院所与企业需求脱离，实际研究与下游应用相脱离。因此企业在运作时需要密切注意以上问题，规模的扩张需与自身优势、市场状况、供需情况等相结合，因地制宜的发展。

2.7 硅油乳液

硅油是一类以Si—O—Si为主链、侧链带有有机基团的线型有机硅聚合物。广泛应用于纺织、日化、机械加工、化工、电子电气、医疗卫生等行业。通常硅油在室温下保持液体状态。随着分子量增大，粘度也增高，因此黏度是硅油的一个重要物性指标。

目前，常见的商品硅油有甲基硅油、乙烯基硅油、苯基硅油、甲基苯基硅油、甲基含氢硅油、聚醚改性硅油等。通常称可作为产品直接使用的硅油为一次制品，而以硅油为原料或助剂，加入增稠剂、表面活性剂、溶剂、填料及各种性能改进剂等，经过特定工艺配制成的复合物、乳液、溶液等制品，称为硅油二次加工品。

不同种类硅油的制备，分别以对应的有机硅单体或中间体及适当的止链剂作主要原料，经由催化聚合平衡，得到的各种不同聚合度的混合物，再经减压蒸馏脱除低沸物制得成品硅油。因为硅油分类很广，其生产方法也多种多样。

【基本情况】

硅油生产工艺与加工应用技术比较简单而且分散，固定投资少，投资回收快，产品应用范围涉及领域众多。国内本土企业的产品多集中在中低端，如甲基硅油，乙烯基硅油等。高档硅油如聚醚硅油、改性硅油几乎没有生产的，主要依赖进口。国内企业难以生产高档硅油的主要原因在于：二甲单体品质难以达到要求且国内难以生产提升硅油品质的一些特种单体，如甲基苯基单体等，虽然目前有所突破，但距离大批量生产还有段距离。

目前国内从事硅油及其下游产品生产的公司接近200家，大多数企业一般都生产硅油以及二次加工品，但也有些企业单单加工乳液。虽然有些企业的个别品种质量已经达到国际先进水平，但从总体看，中国硅油/乳液行业生产水平低，质量不稳定，研发投入和配方能力不足。国内生产硅油的公司主要有蓝星新材、新安化工、天赐、标美、宜昌科林等企业，生产乳液的企业主要有传化股份和德美化工。蓝星新材进入有机硅行业较早，硅油产能目前居国内本土企业第一，2013年年底1万吨/年新装置建成，2014年3月投产。

2013年中国硅油产能达到22.2万吨/年，产量约为16.6万吨，较2012年分别增长11.1%和9.9%。2008～2013年中国硅油生产情况见表2-48，2006～2013年中国硅油产能、产量及需求增长率变化见图2-41。

表2-48　2008～2013年中国硅油产能、产量及增长率变化情况

年份	2008	2009	2010	2011	2012	2013
产能/(万吨/年)	7.7	10.0	13.0	16.0	20.0	22.2
产量/万吨	6.0	8.0	9.0	11.0	15.1	16.6
产能增长率/%	24.2	29.9	30.0	23.1	25.0	11.1
开工率/%	77.9	80.0	69.23	68.8	75.5	74.8

2013年中国硅油的产量约16.6万吨。国内本土企业产量约9.2万吨，其中二甲基硅油约占57%，含氢硅油约占19%，氨基硅油约占8%，羟基硅油约占5%，各种硅油产量所占份额如图2-42所示。

1. 二甲基硅油

二甲基硅油是最典型最常见的硅油产品。在国内，二甲基硅油的商品名称为201系列，美国道康宁公司的商品品牌为DOWCORNING和XIAMETER，主要型号有PMX-200系

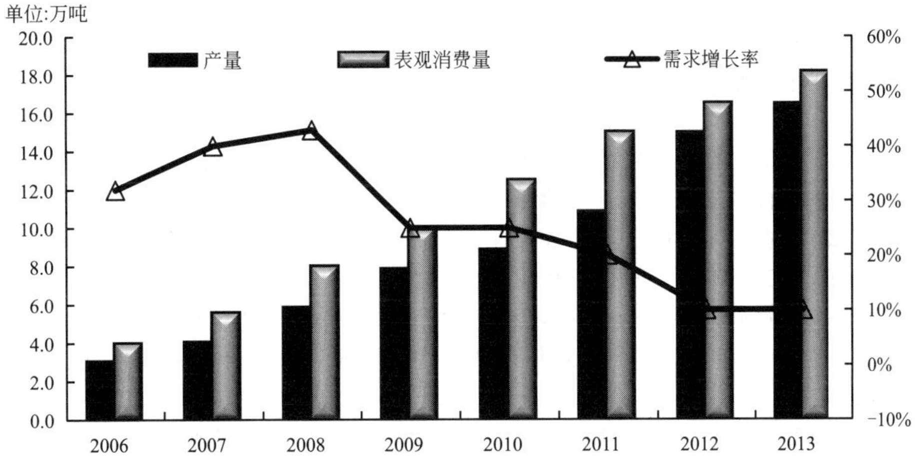

图 2-41　2006～2013 年中国硅油产能、产量及需求增长率变化

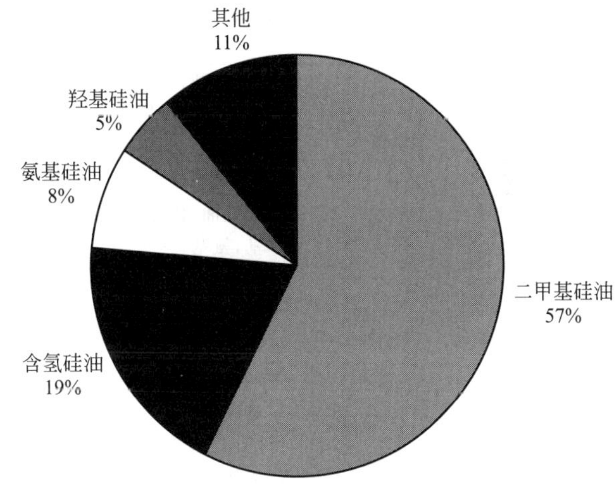

图 2-42　2013 年中国本土企业不同类型硅油的产量份额

列；德国瓦克公司的商品牌号为 AK 系列；日本信越公司的商品牌号为 KF 系。中国二甲基硅油生产主要集中在蓝星、浙江新安化工、广州天赐、淄博华星、山东大易化工、江西博扬鸿富有机硅等大企业以及 2013 年新投产的宜昌科林硅材料有限公司，2013 年这几家企业合计约占国内市场 45％的份额。

2. 含氢硅油

国内厂家的含氢硅油采用 202 系列名称。目前国内生产含氢硅油的企业有数十家，但规模都不大，除了蓝星、浙江恒业成、新安化工外，其他企业产能都在 2000 吨/年以下。道康宁公司含氢硅油的商品牌号多为 MHX 系列，迈图的商品牌号为 TSF 系列，信越公司的商品牌号多为 KF-99 系列。

3. 氨基硅油

氨基硅油是专门用于纺织品柔软整理剂的基本成分，主要集中在道康宁、蓝星、山东大易化工、德美瓦克、宜昌科林等企业生产。道康宁的商品牌号主要为 OFX 系列，迈图的商品牌号主要有 TSF4708，信越的商品牌号有 DC-8209A。

4. 其他硅油

羟基硅油可作为室温硅橡胶生产的结构控制剂及合成其它产品的扩链剂，目前主要集中在瓦克化学、置信化工、蓝星、浙江恒业成等企业生产。

乙烯基硅油是生产加成型液体胶、硅凝胶的基础胶料，目前国内蓝星、浙江新安化工集团、湖北新四海有少量生产。

其他硅油还包括甲基苯基硅油、苯基硅油，改性硅油、乙基硅油等产品。

中国专业生产硅油的企业数量并不多，除基础有机硅厂以生产硅油为主之外，其余企业往往是同时生产硅油并复配乳液。企业主要分布在下游用户集中的华东、华南地区，在东北、四川、湖北等地也有少量企业。各企业在产品品种、浓度、开工率和企业经营情况参差不齐，实际年产量500吨以上的企业有40家以上。

2013年国内重点硅油生产企业见表2-49和表2-50。表2-49统计的42家企业当中，华东企业26家，合计产能14.041万吨/年；华南企业5家，合计产能2.55万吨/年；华北企业4家，合计产能0.5万吨/年；华中企业3家，产能1.4万吨/年；东北企业2家，产能0.31万吨/年，西北1家，0.2万吨/年。由此可见硅油生产企业主要集中在华东、华南、华中地区，且华东地区所占比例最大。

表2-49　2013年中国主要硅油生产企业

序号	企业名称	备　注
1	道康宁(张家港)有机硅公司	氨基、甲基、含氢硅油等
2	江西星火有机硅厂	甲基,氨基,含氢,乙烯基硅油
3	浙江新安化工集团	甲基,含氢,聚醚和乙烯基硅油
4	宜昌科林硅材料有限公司	甲基、氨基硅油,2013年9月投产
5	广州天赐有机硅科技有限公司	甲基硅油,特种硅油
6	山东大易化工有限公司	甲基,氨基,聚醚改性,特殊硅油
7	广州市东雄化工有限公司	甲基、氨基、聚醚、乳液
8	浙江恒业成有机硅有限公司	甲基含氢硅油,羟基硅油、高含氢硅油
9	广东标美硅氟新材料有限公司	日化系列硅油产品
10	蚌埠市鸿富有机硅有限公司	甲基硅油、苯基硅油
11	淄博华星有机硅材料有限公司	甲基硅油
12	扬州晨化科技集团有限公司	甲基,氨基,聚醚改性硅油
13	浙江润禾有机硅新材料有限公司	乙烯基硅油,长链烷硅油
14	江西博扬有机硅有限公司	甲基硅油
15	无锡市全立化工有限公司	含氢硅油,羟基硅油
16	济南国邦化工有限公司	甲基、氨基、高含氢、羟基等
17	湖北新四海化工股份有限公司	甲基硅油,聚醚改性硅油,特殊硅油(再生硅油)
18	杭州包尔得有机硅有限公司	聚醚改性硅油,氨基硅油
19	山西三佳化工新材料有限公司	含氢硅油
20	吉林市昌杰硅化学有限公司	含氢硅油
21	佛山市南海赛图有机硅厂	甲基硅油
22	杭州丹芙泥实业有限公司	氨基硅油,二甲硅乳液
23	浙江新安迈图有机硅有限责任公司	含氢硅油
24	德美瓦克有机硅有限公司	氨基硅油
25	江西星火狮达科技有限公司	特殊硅油
26	浙江合盛硅业有限公司	含氢硅油,2013年投产
27	佛山市矽美有机硅材料有限公司	甲基硅油
28	嘉兴银城精细化工有限公司	氨基硅油、特殊硅油
29	开化县泰程有机硅有限公司	含氢硅油等
30	浙江武义博阳实业有限公司	甲基硅油
31	吉林华丰有机硅有限公司	含氢硅油,高沸硅油
32	枣阳海鸿化工有限公司	甲基、氨基和羟基硅油
33	山东东岳集团	含氢硅油、羟基硅油

续表

序号	企业名称	备　注
34	北京度辰新材料股份有限公司	氨基硅油、羟基硅油
35	石家庄市环城生物化工厂	纺织用硅油
36	文安县华威化工有限公司	甲基硅油
37	浙江绍兴振田化工有限公司	氨基硅油系列柔软剂
38	宁波经济技术开发区希科新材料公司	氨基硅油
39	桐乡市溶力化工有限公司	羟甲基硅油
40	天原上海树脂厂有限公司	甲基硅油、甲基苯基硅油
41	常州科源化工有限公司	甲基硅油、含氢硅油、羟基硅油

表 2-50　中国其他硅油生产企业

序号	企业名称	备　注
1	中昊晨光化工研究院	甲基硅油、苯甲基硅油、羟基硅油、含氢硅油
2	北京石景山航苹有机硅厂	二甲硅油、含氢硅油、羟基硅油
3	中蓝晨光化工研究院有限公司	含氢硅油、甲基硅油、氨基硅油、聚醚改性硅油
4	江苏梅兰化工有限公司	高含氢硅油
5	江山市斯可达化工有限公司	甲基硅油、含氢硅油
6	随州市恒升精细化工有限公司	甲基、氨基和含氢硅油
7	深圳市吉鹏硅氟材料有限公司	甲基、氨基、羟基和含氢硅油
8	蚌埠市淮河有机硅合成有限公司	甲基硅油、苯甲基硅油
9	蚌埠市新瑞有机硅有限公司	含氢硅油
10	蚌埠西城有机硅有限公司	苯甲基硅油、含氢硅油
11	无锡科光有机硅材料研究所	亲水性硅油、氨基硅油、超高摩尔质量羟基硅油
12	嘉兴联合化学制品有限公司	氨基改性、羟基改性、环氧改性、聚醚改性硅油
13	江苏赛欧信越消泡剂有限公司	聚醚改性硅油
14	奉化市辉宏有机硅化工有限公司	甲基硅油、氨基硅油
15	江西海多化工有限公司	甲基硅油、含氢硅油、聚醚改性硅油
16	山东信捷环保技术有限公司	日化硅油、纺织硅油、防水剂
17	厦门汉旭化工有限公司	甲基硅油、硅油脱模剂、织物整理剂
18	湖北襄阳杰创化工新材料有限公司	低粘度、超高粘度甲基硅油
19	唐山三友硅业有限责任公司	甲基硅油、(高)含氢硅油
20	鑫创利(厦门)化工有限公司	再生硅油
21	浙江炬泰新材料科技有限公司	低含氢硅油、乙烯基硅油
22	南京四新科技应用研究所有限公司	聚醚改性硅油、特殊硅油
23	常州龙城有机硅有限公司	甲基、含氢、氨基、羟基、乙烯基、乳液
24	吉林东湖有机硅有限公司	含氢硅油

2013 年新增产能：江西星火有机硅厂的 10000 吨/年乙烯基硅油装置，2013 年 3 月 26 日完成机械竣工，后一直在试车，直到 2014 年 3 月才有新产品下线；2013 年 9 月 28 日，广州吉必盛科技实业有限公司与兴发集团合资的宜昌科林硅材料有限公司在兴山经济技术开发区平邑口工业园建设的高纯度硅油及深加工项目一期 1 万吨/年连续法高纯硅油项目正式竣工投产；浙江合盛硅业有限公司新建成投产一套 2000 吨/年含氢硅油装置。

国内有些硅油企业配套生产乳液（表 2-51），如广东标美硅氟新材料有限公司、广州天赐有机硅科技有限公司、德美瓦克有机硅有限公司、桐乡市溶力化工有限公司等，但大部分乳液生产商都是专门的复配企业。2013 年没有出现大型企业加入复配阵营。

表 2-51　2013 年中国部分硅油乳液专业复配企业

序号	企业名称	备　注
1	德美瓦克有机硅有限公司	氨基硅油乳液
2	浙江传化股份有限公司	主要是纺织用硅油乳液
3	浙江富士特集团有限公司	氨基硅油乳液
4	南京四新科技应用研究所有限公司	消泡剂等
5	江苏赛欧信越消泡剂有限公司	二甲基硅乳液
6	苏州联胜化学有限公司	氨基乳液
7	桐乡市溶力化工有限公司	
		前处理及净洗剂、后整理系列、防水剂系列
8	黄山市强力化工有限公司	氨基乳液
9	上海尤希路化学工业有限公司	二甲基硅乳液，其他乳液
10	佛山市南海大田化学有限公司	二甲基硅乳液
11	上海德润宝特种润滑剂有限公司	氨基乳液
12	肯天化工(上海)有限公司	二甲基硅乳液
13	安徽德佳有机硅有限公司	硅油，纺织印染助剂
14	九江菲蓝高新材料有限公司	农用有机硅助剂、消泡剂、建筑防水乳液等
15	广州佳墩化工科技有限公司	水溶性硅油、硅油乳液、含氢硅油乳液、消泡剂

【改扩建情况】

SAGSI 统计新建项目和计划如表 2-52。新建项目基本没有涉及甲基硅油的，湖北源洹实业投资有限公司最近取消了 4000 吨/年甲基硅油项目的建设计划。

表 2-52　近期新建及拟建硅油项目

公司名称	新建项目产能及产品	地点	备注
江西鸿顺化工有限公司	1500 吨/年含氢硅油和 200 吨/年乙烯硅油	江西省永修县星火工业园	2012 年 8 月开工
四川省硅峰有机硅材料有限公司	1000 吨/年含氢硅油	四川省泸州市龙马潭区高坝	2012 年 3 月开工
唐山通嘉科技有限公司	10000 吨/年含氢硅油	河北省南堡	2011 年环评
宜昌科林硅材料有限公司(兴发集团与吉必盛合作)	40000 吨/年高品质硅油及深加工产品	湖北省兴山县	二期，2013 年 9 月开工
宜昌科林硅材料有限公司(兴发集团与吉必盛合作)	50000 吨/年高品质硅油及深加工产品	湖北省兴山县	三期，2013 年 9 月开工
枣阳市佳宝助剂有限公司	1000 吨/年氨基硅油项目(改原料)	湖北省枣阳市	2013 年 12 月环评
江西省方品材料科技有限公司	高含氢硅油及粉末硅酸建设项目	江西省宜春市	2013 年 1 月环评
韶关市星凯化工新材料有限公司	1300 吨/年氨基硅油	广东省韶关市	2013 年 4 月环评
江西元康硅业科技有限公司	600 吨/年含氢硅油、500 吨/年六甲基二硅氧烷等	江西省上饶市	2012 年 11 月环评
江西品汉新材料有限公司	17000 吨/年甲基含氢硅油等有机硅产品	江西省德兴市	2013 年 12 月环评

【进出口贸易】

在中国，硅油没有单独海关税则号，且硅油产品种类繁多，因此统计硅油的进出口量比

较困难。硅油产品进出口报关大多在 39100000 税号（初级形态聚硅氧烷）和 29310000 税号（其他有机-无机化合物），其中 29310000 下主要是含氢硅油。

1. 硅油出口

2013 年中国出口硅油 2.83 万吨，同比下降 4.25%；进口硅油 4.36 万吨，同比增 0.75%。净进口为 1.52 万吨，同比上升 11.56%。

2012～2013 年中国硅油月度出口情况如图 2-43 所示。由该图可以看出，2013 年中国硅油出口旺季出现在 3～5 月，后期逐月走低。

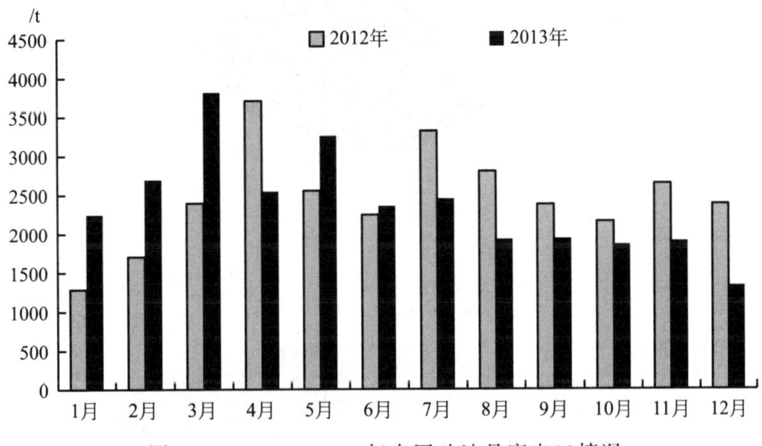

图 2-43　2012～2013 年中国硅油月度出口情况

2013 年中国硅油出口面向的国家和地区如图 2-44 所示，中国硅油出口仍主要面向韩国、马来西亚、美国、荷兰、印度尼西亚、印度、俄罗斯等多个国家和地区，出口到马来西亚、美国、荷兰、印度尼西亚所占份额比 2012 年上升，而出口到韩国、印度、俄罗斯所占份额下降。

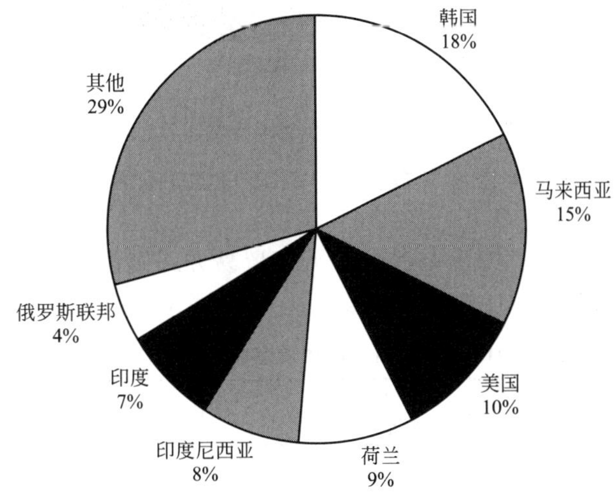

图 2-44　2013 年中国硅油出口目的地分布（按量，下同）

2013 年中国硅油出口主要经过上海海关（44%）、南京海关（35%）、南昌（8%）、大连海关（5%）等海关报关。

2013 年中国硅油发货地以江苏、上海和浙江为主，三地发货量合计占总出口量的 77%（图 2-45）。

2013 年中国各类硅油出口份额如图 2-46 所示，从该图可以看出中国出口的硅油主要是

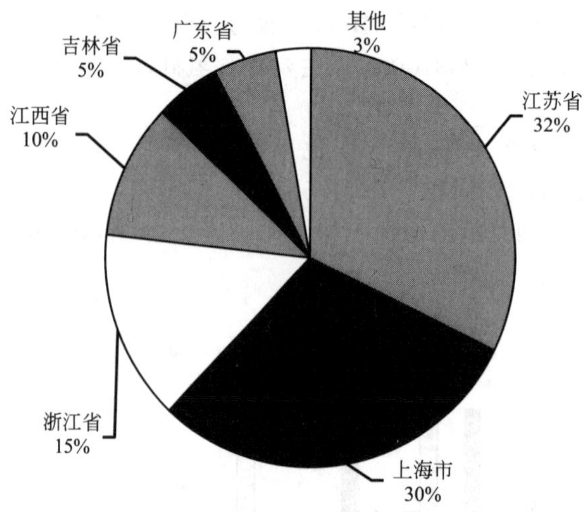

图 2-45 2013 年中国国硅油出口发货地分布

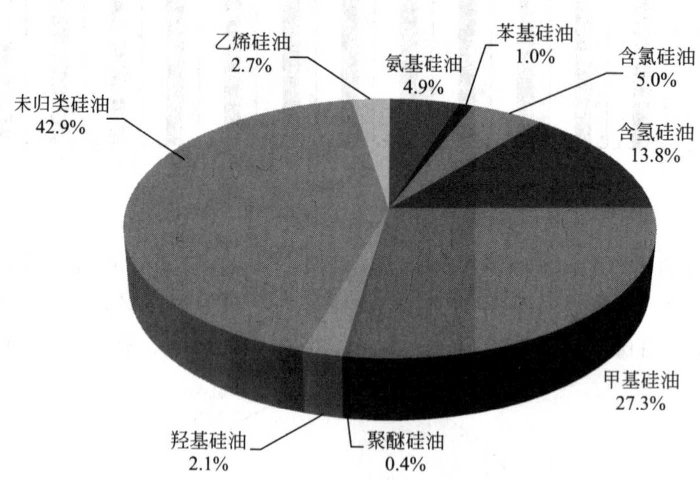

图 2-46 2013 年中国各类硅油出口份额

甲基硅油和含氢硅油。2013 年进出口数据中，无法归类的硅油品种占比较高，对深入分析带来困难。

中国硅油出口基本是通过海运，占 99.2%；贸易方式则以一般贸易为主，占 95.5%。因运输方式与贸易方式的不同，价格差异比较大，见表 2-53。

表 2-53 2013 年中国出口硅油按运输形式和贸易方式分类

按运输方式	出口量/t	出口均价/(美元/千克)	按贸易方式	出口量/t	出口均价/(美元/千克)
江海运输	28080.7	2.96	一般贸易	27041.5	2.91
汽车运输	192.7	17.86	进料加工贸易	715.2	5.33
航空运输	46.5	17.43	保税区仓储转口货物	286.6	10.68
铁路运输	1.2	4.50	来料加工装配贸易	141.2	3.96
总计	28321.1	3.08	保税仓库进出境货物	133.0	7.70
			进料加工装配贸易	1.8	11.99
			边境小额贸易	1.3	5.64
			其他	0.4	2.38
			保税仓库贸易	0.1	33.06
			总计	28321.1	3.08

2013 年中国主要硅油出口企业情况如表 2-54 所示，外资企业仍是主力军，但出口量比 2012 年明显下降；内资企业如昌杰硅化、恒业成、浙江新安化工出口量增长较大。

表 2-54　2013 年中国主要硅油出口企业情况

企业名称	出口硅油品种	企业名称	出口硅油品种
道康宁(上海)有限公司	氨基、甲基、含氢、未归类	江苏汇鸿国际集团鸿金贸易有限公司	含氢
瓦克化学(中国)有限公司	甲基、未归类	浙江新安化工集团股份有限公司	甲基、聚醚、未归类
蓝星化工新材料股份有限公司	乙烯、氨基、未归类	宁波天路轻工工贸有限公司	含氢
吉林市昌杰硅化学有限责任公司	含氢	富阳市何氏化纤助剂有限公司	未归类
浙江恒业成有机硅有限公司	含氯	启东新加源化工有限公司	乙烯、羟基

2. 硅油进口

2012～2013 年中国硅油月度进口情况如图 2-47 所示，3 月、4 月份中国进口硅油的量较大，5 月份进口量同比下降较大。

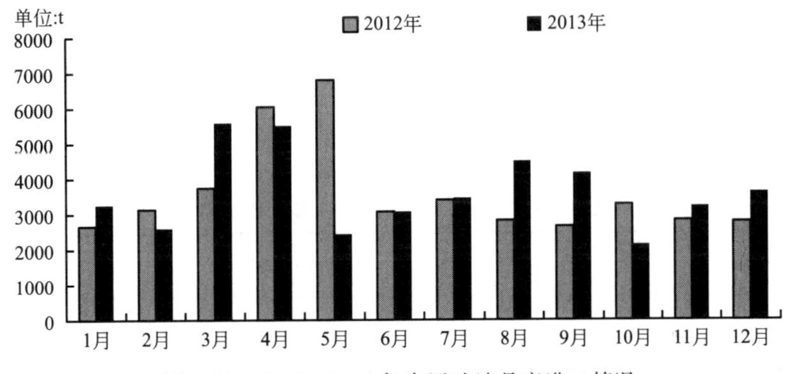

图 2-47　2012～2013 年中国硅油月度进口情况

2013 年中国进口硅油大体分类如表 2-55 所示。未归类硅油中应该是以二甲基硅油为主的。在已归类进口硅油中，羟基硅油、氨基硅油、苯基硅油和聚醚硅油进口量同比增长较大。

表 2-55　2013 年中国进口硅油大体分类

品　种	进口量/t	进口均价/(美元/千克)	品　种	进口量/t	进口均价/(美元/千克)
未归类硅油	17787.1	5.44	苯基硅油	721.1	5.59
羟基硅油	12743.8	2.86	改性硅油	646.5	5.29
甲基硅油	6628.5	4.88	聚醚硅油	367.1	9.43
乙烯硅油	1713.3	4.60	乙基硅油	0.1	40.14
氨基硅油	1484.1	5.93	合计	43550.4	4.70
含氢硅油	1458.8	7.91			

2013 年中国硅油进口主要来源国家和地区如图 2-48 所示。可以看出，2013 年中国硅油的进口主要来源于泰国、德国、美国、日本、法国等国家和地区，分别占总进口量的 23%、21%、16%、13%和 9%。

2013 年中国硅油进口主要经上海和南京等海关报关，经过上海、南京和黄埔海关报关合计占总进口量的 89%。

2013 年中国硅油进口主要收货地包括上海、江苏、广东、河南等，如图 2-49 所示。这与中国硅油消费分布情况基本符合。

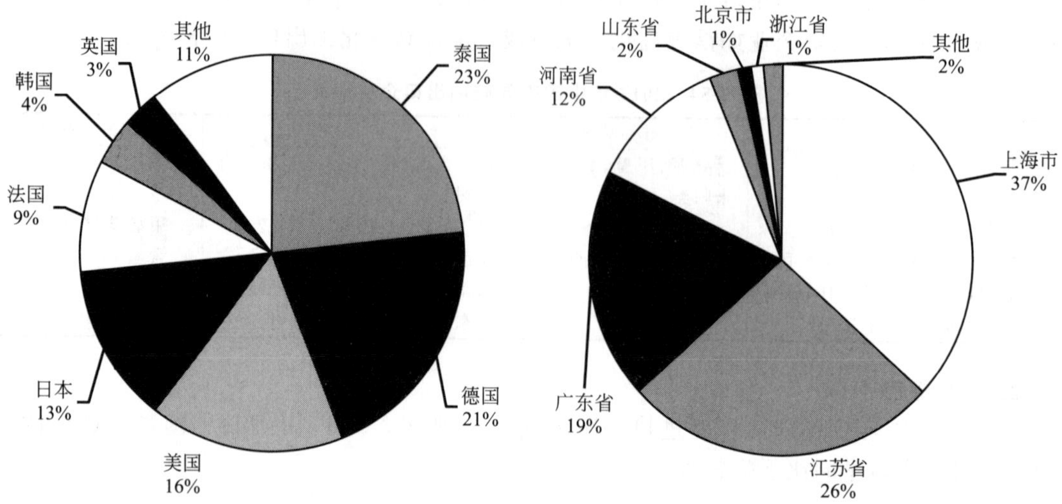

图 2-48　2013 年中国硅油进口主要来源地分布　　图 2-49　2013 年中国硅油进口收货地分布

2013 年中国硅油进口主要通过海运，占 91.9%；汽车运输价格最低，数量占 7.3%。贸易方式以一般贸易为主，占 80.9%；其次是进料加工贸易，占 13.3%；来料加工装配贸易价格最便宜。如表 2-56。

表 2-56　2013 年中国进口硅油按运输形式和贸易方式分类

按运输方式	进口量/t	均价/(美元/千克)	按贸易方式	进口量/t	均价/(美元/千克)
江海运输	40024.2	4.58	一般贸易	35246.7	4.59
汽车运输	3183.5	3.96	进料加工贸易	5799.0	5.19
航空运输	342.5	25.02	来料加工装配贸易	1299.3	3.33
邮件运输	0.1	179.12	保税区仓储转口货物	895.4	7.69
其它运输	0.0	44.67	进料加工装配贸易	266.6	5.23
总计	43550.4	4.70	其他	23.2	3.78
			保税仓库进出境货物	18.8	5.67
			出口加工区进口设备	1.4	87.20
			总计	43550.4	4.70

2013 年中国进口硅油主要企业如表 2-57 所示。硅油的主要进口仍然是外企、贸易商和大型国营企业为主。瓦克、蓝星、信越有机硅等进口量增长。道康宁进口硅油量连续第二年下滑，该公司目前注重在中国本地市场的开发。

表 2-57　2013 年中国进口硅油主要企业情况

企业名称	进口品种
瓦克化学(张家港)有限公司	羟基、甲基、氨基、未归类
郑州中原应用技术研究开发有限公司	羟基硅油
道康宁(中国)投资有限公司	羟基、甲基、含氢、未归类硅油
蓝星有机硅(上海)有限公司	羟基、甲基、含氢、乙烯、未归类硅油
信越有机硅国际贸易(上海)有限公司	羟基硅油、甲基硅油、氨基硅油、未归类硅油
迈图高新材料(南通)有限公司	含氢硅油、甲基硅油、氨基硅油、未归类硅油
广州经济技术开发区建设进出口贸易有限公司	含氢硅油、甲基硅油、氨基硅油
英威达纤维(佛山)有限公司	未归类硅油
东莞宝顺硅胶制品有限公司	未归类硅油
广东新展化工新材料有限公司	甲基硅油

密封胶制造商郑州中原应用技术研究开发有限公司进口量猛增，主要缘于其密封胶市场占有率最近 2 年迅猛提升。该公司进口的全部为羟基硅油，均来自泰国，贸易方式为一般贸易，全部经海运进口。每个月一笔贸易，价格呈逐月下降趋势，月平均价格在 2.3～2.75 美元/千克。

3. 乳液进口

2012～2013 年中国共进口乳液约 9651 吨（图 2-50），比 2012 年增长 77.7%。由图 2-51 可以看出，除了 2 月和 6 月进口同比下跌外，其他月份都增长，尤其以 5 月、9 月和 11 月不仅增长幅度大，绝对进口量也明显高于其他月份。

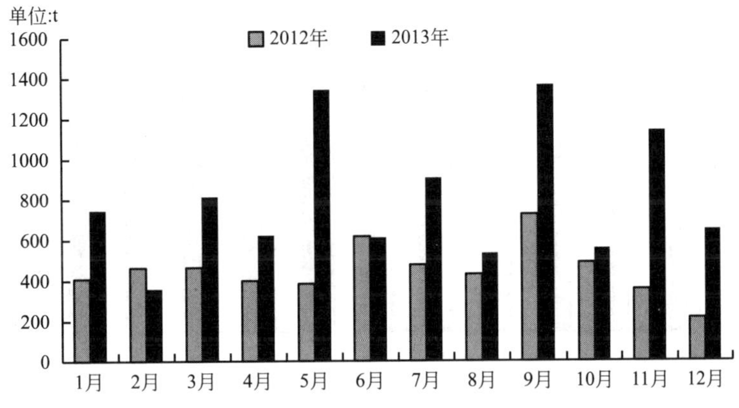

图 2-50　2012～2013 年中国乳液月度进口情况

全年进口均价为 5.85 美元/千克，10 月和 4 月进口价格较高。主要收货地为上海、江苏和广东，分别占全国总进口量的 39.3%、24.8%和 21.4%。超过 50%的进口乳液经上海海关报关，其次为南京海关。按贸易方式分类，一般贸易占约 84%；按运输方式分类，海运占 92.8%。

2013 年中国乳液进口主要来源国家和地区如图 2-51 所示。中国主要从日本、德国、美国、法国等国家和地区进口乳液，与 2012 年的美国、韩国、中国台湾和德国格局有所区别。

2013 年中国有 306 家公司参与了乳液进口贸易。相当于硅油进口而言，乳液进口总体来说比

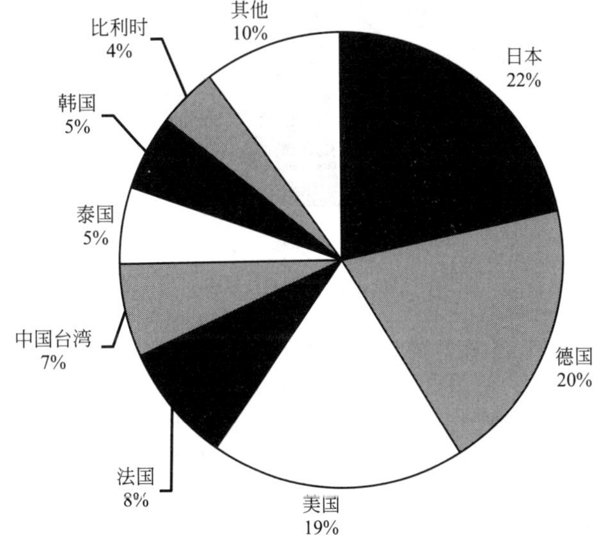

图 2-51　2013 年中国乳液进口主要来源地分布

较分散，以硅油乳液生产商、乳液用户尤其是纺织行业用户、贸易商等 3 个群体为主。

道康宁主要从美国进口，占 79.3%，全部以一般贸易方式进口，收货地为上海。江苏中汇进出口有限公司是一家贸易企业，其进口量的 68%来自法国。瓦克进口量中 79%来自德国。苏州联胜化学有限公司只从日本进口。

4. 乳液出口

2012～2013 年中国出口乳液约 0.72 万吨，同比下降 13%。各月出口情况如图 2-52 所示，出口主要集中在 6～11 月份，1～4 月份受春节影响出口量少。

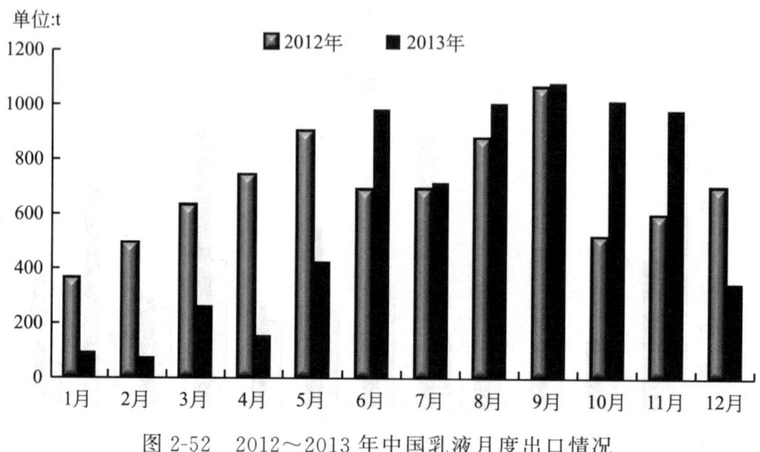

图 2-52　2012～2013 年中国乳液月度出口情况

2013 年中国乳液出口主要目的地如图 2-53 所示，主要集中在东南亚地区。

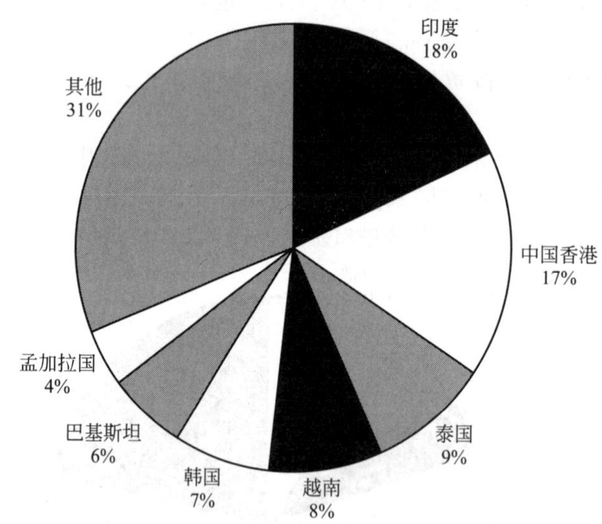

图 2-53　2013 年中国乳液出口主要目的地分布

2013 年中国有大约 120 家企业参与了乳液出口贸易，道康宁仍是最大出口商，但总出口量比 2012 年下降 35%。亨斯迈和瓦克出口量分别下降了 29.5%和 32.9%。蓝星出口量微降 4.4%。浙江传化股份有限公司出口量同比猛增了 166%。2012 年出口量前 10 名的出口商中，佛山市南海区雅邦硅胶有限公司、南京四新科技应用研究所有限公司、浙江大有化工有限公司没有在 2013 年的乳液出口商名单中出现。

【消费现状及预测】

2013 年全球经济，尤其是发达经济体，趋向温和复苏，虽有企稳的积极迹象，但仍然

处于金融危机的成本消化期和低速成长期，整体形势依旧严峻。国内方面，中国经济在维持了 30 多年的高速增长后，开始进入结构性减速新阶段，面对结构调整和产业转型升级的复杂局面，稳中求进成为未来发展的主要策略思路。而且中国经济累积了多年的增长，社会收入普遍提高，也使得中国失去了制造业的一些优势，一些传统产业如平板电脑、纺织等已经开始出现向劳动力及资源成本更低的国家和地区转移的迹象。当然，某些产业在中国兴起也是必然的，经济发展到一定程度，摆脱了温饱危机的人们开始更多地关心生活质量，环保、个人养护用品、医药等产业的发展超越传统产业成为经济发展的发动机。

受全球产业需求的带动及国家产业政策的支持，与环保、健康紧密相关的精细化工行业的发展速度明显快于整个化工行业，硅油的应用领域可说是遍及了精细化工行业的各个角落，因此，其所遇到的挑战和发展契机也是精彩纷呈。

硅油是中国市场上继硅橡胶之后第二大有机硅产品，但其占有机硅下游产品比例却仅为 20%左右，而发达国家硅油产品占据有机硅下游产品比例在 50%左右，如图 2-54。这种结构是由于中国经济还处于以制造业为主的阶段。发达国家的消费结构预示了中国硅油消费的未来发展前景。

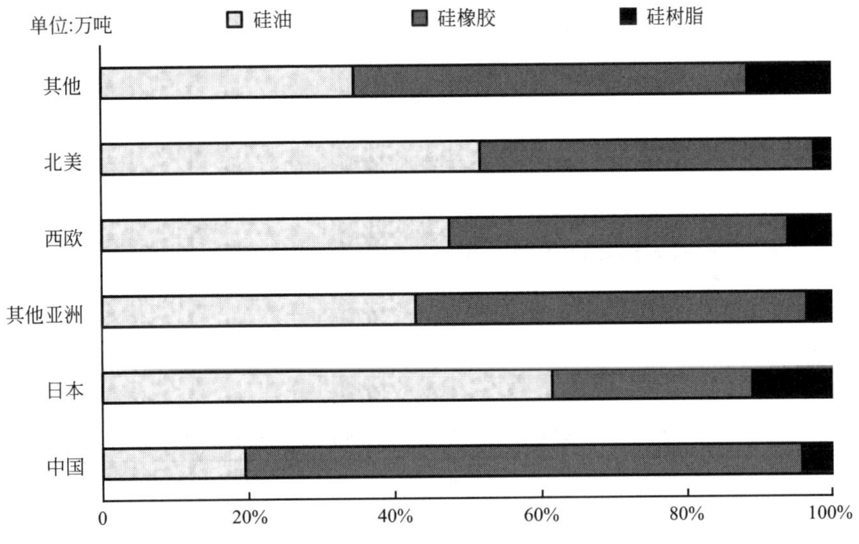

图 2-54　2012 年世界各国家（地区）硅油、硅橡胶和硅树脂消费结构

而具体到硅油应用领域，中国硅油消费结构也与发达国家的构成有所不同。美国市场上硅油应用领域比中国要细化得多，并且其用量最大、发展最快的是在个人保健护理品行业，这方面的消费占其总消费量的 35%左右，而美国纺织用硅油仅占该国硅油消费总量的 5%；中国目前硅油用量最大是在纺织行业，当然 2013 年中国的个人保健护理品行业消费增速远远超过纺织行业，说明中国人对自身的健康和生活质量开始关注起来。随着中国经济发展、国民整体生活水平提高以及产业结构调整步伐加快，未来中国硅油消费结构将逐渐向发达国家靠拢。

2013 年全国硅油消费量估计为 18.15 万吨（非另注明均指折合纯聚硅氧烷），产量约 16.6 万吨，以硅油和半成品形式进口的各类硅油制品约 4.35 万吨（折合纯聚硅氧烷），出口的各类硅油制品约 2.83 万吨。从国外有机硅巨头进口的硅油稳定性以及质量要比国内硅油产品优异，虽然进口价格比国内价格高 40%以上，但由于国民开始追求高质量生活保障，偏爱高质量、安全用品，因此目前国内很多高端产品如个人护理用品行业等使用的硅油均为进口产品。

中国是纺织品生产大国，硅油及其二次加工产品在纺织业的应用非常广泛且不可缺少，且从目前中国的硅油消费结构可以看出，纺织用硅油仍是国内硅油消费量最大的领域。2013年中国纺织品产量增速放缓，但出口额增速明显比2012年提升，未来几年的纺织品市场也不可轻言放弃。

2013年中国各种类型硅油的消费比例如图2-55所示。

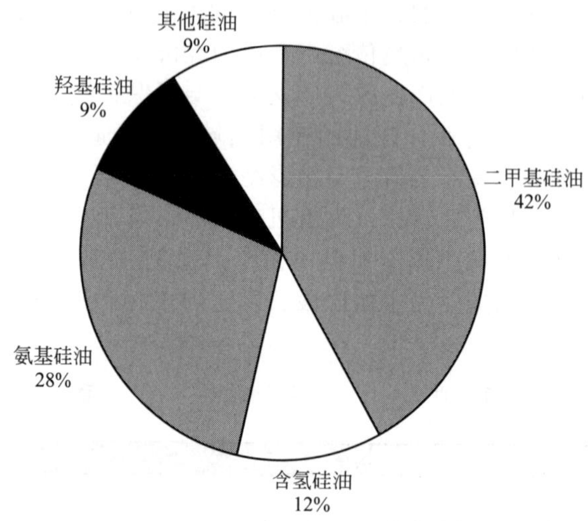

图2-55　2013年中国各种类型硅油的消费比例

2013年中国硅油消费量约18.15万吨，同比增长10%，增速与2012年持平。受整体宏观经济下滑及纺织行业增速放缓的影响，近几年中国硅油消费增速呈逐年下滑的趋势。2013年中国硅油产量达到16.6万吨，同比增长9.9%，主要是由于2012年增长速度太高(37%)。市场缺口为1.55万吨，同比略增。近几年中国硅油需求量见表2-58。2013年中国硅油在各领域所占消费比例见图2-56。

表2-58　2006～2013年中国硅油表观消费量统计

年份	产量/万吨	消费量/万吨	缺口/万吨	消费增长率/%
2006	3.2	4.0	0.8	32.0
2007	4.2	5.6	1.4	40.0
2008	6.0	8.0	2.0	42.9
2009	8.0	10.0	2.0	25.0
2010	9.0	12.5	3.5	25.0
2011	11.0	15.0	4.0	20.0
2012	15.1	16.5	1.4	10.0
2013	16.6	18.15	1.55	10.0

【发展方向】

目前中国硅油的净进口量基本维持稳定，进口主要集中在高端硅油。中国目前产能前10位的硅油生产企业合计产能占全国总产能的57%，已经达到一定程度的集中度。但年产能在1000吨以下的企业数量依然众多。2013年全国硅油消费量约18.15万吨，产量约16.6万吨，市场缺口1.55万吨左右。预计2018年国内硅油消费量可达到30万吨，产量可达到28.8万吨左右。

中国有机硅行业仍然存在着生产技术有待改进、内部管理和外部服务水平参差不齐、研发投入不足、下游市场开发力度不够、应对危机能力差等问题。目前国内从事硅油生产的公

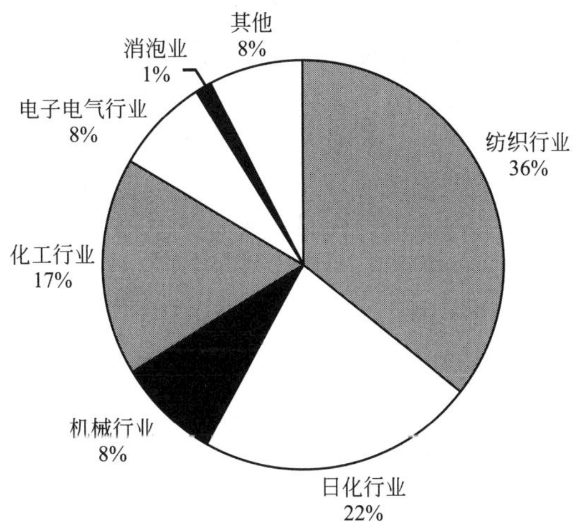

图 2-56　2013 年中国硅油在各领域所占的消费比例

司接近 200 家，多数都有生产硅油以及二次加工品的上下游配置。行业需要进一步整合洗牌，未来中国只需要不超过 10 家硅油及二次加工一体化企业，小型企业可转向特种硅油、用户服务等行业。

中国的硅油消费在有机硅下游市场所占的比例要远远小于发达国家，存在巨大的消费发展空间。由于 2012～2013 年中国硅油用量最大的纺织行业消费硅油增速变缓，而其他行业出现了快速发展，这种现象已经被业内很多人士关注到了。按照中国习惯的发展模式，未来有可能发生产能向日化、健康服务、电子电气等高增长领域转移的现象，从而造成这些领域利润摊薄。如果发生这种情况，继续在纺织行业坚持的企业反而有了机会。

随着科学技术进步，互联网普及，全球经济一体化进程加快，影响行业发展的变数越来越多。对于硅油这样一个在国民经济中占比微不足道的小行业，要应对宏观面带来的影响，除了提高技术水平和生产效率、降低成本以外，还需要讲究投资策略，正确跟踪市场导向，建议企业避免“闭门造车”、盲从等做法。

2013～2014 年，中国新政府实施新的政治、经济、金融政策方针，可能会在一定程度上放缓经济增速，这也是中国由粗放型经济增长向集约型转变的必经之“痛”。相信，2015 年以后中国经济发展将会有新的气象，结构转型后的传统行业如纺织、机械、化工、电子电气等，将和经济转型带来的新领域一起，为硅油行业提高新的需求拉动。

2.8　功能性硅烷

功能性硅烷与硅橡胶、硅油及硅树脂并称为有机硅材料四大门类；从结构上来说，通常将主链为—Si—O—C—结构的有机硅小分子统称为功能性硅烷，而将主链为—Si—O—Si—结构的小分子中间体和聚合物大分子一般称之为硅氧烷，即硅橡胶、硅油及硅树脂产品；从功能上来看，功能性硅烷多为杂交结构，多数产品在同一个分子中同时含极性与非极性两类官能团，可以作为无机材料和有机材料的界面桥梁或者直接参与有机聚合材料的交联反应，从而大幅提高材料性能。

功能性硅烷有下列不同分类方法：按活性有机基团与 Si 的相对取代位置可分为 γ-取代和 α-取代两种类型；按可水解基团官能度分为三官能和双官能两种，其中三官能占市场绝大部分；按取代基种类分类更多，其中含硫基、氨基类、链烯基类、环氧基类、甲基丙烯酰氧基类是国内生产和消费较大的品种。按用途可分为偶联剂和交联剂两大类。

硅烷品种众多，其用途主要根据官能团品种及结构决定，主要应用领域包括橡胶、复合材料、塑料、黏合剂等领域，跨度非常广。硅烷在橡胶中主要指轮胎加工用途，复合材料中主要指对材料中无机材料和有机材料之间进行界面处理用途，黏合剂则主要指室温硫化硅橡胶使用的交联剂以及其他非硅类黏合剂的应用，塑料主要是指聚烯烃加工用途。其他行业如纺织、涂料、油墨、文物保护等行业也有涉足，但受产品质量和牌号限制，国产硅烷在这几个消费领域所占比例较小。

【基本情况】

中国是世界上最大的硅烷生产国与消费国，同时也是最大的出口国。2013 年，中国硅烷生产整合趋势明显，生产企业进一步减少，开工企业减少至约 50 家，产能约为 22.5 万吨/年，较 2012 年增长 3.78%；产量约为 14.02 万吨，消费量为 10.04 万吨，较 2012 年分别增长 12.2%和 11.6%。2009～2013 年中国硅烷产量、消费量年均增长率分别为 17.2%和 10.7%。2013 年中国出口硅烷约 4.75 万吨（折纯），进口硅烷约 0.77 万吨。2009～2013 年中国硅烷供需概况及预测见表 2-59。

表 2-59　2009～2013 年中国硅烷供需概况及 2014 年预测

年份	2009	2010	2011	2012	2013	2014E
产能/(万吨/年)	12.50	15.60	18.80	21.68	22.50	24.00
产量/万吨	8.10	9.48	11.10	12.50	14.02	15.50
消费量/万吨	6.74	7.26	8.45	9.16	10.04	11.00

硅烷合成生产工艺主要有两种，即传统间接法工艺和直接法工艺。湖北武汉大学有机硅新材料有限公司是国内最早开发并采用直接法生产工艺的企业。2013 年，湖北新蓝天有机硅新材料有限公司采用类似技术来源建成万吨级直接法生产装置，而其他企业普遍采用传统的间接法生产。

传统的间接法技术路线是先用金属硅粉与氯化氢合成氯硅烷，进而发展带有各种官能团的硅烷偶联剂系列产品。因合成路线须引入氯，故存在较为突出的污染和设备腐蚀问题，生产流程长，成本也相对高。但该法可利用有机硅与多晶硅行业的部分氯硅烷副产物生产硅烷，也具有一定的经济意义和环保意义。

直接法生产工艺以硅粉、醇为原料，直接合成三烷氧基硅烷，再进一步接入所需官能团合成目标产品。迈图公司目前也采用该方法生产部分硅烷产品，技术相对成熟。

由于近年来液氯价格下降，而甲醇价格上升，导致直接法原料成本优势减小，且直接法也存在收率即四烷氧基硅烷处理问题，以及产品稳定性等问题，未来将成为该技术亟待克服的关键点。但总体而言，直接法路线具有明朗的前景。

2013 年中国硅烷行业生产现状主要呈现三个特点。

一是产能更趋集中，形成了一批龙头企业，2013 年产量较大的 5 家硅烷企业合计生产量占全国总量的近 60%；

二是总体技术水平继续提高，连续化精馏装置和连续化生产装置开始出现，龙头企业一体化程度明显提高，生产成本继续下降。江汉、宏柏、新蓝天和江苏晨光等企业不仅实现了一体化生产，三废治理水平也有明显提高；

三是贸易出口形势稳中有增，2013 年中国硅烷出口保持良好势头，主要出口品种继续增长，呈现较好势头。

我国硅烷主要有三大类产品，呈现三足鼎立趋势。

一是含硫硅烷，2013 年中国含硫硅烷产量约为 6.5 万吨（折纯），占总产量的 46.4%。该类产品主要用于汽车轮胎制造，国内产品近年来技术水平不断提高，已通过世界主要轮胎公司的各类认证，在国外市场开拓方面已经不存在技术壁垒，加之国外生产成本较高，因此国内产品出口量连续增长；

二是交联剂产品，2013 年产量约为 3.95 万吨，约占总产量的 28.2%。主要产品包括丁酮肟基，三乙酰氧基，硅酸酯和三乙氧基等几大类。我国是世界上最大的有机硅室温胶消费国，近年来我国有机硅室温胶产销增长较快；加之有机硅单体和多晶硅生产迅速增加，为交联剂行业提供了大量廉价原料，湖北新蓝天等民营企业抓住机遇，扩大生产，国内硅烷交联剂生产规模因此快速放大，目前也开始大量出口；

三是其他功能性硅烷产品，2013 年我国氨基、环氧基、乙烯基和丙烯酰氧基硅烷及其他功能性硅烷产量合计 3.57 万吨，约占总产量的 25.2%。由于国内生产技术不断提高，常规硅烷产品价格下滑，龙头企业在实现一体化的基础上，下大力气开发功能性硅烷产品，使得我国硅烷产品品种进一步丰富，产量连续提高。

现阶段我国实际可生产的硅烷约有 300 种，根据官能团不同，主要分为含硫、交联剂、氨基、环氧基、乙烯基、丙烯酰氧基等大类，其余如饱和烷烃、苯基、α 硅烷以及硅烷二次加工产品也有很多种类，但产量均不大。2013 年中国硅烷产品品种结构（按产量）见图 2-57。

由于历史原因，硅烷行业仍在采用不同的牌号体系命名产品。目前国产硅烷偶联剂采用的牌号体系包括：以 KH 开头的中国科学院牌号体系，以 WD 开头的湖北武大有机硅公司牌号体系，以 JH 开头的湖北荆州江汉精细化工有限公司牌号体系等。道康宁、迈图、信越、赢创德固赛等均有自己的牌号体系，国内市场也有所引用。

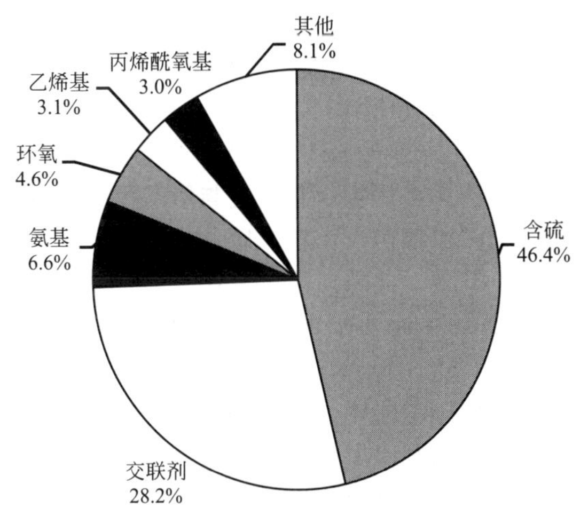

图 2-57 2013 年中国硅烷产品品种结构统计（按产量）

（1）含硫硅烷偶联剂 其中一类为多硫化物硅烷偶联剂，典型产品包括双-[3-(三乙氧基硅) 丙基]-四硫化物（CAS No. 40372-72-3），市场主流牌号 Si-69，英文缩写为 TESPT；双-[3-(三乙氧基硅)丙基]-二硫化物（CAS No. 56706-10-6），市场主流牌号 Si-75，英文缩写为 TESPB。近几年国内相关企业在 Si-69 的基础上开发了 Si-69c，生产成本大幅下降，能够在一定领域内替代 Si-69。该类硅烷主要用于子午线轮胎领域，目前我国产量中的大部分出口，在世界市场占绝大多数份额。产品的形式主要有两种，一是纯液体硅烷，二是添加 50%炭黑之后的固体硅烷。

另一类主要为巯基硅烷偶联剂，典型产品包括 γ-巯丙基三甲氧基硅烷（CAS No. 4420-74-0），牌号 KH-591；γ-巯丙基三乙氧基硅烷（CAS No. 14814-09-6），牌号 KH-592。该类产品一般生产规模比较少，国内没有超过 1000 吨/年的企业，全国产能合计也不超过 3000 吨/年。

其余含硫硅烷产品相对产量更少，合成难度大，生产成本高，难以大规模生产。

（2）交联剂 硅烷交联剂是缩合型室温硫化硅橡胶中的核心部分，是决定产品交联结构和分类命名的基础。主要产品包括醋酸型、酮肟型、醇型、羟胺型等。由于交联剂涵盖面很广，非含硅类交联剂的品种数据更多，各品种之间互相影响渗透。硅烷交联剂丁酮肟基，三乙酰氧基，硅酸酯和三乙氧基的各自生产方法差异较大，目前国内生产硅酸酯的厂家较多，产量较大，其次是丁酮肟基。中国有一批规模大的专业交联剂生产厂，也有的公司是为了解决副产物的问题兼顾生产。总体来看，国内产能有一定程度过剩。

（3）氨基硅烷 氨基硅烷最主要品种为氨丙基三烷氧基硅烷，典型产品包括 γ-氨丙基三乙氧基硅烷（CAS No. 919-30-2），市场主流牌号 KH-550、A-1100。N-β-(氨乙基)-γ-氨丙基三甲氧基硅烷（CAS No. 1760-24-3），市场主流牌号 KH-792、A-1120。此外有两官能产品、苯胺、丁胺等多个小品种。KH-550 牌号产量约占总量 75%，其余占约 25%。KH-792 的生产受到原料乙二胺的限制，国内一般小企业生产的乙二胺不能用，必须用进口或合资企业生产的。

（4）环氧基硅烷 该类产品中典型产品为 3-缩水甘油醚氧基丙基三甲氧基硅烷（CAS No. 2530-83-8），市场主流牌号 KH-560、A-187。此外还有其他烷氧基取代产品或双官能产品，数量不多。

关键原料之一氯丙烯的国内供应很充裕，质量也过关，但是对另一个原料烯丙基缩水甘油醚（AGE）的要求比较高，使用国产的 AGE 有可能会影响到偶联剂产品的质量。

（5）乙烯基硅烷 典型产品包括乙烯基三乙氧基硅烷（CAS No. 78-08-0），市场主流牌号 KH-151、A-151；乙烯基三甲氧基硅烷（CAS No. 2768-02-7），市场主流牌号 KH-171、A-171；乙烯基三（β-甲氧基乙氧基）硅烷（CAS No. 1067-53-4）市场主流牌号 KH-172、A-172。此外也有其他烷氧基取代的小品种。

乙烯基硅烷目前有两种生产路线，一种是以电石为原料，另一种以氯乙烯为原料。这两种原料的国内供应都不成问题，从环保考虑，后一种正在成为主流。

（6）丙烯酰氧基硅烷 该类产品中典型产品包括 γ-甲基丙烯酰氧基丙基三甲氧基硅烷（CAS No. 2530-85-0），市场牌号 KH-570、A-174；γ-甲基丙烯酰氧基丙基三异丙氧基硅烷（CAS No. 17096-07-0），市场主流牌号 KH-571、WD-71。少量乙酰氧基产品等小品种本文也统计在此类中。

该类产品可用氯丙基硅烷与甲基丙烯酸或甲基丙烯酸钠生产，也有企业采用甲基丙烯酸烯丙酯与三甲氧生产，各有所长。

（7）其他 此外，国产硅烷其它的典型产品还包括辛基三乙氧基硅烷（CAS No. 2943-75-1），市场主流牌号 KH-350；甲基三甲氧基硅烷（CAS No. 1185-55-3），市场主流牌号 KH-370；还有部分苯基、脲基、异氰酸基硅烷产出。

（8）硅烷中间体 我国大量中小型硅烷厂商自己不生产硅烷中间体，而通过市场采购。我国也有一批专门生产中间体的企业，但规模都是小型的。目前，市场上流通的硅烷中间体主要包括 γ-氯丙基三甲氧基硅烷（CAS No. 2530-87-2），市场主流牌号 KH-300；γ-氯丙基三乙氧基硅烷（CAS No. 5089-70-3），市场主流牌号 KH-301；γ-氯丙基甲基二乙氧基硅烷（CAS No. 13501-76-3），市场主流牌号 KH-303；乙烯基三氯硅烷（CAS No. 75-94-5）等。此外也有少量三烷氧基氯硅烷或三烷氧基硅烷流通。

据统计，2013 年由中间体企业生产并流通的硅烷中间体在 3 万～4 万吨之间。为避免重复计算，本文没有将这些国内消费的中间体计算进入硅烷产量和消费量中，但在进出口中计入了这部分产品。2013 年中国主要硅烷生产企业见表 2-60。

表 2-60 2013 年中国主要硅烷生产企业

企业名称	所在地	主要品种
湖北新蓝天新材料股份有限公司	湖北	交联剂、巯基、氨基、乙烯基、丙烯酰基、环氧基
南京曙光硅烷化工有限公司	江苏	含硫、氨基、丙烯酰基、环氧基
荆州市江汉精细化工有限公司	湖北	含硫、氨基、乙烯基、环氧基、丙烯酰氧基、硅酸乙酯
景德镇宏柏化学科技有限公司	江西	含硫
湖北武大有机硅新材料股份公司	湖北	含硫、巯基、乙烯基、丙烯酰基、环氧基
江苏晨光偶联剂有限公司	江苏/江西	氨基、环氧基、丙烯酰基、含硫、巯基、交联剂

续表

企业名称	所在地	主要品种
浙江沸点化工有限公司	浙江	氨基、环氧基、丙烯酰基、乙烯基巯基、含硫
南通市城港化工厂	江苏	交联剂
日照岚星化工工业有限公司	山东	含硫
淄博齐泉工贸有限公司	山东	氨基、丙烯酰基、环氧基、苯基
张家港国泰华荣化工新材料公司	江苏	巯基、氨基、乙烯基、丙烯酰基、环氧基
武汉市华昌应用技术研究所	湖北	氨基、环氧基、丙烯酰基
曲阜晨光化工有限公司	山东	氨基、乙烯基、环氧基
丹阳有机硅材料实业公司	江苏	环氧基、氨基、丙烯酰基
硅宝翔飞有机硅新材料公司	安徽	氨基、丙烯酰基
曲阜万达化工有限公司	山东	乙烯基、环氧基
浙江新安化工股份有限公司	浙江	乙烯基
天津市圣滨化工有限公司	天津	丙烯酰基
盖州市恒达化工有限责任公司	辽宁	氨基、丙烯酰基

注：不包含中间体。

2009～2013 年，中国硅烷产能由 12.5 万吨/年迅速增长到 22.5 万吨/年，产量也从 8.1 万吨提高到 14.02 万吨，开工率由约 57.7%提高至 62.3%，开工率提高主要原因来自集中度的提高。

综合考虑目前在建拟建的硅烷项目以及中小装置淘汰的影响，预计 2018 年中国硅烷总产能将达到 31 万吨/年，2013～2018 年产能年均增长率预测为 6.6%，增速明显低于上一个 5 年。

目前中国已经成为世界第一大硅烷生产地。在此基础上，未来我国硅烷产量将进一步扩大，但由于行业整合不可能在短期内完成，加之大中型企业扩产较快，产量增速仍将低于产能增速，预计未来行业开工率仍将维持在 60%左右的较低水平，但产业集中度将进一步提高。近年中国硅烷生产状况及预测见图 2-58。

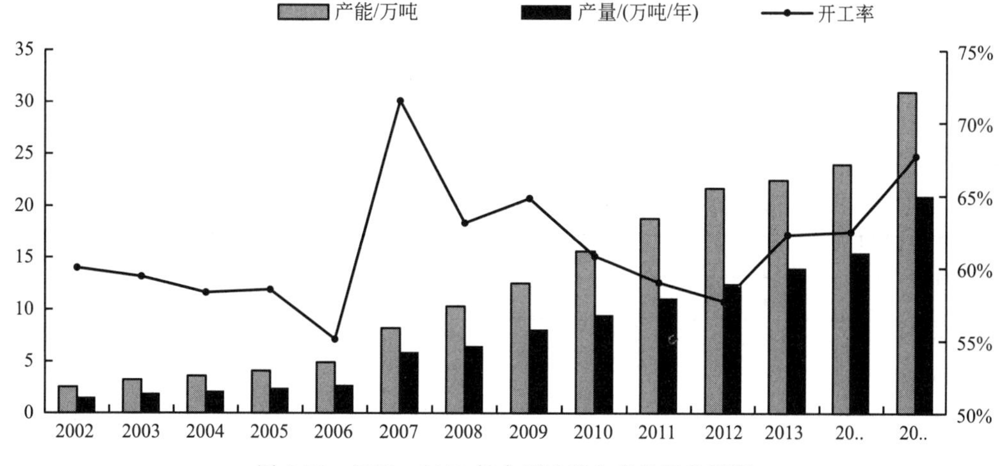

图 2-58　2002～2013 年中国硅烷生产状况及预测

【改扩建情况】

近年来，硅烷行业整合趋势加快，部分中小企业陆续退出，但大中型企业的持续扩张仍然促使产能不断扩大。除含硫硅烷和交联剂扩张较快外，2010～2013 年，其余偶联剂品种也有较快扩张，如氨基、环氧基、乙烯基、丙烯酰氧基的产能分别增长 1.8 万吨/年、1.2 万吨/年、1.1 万吨/年和 0.7 万吨/年，如果考虑到有小装置退出因素，例如湖北德邦化工新材料有限公司2014年可能进入破产程序，实际新投产项目产能要远大于以上数字。

尽管市场供需总体供大于求，目前仍有部分装置在建，而且有的项目规模很大。中国硅烷在建拟建项目统计见表2-61。

表2-61 中国硅烷在建拟建项目统计

项目建设单位或项目名称	建设地点	品种
江西宏柏化学科技有限公司	江西乐平	含硫、氨基、其它
湖北华欣有机硅新材料有限公司	湖北孝感	氨基、丙烯酰基、环氧基
浙江新安化工股份有限公司	浙江建德	功能硅烷
荆州市江汉精细化工有限公司	湖北荆州	功能硅烷
湖北康和园新材料有限公司	湖北云梦	巯基、氨基
连云港硅宝硅材料有限公司	江苏连云港	γ_1 及 Si-69 含硫硅烷
江苏宏鑫有机硅新材料有限公司	江苏淮安	乙烯基
江西晨光新材料有限公司	江西湖口	功能硅烷
曲阜晨光化工有限公司	山东金乡	功能硅烷
浙江富士特集团有限公司	浙江衢州	功能硅烷
山东新龙硅业科技有限公司	山东寿光	γ_2
滨州市北海新区大鸿化工有限公司	山东滨州	γ_2
九江宇仁新材料有限公司	江西九江	苯基硅烷

【进出口贸易】

硅烷没有独立税号，在海关税则的分类规定中，主链含有硫原子被优先归入29309090（有机硫化合物）中，其余主链包含硅原子的化合物则一般归入29319000（其他有机-无机化合物）的税则号下。除以上两个主要税号外，在39100000、38121000及38249099税号下也有一定量硅烷贸易。但这5个税号下都存在大量的其它产品，硅烷比例较低。对以上税号的将近6万笔相关交易进行了分析，得出了我国硅烷对外贸易的有关结论。

1. 出口

据统计，2013年中国硅烷出口实物量达到5.35万吨，折纯后约为4.75万吨。由于出口结算币种包括美元、欧元及日元等，根据2013年年均汇率换算后，出口金额总计约2.21亿美元，出口单价约为4652美元/吨。2013年中国进口硅烷总量约为0.77万吨，进口金额总计约0.66亿美元，进口单价约为8571美元/吨。2009～2013年中国硅烷进出口量及金额见表2-62。

表2-62 2009～2013年中国硅烷进出口量及金额统计

年份	进口		出口	
	数量/万吨	金额/百万美元	数量/万吨	金额/百万美元
2009	0.19	14.82	1.55	92.00
2010	0.35	28.87	2.47	107.00
2011	0.56	48.27	3.21	162.00
2012	0.69	61.26	4.03	221.00
2013	0.77	66.00	4.75	208.00
2014E	0.72	65.00	5.52	211.00
2018E	0.50	65.00	6.30	300.00

2013年中国硅烷出口量同比增长18%，除第一季度外，月度出口量均高于3500吨，8月份出口逼近5000吨。2013年中国硅烷出口月度趋势如图2-59所示。

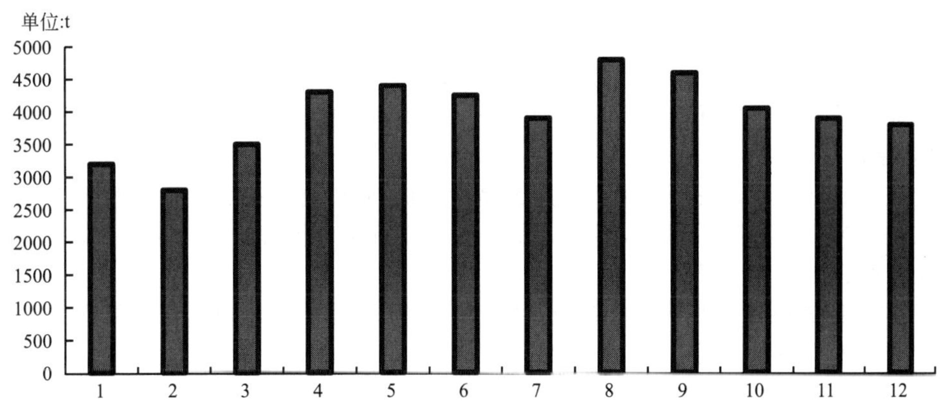

图 2-59　2013 年中国硅烷出口月度趋势（折纯）

2013 年，韩国、日本仍占据中国硅烷出口市场较大份额，其次美国、波兰、泰国、西班牙及印度尼西亚等国家和地区中国也有出口。其中，韩国、日本、比利时与美国是我国主要的硅烷出口市场。

2013 年中国出口的硅烷产品主要为含硫硅烷，约占总量的 2/3，交联剂约占 10%，氨基、烷基、乙烯基、环氧基等品种亦均有少量出口。

国内几乎正常生产的企业 2013 年都有出口，只不过有的是自营出口，有的是通过代理或贴牌，也有的是贸易商拿货后出口。个别大型企业出口量超过万吨，甚至接近 2 万吨。

2. 进口

2013 年中国进口硅烷 7700 吨，其中一季度进口量在全年中处于偏低水平，5～10 月份进口量居高位，峰值在 5 月份、高达 908t。2013 年中国硅烷进口月度趋势如图 2-60 所示。

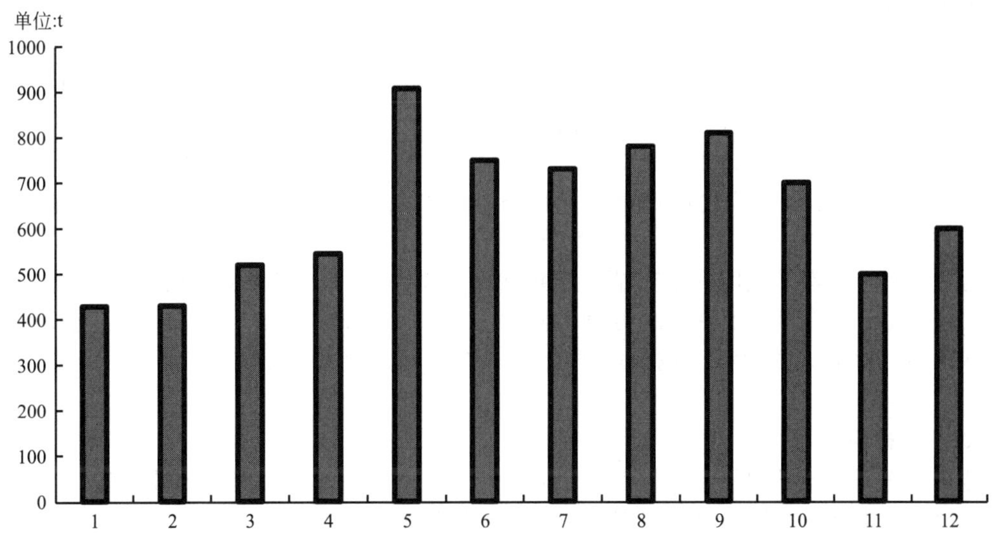

图 2-60　2013 年中国硅烷进口月度趋势（折纯）

2013 年，中国进口的硅烷产品主要来自德国、美国和日本，占比超过七成，涉及的企业主要是赢创、迈图、道康宁与信越。

2013 年，中国对各品种的硅烷均有进口需求，其中氨基和乙烯基硅烷进口量最大，其次是环氧基硅烷，三者占比超过进口总量的一半，产品主要用于玻纤、交联聚乙烯、涂料和黏合剂等领域。

2013 年，中国主要硅烷进口企业为有机硅行业的跨国巨头及其在国内的代理公司，另外，中国大型玻纤企业如巨石集团，大型胶企如天山新材料等，也是主要的进口企业。

【消费情况】

硅烷应用非常广泛，目前最主要用途为提高无机/有机材料接触表面的相容性和黏结性能，其次是作为有机硅弹性体的交联剂，此外还用作难粘有机材料之间的黏合促进剂，另有部分用于有机合成材料分子改性。

2008 年中国硅烷年消费量 5.3 万吨，随后随着汽车销量猛增和复合材料行业的迅猛增长，硅烷消费平均增速达到 15%/年左右。2013 年，我国硅烷消费总量达到 10.04 万吨。六年内几乎翻了一番。

2013 年我国硅烷主要下游领域需求分析如下。

1. 橡胶加工领域

硅烷偶联剂作为橡胶加工助剂主要是指用于“绿色轮胎”中，其中最常用的硅烷是两种含硫硅烷偶联剂，即双-[3-（三乙氧基硅)-丙基]-四硫化物（Si-69 或 TESPT)、双-[3-（三乙氧基硅)-丙基]-二硫化物（Si-75 或 TESPD)，该类产品通常以纯液体或添加了 50%炭黑的固体产品出现，故衍生了四种牌号。另外也有少量的 γ-巯基丙基三甲氧基硅烷（KH-592 或 A-189）等其它硅烷产品。

此类产品可有效提高白炭黑填料与橡胶分子结合能力，并能促进橡胶硫化，同时具有偶联剂、促进剂和硫化剂的作用，已经成为子午线轮胎生产的关键原料。采用该类硅烷与沉淀法白炭黑配伍生产的“绿色轮胎”，可降低轮胎滚动阻力并提高轮胎的抗湿滑性能，从而更加节能和安全，因此自 2012 年在欧盟通过立法形式得到强制推广。日本、韩国也出台了相应的国家标准。

国家发改委、工信部自 2012 年以来也连续针对绿色轮胎政策展开调研，2014 年 5 月 15 日，工信部公开《轮胎行业准入条件》(征求意见稿)，拟明确提出抑制轮胎业低水平重复建设、防控产能过剩。尤为重要的是，新准入条件将淡化规模指标，更重视轮胎的质量和环保，绿色轮胎将成为未来行业的发展方向。

据中国橡胶工业协会轮胎分会对 48 家会员单位的统计，2013 年轮胎产量 3.9 亿条，比上年增长 9%，其中子午线轮胎产量 3.7 亿条，子午化率约为 95%。全国轮胎产量估计为 5.29 亿条。

另一大利好因素是我国汽车产销量连年增长，据中国汽车工业协会统计，2013 年我国汽车产销 2211.68 万辆和 2198.41 万辆，同比分别增长 14.76%和 13.87%，已连续五年蝉联全球第一。列第二位和第三位的美国及日本汽车同期销售量分别只有 1558 万辆和 537 万辆。

2. 复合材料

硅烷偶联剂在纤维增强复合材料中的应用非常成熟。使用硅烷偶联剂可以提高纤维浸润性能和原丝集束性能、增强界面耐湿能力、提高材料机械强度并改善电学性能、提高从热极到冷极循环的抗冲击性能等。通过硅烷偶联剂使树脂与玻璃纤维实现化学键合后，既可将树脂中产生的应力有效地传递给高强度的玻璃纤维，从而提高复合材料的强度；还能有效减轻由于水分入侵而引起的粘接力退化，有效保持或显著提高复合材料的湿态机械性能及稳定的电气性能。

复合材料此前主要用于玻璃钢装备，新能源领域、建筑领域、交通运输、电力工程、海

洋工程和环保工程等领域的市场增长较快。2013 年我国玻璃纤维纱总产量 285 万吨，同比减少 1.0%；纤维增强塑料制品总产量约为 410 万吨，同比增长 2.5%；不饱和树脂产量达 178 万吨，同比增长 4%。

目前复合材料发展有以下趋势值得关注：

一是下游产业对材料要求提高，使机械化成型技术采用比例大大上升，以玻璃钢为例，SMC/BMC、挤拉、缠绕、离心等工艺占有整个 FRP 成型工艺的 70%，敞开式的手糊成型工艺逐渐被抽真空灌注工艺取代；

二是碳纤维、芳纶等新型骨架材料的持续开发，带动了硅烷等高性能助剂以及新型树脂材料的研发；

三是结构化设计水平和机械成型技术的提高促使复合材料结构轻量化，树脂用量减少，纤维用量上升，将影响助剂的用法和用量。

3. 塑料加工

未经交联的聚烯烃材料耐热性、机械性能和耐环境应力开裂性能较差，限制了其在许多领域中的应用，通过交联改性可提升材料的这些性能。在塑料加工领域，其交联方法主要有辐照法、过氧化物法及硅烷法 3 种。硅烷交联法因工艺设备简单，效果优异，而为许多电缆料生产厂家所采用。

用于硅烷交联聚乙烯和聚丙烯的主要硅烷偶联剂品种为乙烯基硅烷，一般认为，交联剂用量在 1%～2%（质量分数）。交联聚乙烯主要用作生产电力电缆料。2013 年中国聚乙烯电缆料总需求量超过 22 万吨，预计未来一段时间内，仍将保持每年约 15%的增长速率。除电缆料外，交联聚乙烯还用于生产管材，2013 年，中国聚乙烯管材产量估计超过 420 万吨。交联聚乙烯中约 15%～20%为硅烷法交联，主要用于对防裂防水要求较高的领域如地暖管线。

4. 密封胶、黏合剂领域

硅烷交联剂主要用于室温硅橡胶合成。

在单组分室温硫化硅橡胶中，醋酸型、酮肟型和醇型三种交联剂应用较广，实际应用中经常将几种交联剂混合使用，以改善产品性能。一般认为，酸性胶中交联剂的使用量约为 10%，酮肟型一般为 8%，醇型则在 5%以下，但该比例与厂商配方有关。缩合型双组分室温硫化硅橡胶使用的交联剂按照反应类型分为四种，脱醇型、脱羟胺型、脱氢型和脱水型，前两种用量稍多。其中脱醇型主要使用四烷氧基硅烷或其部分水解物，使用比例一般为基胶的 2%～5%，脱羟胺型则主要是含有两个或两个以上氨氧基的环形或线形硅氧烷、使用比例一般在基胶的 2.5%～8%。目前室温硫化硅橡胶中性胶需求增长较快，酸性胶则呈萎缩态势。

此外，硅烷还广泛用作环氧、聚氨酯、聚乙烯醇缩丁醛及丁腈橡胶的黏合剂；聚硫、聚氨酯、丙烯酸、氯丁、丁基以及硅橡胶等密封胶的增黏剂，它可有效提高橡胶或树脂对各类基材，包括玻璃、混凝土、石料、合金等的干态黏接力，还能满意的改善其湿态黏接保持率。硅烷偶联剂既可用作基材表面底涂，也可掺混到树脂或橡胶中，效果均十分显著。

5. 涂料及表面处理

硅烷用于涂料，起到黏结促进剂、颜料处理和交联剂的作用，可以改善涂料的黏合性能、耐潮湿、耐化学品、抗紫外线和抗腐蚀性能，并能改善填充物的分散性能。通过正确使用硅烷，即使在恶劣的环境条件下，难以黏附的油墨、涂料也可以长期保持黏合。目前，仅在防腐涂料领域，硅烷的用量约为 0.2 万吨。

当用于黏合涂料、油墨的黏附物时，硅烷同样承担着黏接促进剂的作用。作为整体添加剂时，硅烷必须迁移到黏合物和处理的材料之间的界面上才会有效。

用做底漆时，硅烷提供了底漆产品的核心性能。烷氧基硅烷被广泛应用在多种金属和含硅材料的底漆配方中，它可以为底漆提供受控的疏水性、出色的抗 UV 和热稳定性、表面活性、耐化学品和腐蚀防护性能。源于这些性能，硅烷被广泛地应用于工业防护领域。

6. 其他

贵金属表面事先经巯烃基硅烷偶联剂处理，则可大大提高其抗腐蚀性能。

飞机机窗玻璃表面使用氨基硅烷处理，则可防止结冰发生；普通玻璃板上涂以硅烷偶联剂，可防止或减少表面发生变浊及雾状物形成，从而保持良好的透明度；使用掺有氨基硅烷的环氧树脂涂布在陶瓷、瓷砖、大理石及混凝土等表面，可形成一层透明薄膜，具有防污作用，常用作文物及重要建筑物的保护。

天然及合成纤维、织物及皮革可用硅烷偶联剂及其水解缩合产物作为整理剂，从而赋予或保留表面亲水性，防静电性及减少起球现象；经硅烷偶联剂处理过的微孔纤维，具有吸附的特异性及选择性，可用作过滤材料；当无机纤维染色或印色时，若在染浴中加入氨基硅烷或环氧基硅烷，则可提高其染色牢度。

在砂层中添加氨基硅烷，可有效提高砂层的抗压强度，从而防止在石油开采及输送过程中造成的塌陷废井事故；在原油输送过程中，若在原油中混入少量由氨基硅烷及端羟基硅油配制成的防结蜡剂，可保持管道不堵。

此外，随着硅烷新产品的逐渐开发，新应用领域不断出现，也会为硅烷消费增长提供新的机遇。

近年来我国硅烷行业产销两旺的主要原因有两方面：

一是内需拉动，比如汽车产销量连续高速增长，拉动轮胎消费及出口。尤其是 2012 年欧盟绿色标签法案的实施将极大刺激对绿色轮胎的刚性需求，从而促进含硫硅烷行业发展。我国目前处于城镇化初期，大量农业人口将逐渐转变为城镇居民，随着相关政策的逐步到位和基础设施建设的大规模展开，建筑行业对室温硅橡胶的需求连续增长。此外，能源、交通、文物保护等领域对硅烷的需求也逐渐增加，也是硅烷行业消费增长的主要因素之一。

二是出口增速迅猛，国外企业因环保和成本上升等因素开工不足，加之我国硅烷生产技术提高较快、物美价廉，故自本世纪初以来出口增速较快，且国外企业至今未能大规模向我国转移生产，也为我国本土企业的快速壮大提供了机遇。

【供需预测】

欧美地区大力倡导“绿色轮胎”，国外轮胎企业几乎完全用“绿色轮胎”代替了普通轮胎，中国轮胎企业正在加紧对“绿色轮胎”的研究，因此未来在该领域的需求预计将有明显提升。

未来中国硅烷需求增长仍将以上述领域为主，其中橡胶加工、复合材料、塑料加工以及黏合剂领域将因行业容量扩大而提高需求，轮胎和黏合剂领域的增长将值得期待，复合材料、塑料加工的持续高速增长则面临更多挑战。

其他应用领域如建筑保护、粉体改性、金属表面处理等行业在应用方面的新进展，也将为未来硅烷的需求增长提供动力。

2006～2013 年中国硅烷供需平衡状况及预测数据见表 2-63。

表 2-63　2006～2013 年中国硅烷供需平衡状况及预测

年份	产量/万吨	表观消费量/万吨	自给率/%
2006	2.70	1.90	142.1
2007	5.86	4.86	120.6
2008	6.50	5.30	122.6
2009	8.10	6.74	120.2
2010	9.48	7.36	128.8
2011	11.10	8.45	131.4
2012	12.50	9.16	136.5
2013	14.02	10.04	139.6
2014E	15.50	11.00	136.4
2018E	21.00	15.20	138.2

2.9　气相二氧化硅

气相二氧化硅又名气相白炭黑，英文名称为 fumed silica，CAS 号为 112945-52-5。气相二氧化硅是由硅或有机硅的氯化物经高温水解生成的带有表面羟基和吸附水的超微细无定形二氧化硅粉末，常态下为白色絮状半透明固体胶状极微粒子，具有粒径小（小于 100nm）、比表面积大（一般为 100～400m^2/g）、化学纯度高、分散性能好等特征，能溶于苛性钠和氢氟酸，对其他化学药品稳定，耐高温，不燃烧，具有很高的电绝缘性，优越的稳定性、补强性、增稠性和触变性。

气相二氧化硅广泛用于各行业，主要用作橡胶补强剂，塑料充填剂，油墨增稠剂，金属软性磨光剂，绝缘绝热填充剂，脱色剂，消光剂，高级日用化妆品填料及喷涂材料、医药、环保等各种领域，并为相关工业领域的发展提供了新材料基础和技术保证。由于它在磁性、催化性、光吸收、热阻和熔点等方面与常规材料相比显示出特异功能，因而得到人们的极大重视。

根据二氧化硅表面羟基数量的不同，气相二氧化硅可分为亲水型和疏水型两种。疏水型气相二氧化硅的性能更加优良，应用范围更加广泛。国内企业亲水型的产品占主流，目前正向疏水型产品迈进。

【基本情况】

近几年中国气相二氧化硅的产能呈跨越式增长。2000 年产能仅 0.11 万吨/年，2009 年就达到 4 万吨/年，2012 年增长至 8.64 万吨/年。2013 年中国气相二氧化硅产能上升至 10.49 万吨/年，共有气相二氧化硅生产企业 25 家，停车已达两年之久的山东瑞阳硅业科技有限公司和四川雅安永康纳米材料有限公司不作统计，新增新疆西部合盛硅业和内蒙古恒业成两家企业。

2013 年中国总生产能力为 10.49 万吨/年，占全球总产能 29.1%；产量约 5.5 万吨，占全球产量 23.4%。中国气相二氧化硅市场几乎被国外的几个大公司，如德固赛、卡博特、瓦克、德山等所垄断，其中瓦克、卡博特、德山早已在中国建设大型生产基地，其产能分别为 1.6 万吨/年（与道康宁合资）、1.5 万吨/年（与蓝星合资）和 1 万吨/年。除外资及合资企业外，中国国内产能较大的公司包括广州吉必盛（下属乐山、连云港基地）0.8 万吨/年；新安化工 0.7 万吨/年（远期规划至 3 万吨/年）；山东东岳 0.6 万吨/年；唐山奥瑟亚二孚化工 0.6 万吨/年；浙江富士特 0.6 万吨/年。

近几年中国气相二氧化硅的产能增长率均保持在 15%以上。2013 年中国气相二氧化硅的总产能同比增加21.4%，2009～2013年中国气相二氧化硅产能年均增长率为27.3%。此外，中国对气相二氧化硅的需求也保持着较高的增长速度。预计未来几年，中国气相二氧化硅市场需求及产能将实现同步快速增长。历年供需情况见表2-64。

表2-64　2002～2013年中国气相二氧化硅供需统计

年份	产能/(万吨/年)	产量/万吨	表观消费量/万吨
2002	0.11	0.10	0.40
2003	0.16	0.11	0.71
2004	0.21	0.19	0.89
2005	0.31	0.22	1.12
2006	0.94	0.49	1.59
2007	1.57	0.85	2.00
2008	2.27	1.00	2.13
2009	4.00	2.20	2.88
2010	6.03	3.40	3.74
2011	7.10	4.30	4.04
2012	8.64	4.77	4.27
2013	10.49	5.50	4.90
2014E	10.79	6.80	6.00

从地区分布来看，2013年中国气相二氧化硅生产工厂主要集中在华东和华中地区，其中华东地区13家，华中地区4家，东北地区1家，华北地区3家，西北地区2家，西南地区2家。2013年中国气相二氧化硅产量分布情况如图2-61所示。

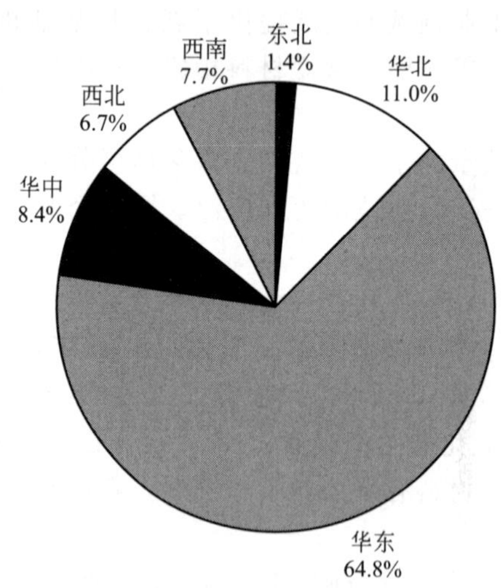

图2-61　2013年中国气相二氧化硅产量分布情况

从企业性质来看，2013年，中国内资企业的产能约为5.79万吨/年，占中国总产能的55.2%；产量约为2.5万吨，占中国总产量的45.5%。中国外资企业的产能约4.7万吨/年，占中国总产能的44.8%，产量约为3万吨，占中国总产量的54.5%。由此可以看出，外企虽然数量不多，但是不论产能还是产量来看均占有很大比重，内资企业的发展仍落后于跨国外企。中国气相二氧化硅厂家各地区分布情况见表2-65。2013年中国气相二氧化硅主要生产企业统计见表2-66。

表 2-65　中国气相二氧化硅厂家各地区分布情况

地区	企业数目个	产能所占比重/%	产量所占比重/%
华东	13	64.8	81.5
华中	4	8.4	1.6
华北	3	11.0	4.7
西北	2	6.7	6.7
西南	2	7.7	3.5
东北	1	1.4	2.0

表 2-66　2013 年中国气相二氧化硅主要生产企业统计

公司名称	区域	公司名称	区域
瓦克化学(张家港)有限公司	华东	河南迅宇化工有限公司	华中
卡博特蓝星材料股份有限公司	华东	宜昌南玻硅材料有限公司	华中
德山化工(浙江)有限公司	华东	洛阳中硅高科技有限公司	华中
浙江新安江南化工有限公司	华东	焦煤合晶科技有限责任公司	华中
山东东岳有机硅材料有限公司	华东	唐山奥瑟亚三孚化工有限公司(OCI)	华北
浙江富士特硅材料有限公司	华东	赤峰盛森科技有限公司	华北
浙江开化合成材料有限公司	华东	内蒙古恒业成有机硅有限公司	华北
江西黑猫炭黑股份有限公司	华东	新疆西部合盛硅业有限公司	西北
连云港吉必盛硅材料有限公司	华东	特变电工新疆硅业有限公司	西北
景德镇宏柏化学科技有限公司	华东	乐山吉必盛硅材料有限公司	西南
朝日硅材料有限公司	华东	峨眉山长庆化工新材料有限公司	西南
徐州中兴化工有限公司	华东	沈阳化工股份有限公司	东北
上海氯碱化工股份有限公司	华东		

【改扩建情况】

2013 年受原材料的影响，气相二氧化硅价格呈倒“V”形发展，新投产的企业也比较多。浙江合盛硅业 5000 吨/年的气相二氧化硅项目于 2012 年 2 月份开始试产，于 2013 年 1 月份稳定产出；东岳有机硅材料有限公司将原有 1000 吨/ 年的气相二氧化硅装置扩产为 3000 吨/年的装置，于 2013 年 7 月底竣工；新安化工子公司镇江江南一期白炭黑项目产能约 4000 吨/年，共四条生产线，于 2011 年底建成，时隔一年于 2013 年 3 月顺利试车，2013 年 4 月正常运营，小部分原料来源于公司内部的一甲，大部分外购；OCI 与唐山三孚合资 6000 吨/年气相二氧化硅项目于 2013 年 10 月完工，2014 年 1 月正式投产；2013 年 10 月，赤峰盛森原有 2000 吨/年的装置扩为 3000 吨/年，4000 吨/年的新生产线目前建设已接近尾声；富士特三条白炭黑新装置于 2013 年年初投入生产，公司总产能扩为 6000 吨/年。

此外还有一些新建及拟建项目，中国气相二氧化硅在建拟建项目详细统计见表 2-67。受原材料紧缺影响，个别项目搁置或延期，新安化工集团下属的镇江江南 4000 吨/年白炭黑装置已于 2013 年 4 月投产，2.6 万吨/年计划项目暂且搁置，后期将根据市场状况来决定工程进度。考虑另有部分未披露产能以及淘汰产能，预计到 2018 年，中国气相二氧化硅总产能将达 15.8 万吨。

表 2-67　2013 年中国气相二氧化硅已完工项目及在建拟建项目

建设单位	地点	动工	工艺路线
沈阳化工	江西 九江	2010 年	乌克兰技术
合盛硅业	浙江乍浦	2012 年	MTCS
山东东岳	山东 桓台	2013 年	MTCS
唐山三孚	河北 唐山	2009 年	OCI 技术
恒业成	内蒙古	2012 年	MTCS
富士特	浙江 衢州	2012 年	MTCS
镇江江南	江苏 镇江	2010 年	MTCS
赤峰盛森	内蒙古赤峰	2013 年	STC
赤峰盛森	内蒙古赤峰	2012 年	STC
特变新疆	新疆乌鲁木齐	2012 年	STC
中盐常化	江苏常州	2013 年	STC
宏柏化学	江西景德镇	2013 年	STC
山西三佳	内蒙古乌兰察布	2013 年	MTCS

2013 年，中国一系列促进光伏产业健康发展的政策密集出台。首先是国务院出台《关于促进光伏产业健康发展的若干意见》，将“十二五”装机规划由原定的 20GW 提高至 35GW。其次是“国发 24 号文”的 9 个配套文件相继发布，包括财政部发电量补贴和资金拨付管理办法、发改委《分布式发电管理暂行办法》、发改委《关于发挥价格杠杆作用促进光伏产业健康发展的通知》、工信部《光伏制造行业规范条件》、兼并重组实施意见等相继出台实施，产业发展环境逐步好转。此外，金融机构如银监会、国开行等也在积极与行业主管部门合作，根据“国发 24 号文”精神出台金融扶持政策。而备受关注的中欧光伏贸易争端也在中央政府的高度重视下，通过“限量、限价”方式达成和解，也为后续贸易纠纷的应对提供借鉴。2013 年下半年，多晶硅形势扭转，价格回升，开车企业不断增加，但总体情况仍不容乐观。未来两年，随着下游应用市场的不断扩大，对多晶硅市场需求也将提高，另外，全球新增产能投产和复工产能利用率逐步提升。2013 年全球多晶硅产量约为 26.6 万吨，而中国多晶硅产量达 8.22 万吨，主要集中于江苏中能、特变电工、大全新能源等几家企业，预计 2014 年中国多晶硅产能达到 22.5 万吨/年，产量达 10.2 万吨。但由于国外多晶硅产品可通过加工贸易方式规避“双反”关税，持续对中国进行低价倾销，市场供应量的不断增大和多晶硅生产成本的持续下降，预计 2014 年产品价格仍将在 25 美元/千克以下，企业仍将承受低价压力，但整体形势应该好于 2013 年。

随着多晶硅开车企业的不断增加，2013 年四氯化硅的价格呈逐渐下滑的趋势，特别是 2013 年年底。SAGSI 预测，虽然四氯化硅的价格呈现下滑趋势，但短期内预计还达不到倒贴的状态。对于多晶硅企业来说，降低生产成本，提高技术水平，才能得到长足的发展。

上游原料四氯化硅供应的缓解和价格的下滑，致使 2013 年气相二氧化硅价格持续走低，一些原先有计划拟建气相二氧化硅项目的厂家考虑取消或者推迟计划。考虑淘汰产能和未知项目影响，预计 2018 年中国气相二氧化硅总产能或将达到 15.8 万吨，较 2013 年净增 5.31

吨，2013～2018 年产能年均增长率预测为 8.5%。预计 2013～2018 年产量年均增速在 11.5%附近，到 2018 年，中国气相二氧化硅产量可达到 9.47 万吨，平均开工率在 59.9%左右。2002～2013 年中国气相二氧化硅生产状况及预测见表 2-68。

表 2-68　2002～2013 年中国气相二氧化硅生产状况及预测

年份	产能/(万吨/年)	新增项目	年份	产能/(万吨/年)	新增项目
2002	0.11	—	2009	4.00	德山二期投产
2003	0.16	—	2010	6.03	瓦克一期投产
2004	0.21	—	2011	7.10	瓦克二期投产
2005	0.31	—	2012	8.64	卡博特蓝星二期投产
2006	0.94	卡博特蓝星一期投产	2013	10.49	东岳、富士特、镇江江南、赤峰、OCI-三孚
2007	1.57	德山一期投产	2014E	10.79	赤峰
2008	2.27		2018E	15.80	—

【进出口贸易】

气相二氧化硅属于较小的精细商品，因此在海关没有单独税则号，其进出口与沉淀白炭黑一块归在 28112200（二氧化硅）的税则号下。进出口数据显示，自 2011 年起，中国成为气相二氧化硅的净出口国，净出口量为 2000t。2012 年、2013 年实现稳步增长。2013 年随着原料供应的宽裕，出口量上升至 1.5 万吨，同比增长 7.1%。但随着外资企业在中国的生产能力进一步增加，同时中国本土企业生产技术水平不断提高，预测未来中国出口量将持续增加。

2004～2013 年中国二氧化硅进出口数量、金额及预测如表 2-69；2002～2013 年中国气相二氧化硅进出口数量、金额及预测如表 2-70 所示。

表 2-69　2004～2013 年中国二氧化硅进出口数量、金额与预测

年份	进口数量/万吨	进口金额/万美元	出口数量/万吨	出口金额/万美元
2004	6.9	13089	12.6	6056
2005	7.2	13446	15.1	7770
2006	8.1	15232	30.7	13574
2007	9.7	17753	28.1	12941
2008	9.3	18591	19.4	11709
2009	8.1	17077	30.3	17243
2010	10.0	23013	37.5	28345
2011	8.1	22424	44.5	42020
2012	8.6	21195	37.0	38770
2013	8.7	21790	47.3	46277
2014E	8.5	21300	50.0	48900
2018E	5.0	14500	70.0	80000

表 2-70　2002～2013 年中国气相二氧化硅进出口数量、金额及预测

年份	进口数量/万吨	进口金额/万美元	出口数量/万吨	出口金额/万美元
2002	0.3	18.9	0	0
2003	0.6	32.3	0	0
2004	0.7	41.5	0	0
2005	0.9	54.3	0.1	0.4
2006	1.1	67.0	0.1	2.6
2007	1.2	71.5	0.1	4.1
2008	1.3	66.0	0.1	4.6
2009	1.0	57.1	0.3	14.6

续表

年份	进口数量/万吨	进口金额/万美元	出口数量/万吨	出口金额/万美元
2010	0.9	51.2	0.6	26.0
2011	0.5	26.9	0.7	35.3
2012	0.9	41.8	1.4	69.5
2013	0.9	53.0	1.5	61.7
2014E	0.8	45.6	1.6	65.8
2018E	0.7	44.7	1.4	57.6

1. 出口

中国气相二氧化硅的出口保持稳定增长。2013 年中国气相二氧化硅的出口总量为 1.5 万吨，与 2012 年相比保持相对稳定的发展，出口增幅在 7.1%左右。2013 年气相二氧化硅的原料供应紧张局势得到缓解，虽然部分企业受此影响仍未恢复生产，但未影响全局。随着 2014 年 OCI 等项目的投产，预计未来两年中国气相二氧化硅的出口还将保持 8%左右的增长速度。图 2-62 为 2012～2013 年中国气相二氧化硅出口数量月度变化。

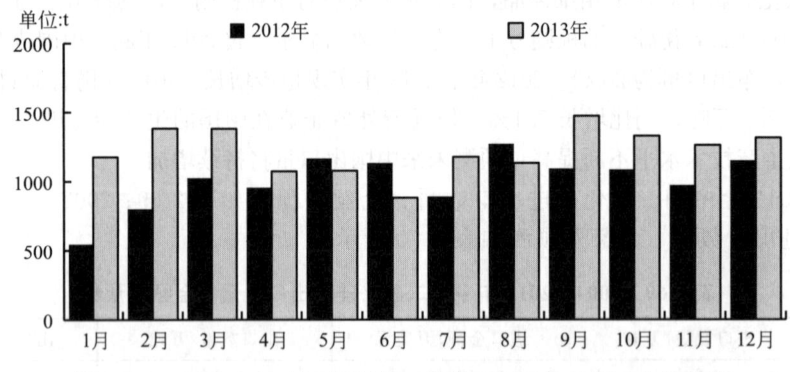

图 2-62　2012～2013 年中国气相二氧化硅出口数量月度变化趋势

2013 年，中国气相二氧化硅出口销往地众多，数量也较分散。其中最大的出口目的地是韩国，瓦克、卡博特、德玖山、东岳均有贡献。其次是德国，主要来源于瓦克和吉必盛。其他出口目的地美国、中国台湾、日本、印度尼西亚、伊朗等国家和地区。其中，出口韩国、德国、美国的总量占全国总出口量的 52.0%，出口到各个国家和地区的具体数量如图 2-63 所示。

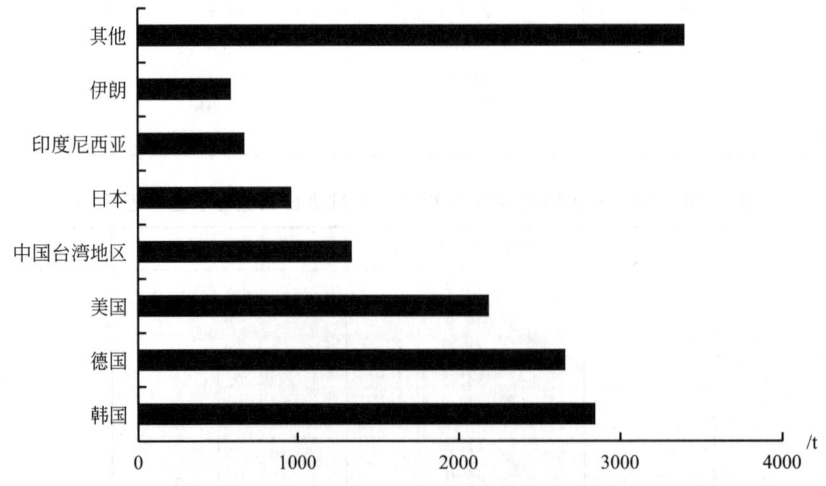

图 2-63　2013 年中国气相二氧化硅出口到各目的地的具体数量

2013 年中国大陆出口气相二氧化硅月均价格振幅较窄，范围基本在 3.9～4.5 美元/千克之间，出口价格与 2012 年相比略有下调。2013 年中国气相二氧化硅主要出口企业按数量瓦克、卡博特、德玖山仍位居前三，东岳提升至第四。

2. 进口

2013 年中国气相二氧化硅的进口总量为 0.9 万吨，与 2012 年进口量相当。虽然目前中国气相二氧化硅的产量和出口保持稳定增长，但是在一些特殊场合，某些类型的气相二氧化硅却必须用进口的，国产的难以替代或者需要时间去替代，因此中国对进口气相二氧化硅仍保持每年 0.9 万吨的需求量。虽然瓦克、卡博特、德山等一些外企已进驻中国，但并未涵盖所有产品类型。2013 年中国气相二氧化硅的月均进口量保持在 600～700t 左右，2012～2013 年中国气相二氧化硅进口数量月度变化趋势如图 2-64 所示。

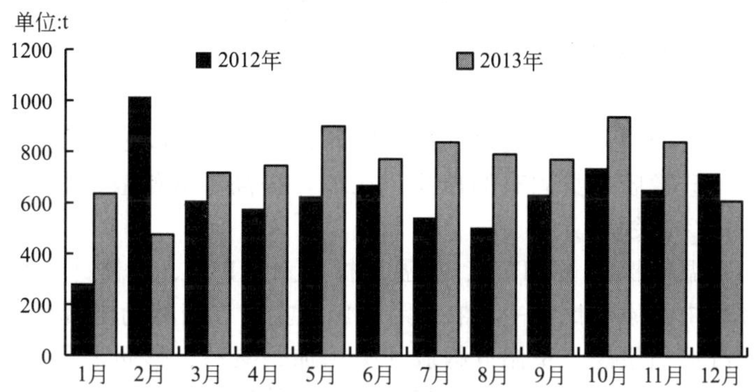

图 2-64　2012～2013 年中国气相二氧化硅进口数量月度变化趋势

2013 年中国气相二氧化硅进口主要经由上海海关报关，约占 59%，此外还有深圳海关、黄埔海关和南京海关占有少量的比例。由此可见，江浙一带贸易公司及下游用户是中国进口气相二氧化硅的主力。

2013 年，中国气相二氧化硅进口主要来源于比利时、日本、德国、韩国、美国等国家和地区，具体的进口量如图 2-65 所示。其中来自比利时、日本、德国的进口量占全国进口量的 84%。货源主要是由赢创、德山、OCI 等贡献。

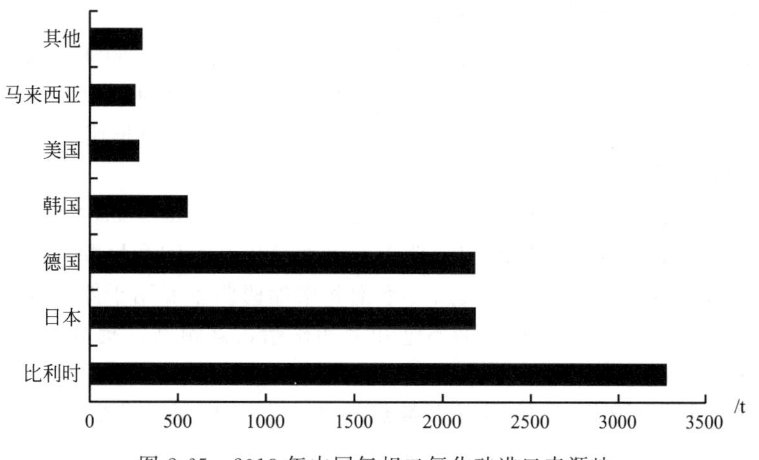

图 2-65　2013 年中国气相二氧化硅进口来源地

2013 年中国参与气相二氧化硅进口的企业在 150 家以上，涉及贸易、生产及科研等不同类型企业。其中进口气相二氧化硅最多的企业是上海海逸科贸有限公司，该公司是一家贸易公司，主要代理赢创 Aerosil 系列，所售产品主要来自日本、德国及比利时，其 2013 年进口总量约 3794t，同比提高 69%。排名第二为上海外电国际贸易有限公司，是一家大型贸易企业，其进口量约 600t，产品主要来源于日本。

【消费情况】

气相二氧化硅主要用途是作为有机硅弹性体的补强剂，其在硅橡胶领域的使用量占其总消费量的 63%，同时在其他有机硅产品中也有少量应用；涂料油墨工业目前是国内气相二氧化硅的第二大消费领域，占总消费量的 11%左右；另外在不饱和聚酯制品、黏合剂及化学机械抛光（CMP）行业，气相二氧化硅应用也呈明显上升趋势。此外，在医药、塑料、食品、农业、蓄电池、化妆品、日化、造纸、润滑油等众多领域，均能看到气相二氧化硅的应用。

2013 年中国气相二氧化硅消费总量约为 4.9 万吨，同比增长 14.8%。2013 年气相二氧化硅价格出现下滑，下游需求增速有所上涨。

1. 有机硅

气相白炭黑最重要的用途之一是合成硅橡胶。在硅橡胶合成过程中，气相法二氧化硅可提高其性能远超过了硅橡胶本身固有的性能。比如，提高了硅橡胶的抗高温性和耐化学性，使硅橡胶应用于更广泛的领域。

硅橡胶可分为室温硅橡胶（RTV）、高温硅橡胶（HTV）、液体硅橡胶（LSR）等品种，在高温和室温硅橡胶中的添加比例一般在 5%～40%左右，当然为了降低成本，高温硅橡胶体系还会添加部分沉淀白炭黑，室温硅橡胶还会添加碳酸钙、膨润土等价格低廉的填料。对于室温硫化硅橡胶来说，气相二氧化硅不但可以提高其拉伸强度，更在一定程度上作为增稠剂和触变剂控制室温硅橡胶的使用性能。气相二氧化硅还可以用于填充硅树脂，特别是那些用于电子领域和硅橡胶混炼中的硅树脂。

2. 油墨涂料

气相二氧化硅主要作为流变助剂、防沉剂、助分散剂应用于油漆、油墨及涂料领域。在高性能无内部损耗的涂料中，如海洋涂料、工业修补高档漆等方面，气相二氧化硅可用作消光剂和触变剂。在环保的高固含量油漆中，气相二氧化硅还可作为触变剂和分散剂。在工业（印刷）油墨中，气相二氧化硅可以控制产品的流动性能。在复印或激光打印方面，气相二氧化硅可作为分散剂来控制调节墨粉的流动性能。

中国的涂料市场需求量有很大的提升空间，而这些空间则需要涂料企业去不断的开发，不断地拓展。将来中国涂料行业的发展重点是在环保的压力下实现转型和布局西南、西北及东北地区。未来 3～5 年，中国涂料产品总量将保持 5%～8%的增长速度。

3. 不饱和聚酯树脂

在不饱和聚酯树脂中添加气相二氧化硅，可提高材料的强度、韧性、耐磨性、阻燃性和耐老化性，改善制品的外观和材料的加工性能。大部分用在不饱和聚酯树脂中的白炭黑都是气相二氧化硅，有时也会用沉淀法白炭黑。不饱和聚酯树脂主要用于船艇和浴室的浴缸和淋浴设备。含有 3%～5%气相二氧化硅的不饱和聚酯树脂，其耐磨性提高 1～2 倍，拉伸强度提高 1 倍，冲击强度也大大提高。

不饱和聚酯树脂（UPR）是中国三大类热固性树脂（环氧、酚醛）之中发展最快、应用最广，产量最大的品种之一。2008 年全球金融危机爆发，国内传统企业在受挫的情况下，UPR 却实现了持续增长。2008～2013 年以来，UPR 行业产区扩大，产能扩张。据 UPR 行业协会对中国 160 多家生产企业的初步统计，2013 年全国总产量达到 178 万吨，同比增加 4.7%。

4. 胶黏剂、黏合剂

此项应用包括除有机硅粘合剂以外的其他非硅类黏合剂品种，主要是环氧树脂胶黏剂、聚氨酯胶粘剂、聚醋酸乙烯胶粘剂等。在胶粘剂和密封剂中，气相二氧化硅主要作为补强剂和添加剂，起到流变控制、防沉降、防止流挂和补强作用。

近年来，中国胶粘剂行业持续快速发展，产量从 2002 年的 170.5 万吨增长到 2012 年的 500 万吨。专家表示，预计未来几年内，中国胶粘剂和密封剂的市场需求量，仍将以年均超过 10%的速度增长，其中热熔胶、反应型胶粘剂的年增长率将超过 12%。多数通用型产品供大于求的局面没有改变，而部分高性能、高品质胶粘剂与密封剂及胶粘制品需求量增加，如用于电子电器、精密仪器仪表、汽车、航天航空等行业的产品。

5. CMP

化学机械抛光（Chemical Mechanical Polishing，CMP）是半导体器件制造工艺中的一种技术，用来对正在加工中的硅片或其它衬底材料进行平坦化处理。化学机械抛光液作为半导体工艺中的辅助材料。因此，抛光液主要应用于半导体行业抛光片和分立器件、集成电路行业和电子信息产业。近几年来，中国电子信息产品以举世瞩目的速度发展。据工信部发布数据显示，2013 年，中国电子信息产业销售收入总规模达到 12.4 万亿元，同比增长 12.7%；其中，规模以上电子信息制造业实现主营业务收入 9.3 万亿元，同比增长 10.4%；软件和信息技术服务业实现软件业务收入 3.1 万亿元（快报数据），同比增长 24.6%。

从国内看，电子信息产业发展前景看好：一是政策趋向总体有利于产业增长，国家大力推进新一代信息技术为产业发展创造良好的外部环境；二是国内电子信息产品市场继续保持稳定发展，3G 商用、数字城市建设及交通、电力网络改造升级等，为国内产业发展带来新的空间；三是投资增长为产业带来新的后劲。各地把发展电子信息等战略性新兴产业作为转变发展方式的重要方向，进一步拉动产业投资增长。

6. 其他领域

除以上应用外，气相二氧化硅还在医药、农药、食品、化妆品等领域有较广泛的应用，2000～2013 年中国气相二氧化硅年度消费量及增长率见表 2-71。

表 2-71　2000～2013 年中国气相二氧化硅年度消费量及增长率

年度	表观消费量/万吨	增长率/%	年度	表观消费量/万吨	增长率/%
2000	0.27	27.0	2007	2.00	25.0
2001	0.34	25.9	2008	2.13	6.5
2002	0.43	26.5	2009	2.88	35.2
2003	0.69	60.5	2010	3.74	29.9
2004	0.89	29.0	2011	4.04	8.0
2005	1.12	25.8	2012	4.27	5.7
2006	1.60	42.9	2013	4.90	14.8

【原料与成本】

1. 四氯化硅

四氯化硅的价格走势与多晶硅息息相关。2009～2010 年，多晶硅价格高企，相应的开车企业较多，四氯化硅价格低廉甚至倒贴。2011 年开始，多晶硅价格下滑，尤其是 2011 年下半年开始，多晶硅价格跌至成本线，停车企业迅速增加，副产的四氯化硅屈指可数，再加上近两年冷氢化技术的进步，无疑为四氯化硅的供应雪上加霜，2012 年价格升至 3000 元/吨（出厂含税价，下同）。2013 年中旬，国内多晶硅价格逐渐上涨，开工企业陆续增加，四氯化硅的供应终于得到缓解，价格也随之急剧下滑。截至 2013 年，国内四氯化硅价格已降至 1800 元/吨。2014 年，此种下滑情况仍在继续。随着多晶硅形势的好转，预计 2014 年，四氯化硅的价格将下滑至 1000～2000 元/吨之间。

2. 一甲基三氯硅烷

一甲基三氯硅烷来源于有机硅单体生产的副产物，虽然有机硅单体的开工率相对较为稳定，但一甲的价格也出现了十分明显的涨跌。主要是因为四氯化硅的紧缺，导致气相二氧化硅厂家对一甲的需求增多，再加上目前使用一甲为原料的厂家增多，一甲的供应也较为紧俏。此种现象在 2012～2013 年上半年十分明显，2013 年 7 月，国内一甲的价格涨至 2800 元/吨。2013 年下半年，随着四氯化硅供应的增加，一甲价格也出现相应下滑，截至 2013 年年底，一甲价格降至 2100 元/吨。

对于气相二氧化硅的生产来说，一甲基氯硅烷并不是最优的原料，但是价格仍略高于四氯化硅，主要是因为一甲基三氯硅烷除用于生产气相二氧化硅外，还用于交联剂、硅树脂和防水剂等精细化工产品的生产。

3. 烧碱

烧碱价格变化主要受供求关系影响。由于液碱产品运输半径不大，所以其价格表现出很强的区域性。一般来讲，同一地区同一品种液碱（实物）最高价与最低价相差约 50～100 元/吨。另外，同一地区，32%离子膜液碱比 30%隔膜液碱（实物）价格高出 20～80 元/吨。以 32%离子膜烧碱价格为例，2013 年烧碱价格非常平缓，基本维持在 650～750 元/吨，同比 2012 年下滑 50 元/吨。

未来气相白炭黑价格走势与原料供应、产品供求以及国家政策密不可分。

从需求看，目前气相二氧化硅的主要应用在有机硅领域，有机硅应用于生活中的方方面面，未来的增长速度预计将高于 GDP 增速。此外，其他应用领域如涂料、油墨、不饱和聚酯树脂虽然在 2013 年呈现增速下降趋势，但仍然是正增长。其他如锂离子电池、CMP、食品、农药新兴领域将保持着较高的增长速度，需求量有望大幅提高。预计 2014～2018 年中国对气相二氧化硅的需求将保持 10.5%的年均增长率。

从供应看，卡博特、瓦克等企业依靠单体副产的一甲基三氯硅烷运营，目前处于原料供不应求阶段，因此短期内预计扩产可能性不大，OCI 新建项目于 2014 年 1 月底投入生产，将提高国内整体产量。另外，2014～2015 年，部分单体新建项目将投入生产，为白炭黑的增产做好准备。预计未来两年，气相二氧化硅的产量将保持 6.7%的增长速度，略低于需求增长率。

从原料看，原料供应与多晶硅和有机硅生产形势息息相关。2013 年以来，国家下发了多项对光伏行业有利的政策，多晶硅行业将逐渐走出雾霾，四氯化硅的供应将得到实质性的缓解。有机硅行业竞争加剧，但整体产量将稳步增长，随着单体厂家新上白炭黑装置的增多，市场库存的一甲仍然不是特别宽裕。

综合以上分析，我们预测 2014 年中国气相二氧化硅（以 150 为参考）价格仍将有小幅下滑或将出现在 16000～18000 元/吨主流价格区间。2015 年产品价格估计将趋于稳定，预计 2018 年气相二氧化硅价格将以 15000～18000 元/吨为主流，高比表和疏水型产品利润空间下降。

2.10 沉淀法白炭黑

白炭黑是一种人工化学合成白色无定形二氧化硅总称，主要是指沉淀二氧化硅、气相二氧化硅。沉淀白炭黑作为一种重要的橡胶工业补强填料，广泛用做橡胶及橡塑制品的补强剂，硅橡胶制品的补强剂，化妆品的抗紫外剂，牙膏的增稠剂和摩擦剂，涂料和不饱和树脂增稠剂等。

2013 年是贯彻落实党的十八大精神的开局之年，面对世界经济复苏乏力、国内经济下行压力加大等错综复杂形势，中央适时地提出了稳增长、调结构、促改革、防风险的战略部署，国家着手解决产能过剩问题，具体到白炭黑行业产能增长势头得到初步遏制，产品出口形势良好，但由于前几年产能快速增长，白炭黑企业整体上产能过剩，企业竞争加剧。

【基本情况】

据统计 2013 年国内直接从事沉淀法白炭黑生产厂家共有 62 家（较上一年度减少两家），总生产能力为 201 万吨/年，实际产量 107 万吨，其中规模在 5 万吨/年以上的厂家共有 15 家，这 15 家生产能力见表 2-72。

表 2-72　2013 年全国沉淀法白炭黑生产能力在 5 万吨/年以上的厂家

序号	企业名称	生产能力/(万吨/年)	备注
1	株洲兴隆化工实业公司	12	民营企业
2	无锡确成硅化学有限公司	12	民营企业
3	福建正盛无机材料股份有限公司(含正昌、正盛、赛吉元安徽)	12	民营企业
4	罗地亚白炭黑(青岛)有限公司	10	外资企业
5	三明市丰润化工有限公司	9.5	民营企业
6	福建三明正元化工有限公司(三明巨丰化工)	9.5	民营企业
7	赢创嘉联白炭黑(南平)有限公司	8	外资企业
8	青州联科白炭黑有限公司(青州联科卡尔迪克白炭黑有限公司)	8	外资企业
9	福建海能新材料有限公司	8	民营企业
10	沙县金沙白炭黑有限公司	6.5	民营企业
11	通化双龙化工有限公司(含江西万载双龙)	6.5	民营企业
12	山东金能煤炭气化有限公司	6	民营企业
13	无锡恒诚硅业有限公司	5	民营企业
14	三明同晟化工有限公司	5	民营企业
15	嘉翔(福建)硅业有限公司	5	民营企业
合计		123	

从企业的经济性质看，2013 年民营企业生产能力占 77.42%、产量占 73.08%；国有企业产能和产量分别占 4.88%和 3.27%；外资（独资或合资）企业产能和产量分别占 17.76%和 23.64%，近年来，外资企业在中国合资或扩建、新建企业都在增加，说明外资企业看重中国白炭黑消费市场巨大潜力（表 2-73 和表 2-74）。

表 2-73　2013 年全国沉淀法白炭黑生产能力和产量（按企业规模）

企业规模/(万吨/年)	企业数/家	占比例/%	合计生产能力/(万吨/年)	占比例/%	合计产量/万吨	占比例/%
≥5	15	24.19	123	61.19	67.9	63.46
2～5	19	30.65	51.4	25.57	27.7	25.89
1～2	20	32.26	23.2	11.54	9.2	8.60
<1.0	8	12.90	3.4	1.69	2.2	2.06
合计	62	100.00	201	100	107	100.00

表 2-74　2013 年全国沉淀法白炭黑生产能力和产量（按企业性质）

企业性质	企业数/家	占比例/%	生产能力/(万吨/年)	占比例/%	产量/万吨	占比例/%
民营	48	77.42	155.5	77.36	78.2	73.08
国有	7	11.29	9.8	4.88	3.5	3.27
外资	7	11.29	35.7	17.76	25.3	23.64
合计	62	100.00	201	100.00	107	100.00

从企业的地区分布看，我国的沉淀法白炭黑90.90%分布在华东和中南地区，并集中在福建、山东、江苏、湖南4省，主要因为华东和中南地区是我国轮胎工业和制鞋工业集中地区，见表2-75。

表2-75　2013年全国沉淀法白炭黑生产能力和产量（按地区）

企业所在地区	企业数/家	占比例/%	生产能力/(万吨/年)	占比例/%	产量/万吨	占比例/%
华东	44	68.75	165.1	82.14	90.9	84.95
中南	7	10.94	17.8	8.86	8.8	8.22
华北	5	7.81	6.6	3.28	2.8	2.62
西南	5	7.81	5	2.49	1.6	1.50
东北	1	1.56	6.5	3.23	2.9	2.71
合计	62	96.87	201	100.00	107	100.00

【进出口贸易】

2013年全年二氧化硅出口量40.22万吨，进口量7.357万吨。表2-76为2013年1～12月二氧化硅（税号28112200下）进出口情况表。

国内二氧化硅进口数量7.36万吨，与2012年（7.37万吨）基本持平。

表2-76　2013年二氧化硅进出口情况表

月份	进口总数量/kg	出口总数量/kg	进口总金额/美元	出口总金额/美元
1	5925692	32379886	14182225	32652464
2	3558061	25664034	9216583	26454502
3	6432995	35239369	16144499	34163057
4	6654469	35602024	16155453	32753638
5	6694779	37209971	17418460	35292369
6	6394227	31282492	15995785	30297521
7	6339933	32006114	16320156	30359314
8	6870423	33202543	17231332	33427802
9	6337898	33116443	15466652	33300249
10	6388625	34614803	16104441	33690042
11	5731140	34334470	14954511	33718528
12	6245958	37530802	15002243	37245944
合计	73574200	402182951	184192340	393355430

【消费情况】

沉淀法白炭黑作为橡胶补强材料，主要用于鞋类、轮胎和其它浅色橡胶制品。国外沉淀法白炭黑生产主要集中在赢创德固赛、苏威（罗地亚）、邱博工程材料、PPG工业公司等跨国公司旗下。这些公司的生产能力约占世界总产量的70%（表2-77）。

表2-77　国外主要沉淀法白炭黑供应商生产能力

序号	企业名称	工厂数量/家	生产能力/(万吨/年)
1	赢创德固赛	9	47
2	苏威(罗地亚)	8	43
3	邱博工程材料	8	24
4	PPG工业公司	4	21
5	立安东①(OSC)	5	17
合计		152	

① 立安东为台资企业，先后收购了日本德山槽达株式会社、PPG中国南昌和连云港三家工厂。

国外沉淀法白炭黑主要用于橡胶工业，在鞋类制品中消费量约占 30%，轮胎工业中约占 38%，其它橡胶制品中占 5%，饲料业中约占 6%，油漆涂料中占 3%，牙膏工业中约占 5%，电池隔板中占 2%，其它用途占 11%（表 2-78）。

表 2-78　沉淀法白炭黑国外消费比例

行业	鞋类	轮胎	其它橡胶制品	饲料	油漆涂料	牙膏	电池隔板	其它	合计
消费比例	30%	38%	5%	6%	3%	5%	2%	11%	100%

同国外相比，中国是世界上最大的鞋业生产国和最大的鞋业消费国。白炭黑在鞋类制品中消费量远超轮胎行业，但是近年来制鞋用白炭黑消费比例呈现下降趋势，主要有以下几方面原因。

（1）东南亚等国鞋类行业迅猛崛起，挤占我国鞋类产品市场份额。近年来，受国内原材料、工资等生产成本的大幅上涨，国内以中低端为主的鞋类制造业价格竞争优势逐渐丧失。同时，同处于亚洲的越南、印度和老挝等国由于劳动力资源丰富且成本低廉，成为国际鞋业巨头新的产业选择地。

（2）国际绿色壁垒盛行，加大我国鞋类出口难度。近年来，国际绿色壁垒频频出台，不利于中国鞋类出口。如欧盟实施的部分化学物质检测已成为欧盟抵制中国鞋类产品的有力武器。近日，欧盟又有两项绿色化学品限令获得升级，一项是修订附件 17 第 50 条，限制消费品中 8 种多环芳烃（PAHS）的含量，PAHS 限令规定如产品的橡胶或塑料部件含有 REACH 指明的 8 种多环芳香烃，其含量超过 1 毫克/千克，即部件重量的 0.0001%，将被欧盟彻底封杀。多环芳烃限制令涉及玩具、服装、鞋履、手套、运动服、运动设备等。贸易壁垒的增多将进一步制约我国鞋类出口的增长空间。

（3）人民币升值速度加快，导致鞋企利润不断下滑。由于原材料、劳动力成本不断上升，特别是汇率优势不断丧失，我国鞋类企业利润不断被压缩。2013 年以来，受全球主要经济体纷纷采取量化宽松政策影响，人民币升值步伐不断加快。截至 2013 年 6 月末，人民币兑美元汇率中间价累计升值 1.73%，人民币对日元的汇率升值超过 13%。目前，制鞋等低端加工型出口企业的利润率在 3%～5%，而仅人民币升值因素就侵蚀掉企业 1/3 的利润。

与此相反的是，轮胎用白炭黑则呈现上升趋势。中国是世界上最大的轮胎出口国和消费国，得益于汽车产业的飞速发展，我国轮胎行业在市场需求的刺激下迎来了高速增长时期。尤其以子午线轮胎外胎为代表的稳定性强、可靠性高的轮胎外胎，近年来更是取得了长足的进步。2013 年，我国轮胎产量出现两位数增长。根据国家统计局数据，我国橡胶轮胎外胎全年产量为 9.65 亿条，同比增长 7.18%；其中，子午线轮胎外胎产量为 5.84 亿条，同比增长 17.21%。尤其是随着人们对绿色环保低碳出行的理念不断的提升，绿色环保轮胎让大部分消费者认可，因此，国内越远越多的生产厂商逐步加大白炭黑在轮胎中用量以满足消费者的需求。其次，随着美国、日本、韩国、欧盟等国家实施轮胎标签法，我国为了与国际接轨也将出台绿色轮胎产业化方案和绿色轮胎自律标准，将推动我国“标签法”。这样更促进我国轮胎企业加大白炭黑用量。

沉淀法白炭黑在硅橡胶、碾米胶辊、胶带和电缆等橡胶制品中也得到广泛应用，其消费比例约占 12%。

沉淀法白炭黑在农药、饲料等行业中用做载体或流动剂、在牙膏中用做摩擦剂和增稠剂，在涂料行业用做分散剂、抗沉降剂或消光剂，医药、食品等行业用作吸附剂等。在非橡胶行业中，农药、饲料行业消费比例接近于国外比例，涂料和牙膏行业消费比例则偏低，造纸行业国内基本是空白。具体消费情况见表 2-79。

表 2-79 沉淀法白炭黑国内消费比例

行业	鞋类	轮胎	其它橡胶制品	农药饲料	涂料	牙膏	其它	合计
消费比例	36%	22%	12%	10%	4%	4%	12%	100%

【改扩建情况】

国内沉淀法白炭黑扩建和新建装置主要针对轮胎行业的需求，2013 年度全国沉淀法白炭黑在建项目的生产能力共有 26.5 万吨，大多数在 2014 年建成投产（表 2-80）。

表 2-80 2013 年度全国沉淀法白炭黑在建项目及进展

企业名称	新建或扩建	规模/(万吨/年)	计划投产	说明
福建连城诚裕化工有限公司	扩建	2	2013 年	已投产
赢创嘉联白炭黑(南平)有限公司	扩建	2	2014 年	
无锡确成硅安徽工厂	扩建	7	2014 年	
自贡中皓化工有限公司	扩建	2	2013 年	已投产
福建成隆化工有限公司	新建	3	2014 年	
三明盛达化工有限公司	扩建	2	2013 年	已投产
黑龙江省万源粮油食品有限公司	新建	0.5	2013 年	
福建省三明市津诚化工有限公司	新建	3	2014 年	
贵州瓮福蓝天氟化工股份有限公司	新建	1	2014 年	
江西黑猫炭黑股份有限公司	扩建	4	2014 年	建设中
合计		26.5		

【品种和质量】

国内沉淀法白炭黑主要品种有：制鞋用沉淀法白炭黑、普通轮胎用沉淀法白炭黑、子午胎用沉淀法白炭黑、室温硅橡胶用沉淀法白炭黑、高温硅橡胶用沉淀法白炭黑、牙膏摩擦剂和增稠剂用沉淀法白炭黑、喷墨打印纸用沉淀法白炭黑、医药载体用沉淀法白炭黑、开口剂用沉淀法白炭黑、涂料用沉淀法白炭黑、农药和灭火剂用沉淀法白炭黑等。剂型有超微细、超细、粉状和块状等。从产品分散性看：有通用沉淀法白炭黑、易分散沉淀法白炭黑和高分散沉淀法白炭黑。

产品质量方面：国内高分散沉淀法白炭黑取得长足进步，无锡确成硅化学股份有限公司，无锡恒城硅化学股份有限公司，河北龙星化工有限公司，通化双龙化工股份有限公司等国内企业已具备较大的生产能力。按照新的化工行业标准 HG/T 3061—2009 考核，沉淀法白炭黑产品的 2013 年产品合格率大于 95%，产品质量明显提高。

【科技进步】

2013 年国内各种刊物发表沉淀法白炭黑制备、应用及改性论文 60 余篇，主要集中在三个方面：①利用尾矿及含氟硅渣制备白炭黑研究。如："石煤尾矿制备白炭黑的研究"；"石棉尾矿盐浸渣制备超细白炭黑的工艺条件研究"；"铁尾矿提纯纳米白炭黑的研究"；"利用废弃物含氟硅渣制白炭黑实验研究"。②白炭黑化学改性研究。如："表面改性技术在白炭黑工业中的应用"；"硅烷偶联剂对白炭黑胶料性能的影响"；"偶联剂种类对白炭黑填充丁苯橡胶的影响"等。③白炭黑在橡胶及轮胎制品中的应用。如："炭黑/白炭黑并用对溶聚丁苯橡胶性能的影响"；"白炭黑对苯基橡胶动态力学性能的影响"；"白炭黑填充氢化丁腈胶的性能研究"；"增大白炭黑在工程机械轮胎胎面胶中用量的研究"等。

2013 年国内申请沉淀法白炭黑制备和应用发明专利和实用新型专利共 60 余项，主要有：①沉淀法白炭黑制备工艺和设备等方面发明专利和实用新型专利；②利用含二氧化硅废渣通过资源综合利用制备沉淀法白炭黑技术；③高分散白炭黑制备技术；④沉淀法白炭黑在橡胶制品中的应用技术。

比较实用的专利有：大唐国际发电股份有限公司高铝煤炭资源开发利用研发中心申请的“一种利用煤矸石制备拟薄水铝石联产白炭黑的方法”（申请号：201310006059.7）；瓮福（集团）有限责任公司申请的“一种回收湿法磷酸尾气中硅生产白炭黑的方法”（申请号：201310009737.5）；龙星化工股份有限公司申请的“一种绿色轮胎用的高分散性白炭黑的制作工艺”（申请号：201310338069.0）；安徽确成硅化学有限公司申请的“一种高分散性白炭黑的制备方法”（申请号：CN201310366331.2）；无锡恒诚硅业有限公司申请的“一种提高硫酸沉淀法制备的白炭黑吸油值 DBP 的方法”（申请号：CN201310393673.3）；福建远翔化工有限公司申请的“一种高抗黄变白炭黑的生产方法．”（申请号：CN201310220426.3）；合肥工业大学申请的“一种疏水白炭黑的制备方法”（申请号：CN201310306588.9）；沈阳化工大学申请的“一种用硅酸钠制备高分散纳米白炭黑的方法”（申请号：CN201310396576.X）；福建省三明同晟化工有限公司申请的“一种高透明度高分散性白炭黑的制备方法”（申请号 CN201310281482.8）；金能科技股份有限公司申请的“白炭黑生产废水处理工艺”（申请号：CN201310044994.2）等。

为了适应橡胶行业绿色环保要求，微珠和造块白炭黑得到较快发展，压力喷雾结合流化床两级串联干燥装置为众多新建和扩建厂家所采用，整体行业发展呈现规模大型化、产品功能化、控制自动化、装置节能化趋势。

【发展趋势】

大量研究证明：在轮胎配方中用沉淀法白炭黑取代炭黑能显著降低轮胎的滚动阻力，降低油耗，减小二氧化碳排放量，提高湿路面牵引力及转弯性能，从而提高行驶安全性。自 20 世纪 90 年代，米其林公司使用罗地亚公司的专利产品——高分散性白炭黑，推出了高性能的“绿色轮胎”后，“绿色轮胎”以其舒适安全、环保节能的特点，逐渐被大众接受。最近几年，使用高分散性白炭黑的“绿色轮胎”保持着 10%～20%的年增长率，而且越来越多的原配胎指标中开始指定添加白炭黑。目前欧洲超过 85%的原装轮胎采用白炭黑补强的高性能绿色轮胎，甚至超过一半的替换轮胎也使用了白炭黑。在美国主要是皮卡车和 SUV 使用绿色轮胎，但已经有越来越多的轮胎将白炭黑作为轮胎补强剂，并通过技术创新不断提高白炭黑用量，给白炭黑产业带来巨大的发展机遇。

美国 NOTCH 公司预测 2010～2015 年世界白炭黑需求量年均递增 4.2%，其中中国为 5.0%；美国弗里多尼亚集团公司（Freedonia Group）预测的 2010-2014 年世界特种二氧化硅需求量年均递增 6.3%，其中中国为 9.0%。对比以上两种预测，根据我国沉淀法白炭黑应用相关产业发展趋势，未来五年我国沉淀法白炭黑的年均需求增长速度约为 10%，其需求增长主要来源于轮胎工业、制鞋工业、硅橡胶工业、牙膏和保健品、涂料工业、保温材料等领域的需求增长。

(1) 轮胎用高分散沉淀法白炭黑　中国是世界上最大的轮胎出口国和消费国，2013 年，轮胎产量出现两位数增长。欧盟、韩国、日本、美国、巴西已经相继实行绿色轮胎标签法，而随着形势发展，中国由普通子午线轮胎升级为绿色轮胎将大势所趋。据了解，国内子午线轮胎的绿色化进程将基本遵循先半钢胎、后全钢胎；先原配胎，后替换胎；先自愿、后强制的原则。根据规划来看，国内绿色轮胎产业化在 2017 年前仍处于自愿阶段，而 2017 年开始将转入强制执行期。预计 2015 年我国半钢、全钢绿色化率将分别达到 30%、12%，2020 年我国半钢、全钢绿色化率将分别达到 80%、50%，基本达到世界水平。

目前我国高分散白炭黑应用在绿色轮胎还处于起步阶段，在绿色轮胎的大趋势下，制备绿色轮胎所用的高分散白炭黑市场潜力巨大，预计 2015 年、2020 年国内轮胎产业对白炭黑需求量分别为 40 万吨、100 万吨，其中高分散白炭黑分别在 20 万吨、50 万吨；而 2012 年国内轮胎产业对白炭黑需求量只有 18 万吨，其中，高分散白炭黑的需求量只有不到 4 万吨，市场发展潜力巨大。由于看好绿色轮胎市场对白炭黑的巨大需求，法国罗地亚过去三年扩张了 40%的产能，德国赢创工业集团也将在 2015 年之前扩能 30%。

（2）硅橡胶用沉淀法白炭黑　硅橡胶是有机硅产品中产量最大、应用最为广泛的一大类产品。硅橡胶硫化后具有优异的耐高低温、耐候性、憎水、电气绝缘性、生理惰性等特点，在国防军工、医疗卫生、工农业生产及人们的日常生活中获得了广泛应用。

据美国知名咨询公司 MSM 一份最新报告显示，全球有机硅市场（包括弹性体、液体、树脂）到 2017 年市值将达 194 亿美元。2012～2017 全球有机硅市场年增长率为 6.8%。全球有机硅市场正在被不断增长的终端用户市场及快速发展的新兴经济体国家（如中国、印度和巴西）所驱动发展。根据有机硅“十二五”规划，我国硅橡胶消费量年均增长率预计将保持在 18%左右，作为硅橡胶制品的补强剂，沉淀法白炭黑的用量需求年均增长率预计也将保持在 18%左右。

中国硅橡胶产业近年来发展十分迅猛，有分析人士预计，到 2015 年，中国硅橡胶将占国内橡胶消费总量的 10%～15%，即硅橡胶消费量有望达到 100 万～150 万吨。到 2020 年，硅橡胶占橡胶消费总量的比例有望达到 20%～33%，即 300 万～500 万吨。作为硅橡胶制品的补强剂，高分散沉淀白炭黑的需求量预计也将保持高速增长态势。

（3）涂料用特种沉淀法白炭黑　在近几年的发展过程中，我国逐渐成为全球涂料生产和消费大国，2011 年我国涂料产量首次突破千万吨大关，2012 年则达到了 1271 万吨，较 2011 年增长 11.75%，2013 年，我国涂料产量持续了 2012 年的涨势，2013 年中国涂料工业总产量达 1303.349 万吨，同比增长 3.58%。随着人们生活水平的提高，人们开始倡导“绿色”、“低碳”的生活方式。水性环保涂料将会成为涂料行业的发展趋势。在水性环保涂料中采用沉淀法白炭黑作为消光剂和增稠剂。可以预计涂料用特种沉淀法白炭黑预计也将保持较高增长速率。

2.11　单硅烷

单硅烷是一种无色气体，别名四氢化硅、甲硅烷，该气体与空气接触可发生自燃并释放很浓的白色无定型的二氧化硅烟雾。单硅烷按纯度可分为工业级和电子级，电子级主要应用于集成电路、平面电视、太阳能电池等行业；工业级的主要用途是作为氯单硅烷类及烷基氯单硅烷类的骨架结构、成为多晶硅、氧化硅、氮化硅等的原料。

高纯单硅烷的工艺流程分为合成和提纯两个步骤。目前工业上应用的高纯单硅烷合成方法共三种：硅化镁合金法、四氟化硅还原法和氯单硅烷歧化法。四氟化硅还原法是无氯工艺，但是该技术是美国 MEMC 专有。从成本和国内多晶硅发展趋势来看，氯单硅烷歧化法是中国最有发展前途的技术路线。

氯单硅烷歧化法是美国联合碳化物公司开发的，专利于 1980 年提出。该法用四氯化硅、氢气、氯化氢和工业硅原料在流化床内高温高压下生产三氯氢硅，进一步歧化加氢反应生成二氯二氢硅，继而生成单硅烷气体和分解成多晶硅。

由于单硅烷与空气容易发生自燃且在浓度高时易发生爆炸，因此整个反应系统与氧隔绝。生产制备的单硅烷一般含有乙硼烷、氢及微量磷化氢、硫化氢、砷化氢、锑化氢及甲烷等杂质，纯化中常用的方法有低温液化法、精馏法、吸附法、预热分解法等。

【基本情况】

2013 年，中国单硅烷生产企业 11 家，生产产能约 6900 吨/年（表 2-81），其中包括近两年处于关停状态的六九硅业 3500 吨/年的产能。

2013 年硅烷行业整体开工情况很差，多数企业处于间歇式开工状态，平均开工率在 13.8%，单硅烷产量约 950t；下游液晶面板、薄膜太阳能电池、半导体及多晶硅等领域对单硅烷的消费量约 1590t。

表 2-81　2013 年中国主要生产单硅烷企业产能统计

企　业	产能/(吨/年)	企　业	产能/(吨/年)
保定天威英利新能源有限公司(六九硅业有限公司)	3500	南京亚格泰新能源材料有限公司	100
		南京华特硅材料有限公司	30
浙江中宁硅业有限公司	1500	浙江赛林硅业有限公司	30
天津泰亨集团	300	金华市美晶电子科技有限公司	30
浙江中福硅能有限公司	300	滁州市硅谷特种气体有限公司	20
内蒙古神舟硅业	200	浙江大学	10

【改扩建情况】

许昌首山天瑞科技有限公司 2013 年进行 600 吨/年硅烷中试项目，接近完成。赤峰盛森硅业 1000 吨/年硅烷项目已完成土建工作，计划 2014 年 10 月份投产。滁州市硅谷特种气体有限公司目前产能 20 吨/年，二期 100 吨/年单硅烷项目搁浅。REC 硅材料公司（REC Silicon）宣称已与陕西有色金属控股集团天宏新能源有限公司（简称“陕西有色”）签署战略协议，成立新业务，联合在陕西省榆林市建立并运营一家多晶硅制造合营企业。单硅烷产能 19000 吨/年，主要用于多晶硅生产，外销产能 500 吨/年。

江苏中能硅业发展有限公司 2013 年开发成功硅烷硫化床法生产多晶硅工艺，目前已经开始对现有西门子法工艺进行改造，但该公司的单硅烷将主要用于其多晶硅生产，目标不是外销。

【进出口贸易】

中国 LCD 行业发展迅速，而国产单硅烷产品品质无法满足 LCD 行业需求，因此中国进口单硅烷总体呈上涨趋势。2009～2013 年中国单硅烷供需情况参见表 2-82。

表 2-82　2009～2013 年中国单硅烷供需概况

年份	2009	2010	2011	2012	2013
产能/(吨/年)	420	5200	5520	6000	6900
产量/t	35	600	420	790	950
出口/t	0	0	0	0	0
进口/t	355	450	580	600	640
消费量/t	390	1050	1000	1390	1590
产能增长率/%	90.9	1138.1	6.2	8.7	15
产量增长率/%	73.3	1614.3	−30	88.1	10.3
开工率/%	8.3	11.5	7.6	13.2	13.8

2013 年，中国进口单硅烷约 640 吨。产品主要来自 REC、OCI、Denal 等大厂商。

近几年，单硅烷由供不应求到供大于求，价格也随着发生了巨大变化。进口价格从 2008 年最高 100 美元/千克下降到 2013 年的 45 美元/千克。

【消费情况】

中国单硅烷消费领域主要集中在液晶面板、薄膜太阳能电池及半导体行业三个方面。

（1）液晶面板领域　据工信部发布信息，2013液晶显示板326577万个，较上一年增长3.1%，产量为2088万平方米、同比增长27%。液晶面板市场增长动力主要来自液晶电视、平板电脑和智能手机市场。其中液晶电视机产量12290万台，较上一年增长4.5%；2013年中国电脑产量在31094万台，同比增长20.9%；中国手机在2013年产量为14.6亿部、较上一年增长23.2%，其中智能手机产量为8.7亿部，增速高达74%。

（2）薄膜太阳能电池领域　与单硅烷相关的太阳能电池可分为堆积型和非晶体硅薄膜型两种。根据国家统计局统计数据，2013年全国太阳能电池产量25GW，同比增长19%，居全球最大太阳能电池市场地位。其中2013年中国薄膜太阳能电池产量达到了554MW，同比增长19.91%。

（3）半导体行业　硅材料是半导体工业最重要的主体功能材料，全球硅材料的使用仍占半导体材料总量的95%以上。据中国半导体工业协会（CSIA）的数据显示，2013年中国半导体销售额2408亿元，同比增长11.6%；根据国家统计局统计，2013年中国半导体产量866.5亿块，同比增长11.2%。

（4）多晶硅领域　截至2013年年底，中国有2家多晶硅企业使用单硅烷法，包括浙江中宁硅业有限公司和六九硅业有限公司。江苏中能硅业发展有限公司一直在开发硅烷流化床法生产多晶硅工艺，2013年已经完成中试装置，正在对现有装置进行改造，预计2014年将投入工业化生产。REC硅材料公司和天宏新能源有限公司计划在陕西省榆林市建设一个硅烷法多晶硅工厂，新工厂粒状多晶硅年产能达18000t，还可年产500t硅烷气体外销。

【科技进步】

目前国产硅烷气纯度一般都高于4N，个别企业能达到6N。2013年国内单硅烷最重要的技术进展是保利协鑫硅烷流化床法多晶硅生产技术开发成功，该公司已经使用该法顺利产出合格的高纯度硅烷气。保利协鑫主要将利用该法降低其多晶硅生产成本。

中试项目完成后，保利协鑫开始将技术产业化，中试单条硅烷气产线的产能从1000吨/年放大十几倍，单个流化床反应炉放大到6000吨/年。从全球范围内来看，还从来没有设计出应用于硅烷流化床的超过1200吨/年的项目。

这一技术的突破和应用，不仅填补了国内硅烷气技术的空白，也为今后国家的电子工业，新能源材料提供了高品质、低成本、大规模原材料供应基地。同时，这一技术的突破，将彻底改变我国多年来依靠进口硅烷气的境况。

【发展方向】

单硅烷属于特种气体中总体用量较小的品种，但同时也是LCD、半导体及太阳能电池行业不可或缺的原材料，具有精细化及专属性等特性，与下游行业兴盛相辅相成。中国生产的单硅烷由于纯度达不到标准，仅可用于部分晶硅电池生产使用，而LCD、薄膜电池和半导体行业的需求则几乎全部靠进口产品满足。

中国液晶面板除了在产能及市场占有率方面逐渐提升外，近年来在新技术领域的研发方面也奋起直追，努力缩短与日韩台厂的差距，整体来看，短期内中国液晶面板仍将保持高产能利用率，从而对单硅烷市场带来稳定的需求支撑，当然光鲜背后仍存危机，综合看来，液晶面板的发展已全面进入成熟期、长远看来需求增长点不足，也将制约对原料单硅烷的消耗；太阳能电池领域非晶硅薄膜电池对单硅烷的消耗量占比较大，中国科学院院士、上海太阳能电池研发中心主任褚君浩对薄膜太阳能电池的发展看好，特别是其具有的柔性、轻质及美观的特点，在建筑屋顶、半透明外墙、遮阳系统等领域需求量将增大。

相对于全球半导体市场的萎靡不振，中国半导体行业在历经连续三年的增长过后，短期市场发展仍较为乐观，我国宏观经济的平稳发展及政府陆续推出的对半导体产业的扶持政策

利好行业发展。

综上所述，后期中国硅烷产品纯度及稳定将逐渐提升，2014 年产能的进一步释放、使得行业开工率整体提高显不易；但在下游三大消费市场的支撑下，硅烷产量仍将呈现增长态势。

2.12　高纯石英玻璃

石英玻璃为单一氧化物二氧化硅构成的玻璃，二氧化硅中 Si—O 键坚固、共价键和离子键大约各占一半，是一种典型的网络形成氧化物。石英玻璃具有优越的物理、化学性能：纯度高、机械强度高、化学稳定性好、光谱透过宽、抗热冲击、耐高温变形、耐射线辐照和电绝缘等。在非晶态材料中只有高硅氧玻璃与石英玻璃的性能接近，其它任何玻璃材料都不具备如此全面、优良的性能。

【全球情况】

石英玻璃是特种工业技术玻璃，在国民经济和国防建设中起着非常重要的作用，特别是对新型电光源、光通信、太阳能、半导体、化工、激光技术、核技术和航空航天等高科技领域的发展至关重要，是国家战略性产业和支柱性产业发展中不可代替的基础性材料。表 2-83 及图 2-66 为全球石英玻璃不同应用领域及市场规模与分布。

表 2-83　全球石英玻璃不同应用领域及市场规模与分布

<table>
<tr><th>应用领域</th><th>石英材料名称</th><th colspan="2">市场容量
/万元</th><th colspan="2">所占比例</th></tr>
<tr><td>电光源</td><td>电光源石英管</td><td>100000</td><td>100000</td><td>4%</td><td>4%</td></tr>
<tr><td rowspan="2">光通信</td><td>光纤石英套管</td><td>300000</td><td rowspan="2">315000</td><td>13%</td><td rowspan="2">14%</td></tr>
<tr><td>把持棒、管等辅助石英玻璃</td><td>15000</td><td>1%</td></tr>
<tr><td rowspan="2">光伏</td><td>石英坩埚，用于生产晶圆</td><td>100000</td><td rowspan="2">150000</td><td>4%</td><td rowspan="2">7%</td></tr>
<tr><td>前端工艺制备石英器件</td><td>50000</td><td>3%</td></tr>
<tr><td rowspan="3">半导体</td><td>石英基础材料（含坩埚）</td><td>400000</td><td rowspan="3">1450000</td><td>18%</td><td rowspan="3">65%</td></tr>
<tr><td>光掩模基板，用于集成电路图像转移</td><td>450000</td><td>20%</td></tr>
<tr><td>前端工序制备石英器件</td><td>600000</td><td>27%</td></tr>
<tr><td rowspan="2">光学</td><td>红外光学石英</td><td>20000</td><td rowspan="2">220000</td><td>1%</td><td rowspan="2">10%</td></tr>
<tr><td>紫外光学石英</td><td>200000</td><td>9%</td></tr>
<tr><td>合计</td><td>—</td><td>2235000</td><td>2235000</td><td>100%</td><td>100%</td></tr>
</table>

【中国生产分布】

我国石英玻璃行业集中度较低，遍布全国各地，但是有一定规模的主要分布在华北（北京、廊坊）、华东（上海、江苏、浙江）、东北（辽宁）、华中（湖北）等地，并以民营企业为主。其中，华北地区石英玻璃的生产主要集中在北京、廊坊等地，代表性企业有：中国建筑材料科学研究总院、北京金格兰石英玻璃有限公司、久智光电材料科技有限公司和北京凯德石英塑料制品有限公司等（表 2-84），中国建筑材料科学研究总院是以科研为主的中央科技型企业，相继发展了电熔法制备石英玻璃、CVD 气相合成石英玻璃、PCVD 合成超纯石英玻璃、气炼熔制石英玻璃、二步法拉制石英棒和石英管等工艺技术与装备，致力于服务我国航天、核技术等军工领域；北京金格兰石英玻璃有限公司是中国建筑材料科学研究总院的

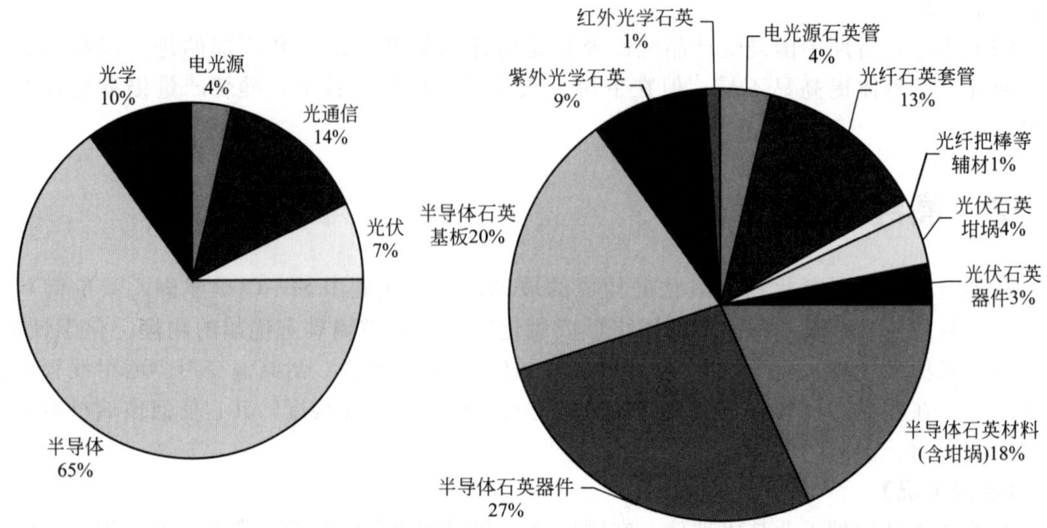

图 2-66　全球石英玻璃不同应用领域市场分布

全资子公司，利用总院的科技资源，开发生产石英玻璃制品，产品涉及各类石英玻璃砣、石英棒、石英管，以及光纤把持棒、光学片、石英仪器等制品；久智光电材料科技有限公司也是少数国有企业之一，主要生产等离子熔制石英玻璃粉砣及各类管材、棒材等，服务于我国光通讯、太阳能、核技术等领域；北京凯德石英塑料制品有限公司主要从事石英玻璃制品的加工，如石英保温筒、各类石英管、石英舟等。

表 2-84　中国主要石英玻璃科研生产单位

地区	企业名称	主要产品	应用领域	备注
华北	中国建筑材料科学研究总院	电熔石英玻璃、CVD气相合成石英玻璃、PCVD合成超纯石英玻璃、气炼熔制石英玻璃等	核技术、航空航天、精密光学、兵器、天文等	科研院所
	北京金格兰石英玻璃有限公司	光纤把持棒、石英管、石英片、石英仪器等	光通信、半导体、太阳能、IC产业等	国有企业，隶属中国建筑材料科学研究总院
	久智光电材料科技有限公司	等离子石英粉砣、石英管、石英棒等	光通信、半导体、太阳能	国有企业
	北京凯德石英塑料制品有限公司	石英保温筒、各类石英管、石英舟等	半导体、太阳能灯	合资企业
华东	上海强华石英有限公司	石英管、气炼石英砣、石英仪器等	太阳能、光通信	民营企业
	杭州大和热磁电子有限公司	石英坩埚、法兰、石英仪器等	半导体、太阳能	外资企业
	中建材衢州金格兰石英有限公司	合成石英砣、气炼石英砣、石英棒、石英管、石英仪器等	光通信、半导体、太阳能、IC产业等	国有企业，隶属中国建筑材料科学研究总院
	江苏太平洋石英股份有限公司	石英砂、各类石英管、石英棒、石英筒、石英砣等	光通信、半导体、电光源等	民营企业
	东海县金孚石英制品公司	石英砂	太阳能、半导体等	民营企业
	江苏华尔石英材料股份有限公司	石英坩埚	太阳能、半导体	民营企业

续表

地区	企业名称	主要产品	应用领域	备注
华中	湖北菲利华石英玻璃股份有限公司	石英纤维、合成石英玻璃、气炼石英玻璃、半导体用石英片及仪器	光通信、航天、半导体、太阳能等	民营企业
东北	圣戈班石英(锦州)有限公司	石英坩埚、光学片、石英棒和管、不透明石英制品等	半导体、太阳能等	外资企业,2014 年已倒闭
	锦州新世纪石英(集团)有限公司	连熔透明及乳白石英玻璃、旋转法乳白石英玻璃、气炼石英砣、红外石英加热灯等	光导纤维、半导体、电光源、科学仪器	民营企业
	沈阳西科石英有限公司	石英制品光导纤维预制棒生产、连接件石英玻璃仪器	光通信、半导体等	民营企业
	锦州市成功石英玻璃厂	石英坩埚、石英片、石英管及棒等	太阳能、半导体等	民营企业

华东地区石英玻璃的生产主要集中在上海、江苏、浙江等地，代表性企业有：上海强华石英有限公司、杭州大和热磁电子有限公司、中建材衢州金格兰石英有限公司、江苏太平洋石英股份有限公司、东海县金孚石英制品公司、江苏华尔石英材料股份有限公司等企业。其中江苏为最大的石英玻璃及原料生产地，这是由于江苏东海的石英矿产资源尤为丰富，占我国石英矿产资源的 1/2。凭借丰富的资源优势，江苏东海已发展成为我国石英原料及石英制品的主要产地，产品涉及石英砂、各类石英管、石英棒、石英筒、石英砣等，如江苏太平洋石英股份有限公司、东海县金孚石英制品公司等。江苏扬州等地则利用周边丰富的石英原料资源，发展石英制品，如半导体及太阳能拉晶用石英坩埚等，代表性企业为江苏华尔石英材料股份有限公司等。上海强华石英有限公司主要以加工石英制品为主，如太阳能、半导体等行业用石英管、石英仪器等。杭州大和热磁电子有限公司由日本磁性流体技术株式会社在华投资的全资子公司，主要生产石英坩埚、法兰、石英仪器等。中建材衢州金格兰石英有限公司是中国建筑材料科学研究总院的全资子公司，2012 年注册成立的新公司，旨在充分利用浙江衢州高新技术园区内的高纯 $SiCl_4$ 及氢氧气等化工副产品资源，降低成本、扩大生产规模，与周边下游企业形成产业集群。

华中地区主要以湖北菲利华石英玻璃股份有限公司为代表，产品有石英纤维、合成石英玻璃、气炼石英玻璃、半导体用石英片及仪器等。

东北地区石英玻璃的生产主要集中在辽宁锦州，代表性企业有圣戈班石英（锦州）有限公司（2014 年已倒闭）、锦州新世纪石英（集团）有限公司、锦州市成功石英玻璃厂、沈阳西科石英有限公司等，涉及产品有：离心法电弧石英坩埚、连熔法生产透明石英玻璃和乳白石英玻璃、旋转法生产乳白石英玻璃、气炼法生产石英砣等多种工艺方法生产石英产品。

【科技创新】

随着我国国家政策对安全生产、环境保护与职业安全制度的控制，以及石英行业的快速发展，目前我国石英行业各企业基本建立了本企业的安全生产、环境保护与职业安全的规章制度，而且越来越受到企业的重视，生产环境与条件不断完善与提高。近年来，我国石英行业未出现重大安全生产、环境保护与职业安全等事故。

我国石英玻璃的生产过程需要消耗大量的电、氢气与氧气等能源。特别是气炼石英玻璃砣、CVD 合成石英玻璃、石英玻璃仪器等产品的生产过程需消耗大量氢气和氧气，随着气炼熔制技术的不断提高，石英玻璃砣熔制速率由最初的 1kg 逐步发展到大于 5kg，提高了生产效率及能源利用效率；CVD合成石英玻璃，通过发展立式工艺技术代替卧式工艺技术，以及沉积工艺技术的突破，沉积速率由最初的100g/h逐步发展到500g/h以上，也大大提高了生产效率及能源利用效率。而且，中国建筑材料科学研究总院已在浙江衢州新建厂房，生产气炼石英玻璃砣、CVD合成石英玻璃及石英玻璃仪器，充分利用当地化工废弃氢气为热源，实现了变废为宝，提高了废弃资源的综合利用。

我国石英玻璃的科技创新主要集中在国企，如中国建筑材料科学研究总院、久智光电材料科技有限公司等，主要涉及大口径光学合成石英玻璃、超纯石英玻璃、掺杂石英玻璃及高纯石英管等产品，为我国核技术、航天、船舶、光通信等领域提供关键配套产品。此外，江苏太平洋石英股份有限公司在高纯石英砂的提纯、大口径石英管的扩管等方面也有较大的创新。

近年来，我国高纯石英玻璃的发展取得了较大突破，在不断提高与完成研发和生产条件的同时，进一步提高了高纯石英产品质量及扩充了产品种类，逐步进入我国高端应用领域，替代部分进口产品。取得的成就具体如下。

① 石英原料纯度取得突破性进展，成功应用于石英坩埚及高纯石英管中

东海县金孚石英制品公司与中国建筑材料科学研究总院合作研发，攻克了高纯石英原料生产的关键技术，生产出光伏级太阳能硅单晶用石英坩埚原料，产品质量稳定，替代了部分石英原料的进口。由南京大学和太平洋石英公司联合研制的高纯石英玻璃管原料已通过验收。使石英玻璃原料纯度得到快速提高，产品中十三种有害杂质元素（Al、B、Ca、Co、Cu、Fe、K、Li、Mg、Mn、Na、Ni、Ti）达到$(20\sim10)\times10^{-6}$，接近国外先进水平。

② 大尺寸电子级石英坩埚取得突破，成功应用于半导体单晶生产中

受光伏市场的波动与冲击，江苏华尔石英材料股份有限公司积极转型，通过技术提升与关键技术突破，及时将主要产品——大尺寸太阳能级石英坩埚转向大尺寸电子级石英坩埚市场，不仅半导体市场更加广阔，而且利润空间更高，提高抗市场风险能力。2013年，江苏华尔已突破了28in电子级石英坩埚的生产技术，产品在国内得到了有效的应用，并大量出口日本等发达国家。目前，正在启动32in电子级石英坩埚的研制，拟进一步进入国外更高端石英坩埚领域，提高市场占有率。

③ 国内高性能石英玻璃一流研发条件的建立

2012年，中国建筑材料科学研究总院衢州高性能石英玻璃基地一期建设完成，并一次点火成功，正式投产运营。衢州基地的落成标志着我国最先进的石英玻璃研制和生产线的正式启动。衢州基地配备有全国最先进自主知识产权的立式自动化合成石英玻璃制砣机和气炼石英玻璃制砣机，形成年产Ⅱ类石英玻璃200吨、Ⅲ类石英玻璃20吨，产值达3000余万元，其既是中国建筑材料科学研究总院各类高性能石英玻璃的研发基地，也是金格兰公司高性能石英玻璃基材的成果转化基地。

④ 大尺寸高性能熔石英玻璃取得重大突破

中国建筑材料科学研究总院攻克了我国大尺寸、高性能熔石英玻璃的关键制备技术，突破了规格尺寸、光学均匀性等关键技术指标，其中400mm口径石英玻璃光学均匀性达到$(3\sim5)\times10^{-6}$，研制技术及产品性能指标达到国内领先且接近国际先进水平，为我国国民经济和国防建设提供关键材料，打破国外先进技术和产品壁垒，填补国内空白。同时，为大尺寸、高性能熔石英玻璃后续科研及批量化发展奠定良好基础。

⑤ 超纯石英玻璃研制取得突破

中国建筑材料科学研究总院是我国超纯石英玻璃研发的唯一单位，2013年通过超纯石英玻璃研制线，大大提高了研发条件与环境，更重要的是突破了直径φ200mm、羟基小于

1ppm（1×10^{-6}）、金属杂质含量小于 1ppm（1×10^{-6}）的超纯石英玻璃的研制，制备水平、材料性能达到了国际一流水平，为我国惯导系统提供了关键石英配套材料。

⑥ 耐辐照石英玻璃成功应用于我国神舟系列飞船、嫦娥工程及天宫工程

中国建筑材料科学研究总院研制成功的耐辐照石英玻璃，应用于我国神舟系列飞船、嫦娥工程及天宫工程，为我国航天事业做出了突出贡献。2013 年，耐辐照石英玻璃再次应用于神舟十号及嫦娥三号任务中。

⑦ 光通信及半导体用石英材料逐步实现国产化，并向国际市场进军

北京金格兰石英玻璃有限公司、中建材衢州金格兰石英有限公司及湖北菲利华石英玻璃股份有限公司等在光通信用石英材料方面已突破关键技术，逐步实现国产化，并形成了小批量产品出口。在半导体用石英材料方面，湖北菲利华石英玻璃股份有限公司通过了国际半导体设备厂商的认证，已进入国际市场。北京金格兰石英玻璃有限公司、中建材衢州金格兰石英有限公司也正在申请国际半导体设备厂商的认证。

【产业发展面临的主要问题分析】

① 低水平重复建设　目前，我国高纯石英玻璃的生产技术与装备严重落后，均为小作坊、间歇式的生产方式，属高环境污染（废酸、粉尘）、高能耗、低产能、低原矿利用率（从原矿到成品高纯石英产品，得料率仅为 20%）的劳动密集型（需要大量人工破碎、拣选）产品。而我国半导体、光通信、激光、核技术、精密光学等领域用高附加值石英产品的生产由于技术难度大、对装备要求较高、门槛高，基本依赖进口。故造成许多企业只能依靠低水平重复建设，以维持生计，中低端产品形成恶性竞争，高端产品空缺、依赖进口。

② 基础科研严重滞后　近年来，我国石英玻璃工业虽然发展迅速，但是与国外先进水平相比，还有较大差距：高纯石英原料及高品质石英玻璃制造的工艺技术与工艺装备落后，机械化自动化水平低；石英玻璃材料性能偏低，高端石英玻璃材料无法生产，依赖进口。这是由于我国石英玻璃的研究起步较晚，基础科学研究薄弱，工艺技术与装备多以模仿跟踪国外先进水平，原始创新能力比较薄弱，基础科研严重滞后。高纯石英砂的提纯处理技术与装备等主要由美国尤尼明公司掌握，合成高纯石英套管、大口径石英玻璃管、片、环、板等高品质石英玻璃材料的制造技术与装备主要由美国迈图（原 GE 公司）、德国贺利氏、日本 TOSOH 掌握，国防军工及液晶显示、IC 产业等用高性能合成光学石英玻璃砣的熔制技术、光学均匀性控制技术等主要由美国康宁和德国贺利氏公司掌握。我国高纯石英原料、信息产业及国防军工领域用石英玻璃材料的核心性能与国外还存在较大差距，高端产品尚无法生产，全部依赖进口。

③ 对外贸易遭受不公平打压　近年来，我国石英玻璃的出口退税率从 15%快速下降到零，使我国石英玻璃的出口税赋实际已经高于日本、韩国，这对石英行业的发展极其不利。由于我国半导体、光通信等信息产业与国际先进水平存在较大差距，因此石英行业要跟上国际半导体及光通信等信息产业的进步，必须要向半导体及光通信产业领先的国家出口。而石英行业对半导体、光通信和光伏等领域的发展做出了重要贡献，但完全没有享受到这些行业的鼓励政策，这也很不利于行业发展。

相反，部分高性能石英玻璃产品国外对我国实行禁运，只能通过第三方采购，而且数量极其有限，严重影响了我国下游产业的发展，尤其是军工行业的发展。

④ 部分行业能耗水平偏高　石英玻璃的制造过程主要消耗的能源有：电、氢气、氧气等，石英行业整体能耗处于中等偏下水平。但是，对同一石英行业来说，我国大部分高纯石英企业规模小、生产装备与技术落后，造成较大能源的消耗与浪费。特别是少部分企业，由于氢氧气来源的限制，采用传统的电解水方式制备氢气和氧气，造成严重的能源浪费与

消耗。

【政策建议】

（1）鼓励和扶持硅材料基础科研　我国光通信、半导体、液晶显示等高新技术领域基本通过引进外资和技术装备，实现产业升级，但是经过多年的发展，国内厂家在技术和装备更新无突破性进展，产品结构不能适应市场发展要求。其中，关键基础材料受国外进口的限制，是制约我国这些高新技术领域发展的重要瓶颈之一。我国石英玻璃的工艺技术与装备，原创性技术少，模仿国外先进技术居多，关键共性技术研发力度不够，导致整体的技术与装备落后，关键与核心产品无法生产，尤其是高纯石英原料，石英玻璃的大尺寸、高均匀、高阈值等关键性能指标的控制技术研究较薄落，只能依赖进口，而进口的石英玻璃产品也只不过是国外的中低端产品，高精尖产品基本禁止出口，严重制约着我国光通信、半导体等工业的自主创新。因此，鼓励和扶持关键高纯石英基础材料科研，以促进我国关键硅材料的快速稳定发展，满足我国国民经济和国防建设亟须，提高国际竞争力。

（2）调整贸易政策、鼓励商品出口　近年来，我国石英玻璃的出口退税率从15%快速下降到零，使我国石英玻璃的出口税赋实际已经高于日本韩国，这对石英行业的发展极其不利。由于我国半导体、光通信等信息产业与国际先进水平存在较大差距，因此石英行业要跟上国际半导体及光通信等信息产业的进步，必须要向半导体及光通信产业领先的国家出口。此外，半导体用石英玻璃市场占据整个石英玻璃市场的65%以上，而我国石英企业通过TEL等国际认证的较少，获取国际市场准入较难，无法进入半导体生产的国际市场。因此，为了促进我国石英玻璃产业的发展，建议国家调整贸易政策、鼓励石英玻璃的出口，同时促进和鼓励相关石英企业获取国际半导体设备厂商的认证，以提高我国石英玻璃产业的国际竞争力和影响力。

（3）引导行业转移、优化产业布局　经过近60年的发展历程，我国石英玻璃工业走过了从无到有、发展壮大、不断追赶世界先进水平的既艰难又辉煌的路程。其中，2000～2010年是我国石英玻璃工业发展的黄金时期，至2013年我国已形成较为完备的石英玻璃产业规模。但是，我国石英玻璃产品主要应用于普通电光源、光学窗口、光伏等中、低端应用领域，而且产能严重过剩，无序竞争，价格下滑，利润低，部分企业甚至出现亏损，特别是受光伏市场的巨大影响，我国大部分石英玻璃企业停产，企业面临生存压力，虽然目前光伏市场有所好转，但石英玻璃产品很难恢复到以前状态；而光通信、半导体、激光及国防军工等高端领域用高品质石英玻璃及高纯石英原料基本依赖进口，部分高精尖产品国外对我国甚至禁止出口，严重制约了我国高新技术领域的快速发展。因此，我国石英玻璃工业应根据市场需求及时转型升级，并不断攻克高端、高附加值石英玻璃材料的制备关键技术与装备，满足高新技术领域用高品质石英玻璃材料，替代进口，加速我国下游高新技术产业的转型升级。

2.13　其他分支

2.13.1　氟硅酸盐

（1）氟硅酸钠　氟硅酸钠是氟硅酸盐中产量最大的一种产品，建筑、建材工业用量最大的氟硅酸盐品种，主要用于以水玻璃为黏结剂的各种浇注料的水玻璃固化剂，其一般用量为水玻璃的15%，如用作耐酸胶泥/耐酸混凝土的固化剂，也用作耐酸水泥的吸湿剂。除建筑、建材外，还用于生产二氧化硅（沉淀白炭黑）、其他氟化产品（如人造冰晶石、氟化钠、氟化铵等）、搪瓷助溶剂、玻璃乳白剂、木材防腐剂、工业洗涤剂等。此外，还用于制药和

饮用水的氟化处理。

氟硅酸钠主要产自磷化工企业（表 2-85），是湿法磷酸生产线尾气吸收产生的氟硅酸溶液与钠盐反应，经过滤、洗涤、干燥后得到的产品。云南省是我国磷化工大省，氟硅酸钠的产量约占国内总产量的 80%。目前国内氟硅酸钠的生产装置产能约 48 万吨/年。

表 2-85 国内部分氟硅酸钠生产企业

企业名称	产能/(万吨/年)	企业名称	产能/(万吨/年)
云南云天化集团	12	湖北黄麦岭磷化工有限公司	1.2
云南氟业化工股份有限公司	10	昆明市泰钧磷氟化工有限公司	1
贵州开磷集团息烽化工股份合作公司	2.5	广东湛化股份有限公司	1
淄博帕斯威诺集团	2	广东廉江市化工有限责任公司	1
湖北东圣化工集团	1.5		

(2) 氟硅酸钾　在氟硅酸盐中，氟硅酸钾产量列于氟硅酸钠和氟硅酸铵之后，排第三位。氟硅酸钾主要应用于氟化钾的生产、木材工业防腐剂，玻璃工业用于制造钾玻璃、光学玻璃等，农药工业用于制造杀虫剂，分析化学中用作分析试剂，化工生产中用于生产防腐蚀材料。此外，还可用于特种陶瓷制造、合成云母生产等。作为防腐剂、杀虫剂的使用，其功能和作用原理与其他氟硅酸盐相似。

氟硅酸钾主要产自氟化盐生产企业和磷化工企业，目前，氟硅酸钾的生产大多采用磷化工或氢氟酸生产企业副产的氟硅酸与有机氟代过程产生的废氯化钾反应，生成氟硅酸钾沉淀，经过滤、洗涤、干燥得到氟硅酸钾产品。

目前国内氟硅酸钾的生产企业主要有云南氟业化工有限公司、昆明市泰均磷氟化工有限公司等 40 多家企业，全国总产能约 6 万吨/年。

尽管氟硅酸钾用途广泛，但在各领域内的用量极少，而且，由于在使用过程可被其他低阶氟盐代替，因而，除应用于氟化钾的生产外，氟硅酸钾其他方面用途的实际用量在减少。

经过多年的生产实践，氟硅酸钾的生产工艺得到了很大的改进，氟硅酸钾收率得到提高、氯化钾的消耗有所降低，部分企业能够较为稳定生产出细砂状氟硅酸钾产品，但仍存在一些问题，如：氟硅酸钾收率低、氟硅酸钾产品氯离子含量偏高、废水处理成本高等。

(3) 氟硅酸镁　氟硅酸镁是氟硅酸盐中重要的产品之一，主要用作混凝土的硬化剂、缓凝剂和防水剂，用于硅石建筑表面处理及制造陶瓷，织物的防虫及用作杀虫剂，橡胶乳的凝固、防腐剂等。

氟硅酸镁主要产自氟化盐生产企业和磷化工企业。目前，国内氟硅酸镁的生产均采用磷化工或氢氟酸生产企业副产的氟硅酸与菱苦土粉反应，生成氟硅酸镁溶液，经过滤、浓缩、结晶、干燥得到氟硅酸镁产品。

尽管氟硅酸镁作为混凝土添加剂具有优异的性能，但添加量少，加上其他混凝土添加剂的出现和推广，挤压了氟硅酸镁在混凝土上的应用，在其他行业也出现了类似的情况。目前，氟硅酸镁在国内的市场容量约 6000 吨/年。

目前国内氟硅酸镁的主要生产企业有昆明市泰均磷氟化工有限公司、广东廉江市化工有限公司、东阳萤光化工厂等，其总的生产能力已经远远超过市场需求。

目前，氟硅酸镁的生产工艺比较成熟，采用真空浓缩工艺后，废水中的含氟量大幅度降低，污水处理成本也明显降低。但氟硅酸镁的生产仍采用间歇生产方式，装置生产能力低，生产成本高，因而，氟硅酸镁的生产技术宜开发连续生产工艺，提高装置的生产能力，降低生产成本。

2.13.2 碳化硅

碳化硅是一种合成化合物，主要原料为硅石和碳素材料等其他材料。碳化硅又分黑碳化硅和绿碳化硅，但基本上都是用无烟煤生产的。

碳化硅的主要特点：化学性能稳定、热导率高、热膨胀系数小、耐磨性能好，耐酸性，耐碱性，耐腐蚀性。碳化硅的应用市场包括：作为磨料，可用来做磨具，如砂轮、油石、磨头、砂瓦类等；作为冶金脱氧剂和耐高温材料；作为炼钢，铸造脱氧剂，孕育剂和铸铁组织的改良剂；作为研磨材料，抛光研磨玉器，玻璃，陶瓷，蓝晶石，玉石等；作为高科技研发领域广泛运用于军事、航空等领域。

【基本情况】

我国碳化硅生产始于20世纪70年代。经过40多年的发展，我国碳化硅行业取得了长足的进步，无论是冶炼技术、生产装备还是能耗指标都已经达到世界领先水平；生产能力、实际产量、国内消费量以及产品出口量均列世界第一位。但是由于缺乏正确引导和科学规划，行业发展已经遇到了瓶颈，与欧美国家存在差距。

我国碳化硅冶炼企业主要分布在甘肃、宁夏、青海、新疆、四川等地，约占总产能的85%，约三分之一的冶炼企业有加工制砂微粉生产线。碳化硅加工制砂微粉生产企业主要分布在河南、山东、江苏、吉林、黑龙江等省。

随着2013年中国光伏产业复苏，碳化硅生产情况开始好转。2013年我国碳化硅的主产地为宁夏、甘肃和湖北。全国共有碳化硅冶炼企业200多家，生产能力230万吨/年，总产量约为77万吨，综合产能利用率约为33.5%。冶炼变压器功率大多为6300～12500kVA，最大冶炼变压器为32000kVA。加工制砂、微粉生产企业300多家，年生产能力200多万吨。约三分之一的冶炼企业有加工制砂微粉生产线，碳化硅加工制砂微粉生产企业主要分布在河南、山东、江苏、吉林、黑龙江等省。

【出口情况】

2013年，我国碳化硅出口28.7万吨，同比增长73.8%；出口额3.16亿美元，同比仅增长14.9%；出口平均价格1101美元/吨，同比下降34.2%（表2-86）。

表2-86 2010～2013年中国碳化硅出口情况

年份	2010	2011	2012	2013
出口量/t	223151	216232	164695	286756
出口额/万美元	43798	49405	27529	31569
单价/(美元/吨)	1963	2285	1672	1101

【消费情况】

2013年我国消费碳化硅约48万吨，主要消费在炼钢、铸造、抛光研磨、光伏、电力、电子电器等领域。

钢铁行业目前仍然是碳化硅最大消费领域。2013年国内房地产业发展放缓，钢铁厂开工率较低。2013年我国粗钢产量7.79亿吨，同比增长7.5%，导致对原料和耐火材料的需求增长缓慢。

【产品质量】

目前，我国黑色与绿色碳化硅块质量已经能够达到世界先进水平。在黑碳化硅块分级中，国内生产企业一级块的分出率也比较高。对于一些冶炼水平不高的企业，也可以在黑碳化硅出炉分级过程中，通过分拣、二次分级出产高质量的黑色碳化硅。

在碳化硅粒度砂、微粉产品质量方面，我国产品与国际水平存在较大差距，主要集中在：①产品品种牌号分类少；②高端专用产品的某些指标值达不到要求；③产品质量稳定性不够；④微粉级产品在颗粒形状、颗粒强度、粒度组成离散度上，每批产品理化指标相近度方面波动较大；⑤实物产品使用效能与德国、日本和美国产品相比还有差距。

近年来碳化硅行业快速扩张，相应的企业在生产管理和装备技术方面也取得了长足进步。在冶炼设备方面，碳化硅供电冶炼变压器、整流器系统使用技术日益成熟，与发达国家几乎没有差距。在大炉型配套技术的开发使用方面，我国企业已经达到了国际领先水平，单条生产线变压器由 3150kVA 发展到 12500kVA，最大 50000kVA，摸索出了各自适合的工艺技术配方。

在加工制砂方面，大部分企业仍然采用传统的破碎和分筛设备。但企业往往根据自身产品规格的要求和工艺特点对设备进行改装，甚至自行生产部分零配件。因此每个加工企业几乎都有自己独特的加工设备，很难对其先进程度进行评价。

在碳化硅微粉生产方面，我国企业最早采用日本的技术，设备也是根据日本工艺流程模仿开发的。近年来，我国微粉加工企业在设备和技术研发方面的投入很大，发展很快。拥有知识产权的新装备、新工艺、新检测方法、新检测仪器不断被开发出来，极大地促进了我国碳化硅微粉企业的发展。目前，我国碳化硅微粉加工已经形成了独立的工艺路线，装备技术基本达到国际水平。

我国碳化硅行业与国际同业最大的差距主要体现在生产管理方面。企业内部质量管理体系还没有普遍建立起来，生产现场管理基本没有形成系统，这一点在碳化硅冶炼企业中尤为突出。

【环保问题与措施】

碳化硅冶炼过程中要产生一氧化碳，在电阻炉表面燃烧，转化为二氧化碳。理论上每生成 1t 碳化硅要产生 2.2t 二氧化碳。近年来采用石油焦冶炼碳化硅的企业增多，随着所使用石油焦中的硫含量增高，二氧化硫的排放量有增加趋势。

碳化硅冶炼生产过程中，扒炉、喷炉产生一定量的粉尘，目前全世界均无可靠有效的回收治理办法。

碳化硅冶炼生产过程中，乏料水洗要排放一定量的含盐（NaCl）废水，目前部分生产企业只是沉淀后除去其中的固体物，然后直接排放，对土壤和地下水造成严重污染。

碳化硅加工制砂、微粉生产酸碱洗过程中，要排放一些含酸、含碱废液，大部分生产企业采用中和处理达标后排放，少部分企业未做处理直接排放。

【科技进步】

目前，我国各厂冶炼每吨碳化硅一级品的实际耗电从 8500～15000kW·h 不等，硅砂耗量 1.7～2.5t，焦炭耗量 1.2～1.8t。绿碳化硅炉的消耗指标高于黑碳化硅的冶炼指标（高出 10%～20%）。

国内碳化硅冶炼、加工制砂微粉生产企业在前几年市场形势好的情况下，很少主动进行新产品开发、技术创新，只是简单重复地扩大生产规模，增大单条生产线的生产能力。只有一些有实力的企业，在冶炼供电和配混料方面采用了计算机控制。

近期随着碳化硅市场疲软，国内外用户对产品质量的要求提高，部分生产企业开始研发生产一些理化指标有特殊要求的碳化硅产品，如切割晶硅的微粉产品增加了电导率、清洁度、pH 值、离散度指标控制要求。

【发展方向】

① 太阳能市场发展，利用碳化硅微粉，使之充分合理利用光能源。同时也节约了不少

市场资源。

② 交通领域，碳化硅的应用也渐渐提升了一定的市场地位。预计到 2020 年，两者的市场占有率将分别为 16％和 15％。尤其是碳化硅应用在发动机生产方面都有很好的利用价值。

③ 电子器件行业，碳化硅在 IT 及电子器件应用上更具有优势，估计 2020 年在以上领域的市场占有率将达 14％。

④ 高科技研发方面：微纳米技术方面我们都可以看到市场的广阔性，在深入研究航天科技领域都有碳化硅的身影。

2014 年，国内钢铁市场仍然难以恢复，一方面经济增速仍然预期在 7.5％左右，导致了市场对于钢材的需求量难以出现突破性的增长，因此至今碳化硅市场都是“不愠不火”的表现，不过在碳化硅市场遇到阻力进行发展过程中，积极创新，积极发展，寻找出路才能更好地使市场发展。

第3章 硅产业中国专利概况

3.1 有机硅产业专利概况

有机硅具有一系列优越的性能，不仅是七大战略性新兴产业之一新材料产业的重要组成部分，而且是其它产业不可或缺的配套材料，在发展战略性新兴产业中具有举足轻重的作用。近年来，全球有机硅工业发展速度保持在5%～8%，有机硅市场需求十分强劲，我国有机硅材料的消费量增长尤为迅速，总生产量和使用量已经处于世界第一的水平，有机硅行业已发展成为在国民经济中占有重要地位的技术密集型新型产业，有机硅化工已被列为“十二五”重点鼓励发展的行业。

但是，我国有机硅行业在面临空前发展机遇的同时，也面临着上游产品产能持续扩张、规模化程度低、整体技术水平同世界先进水平存在明显差距，以及上下游一体化程度较低，下游产品开发不足，缺乏核心竞争力的问题。另外，有机硅的专利申请量主要集中于几家跨国公司，国内企业在关键、共性技术上受制于人，我国企业在有机硅领域的国际竞争力较弱。

本文在调研及产业状况分析的基础上，根据有机硅产业链的特点，从有机硅上游关键原料生产技术和下游应用两个方面，选择有机硅单体、硅烷偶联剂、硅油、硅树脂和硅橡胶五个技术分支作为研究对象，对中国范围内的专利申请进行统计（由于专利申请公开滞后的原因，2013年数据统计不全。），分别从专利申请量、区域分布、技术主题、申请人等角度，综合运用定量和定性分析的研究方法，对所得数据进行了深入剖析，通过上述分析摸清了中国有机硅的发展趋势和研发热点，掌握了有机硅领域的专利竞争态势，及时发现我国在发展有机硅产业过程中可能存在的问题。

3.1.1 中国有机硅产业专利整体状况

3.1.1.1 中国专利申请趋势

图3-1是中国历年专利申请量分布，在1991年之前，有机硅方面的专利量较少，基本处于20件以下。1992～2001年，申请量逐渐上升，从1992年的29件，上升到2002年的184件。从2002年开始专利申请量开始高速增长，2011年专利申请量达到历史最高水平845件。由于部分专利申请未公开，2012年专利申请量略低于2011年，为759件。经数据统计，2008年以后的专利申请量占整个中国专利申请量的54%，可以看出近期有机硅专利技术的研发非常活跃。

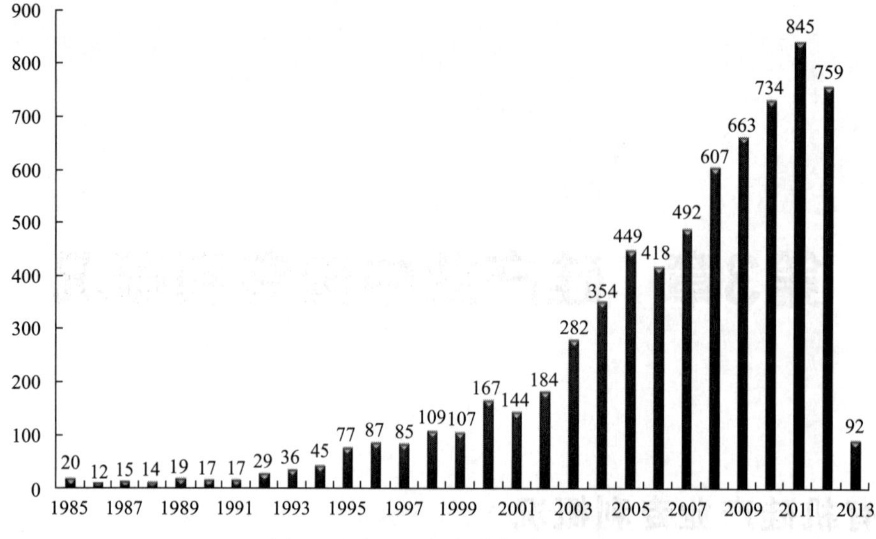

图 3-1　中国历年专利申请量分布

图 3-2 是国内申请和国外来华申请的趋势变化，可以看出国内申请量的变化趋势与中国专利量的整体趋势相似，2001 年之后的国内申请量一直保持快速增长态势。国外来华申请量在 1992 年之前维持在较低水平，自 1993 年开始，专利申请量稳步增长，2001 年开始增速加快；2005 年以后专利年申请量基本维持在 300 件左右。

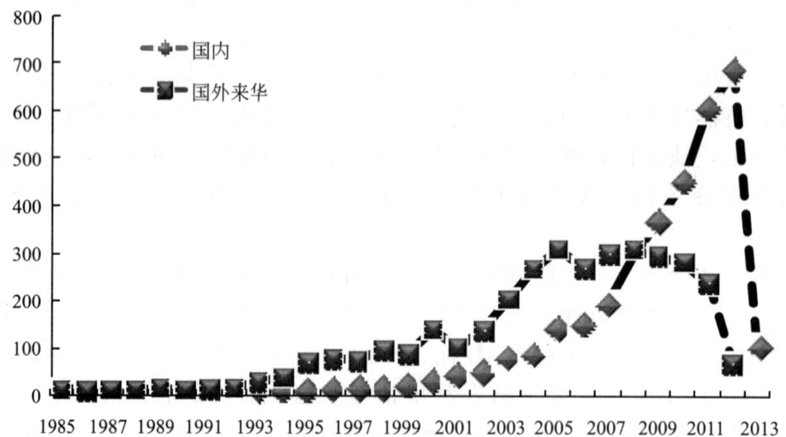

图 3-2　国内申请和国外来华申请的趋势

3.1.1.2　中国专利申请区域分布

图 3-3 是国内申请和国外来华申请量的比例。可以看出，国内申请和国外来华的申请量基本相当，但是国外来华申请量 3474 件略高于国内申请 3405 件。趋势部分的分析已表明，国外来华申请量经过一段时期的增长后近几年保持稳定，结合国外来华申请量的占比情况，说明国外申请人非常重视在中国的专利申请，并且目前已基本完成布局。

3.1.1.3　国内专利申请区域分布

图 3-4 是国内申请的区域分布。江苏、广东、浙江、上海、北京和山东的专利申请量明显高于国内其他地区。江苏和广东的专利申请量尤其突出，分别为 638 件和 632 件；浙江和上海的专利申请量分别为 307 件和 306 件，位列第三和第四位。北京的专利申请量为 277 件，排名第五位。山东的专利申请量略低于北京，为 245 件。以上六个省市的专利申请量总

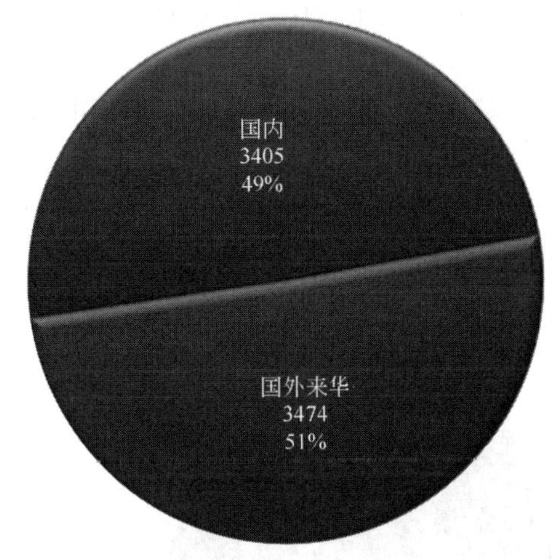

图 3-3　中国专利国内申请和国外来华申请量的比例

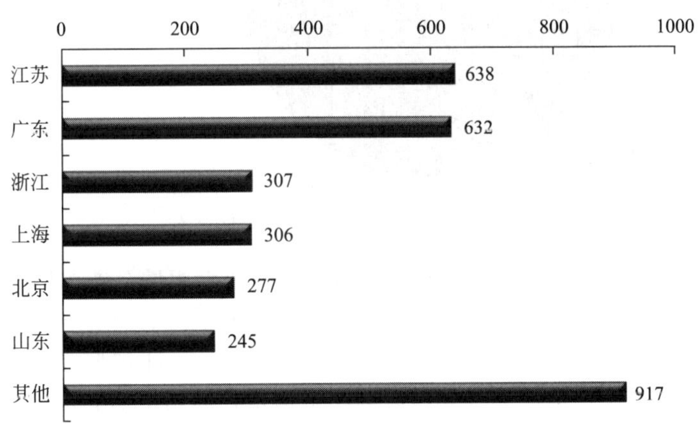

图 3-4　国内申请的区域分布

和占国内申请量的 73%，为国内申请的主要分布地区。

3.1.1.4　国外来华专利申请区域分布

图 3-5 是国外来华申请的区域分布。日本和美国的专利申请量分别为 1204 件和 1157 件，明显高于其他国家的来华申请。德国的来华申请量处于第三位，为 579 件；法国来华申

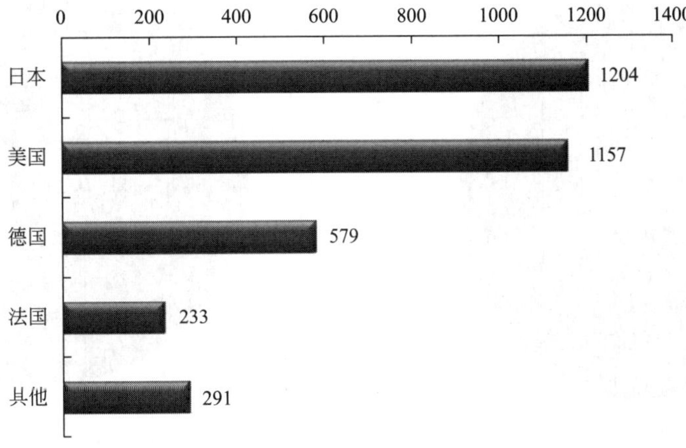

图 3-5　国外来华申请的区域分布

请 233 件。日本和美国的申请人相对较重视中国的专利申请布局。以上四个国家的专利申请量总和占国外来华申请量的 92%，日本的信越株式会社、美国道康宁公司、德国瓦克公司和法国的罗迪亚公司（蓝星收购前）分别是这四个国家来华申请的主力。

3.1.1.5　中国专利申请技术领域分布

有机硅专利申请的技术领域由硅橡胶、硅树脂、硅油、硅烷偶联剂和单体五个方面构成。图 3-6 是中国专利申请技术领域分布。硅橡胶和硅树脂的专利申请量为 2910 件和 2314 件，分别占比 42% 和 34%，明显高于其他领域。硅油申请量为 1340 件，占比 20%。单体和硅烷偶联剂申请量较低，分别为 218 件和 97 件。

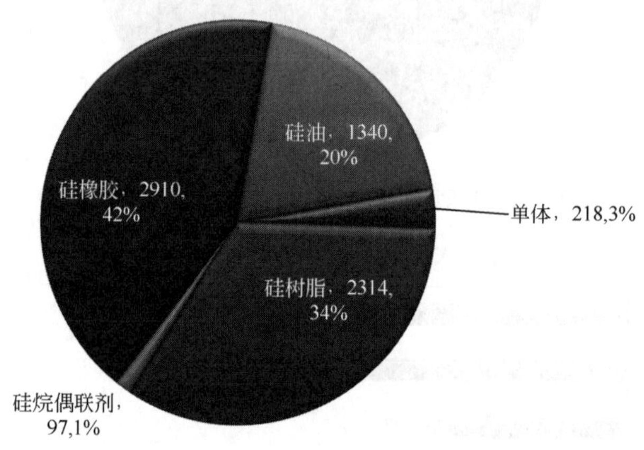

图 3-6　中国专利申请技术领域分布

图 3-7 和图 3-8 分别是国内申请和国外来华申请的技术领域分布。国内申请中，硅橡胶申请量 1875 件，占比 55%；其次是硅树脂 859 件，占比 25%；硅油的申请也较多，为 476 件。国外来华申请中，硅树脂申请量 1455 件，占比 42%；硅橡胶申请量 1035 件，占比 30%；硅油申请量 864 件。单体和硅烷偶联剂的申请量在国内申请和国外来书申请中占比都较低。可以看出，硅橡胶、硅油和硅树脂三种有机硅下游产品相关的专利技术是国内和国外来华申请共同的重点，只是在侧重点上略有不同。

3.1.1.6　中国专利申请人分析

（1）申请人排名。图 3-9 是国外专利申请量排名前十的申请人。美国道康宁公司的专利申

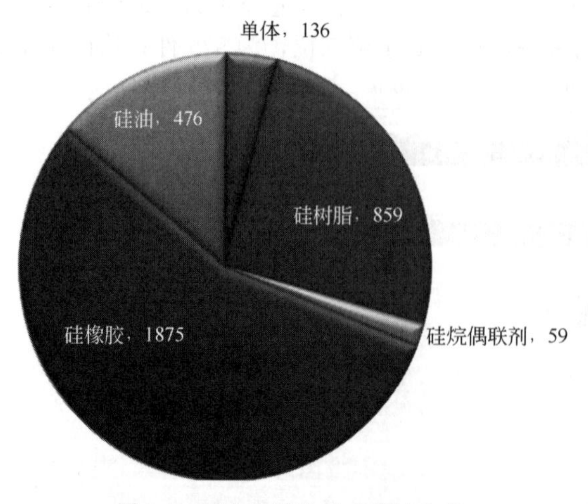

图 3-7　国内申请的技术领域分布

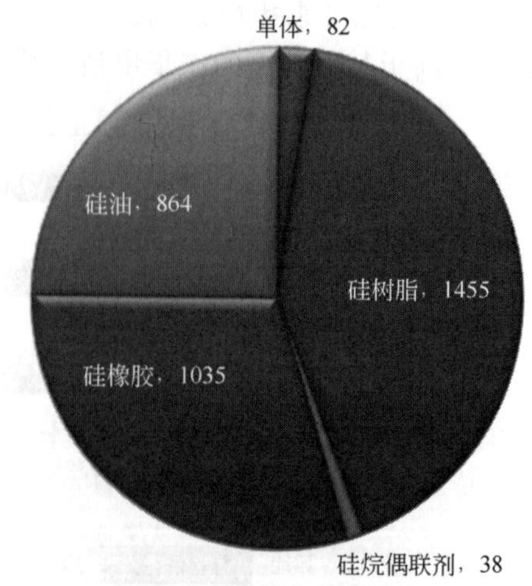

图 3-8　国外来华申请的技术领域分布

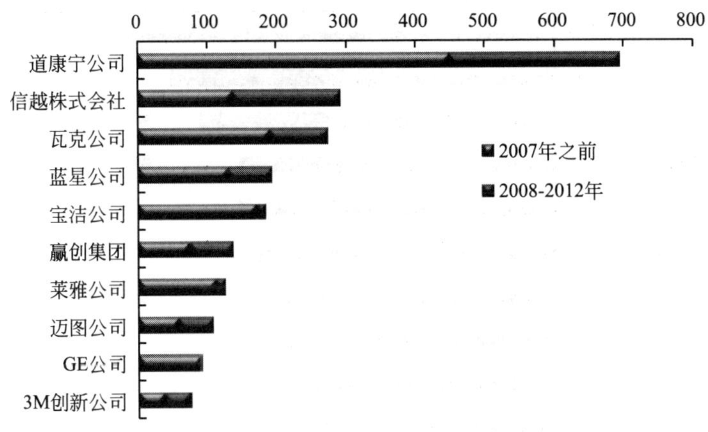

图 3-9　国外专利申请量排名前十的申请人

请量排名第一，为 692 件，远远高于其他申请人。日本信越株式会社和德国瓦克公司的申请量比较接近，分别排名第二和第三位，分别为 291 件和 272 件。中国蓝星公司的专利申请量为 192 件，其中一部分专利来源于被收购的法国罗迪亚公司的来华申请。美国宝洁公司专利量排名第五，申请量为 182 件。其他主要申请人还有德国赢创集团、法国莱雅公司、美国迈图公司、美国 GE 公司和美国 3M 创新公司。排名前十的申请人中只有蓝星公司一个中国申请人，并且其专利申请量统计包含了罗地亚公司来华申请，其国内申请只有 40 件。其他主要申请人来自美国、日本、德国和法国，这些来华申请人同时也是全球专利的主要申请人。

排名前十的申请人中，美国公司有五家，说明美国申请人重视在华专利布局；日本虽然在全球主要专利申请人中占据数量较多，但在中国只有信越株式会社一个主要申请人，表明日本企业相对于美国申请人不够重视中国的市场。蓝星公司虽然排名第四，但其实际的国内专利申请量较少，这从一方面反映了中国专利申请人的技术实力相对较弱，缺少有竞争力的申请人。

在近五年的专利量统计中，迈图公司、信越株式会社和 3M 创新公司近五年专利申请量占其全部申请量比例分别为 54%、53%和 50%，表明这三个申请人近期在加大对中国地区的专利申请布局。赢创集团、道康宁公司、瓦克公司和蓝星公司近五年专利申请量占比均高于 30%，表明近期专利申请仍较活跃。莱雅公司、宝洁公司和 GE 公司近期专利申请量明显降低。其中 GE 公司申请量下降与迈图公司申请量增长有关，2006 年 GE 公司有机硅业务整体转让给美国阿波罗投资公司，阿波罗公司基于此创立迈图公司。

图 3-10 是国内申请量排名前十的申请人。排名第一的是浙江大学，申请量为 51 件；蓝星公司（不包括罗地亚公司专利）申请量 40 件，排名第二；杭州师范大学、中科院化学所和山东大学分别排名第三、第四、第五位，专利申请量分别为 37 件、33 件和 33 件。其他主要国内申请人还有华南理工大学、北京化工大学、天津大学、江苏宏达新材料公司和华东理工大学，申请量基本在 28 件左右。从国内申请人的排名可以看出，目前国内申请人主要以高校和科研院所为主，企业申请人实力较弱；与国外来华申请人相比，国内主要申请人的专利量与道康宁、信越等公司相比，不足其十分之一，明显处于弱势。

（2）申请人活跃度分析　中国专利排名前十的申请人基本被国外来华申请人占据，单独分析国外来华主要申请人的意义不大，因此我们从中国申请和国内申请两个角度分析主要申请人近期专利申请的活跃度。

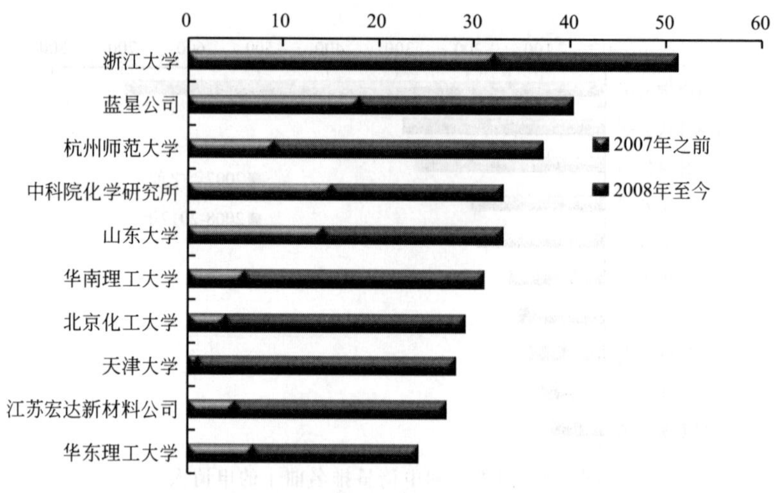

图 3-10　国内申请量排名前十的申请人

表 3-1 是中国主要专利申请人的活跃度统计。可以看出中国专利申请人中，信越株式会社、3M 创新公司、赢创集团和迈图公司近期在中国的专利申请非常活跃。道康宁公司、瓦克公司和蓝星公司相对较活跃。宝洁公司、莱雅公司和 GE 公司有机硅方面的中国专利申请活跃度较低。国内申请人因其前期的专利申请量基数较小，近期的专利申请统计活跃程度较高。

表 3-1　中国主要专利申请人申请活跃度统计

中国	往年平均 1985～2007 年	近五年平均 2008～2012 年	活跃度
道康宁公司	19.5	48.8	2.5
信越株式会社	6.0	30.8	5.2
瓦克公司	8.3	16.4	2.0
蓝星公司	5.7	12.4	2.2
宝洁公司	7.4	2.4	0.3
赢创集团	3.3	12.4	3.8
莱雅公司	4.8	2.8	0.6
迈图公司	2.6	9.4	3.7
GE 公司	3.8	0.4	0.1
3M 创新公司	1.6	7.4	4.6
国内	往年平均 1985～2007 年	近五年平均 2008～2012 年	活跃度
浙江大学	1.4	3.6	2.6
蓝星公司(国内)	0.8	4.4	5.6
杭州师范大学	0.4	5.6	14.3
中科院化学研究所	0.7	3.6	5.5
山东大学	0.6	3.4	5.6
华南理工大学	0.3	4.6	17.6
北京化工大学	0.2	5	28.8
天津大学	0.0	5	—
江苏宏达新材料公司	0.2	4.4	20.2
华东理工大学	0.3	3.4	11.2

(3) 申请人集中度分析　图 3-11 是中国专利申请人的申请量占比，可以看出前五位申请人的申请量总和占中国专利申请量的 24%，专利集中度较高。尤其是道康宁公司，申请量占到中国专利申请量的 10%。

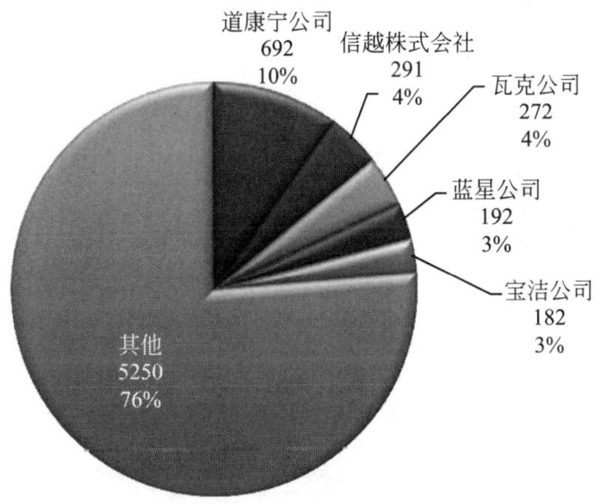

图 3-11　中国主要专利申请人的申请量占比

（4）申请人技术领域分布　图 3-12 是中国主要专利申请人的技术领域构成。从整体分布来看，硅橡胶和硅树脂是道康宁、信越、瓦克和蓝星等有机硅公司的主要关注点；硅油由于其在日化领域的应用是宝洁公司专利申请的重点。硅烷偶联剂在各个申请人申请量中所占比例较小；单体技术由于发展相对成熟，道康宁公司和瓦克公司有一定专利申请。

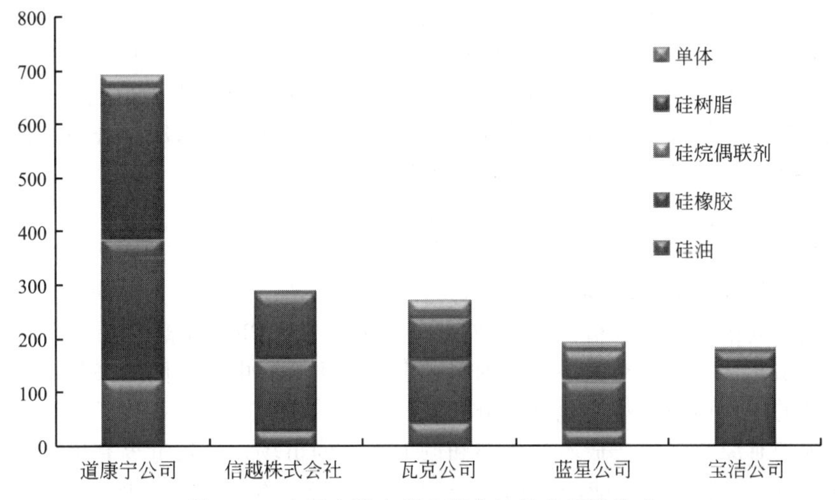

图 3-12　中国主要专利申请人的技术领域构成

图 3-13 是国内主要申请人的技术领域构成。浙江大学、蓝星公司和杭州师范大学在五个技术领域都有涉及，其中浙江大学的专利申请量分布较均匀，蓝星公司侧重硅油、硅橡胶和单体技术；杭州师范大学以硅树脂、硅油和单体技术为主；中科院化学所目前只涉及硅树脂、硅油和硅橡胶三个下游产品领域。山东大学专利申请以硅橡胶为主，其他硅树脂、硅油和硅烷偶联剂方面专利申请，其中硅烷偶联剂专利申请量较少。

3.1.1.7　小结

中国专利申请近期保持快速增长，其中国内申请专利量增长更快速，国外来华申请量在 2006 年之后保持稳定。国内专利申请主要集中在江苏、广东、浙江、上海、北京和山东，区域集中度较高；国外来华专利申请主要来源于日本和美国、德国和法国的来华申请量也相对较高。硅橡胶、硅油和硅树脂三种有机硅下游产品相关的专利技术是国内和国外来华申请共同的重点，国外来华申请更关注硅树脂，国内则更加侧重于硅橡胶；单体和硅烷偶联剂方

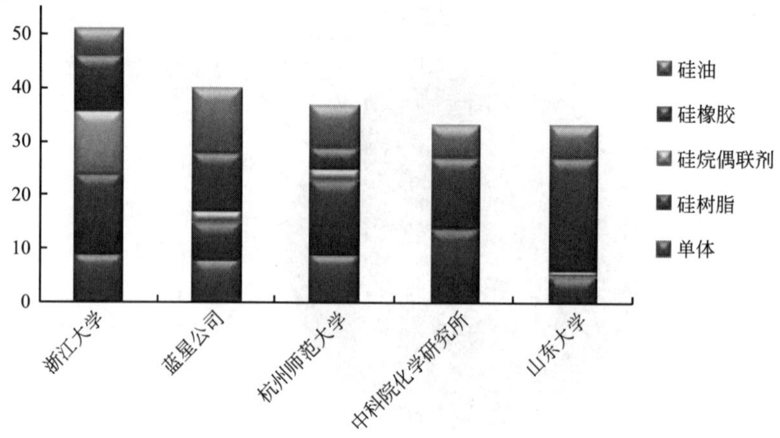

图 3-13　国内主要申请人的技术领域构成

面的专利申请量都比较少。美国道康宁公司、GE 公司、3M 创新公司、宝洁公司和迈图公司，日本信越株式会社、德国瓦克公司和赢创集团、法国莱雅公司和中国蓝星公司是排名前十的申请人。主要申请人中美国公司占据五家，说明美国申请人重视在华专利布局。日本只有一位申请人，与其全球专利量排名中的情况相比，对中国市场不太重视。中国只有蓝星一位申请人，表明中国申请人技术实力相对较弱，缺少有竞争力的申请人。中国排名前十的申请人申请量总和占比 24%，技术集中度较高；其技术领域主要集中在硅橡胶、硅树脂和硅油领域。国内申请人近期专利申请的活跃度很高。国外来华申请人中信越株式会社、3M 创新公司、赢创集团和迈图公司近期在中国的专利申请非常活跃；道康宁公司、瓦克公司和蓝星公司相对较活跃；宝洁公司、莱雅公司和 GE 公司活跃度较低。

3.1.2　有机硅各分支行业 2013 年专利汇总

3.1.2.1　单体制备技术中国专利状况分析

（1）中国专利申请趋势分析　截至 2013 年 9 月，从 CPRS 数据库检索到单体制备技术的中国专利申请共 218 件，在这一数据的基础上从中国专利申请、国外来华和国内申请几个层面对该领域的专利申请趋势变化进行分析。

由于我国拥有原料硅生产成本的优势和巨大潜力的市场，导致世界有机硅单体生产中心正在向中国转移。“十一五”期间全球除中国外没有新的有机硅单体项目建设，而在中国，2010 年道康宁/瓦克公司在张家港合资建 40 万吨/年的有机硅项目，新安/迈图合资建 10 万吨/年的甲基单体装置于 2010 年相继投产，蓝星收购罗地亚之后在江西建 20 万吨/年的单体项目，这些并购、合资导致近年来有机硅单体的申请量大幅增加。

图 3-14 是单体制备技术中国专利历年申请量。可以看出，在 2002 年之前，中国单体制备技术领域的每年的专利申请量较少，未超过 5 件，显示出这一时期我国单体制备技术发展尚处于萌芽阶段；2003～2006 年是该技术发展较快的时期，申请量增长较快；2008～2011 年，该技术发展迅猛，尤其在 2011 年申请量达到最大，为 35 件；近几年单体技术中国专利申请保持增长态势。

国内申请在 2000 年之前专利申请量较低；自 2001 年开始至 2007 年开始增长，是该技术发展较快的时期；2008～2012 年，专利申请量快速增长，技术发展迅猛，2011 年申请量达到峰值 35 件。国外来华申请，从 1985 年开始到 2002 年，每年均有一定申请量（图 3-15）。2003 年申请量有所上升，之后申请量一直保持平稳态势。整体上，近几年国内申请保持高速增长，

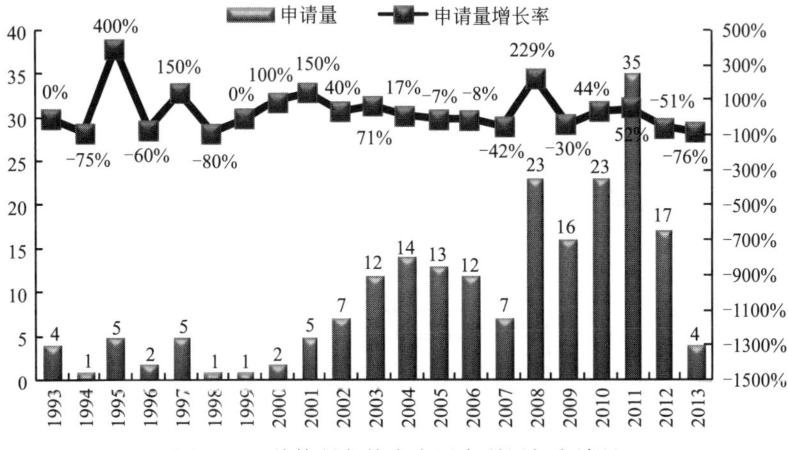

图 3-14　单体制备技术中国专利历年申请量

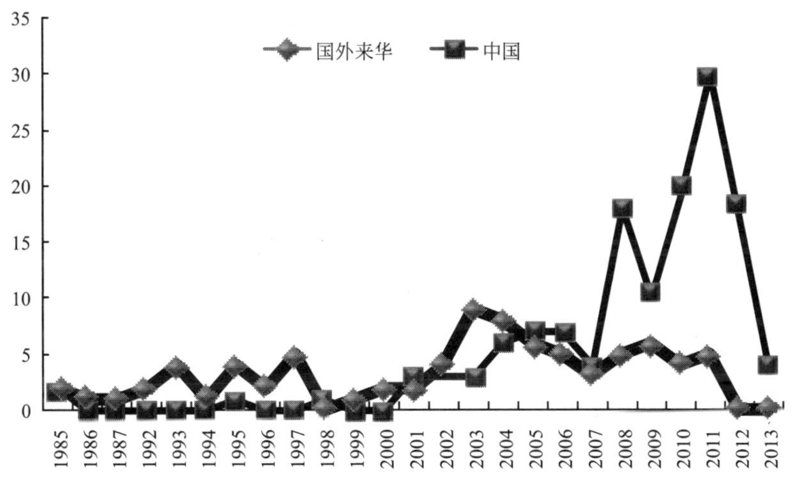

图 3-15　单体制备技术国内和国外来华专利申请量逐年变化情况

国外来华申请量维持稳定。

1985～2013 年的 29 年中，2008～2012 年五年申请的专利申请量为 114 件，占总比例的 44%。可以看出，单体制备技术专利申请在近 5 年的申请量相对于总申请量来看，比例较高，反映出近 5 年的申请比较活跃，也表明了中国单体制备技术的研发活跃。

（2）中国专利申请区域分布　对中国专利申请区域分布，课题组对采集的数据按照申请人所属国别进行统计。其中国外来华申请占比 38%，国内申请占比 62%，可见在单体制备技术的中国专利申请中，国内申请占主导地位。

可以看出，德国的来华申请量最大，为 38 件，占比为 17%；其次是美国，29 件，占比为 13%；其他依次还有法国为 4 %，日本为 2%等（图 3-16）。

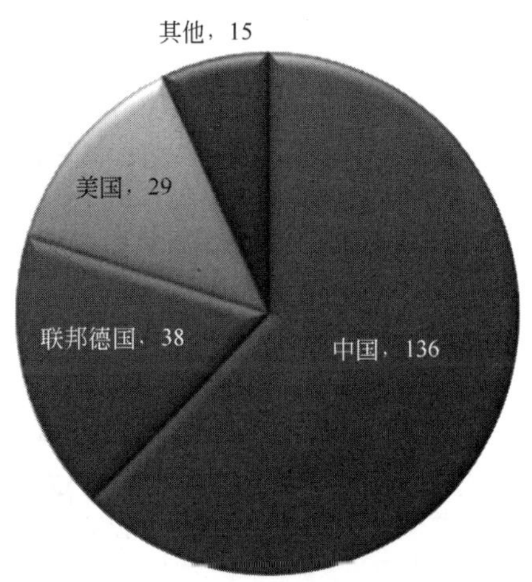

图 3-16　中国单体制备技术申请人所属国家和地区分析

（3）中国专利申请人分析　在中国申请专利的

排名前十的申请人为瓦克化学股份公司（33 件）、道康宁公司（23 件）、蓝星（16 件）、江苏宏达新材料股份有限公司（16 件）、中国科学院过程工程研究所（11 件），杭州师范大学（9 件）、浙江大学（9 件）、浙江新安化工集团、中国石油天然气股份有限公司和 GE 公司各有 7 件（图 3-17）。前十的申请人中有七个申请人为国内申请人，申请量为 75 件，而国外的三家公司的申请量为 63 件，国内在申请量的数量上略占优，但是排名前两位的瓦克化学股份公司和道康宁公司均是有机硅领域的主要申请人，二者的申请量远大于国内申请人。

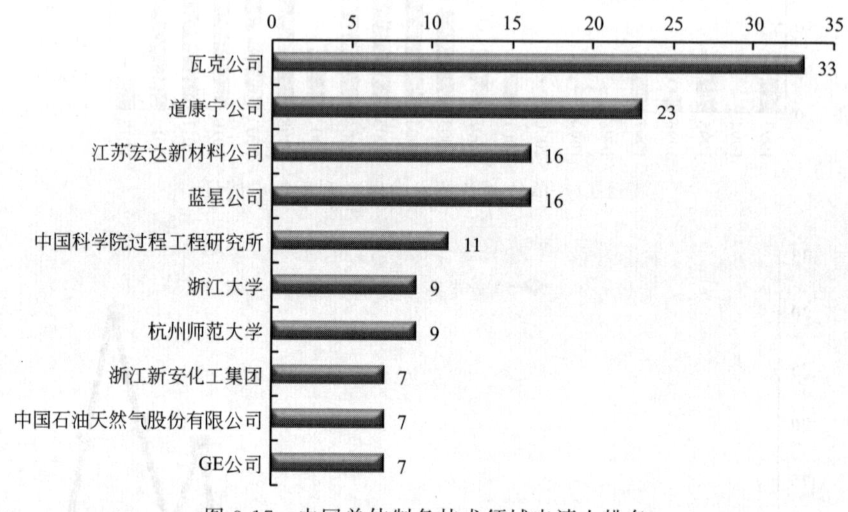

图 3-17　中国单体制备技术领域申请人排名

如图 3-18 所示，国内的主要申请人是：江苏宏达新材料股份有限公司、蓝星、中国科学院过程工程研究所、浙江大学、杭州师范大学、浙江新安化工集团股份有限公司、中国石油天然气股份有限公司、山东东岳有机硅材料有限公司、嘉兴学院和江苏弘博新材料有限公司。专利申请人以企业为主，表明我国单体技术的产业化程度较好。

国外来华的主要申请人分别是：瓦克化学股份公司（33 件）、道康宁公司（23 件）、GE 公司（7 件）、信越株式会社（5 件），赢创集团（2 件），这些公司均是有机硅领域知名企业。国外来华的主要申请人中有 2 个是美国公司，2 个是德国公司，1 个是日本公司。

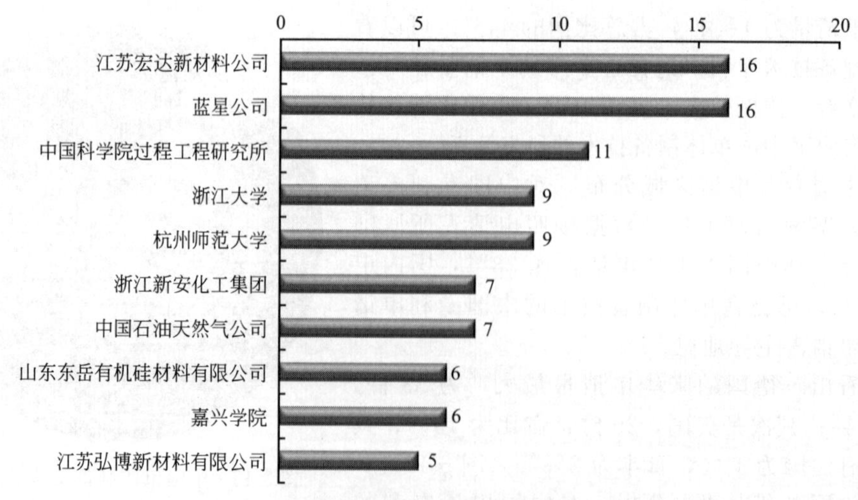

图 3-18　中国单体制备技术专利的国内申请人排名

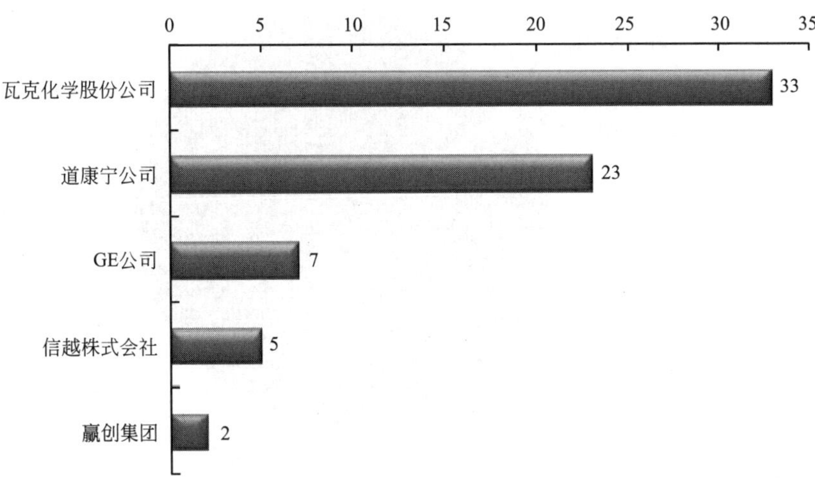

图 3-19　中国单体制备技术专利的国外来华申请人排名

中国单体制备技术申请人集中度的情况参见图 3-20。

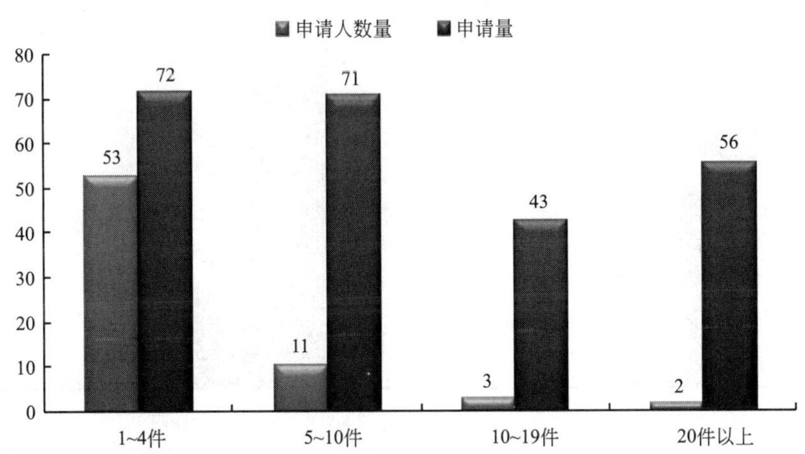

图 3-20　中国单体制备技术专利申请人集中度分析

从图 3-20 中可以看出，申请量为 20 件以上共有 2 位申请人，其申请量达到 56 件；申请量为 10-19 件的申请人有 3 位，申请量为 43 件；申请量为 5～10 件的申请人共有 11 位，申请量为 71 件；上述排名前 5 位的申请量占总量的 41%，而上述排名前 16 位的申请量占总量的 70%，而占申请人总量 77%的申请人的申请量仅占 30%。

(4) 中国专利申请技术领域分布　在单体制备技术中，甲基单体占比 74%，苯基单体占比 18%，乙烯基单体和烯丙基单体分别占比约为 2%，其它占比 4%。可以看出，甲基单体是专利申请的重点（图 3-21）。

图 3-22 是国外来华申请和国内申请技术领域的分布，在国外来华申请中有 65 件涉及甲基单体，9 件涉及苯基单体以及 1 件涉及乙烯基单体。而在国内申请中有 96 件涉及甲基单体，25 件涉及苯基单体，4 件涉及乙烯基单体，另有 3 件涉及烯丙基单体。

图 3-23 是中国专利申请中，甲基单体和苯基单体相关专利申请的趋势图。可以看出，在甲基单体的受到持续关注，近期专利申请量较高；而苯基单体的制备在 2002 之前关注极少，2003 年之后逐渐有专利申请，表明苯基单体是近期研发的重点方向。

(5) 小结　中国专利申请共计 218 件，国外来华申请数量上占优势，但趋势平稳；国内

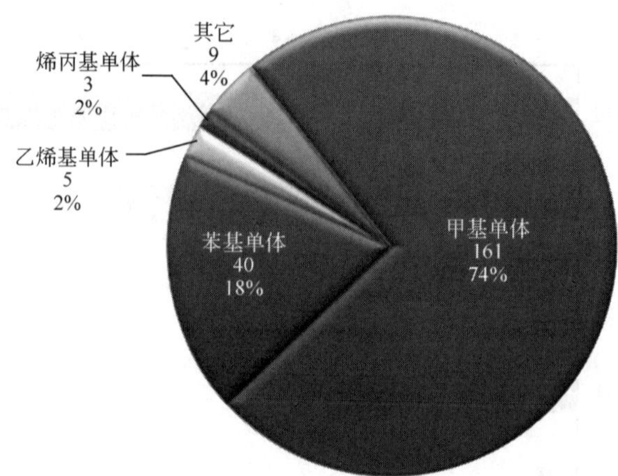

图 3-21 中国单体制备技术专利技术分布

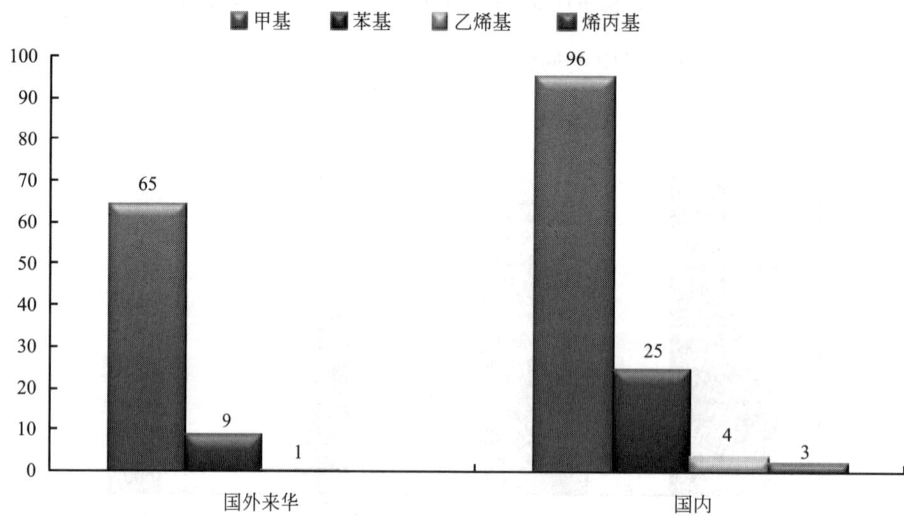

图 3-22 单体制备技术国外来华和国内申请领域分布

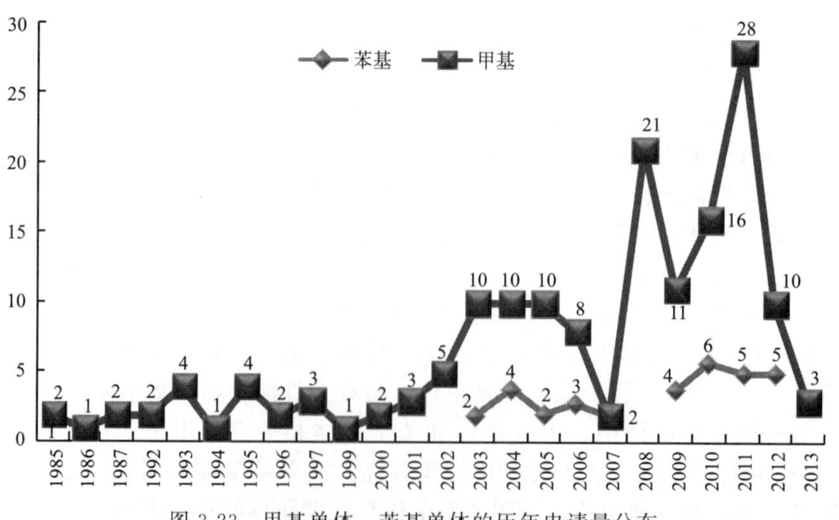

图 3-23 甲基单体、苯基单体的历年申请量分布

申请数量在 2008 年以后增长较快，近年国内研发比较活跃。中国单体制备技术专利申请以国内申请人为主，国外来华申请中。德国数量最多，其次为美国、法国和日本。国外来华申请人的申请量小于国内申请人的申请量。甲基单体制备技术的申请在单体制备技术领域的申请量中最多，而苯基单体的制备技术是单体制备技术领域近几年的重点研究方向。

3.1.2.2　*硅烷偶联剂中国专利状况分析*

（1）中国专利申请趋势　通过分析硅烷偶联剂领域中国专利申请量随时间变化的趋势可以了解该领域技术在中国的发展情况，其专利申请量趋势及申请量增长率见图 3-24。

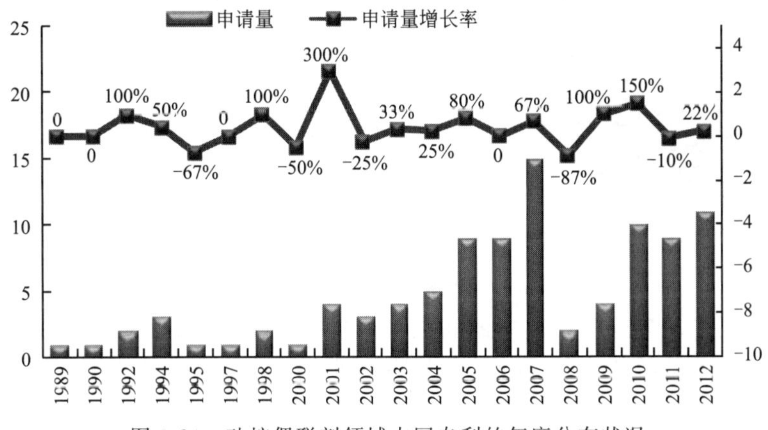

图 3-24　硅烷偶联剂领域中国专利的年度分布状况

可以看出：2007 年以前，硅烷偶联剂领域中国专利申请量增长率一直在正负之间波动，专利申请量大体呈逐步上升趋势，2007 年申请量量最多，为 15 件。与 2007 年相比，2008 年的中国专利申请量骤降，只有 2 件。2009～2011 年硅烷偶联剂领域中国专利申请量逐年增多，其申请量增长率也一直维持在 10％以上。可见，未来几年，硅烷偶联剂领域中国专利申请量会保持平稳增长态势。

图 3-25 是国内申请量和国外来华申请量随时间变化的趋势。可以发现 2008 年之前两条曲线都是平稳发展态势，且年均专利申请量较低。在 2008 年以后硅烷偶联剂领域国内申请量呈现直线上升趋势，国外来华申请量一直在 4 件以下波动。

硅烷偶联剂领域中国专利的研发活跃度是以近三年（2010～2012 年。由于 2013 年的专利申请大部分尚未公开，不具备统计性，故不予计算）的申请总量占硅烷偶联剂领域 1985～2012

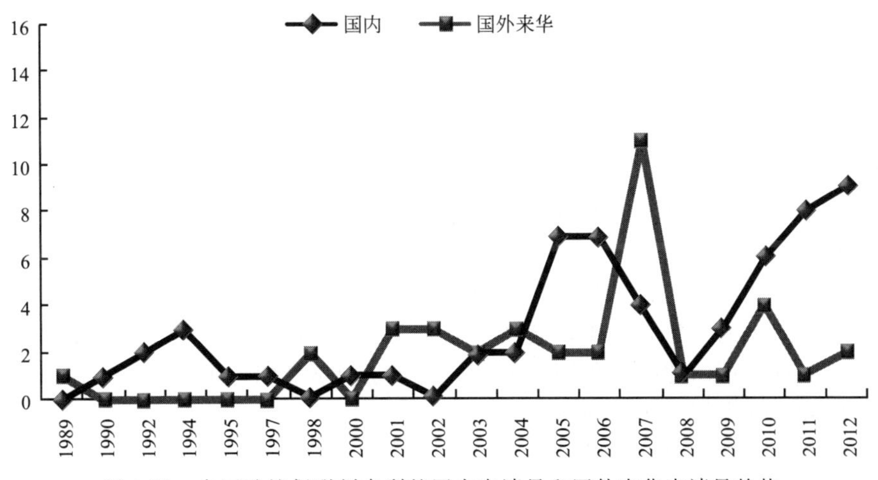

图 3-25　中国硅烷偶联剂专利的国内申请量和国外来华申请量趋势

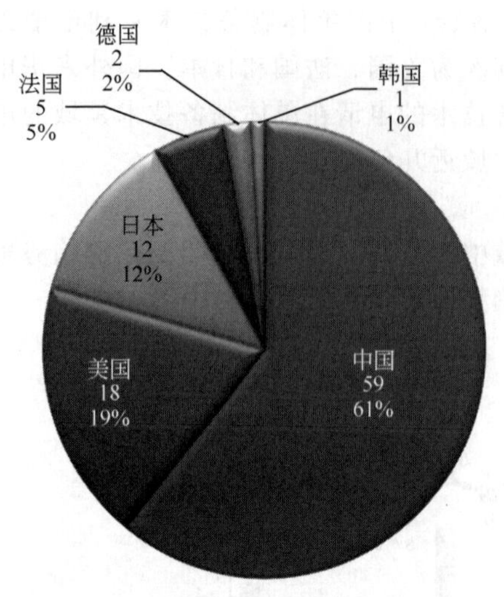

图 3-26 中国硅烷偶联剂专利的国别分布

年中国专利申请全部申请量的比例来表示。

统计发现，近三年的申请量为 30 件，占 1985～2012 年总申请量 97 件的 31%，计算得［(30 件/3 年)/(67 件/28 年)］活跃指数为 4.59，可见，硅烷偶联剂领域的研发活跃度较高。

（2）中国专利申请区域分布分析 从图 3-26 可以看出国内申请量远多于其他国家及组织，为 59 件，占中国申请量的 60%；国外来华申请量最多的美国有 18 件，其次是日本，12 件；再往下依次是法国、德国、韩国，申请量都在 5 件以下，国外来华专利申请量总占比只有 40%。由此发现，其他国家在硅烷偶联剂领域对中国进行的专利布局并不完善。

（3）中国专利申请人分析 硅烷偶联剂领域中国专利申请量排名前六位的十一个主要申请人的申请量情况显示（图 3-27），浙江大学、迈图、米其林公司分别排名第一、第二、第三位，其中浙江大学的申请量为 12 件，其他两位分别为 7 件、6 件；贵州省材料技术创新基地和华南理工大学并列第四位，申请量都是 5 件；GE 公司、道康宁和蓝星的申请量均为 4 件，排名第五；可见其他申请人与浙江大学的专利申请量相比差距还是比较大的。

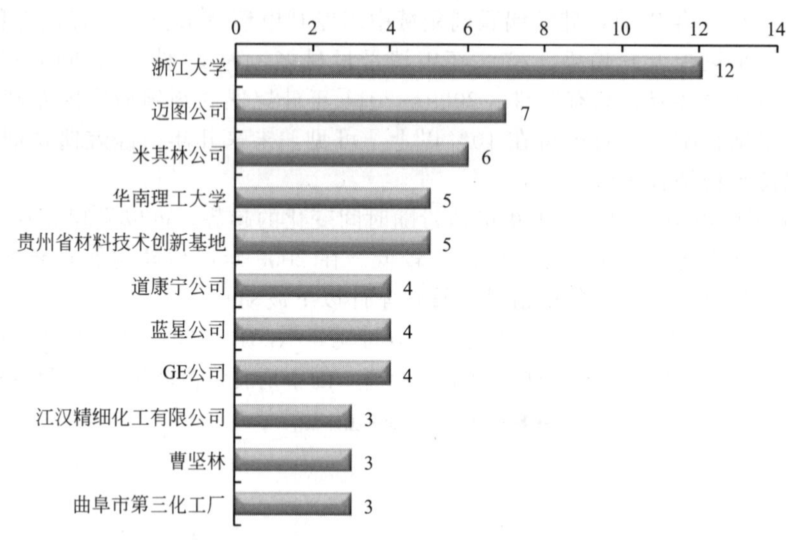

图 3-27 中国硅烷偶联剂的申请人排名

对硅烷偶联剂领域国外来华申请人进行排名后发现前十位申请人全部都是企业，如图 3-28 所示，说明国外企业非常注重自身技术实力的提升。比较这些公司，还可以发现，排名第一、第三、第四的迈图、GE、道康宁和克鲁普顿均为美国企业，排名第二的米其林为法国公司，排名第十的 6 家企业中，信越、佳能、株式会社普利司通和日矿金属株式会社均为日本企业，赢创是德国的跨国集团。可见硅烷偶联剂领域国外来华主要申请人中美国、日本，以及法国和德国占据了主要地位。

硅烷偶联剂领域国内申请人排名情况如图 3-29 所示。

浙江大学专利申请量 12 件，排名第一；华南理工大学和贵州省材料技术创新基地位居

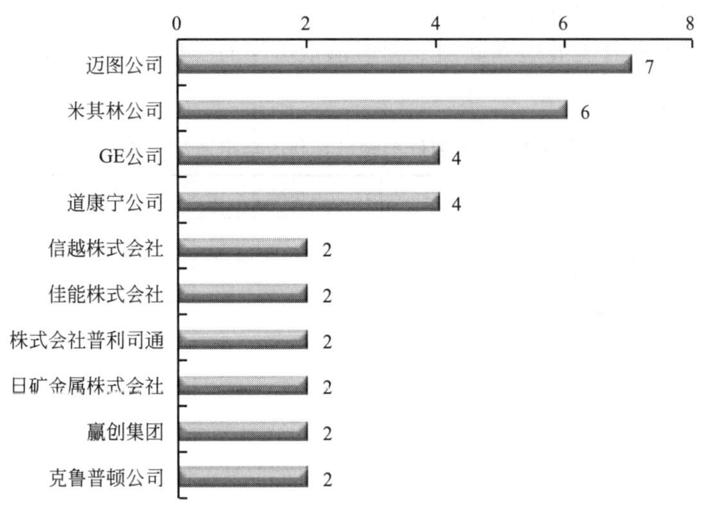

图 3-28　中国硅烷偶联剂的国外来华申请人排名

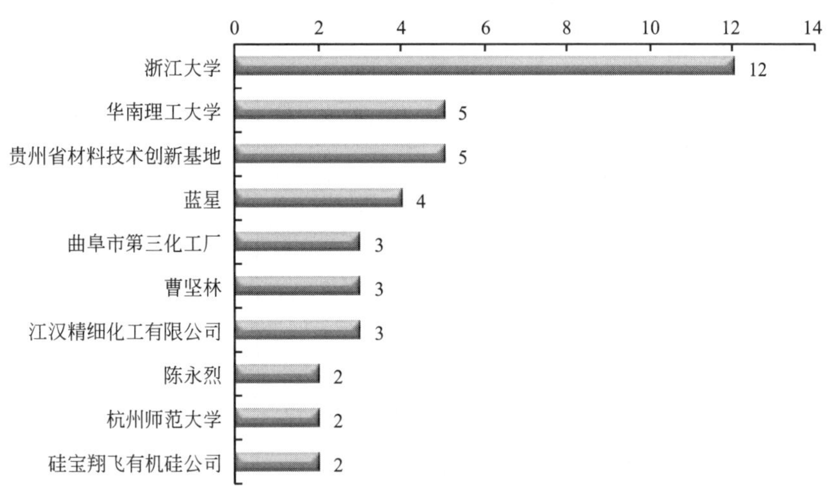

图 3-29　中国硅烷偶联剂的国内申请人排名

第二，其申请量均为5件；其他高校、企业以及个人的专利申请量均在5件以下；这说明国内申请人中，浙江大学在硅烷偶联剂领域的研发实力较强。排名第三、第四、第五位的申请人中，只有蓝星一家是以生产有机硅为主的综合性大企业，其他是个人或者规模较小的公司和高校。可见国内企业在新技术研发过程中对专利的重视程度还有待提高。

(4) 中国专利申请技术分布　从硅烷偶联剂领域不同分支在专利申请量所占的比例中可以得出各分支的研发投入量情况。图3-30显示，含硫硅烷偶联剂所占比例最大，为34%，氨基硅烷偶联剂其次，占28%，这两种占硅烷偶联剂所有种类的绝大部分，它们分别是用量最大的两个应用领域——轮胎和玻璃纤维改性

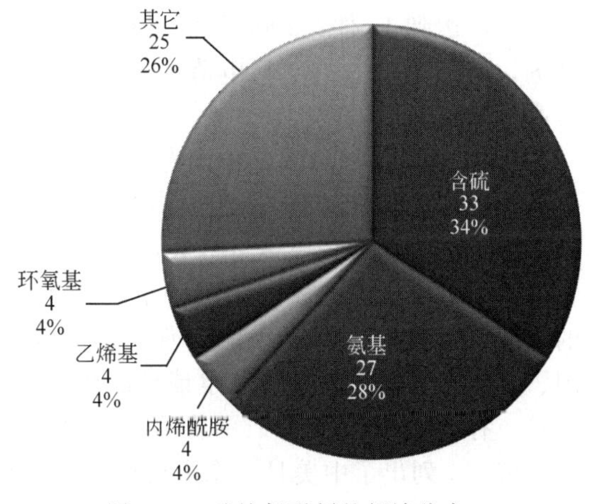

图 3-30　硅烷偶联剂的领域分布

所采用的硅烷偶联剂，其他种类的硅烷偶联剂所占比例总和只有38%。

为更好的观察不同分支硅烷偶联剂专利申请量历年的变化情况，选取几种主要分支列于表3-2。

表3-2 硅烷偶联剂领域专利历年申请量分布

年份	含硫	氨基	丙烯酰氧	环氧	氯烃基
1989		1			
1990					1
1992					
1994		1	1		
1995		1			
1997		1			
1998	2				
2000					
2001	3				
2002	1	2			
2003	1	1			
2004	2	1			1
2005	6	2			
2006	2	3	1	1	
2007	10	2			
2008					
2009	1	2			1
2010	2	5	1	1	
2011		1	1	2	
2012	3	4			
总计	33	27	4	4	3

以含硫硅烷偶联剂为例，1998年开始有相关专利申请，2007年其专利申请为近年来的最大量，达到10件；2008年没有相关专利申请，2009～2012年基本逐年增加。氨基硅烷偶联剂，2010年之前的年均申请量都在3件以下，2010～2012年申请量增多，年均申请量甚至高于含硫硅烷偶联剂。

图3-31是不同分支的中国专利申请量排名情况，可以看出在国内专利申请中氨基硅烷偶联剂申请量最大，为19件，其次是含硫硅烷偶联剂，11件；与此相反，国外来华申请中，含硫硅烷偶联剂申请量最大，为22件，氨基硅烷偶联剂其次，为8件。

不同分支硅烷偶联剂的国外申请人排名情况见图3-32，在含硫硅烷偶联剂领域，美国的专利申请量排第一位，为13件，中国排名第二，为11件，第三、第四、第五位分别是法国、日本和联邦德国，专利申请量都在5件以下。在氨基硅烷偶联剂领域，国内申请量排名第一，有19件，排名第二的日本有5件，美国、法国和韩国各有1件。

表3-3列出了中美日三个主要申请国家在含硫硅烷偶联剂和氨基硅烷偶联剂两个领域的历年专利申请量情况。中国在含硫硅烷偶联剂方向的专利申请情况可以分为三个时间段：

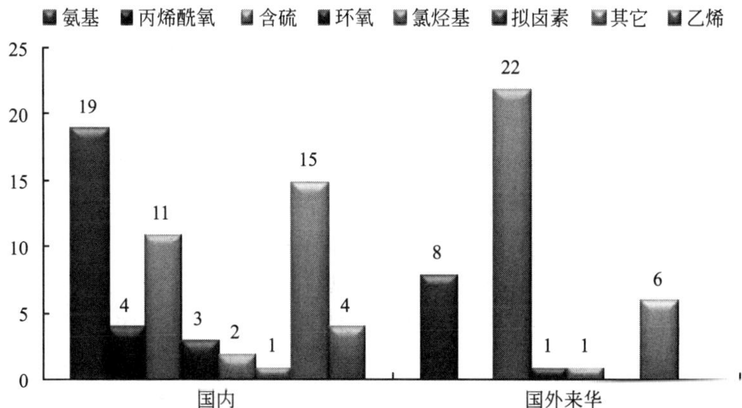

图 3-31 不同分支的中国专利申请量排名

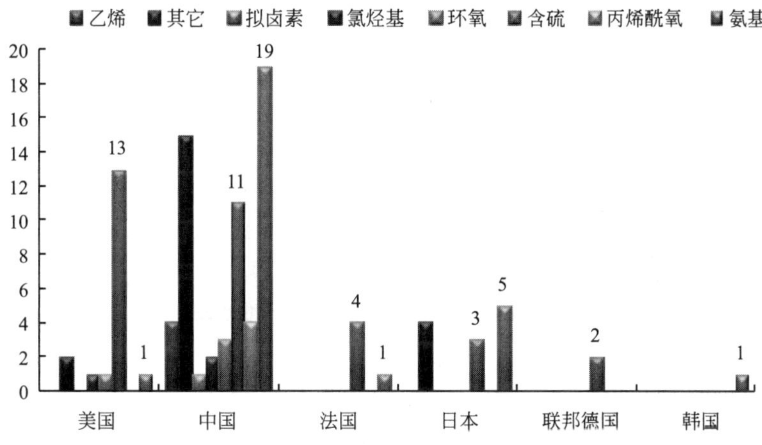

图 3-32 不同分支硅烷偶联剂的国外申请人排名

表 3-3 不同分支硅烷偶联剂的主要申请国家历年申请量排名

年份	中国		美国		日本	
	含硫	氨基	含硫	氨基	含硫	氨基
1989				1		
1994		1				
1995		1				
1997		1				
1998			2			
2001			2			
2002			1			2
2003		1	1			
2004		1	1			
2005	5	1			1	
2006	1	2	1			
2007	2		5		1	2
2009		2				
2010		4			1	1
2011		1				
2012	3	4				
总计	11	19	13	1	3	5

2005年以前属于无该方向专利申请时期；2005～2007年间陆续有一些专利，都在5件及以下；2007年之后仍然无专利申请，只在2012年有3件。美国则从1998年至2007年几乎每一年都在中国有专利申请。日本的含硫硅烷偶联剂专利申请从2005年、2007年和2010年各出现过1件。

氨基硅烷偶联剂方向，中国从1994年开始直至现在一直都有专利申请，2006年之前每年都未超过1件，2006～2012年的年专利申请量几乎都在2件以上。美国只在1989年有过一件该方向的专利申请，此后并没有就该方向在中国进行专利布局。日本在该方向的专利申请仅出现在2002年、2007年和2010年，每次不超过2件。

(5) 小结　中国专利申请中国外来华申请维持稳定，国内专利申请保持高速增长。中国专利以国内申请为主，国外来华申请中，美、日、欧是主要来源地，国内申请的区域分布集中于杭州、广州、江苏和湖北等。国外来华的主要申请人有迈图、米其林、道康宁和通用；国内申请人较为分散，与国外存在一定差距。含硫硅烷的研发是国外关注的热点，合成硅烷偶联剂的重要中间体的制备方法也是国外关注的重点。

3.1.2.3　*硅油中国专利状况分析*

(1) 中国专利申请趋势分析　中国专利申请由国内申请和国外来华申请两部分构成，为全面了解中国专利申请量的变化趋势，课题组从中国专利申请、国内申请和国外来华申请三个角度对历年的专利申请量进行了分析。

从图3-33中可以看出，1993～2005年，硅油中国专利申请呈波浪式上升趋势；从2006～2011年，呈线性上升趋势；申请量于2003年到达第一高峰89件，2005年到达第二高峰101件，2011年到达目前的顶峰151件。总体趋势呈稳步攀升状态。

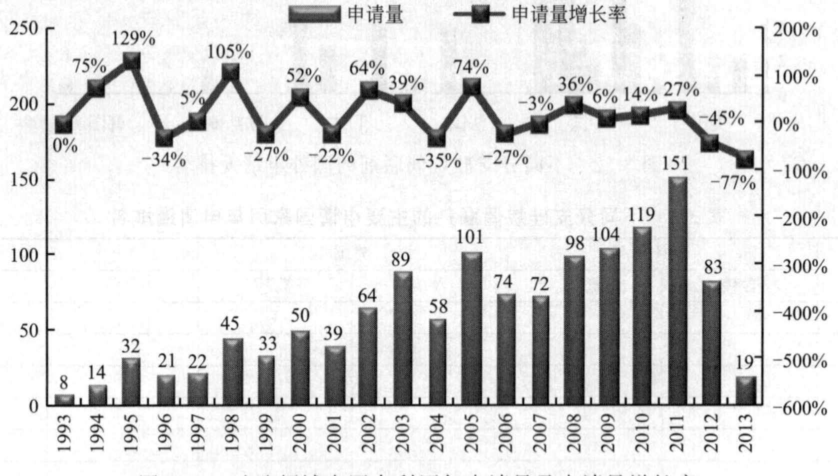

图3-33　硅油领域中国专利历年申请量及申请量增长率

其中，国外来华申请人从1993年开始申请量呈波浪式上升趋势，2003年达到顶峰77件；2004年突降至45件，2005年又上升至76件，2006年突降至54件；之后一直到2009年申请量基本平稳，在50件上下波动；2010年上升至64件，2011年下降至48件。总体上来说，国外来华申请人的申请量在早期呈现波浪式增长趋势，近年来申请量基本平稳，呈现小幅波动趋势。

国内申请人在1993～2000年期间仅有零星申请，其基本处于空白阶段；从2001年开始，呈现阶梯状增长趋势；2001～2005年为第一增长期，这一阶段，申请量呈线性增长趋势；2005～2007年为第一平稳期，这一阶段，申请量稳定在20～25件；2008～2010年为第二平稳期，申请量稳定在55件左右；2011年，国内申请量激增至103件，达到国内申请量

的顶峰值。

从国外来华申请量和国内申请量变化曲线的对比可以看出（图 3-34），近年来，在硅油领域，国内申请量呈现良好的增长趋势，国外来华申请量呈现平稳趋势，并且国内申请量逐渐超越国外来华申请量，成为中国专利申请中的主力。

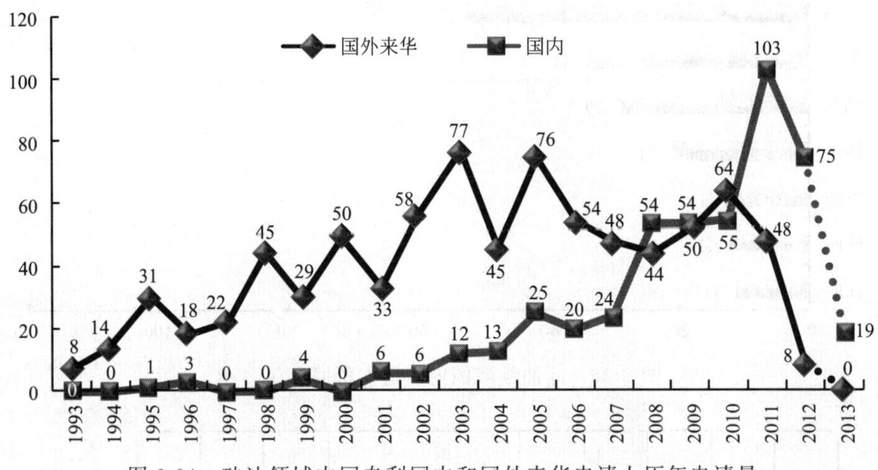

图 3-34　硅油领域中国专利国内和国外来华申请人历年申请量

（2）中国专利申请区域分布分析　硅油领域中国专利国内申请量为 486 件，占比 36%，国外来华申请量为 854 件，占比 64%，可见，硅油领域中国专利国外来华申请人的申请量要高于中国内申请人的申请量。

如图 3-35 所示，硅油领域中国专利申请中，来自中国的申请人申请量排名第一，为 486 件，占总申请量的 36%；其次是来自美国的申请人，305 件，占总申请量的 23%；来自日本的申请人，171 件，占总申请量的 13%；来自联邦德国的申请人，150 件，占总申请量的 11%；来自法国的申请人 138 件，占总申请量的 10%；来自荷兰的申请人 48 件，占总申请量的 4%，来自其它国家的申请人共 42 件，占总申请量的 3%。由图 3-35 可以看出，硅油中国专利申请人主要来自中国、美国、日本和欧洲，地区分布非常集中，可见，美日欧对在中国的专利布局是非常重视的。

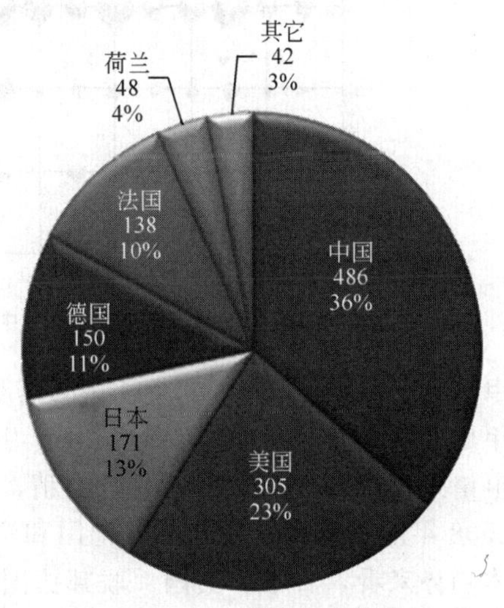

图 3-35　硅油领域中国专利申请人所属国家分布

硅油领域国内申请人主要分布在江苏、广东、浙江和上海等省市地区（图 3-36）。其中江苏省的申请量最高，为 97 件；其次为广东省，77 件；浙江省，57 件和上海市 52 件；它们的申请量均远高于其它省市地区，由此可见，国内申请人的地区分布也是比较集中的。

其中来自法国的申请人整体的申请趋势呈现先增长后下降的态势（图 3-37），2002 年前后为申请量的顶峰，之后申请量成波浪式下降趋势。来自联邦德国申请人的申请早期除了 1996 年和 1997 年空白外，基本处于平稳状态；2004 年之后略有上升，2006 年到达顶峰，之后略有下降并保持基本平稳状态。来自美国申请人的申请在 1993～2005 年间呈现波浪式上升趋势并在 2005 年达到顶峰，2006 年申请量下降，并在之后基本保持该水平。来自日本

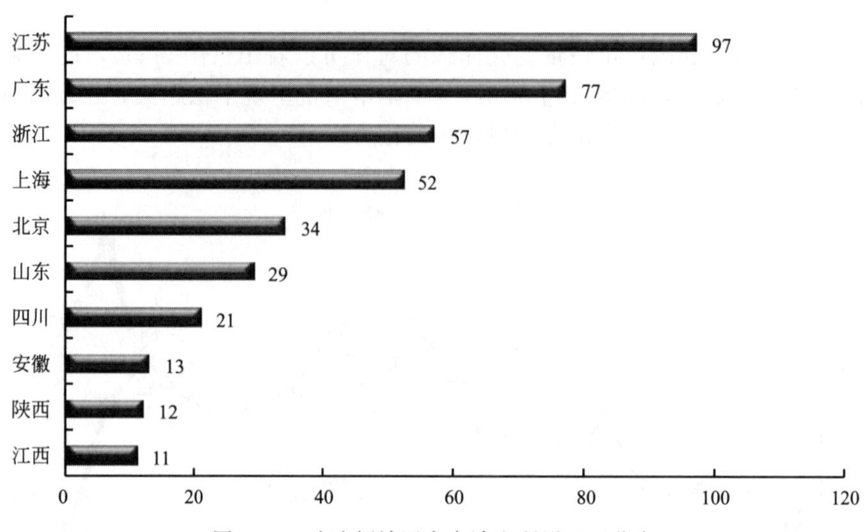

图 3-36　硅油领域国内申请人所属地区分布

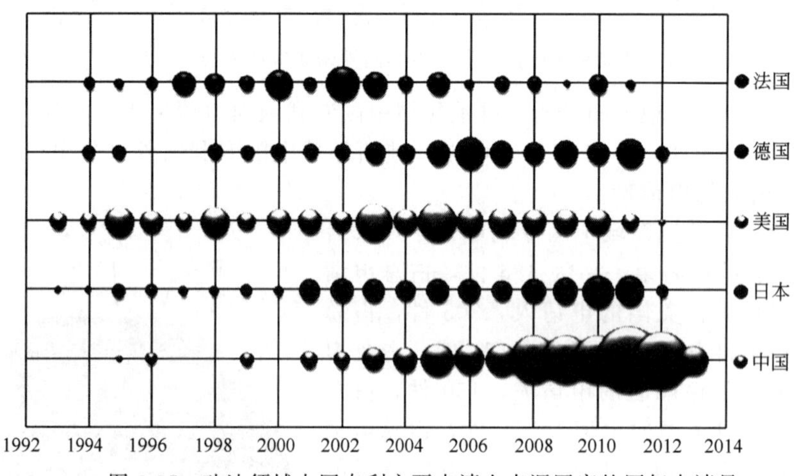

图 3-37　硅油领域中国专利主要申请人来源国家的历年申请量

申请人的申请在 1993～2000 年间基本保持平稳状态，2001 年产生第一次突跃，2001～2009 年也基本保持平稳状态，2010 年产生第二次突跃，2011 年相对 2010 年略有下降。来自中国申请人在 2000 年前仅有零星申请，但 2001 年之后，中国申请人的申请量快速增长，在 2008 年便超越日本、美国、德国和法国，成为年申请量最多的国家，之后一直保持。从整体趋势来看，日本、美国、联邦德国和法国在硅油领域在 20 世纪 90 年代便在中国进行专利布局，前期布局完善，不容小觑。

(3) 中国专利申请人分析

① 中国专利申请主要申请人分析　如图 3-38，宝洁公司、道康宁公司和莱雅公司分别为前三位，并且它们的申请量均超过了 100 件，远高于其它公司。在申请量排名前十位的申请人中，仅有一位国内申请人蓝星，并且该申请人排名第十位，其申请量仅为排名第一位的申请人宝洁公司的 18%。前十位申请人中，宝洁公司、道康宁公司和迈图为美国公司，莱雅公司为法国公司，赢创集团和瓦克化学股份公司为联邦德国公司，联合利华有限公司为荷兰公司，而花王株式会社和信越化学工业株式会社为日本公司。由此可见，硅油领域中国专利主要申请人中，国外来华申请人占据了主要地位，而国外来华申请人均为美日欧公司，其

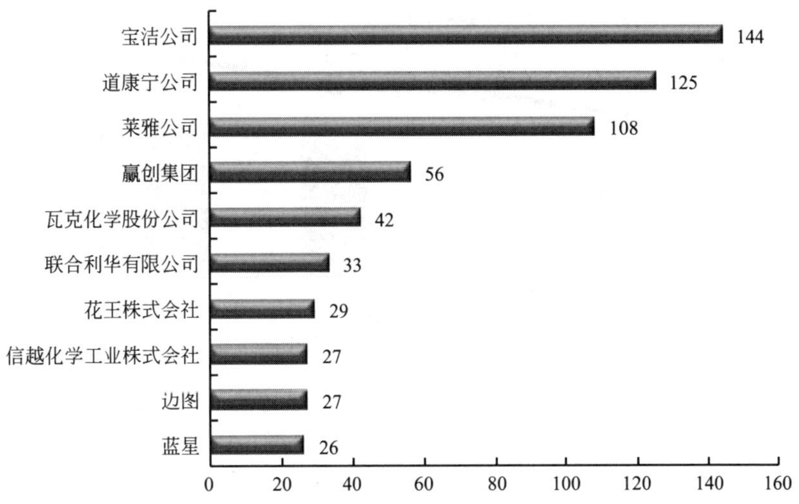

图 3-38　硅油领域中国专利申请量排名前十申请人

中又以美国公司所占比重最高；这表明，美国公司在技术上占据优势地位。

如表 3-4 所示，国外来华申请人前十位均为公司，国内申请人前十位中前两位为公司，第三位为个人申请人（华明扬虽然为个人申请人，但其为江阴市诺科科技有限公司法人代表），第四至十位均为高校和科研院所；并且很明显，国内申请人的申请量远远低于国外来华申请人的申请量。国内申请人的构成为企业、个人、高校和科研院所，这表明在中国，企业已经意识到技术研发的重要性，而高校和科研院所也很重视该领域的技术研发，如果能更进一步的促进产学研的结合，那么对我国硅油领域的技术发展将会起到很重要的促进作用。

表 3-4　硅油领域中国专利申请量排名前十位的国外来华和国内申请人及其申请量

国外来华申请人	申请量	国内申请人	申请量
宝洁公司	144	蓝星	26
道康宁公司	125	南京四新科技应用研究所有限公司	18
莱雅公司	108	华明扬	12
赢创集团	56	华东理工大学	11
瓦克化学股份公司	42	陕西科技大学	8
联合利华有限公司	33	杭州师范大学	8
花王株式会社	29	华南理工大学	8
信越化学工业株式会社	27	苏州大学	6
迈图	27	山东大学	6
株式会社资生堂	20	中国科学院化学研究所	6

② 中国专利申请人集中度分析　如图 3-39 所示，硅油领域专利申请共有 435 个申请人，其中排名前十位的申请人的申请量为 617 件，占总申请量的 43.8%，也就是说前 2.3%的申请人占据了 43.8%的申请量，可见该领域相关技术较高程度地集中在少数申请人手中。

③ 中国专利申请人活跃度分析　硅油领域中国专利近五年（2008～2012 年）的申请总量为 555 件，硅油领域 1993～2012 年中国专利申请全部申请量为 1277 件。可以看出，近五年的申请量占 1993～2012 年总申请量的 43%；经计算，其活跃指数为 2.31；可见，硅油领域的研发活跃度相对较高，该领域仍有较大的研发空间。

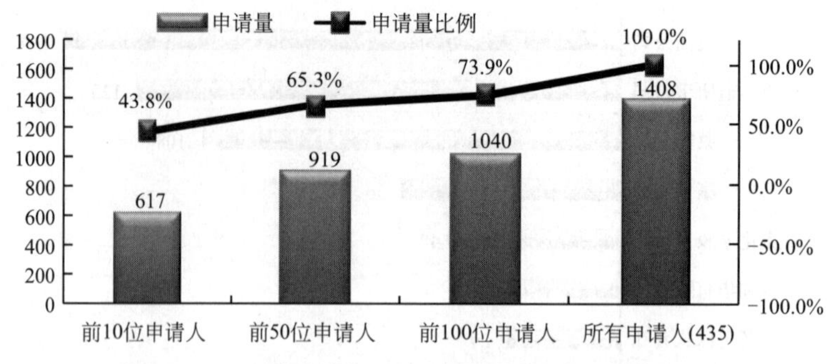

图 3-39　硅油领域中国专利不同排名申请人申请量占比

（4）中国专利申请技术领域分布　硅油具有许多独特的性能，例如防水、抗粘、脱模、消泡、匀泡、润滑、介电、耐高低温、耐老化、耐紫外线、耐挥发和低挥发性等，其在国民经济的许多方面都得到了广泛的应用，如机械工业领域、电子电气领域、医药领域、日化用品领域和纺织领域等。

为了了解申请人专利申请的领域分布和关注点，课题组对中国专利申请的技术领域分布进行了统计分析，如图 3-40 所示。其中，硅油在日化领域和纺织领域应用最为广泛，分别占全部申请量的 43％和 17％，合计占总申请量的 60％。

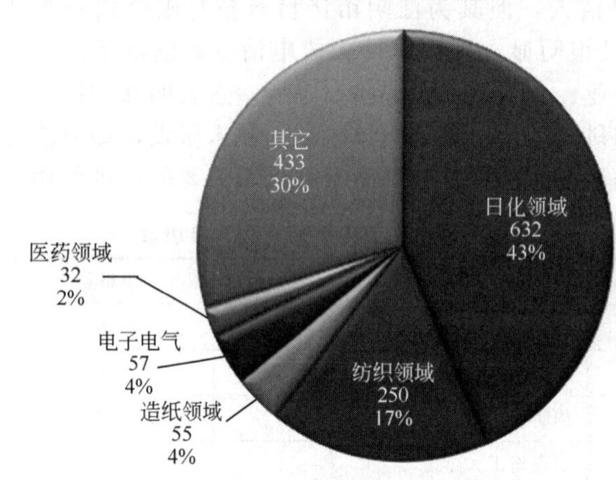

图 3-40　硅油领域中国专利申请领域分布

（5）小结　中国专利申请共计 1340 件，呈稳步攀升态势，国外来华申请数量上占优势。国外来华申请美国数量最多，其次为日本、联邦德国和法国。国内申请人中企业和高校科研院所平分秋色，申请量最多的国内申请人是蓝星。国内申请和国外来华申请的技术方向有重合，国内申请为纺织领域，国外来华申请为日化领域和纺织领域

3.1.2.4　*硅树脂中国专利状况分析*

（1）中国专利申请趋势分析　中国专利申请由国内申请和国外来华申请两部分构成，为全面了解中国专利申请量的变化趋势，课题组从中国专利申请、国内申请和国外来华申请三个角度对历年的专利申请量进行了分析。

由图 3-41 可以看出，1993～2002 年是该技术的起步阶段，在 2002 年之前，中国硅树脂领域的专利申请量较少，未超过 50 件，显示出这一时期我国硅树脂发展尚处于萌芽阶段；2003～2007 是该技术发展较快的时期，申请量增长较大；2008 年和 2009 年，该技术发展迅猛；2010 年和 2011 年申请量稍有下降，与有些 PCT 还没有进入中国有关；而 2012 年和 2013 年申请量的下降与很多国内申请还没到 18 个月公开期限，同样也与这两年的 PCT 还没有进入中国有关。

为了更清晰的对比国内和国外来华申请人的申请状况，课题组对二者历年的申请量变化进行统计分析，具体如图 3-42 所示。

由图 3-42 可以看出，有关硅树脂方面的国内申请，1993～2002 年是该技术的起步阶段，2003～2006 年是该技术发展较快的时期，申请量增长较大；2007～2012 年，该技术发展迅猛。

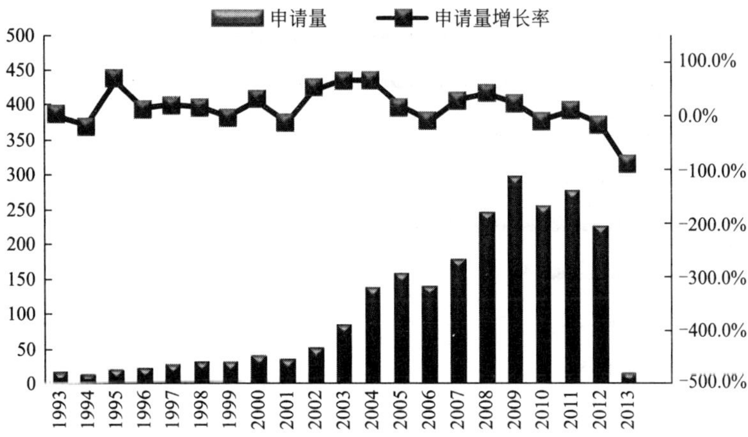

图 3-41　硅树脂领域中国专利历年申请量及申请量增长率

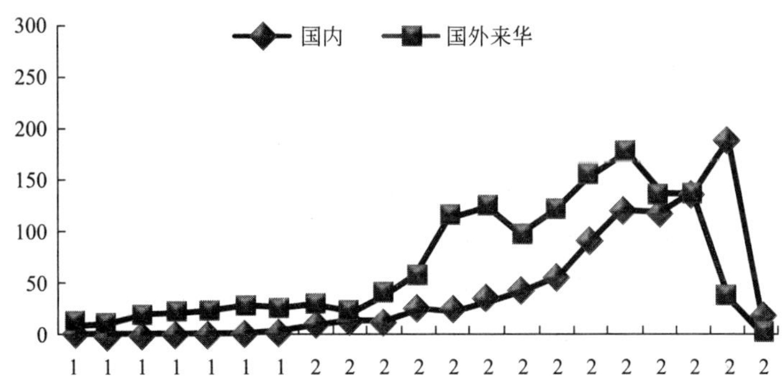

图 3-42　硅树脂领域中国专利国内和国外来华申请人历年申请量

有关硅树脂方面的国外来华申请，1993～2001 年是该技术的起步阶段，2002～2006 年是该技术发展较快的时期，申请量增长较大；2007～2009 年，该技术发展迅猛；2010～2012 年申请量下降，与有些 PCT 还没有进入中国有关。

（2）中国专利申请区域分布分析　在硅树脂技术的中国专利申请中，国外来华申请占主导地位，申请量为 1410 件，大约占整个申请量的 61%，国内申请量为 903 件，大约占整个申请量的 39%。

如图 3-43 所示，中国硅树脂专利申请中，来自中国的申请人申请量排名第一，占比为 40%；其次是日本申请人在中国的申请，占比为 27%；美国申请人在中国的申请，占比为 19%；联邦德国为 10%；韩国为 2%。

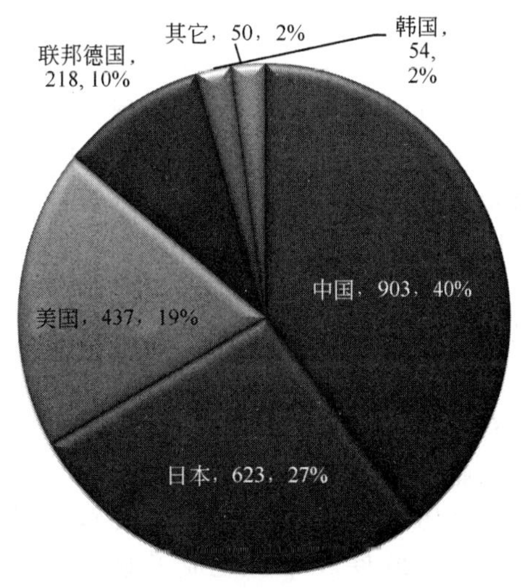

图 3-43　硅树脂领域中国专利申请人所属国家分布

如图 3-44 所示，硅树脂领域国内申请主要分布在广东、江苏、北京、上海和浙江等地区。其中广东省申请量最多，161 件；其次为江苏省，140 件；北京、上海和浙江分别为第三到第五，其申请量分别为 87 件、83 件和 74 件。

（3）中国专利申请人分析

① 中国专利申请主要申请人分析　由图 3-45

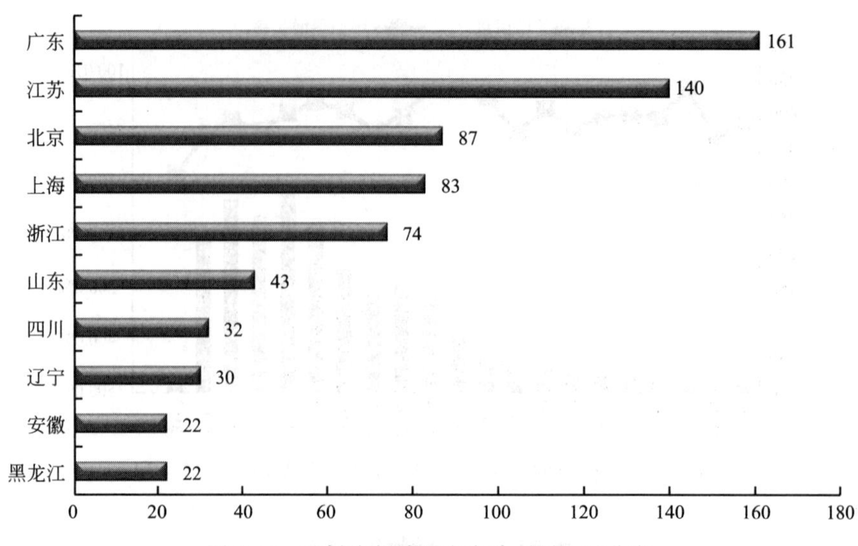

图 3-44　硅树脂领域国内申请所属地区分布

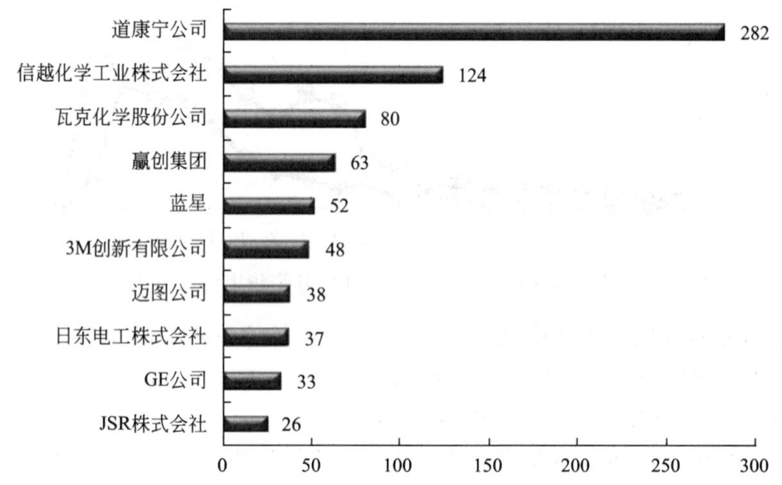

图 3-45　硅树脂领域中国专利申请量排名前十申请人

可以看出，在中国申请专利的排名前十申请人为道康宁公司（282 件）、信越化学工业株式会社（124 件）、瓦克化学股份公司（80 件）、赢创集团（63 件）、蓝星（52 件）、3M 创新有限公司（48 件）、迈图公司（38 件）、日东电工株式会社（37 件）、GE 公司（33 件）、JSR 株式会社（26 件）。根据企业调研和结合产业状况排名的五大巨头均在前 10 名之列。

表 3-5 中列举了国内和国外来华申请人排名前十一位的申请人，其中国内的主要申请人是：蓝星，比亚迪股份有限公司，北京化工大学，浙江大学，哈尔滨工业大学，复旦大学，中国科学院化学研究所，杭州师范大学，中科院广州化学有限公司，华南理工大学和浙江润禾有机硅新材料有限公司。国外来华的主要申请人分别是：道康宁公司（282 件），信越化学工业株式会社（124 件），瓦克化学股份公司（80 件），赢创集团（63 件），3M 创新有限公司（48 件），迈图公司（38 件），日东电工株式会社（37 件），GE 公司（33 件），JSR 株式会社（26 件），日立化成工业株式会社（24 件），日产化学工业株式会社（20 件）。国外来华的主要申请人中 5 个是日本的公司，3 个是美国的公司，2 个是德国公司。而且这些公司大部分是知名企业。

表 3-5　硅树脂领域中国专利申请量排名前十一位的国外来华和国内申请人及其申请量

国外来华申请人	申请量	国内申请人	申请量
道康宁公司	282	蓝星	52
信越化学工业株式会社	124	比亚迪股份有限公司	21
瓦克化学股份公司	80	北京化工大学	19
赢创集团	63	浙江大学	15
3M 创新有限公司	48	哈尔滨工业大学	15
迈图公司	38	复旦大学	14
日东电工株式会社	37	中国科学院化学研究所	14
GE 公司	33	杭州师范大学	14
JSR 株式会社	26	中科院广州化学有限公司	13
日立化成工业株式会社	24	华南理工大学	10
日产化学工业株式会社	20	浙江润禾有机硅新材料有限公司	10

② 中国专利申请人集中度分析　从图 3-46 中可以看出，中国硅树脂专利申请的集中度比较高。申请量前 5 位申请人的申请量占硅树脂总申请量的 24.3%，申请量前 10 位的申请人的申请量占硅树脂总申请的 31.6%，前 50 位申请人的申请量占硅树脂总申请量的 51.8%。

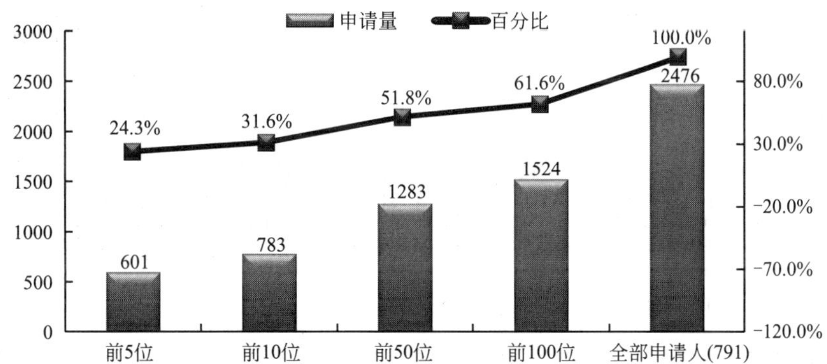

图 3-46　硅树脂领域中国专利不同排名申请人申请量占比

2008～2012 年五年申请总量为 1294 件，占 1993～2012 年总申请量 2266 件的 57%。可以看出，硅树脂专利申请近 5 年的申请量相对于总申请量来看，比例要高于其所占的年份量，即，5 年是总时间的 1/4，但是申请量的比例达到了一半多，所以近 5 年的申请比较活跃，侧面验证了硅树脂的研发比较活跃。

(4) 中国专利申请技术领域分布　如图 3-47 所示，硅树脂在涂料方面的申请在整个技术领域中的申请量中最多，硅树脂封装材料是硅树脂领域近几年的重点研究方向。

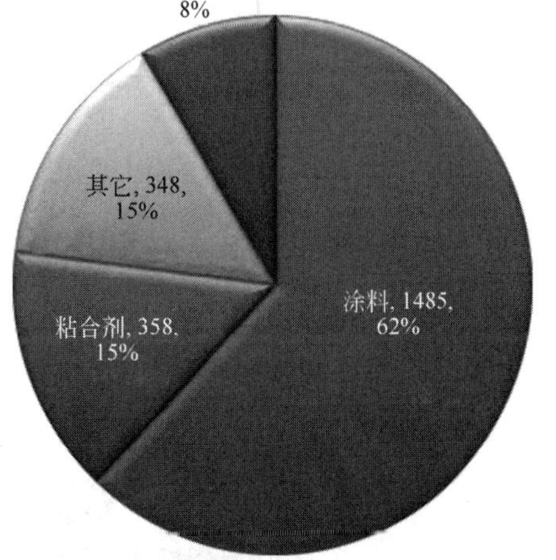

图 3-47　硅树脂领域中国专利申请技术领域分布

(5) 小结　中国硅树脂专利申请共计 2313 件，专利申请量和申请人数量呈均快速增长趋势。在中国专利申请中，国外来华申请在数量上占优势，高于国内申请的数量。国外来华申请日本数量最多，其次为美国、联邦德国和韩国。国内申请人中高校科研院所为主，企业占少数，申请量最多的国内申请人是蓝星。国内申请和国外来华申请的技术方向有重合，国内和国外来华申请在涂料领域申请量均最大，重点研究方向均为封装材料领域。

3.1.2.5　硅橡胶中国专利状况分析

（1）中国专利申请趋势分析　中国专利申请由国内申请和国外来华申请两部分构成，为全面了解中国专利申请量的变化趋势，课题组从中国专利申请、国内申请和国外来华申请三个角度对历年的专利申请量进行了分析。

从图 3-48 可以看出，1993～2003 年间，硅橡胶中国专利申请量呈波浪式上升趋势，但申请量均低于 60 件。2004 年申请量有大幅度增长，首次突破百件大关。2004～2012 年间，除了 2009 年申请量有所回落外，其余均呈现稳步增长的趋势，并于 2012 年达到目前的顶峰 209 件。2013 年专利量的下降与专利申请很多未达到 18 个月的公开期限有关。

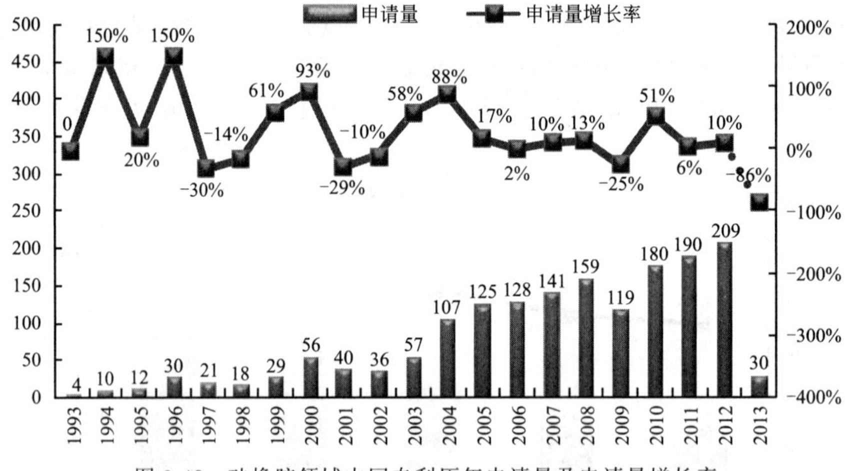

图 3-48　硅橡胶领域中国专利历年申请量及申请量增长率

在硅橡胶领域中国专利申请中，国内申请为 869 件，占 51%，国外来华申请为 848 件，占 49%。国内申请量与国外来华申请量基本持平。从图 3-49 所示硅橡胶技术中国专利国内和国外来华申请量变化来看，在 1993～2002 年这一阶段中，国内硅橡胶处于研发的起步阶

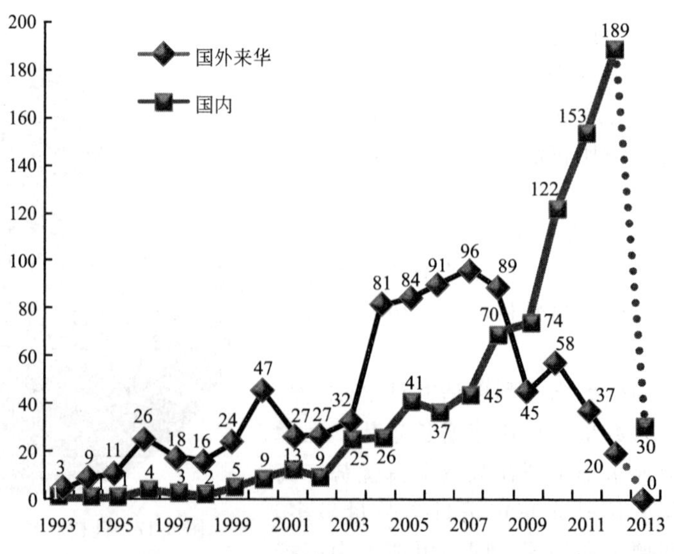

图 3-49　硅橡胶领域中国专利国内和国外来华申请人历年申请量

段，基础比较薄弱，发展缓慢，国内申请长期维持在年申请量 15 以下的低水平，远远低于同期全球的硅橡胶申请量，也低于同期国外来华的申请量，这反映出我国硅橡胶技术整体落后于国外。在这阶段中，国外来华的申请量呈现波浪增长，1996 年达到第一个峰值 26 件，2000 年达到第二个峰值 47 件，相较于同期超过 500 项的全球硅橡胶申请量可以看出，这个阶段国外技术虽然处于逐步增长的阶段，但出于当时中国市场的开放程度以及中国的经济发展程度，国外企业对我国的专利战略布局尚处于试探阶段，并未大规模开展。在 2003～2007 年的这一阶段中，国内申请量稳步增长，而国外申请量于 2004 年大幅增长，并在随后四年内稳定增长，2007 年时达到目前的最高峰值 96 件，是同年国内申请量的两倍以上。20 世纪 90 年代末期至 21 世纪初期，中国有机硅产业的上游硅单体的产量和工艺水平大大提高，从而也推动了下游产业硅橡胶的发展，而国外企业不愿看到中国有机硅工业的成长和发展，于 2002 年和 2003 年对中国进行了倾销，同时开始了大规模的专利战略布局。在 2008 至 2012 年的阶段中，国内申请量快速增长，上述趋势是因为 2006 年对美国、日本、英国、德国执行的反倾销税，促进了国内上游硅单体产能和工艺的进一步增加，国内单体的成本在下降，并且由于“十一五”期间随着我国建筑、电子电器、汽车、玩具和工艺品等行业的快速发展，对硅橡胶的需求量迅速扩大，市场需求导致了企业以及研究院所对硅橡胶的研发越来越重视，从而促进了硅橡胶技术的发展以及专利申请量的提高。相反地，国外来华申请量则逐步开始萎缩，国外来华申请量在 1993～2008 年之间均高于国内申请量，但 2009 年申请量萎缩至 45 件，至此后国外来华年申请量均低于国内申请量。2013 年国内申请量的下降与 2012 年下半年以及 2013 年的专利申请很多都没达到 18 个月的公开期限有关。而 2012～2013 年国外来华申请量的下降除了上述原因外，还与部分 PCT 未进入国家阶段有关。

（2）中国专利申请区域分布分析　硅橡胶领域国专利申请中国国内申请为 869 件，国外来华申请为 848 件，二者基本上各占一半，国内申请为 51%，国外来华申请为 49%（图 3-50）。

硅橡胶中国专利申请中，来自中国的申请人申请量排名第一，为 869 件，占总申请量的 51%；其次是来自日本的申请人，325 件，占总申请量的 19%；来自美国的申请人，284 件，占总申请量的 16%；来自联邦德国的申请人，153 件，占总申请量的 9%；来自其它国家的申请人，共 86 件，占总申请量的 5%。由该图可以看出，硅橡胶中国专利申请人主要来自中、日、美和德国，地区分布非常集中，可见，美国、日本、德国这三个国家对在中国的专利布局是非常重视的。

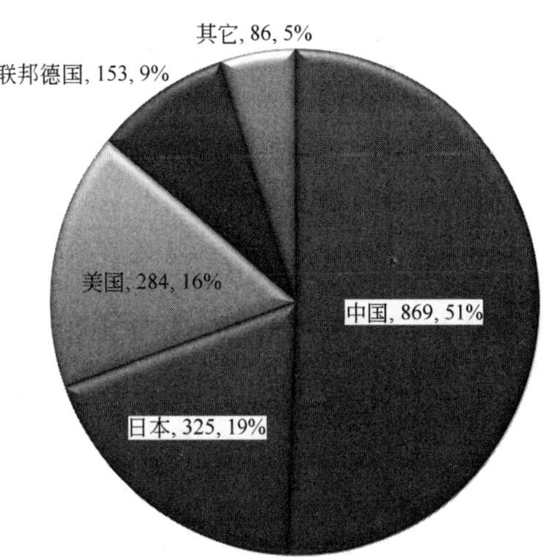

图 3-50　硅橡胶领域中国专利申请人所属国家分布

由图 3-51 可以看出：日本 1994 年开始在中国硅橡胶领域开始专利布局，期间经历了四个阶段，第一个阶段为 1994～1999 年，期间年申请量均少于 5 件，认为这个阶段为日本在中国专利布局的初始阶段；第二个阶段为 2000～2003 年，期间年申请量保持在 10 件左右，认为这个阶段为日本在中国专利布局的发展阶段；第三个阶段为 2004～2007 年，期间申请量增长势头很快，午申请量突升至 40 件左右，认为这个阶段为日本在中国专利布局的重点阶段；第四个阶段为 2008 年至今，期间申请量有所下降，其中 2009 年降至 12 件，其它年份的申请量在 20～30 件之间，由于 2012 年和 2013 年的数据并不完整，所以尚且无法判断

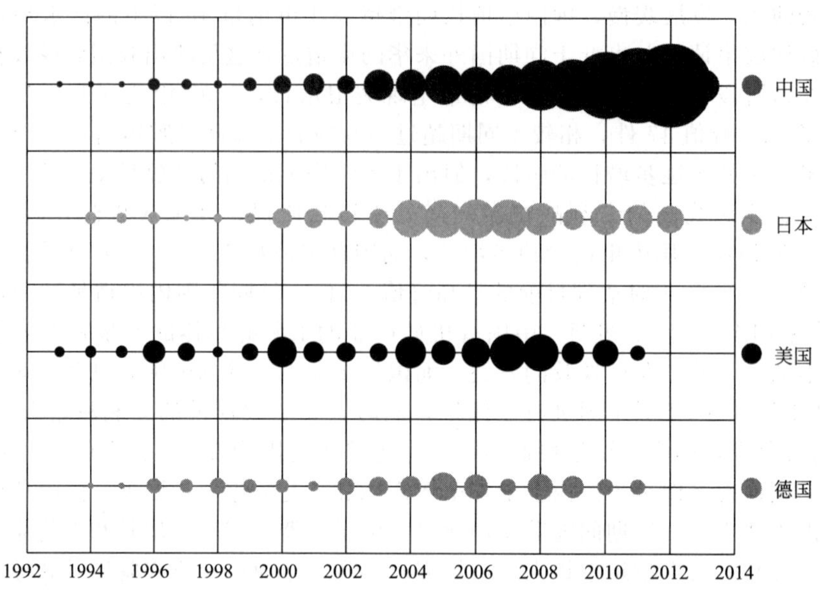

图 3-51　硅橡胶领域中国专利主要申请人来源国家的历年申请量

其具体趋势，因此认为这个阶段为日本在中国专利布局的调整阶段。美国和日本的历年专利申请量变化比较类似，其也是在 2000 年和 2004 年专利申请量有个突增，2009 年专利申请量有较大的下降。德国历年申请量的变化比较平稳，2003 年首次突破 10 件，2005 年达到峰值 21 件，之后有所下降。2002 年之前，中国的历年申请量都较低，2003 年之后稳步增长，2005 年首次超越日本、美国、联邦德国，成为在中国申请量最大的国家，2008 年后申请量大幅度增加，申请量远高于其它国家。

（3）中国专利申请人分析

① 中国专利申请主要申请人分析　由图 3-52 可以看出，道康宁在中国的申请量为 258 件，远超于其它申请人。在中国申请量排行第二至第四位的分别是信越、瓦克和蓝星，申请量分别为 133 件、117 件和 94 件，也远超申请量并列排行第五的 GE 与迈图。从中也可看出，全球五大有机硅公司，都十分重视在中国的专利布局。在前十名申请人中，仅有蓝星和

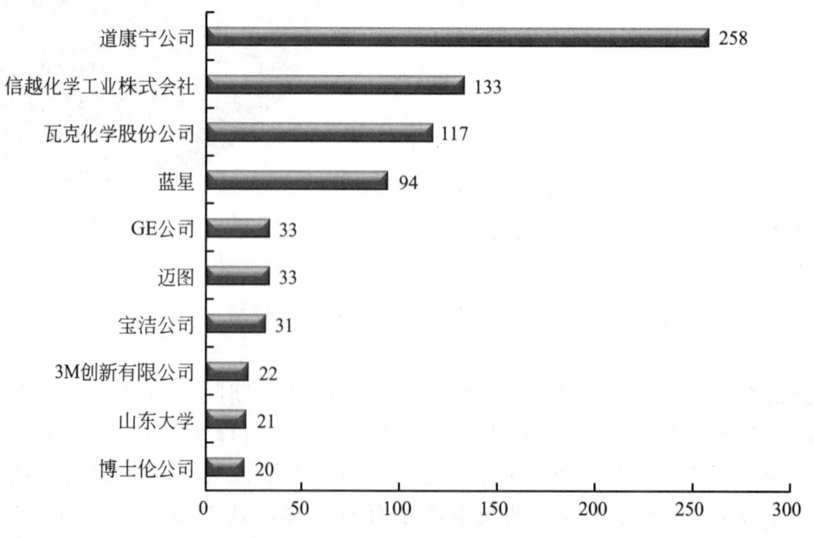

图 3-52　硅橡胶领域中国专利申请量排名前十申请人

山东大学属于国内的申请人，其中蓝星的大部分专利还源自对罗地亚的收购，可见，硅橡胶领域的专利申请中，虽然超过一半的申请是由国内申请人所有，但国内申请人对硅橡胶领域的技术研发并不集中，技术分布比较分散。

如表 3-6 所示，国外来华申请人的前十位均是国际知名企业，国内申请人申请量排名第一位为蓝星，后九位的申请量均不高，远低于国外来华申请人的申请量。

表 3-6　硅橡胶领域中国专利申请量排名前十位的国外来华和国内申请人及其申请量

国外来华申请人	申请量	国内申请人	申请量
道康宁公司	256	蓝星	94
信越化学工业株式会社	133	山东大学	21
瓦克化学股份公司	117	天津大学	18
迈图	33	成都硅宝科技股份有限公司	18
GE 公司	33	清华大学	17
宝洁公司	31	吴江朗科化纤有限公司	16
3M 创新有限公司	22	烟台德邦科技有限公司	13
博士伦公司	20	佛山市金银河机械设备有限公司	13
庄臣及庄臣视力保护公司	17	中国科学院化学研究所	13
莱雅公司	16	江苏天辰硅材料有限公司	13

② 中国专利申请人集中度分析　如图 3-53 所示，硅橡胶领域拥有 3 件以上专利申请的申请人共有 310 个，其中排名前 5 位的申请人的申请总量为 668 件，占总申请量的 38%，也就是说前 1.61%的申请人占据了 38%的申请量，可见该领域中存在一些较大申请量的公司，相关技术较高程度地集中在少数申请人手中。

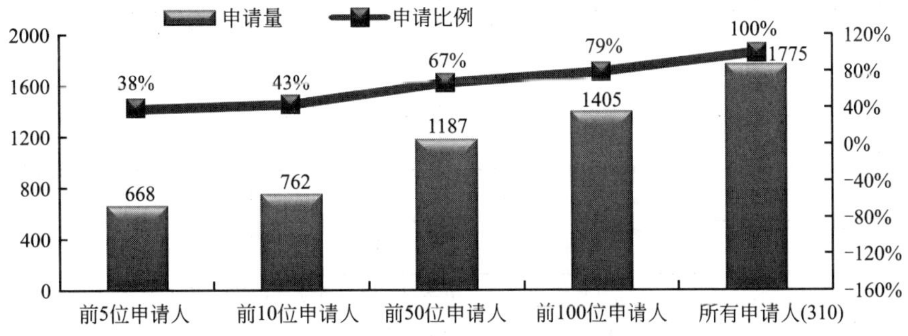

图 3-53　硅橡胶领域中国专利不同排名申请人申请量占比

③ 中国专利申请人活跃度分析　硅橡胶专利申请的研发活跃度的总体情况以近五年（2008～2012 年）的申请总量占硅橡胶领域 1993～2012 年总申请量的比例来表示。其中，近五年的申请量为 897 件，占据 1993～2012 年总申请量的 52%；经计算其活跃指数为 1.09。可见，硅橡胶领域的研发比较活跃，该领域仍有一定的发展空间。

（4）中国专利申请技术领域分布　橡胶由于其优异的性能，在电子电器、汽车工业、土木建筑等行业中得到广泛应用，而随着高新技术的发展，人们对硅橡胶的使用性能提出了更高的要求，比如良好的力学性能、黏结性能、导电性、导热性能等。但不同领域中的硅橡胶对性能的需求不同，即使是同一种性能，不同应用领域中的需求标准也不同。硅橡胶领域中，重点关注的性能如下。

稳定性能　其中包括耐高温性、耐低温性、耐溶剂性、耐候性等；

机械性能　其中包括硬度、强度、耐变形性、弹性等。

黏合性能　其中包括黏结性、剥离性。

热学性能　其中包括导热性、隔热性。

电学性能　其中包括电绝缘性、导电性介电性、抗静电性等。

光学性能　其中包括透明性、透光性、折光性等。

流体性能　其中包括流动性、流平性、流变性等。

环保性能　其中包括低成本、污染少等。

感官性能　其中包括手感、色泽、气味等。

工艺性能　其中包括工艺流程的简化优化等。

从图 3-54 中可看出，无论在哪个领域，涉及稳定性的申请量都比较大，这是因为硅橡胶本身具有优良的耐高低温、耐老化、耐候性等特点，因此大部分专利申请中都会提及该性能并做描述。除了稳定性能外，在电子电器领域，涉及机械、黏合、热学、电学、光学性能的申请量比较大；在汽车工业和土木建筑领域，主要关注的性能是机械性能和黏合性能；在电力电缆领域，涉及机械、电学和阻燃性能的申请量较多；在医疗器械领域，主要关注机械性能和感官性能；在个人护理领域，主要关注感官性能。就领域而言，电子电器领域硅橡胶的申请量是最大的。

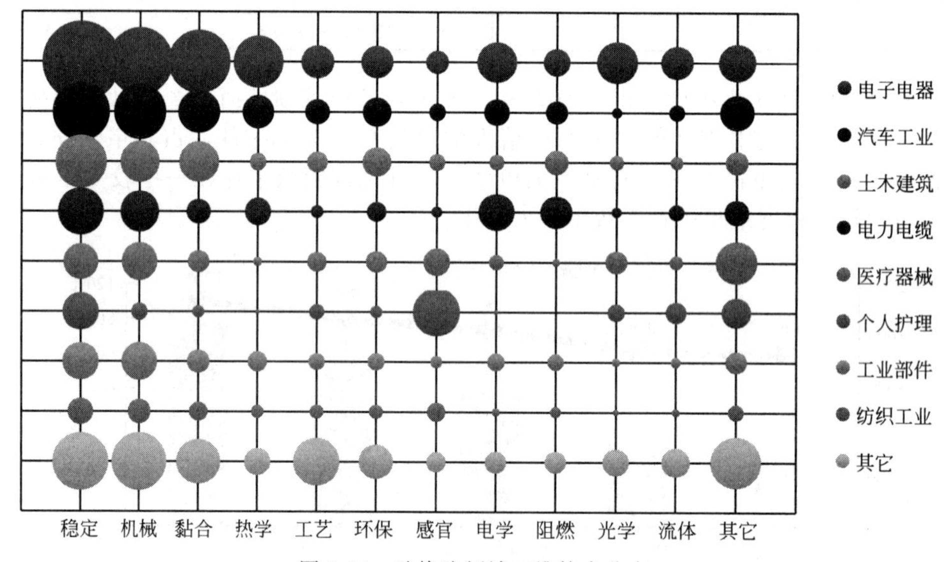

图 3-54　硅橡胶领域二维技术分布

（5）小结　申请人申请量大于或等于 3 的中国专利申请共计 1717 件，呈稳步攀升态势，国外来华和国内申请在数量上平分秋色。国外来华申请日本数量最多，其次为美国、联邦德国。全球五大有机硅公司重视对中国的布局。国内申请人对硅橡胶领域的技术研发集中度不高，技术分布比较分散。硅橡胶的申请主要涵盖电子电器、汽车工业、土木建筑、电力电缆、医疗器械、个人护理、工业部件、纺织工业这几个领域的应用，并涉及稳定、机械、黏合、热学、工艺、环保、感官、电学、阻燃、光学、流体及其它性能。其中电子电器领域硅橡胶的申请量是最大的。

3.2　我国硅产业各分支行业 2013 年专利申请情况

由于篇幅限制，本节仅列举了 2013 年硅产业各分支行业部分申请专利。

3.2.1　金属硅专利申请

（1）利用工业硅钙板废料生产中量元素酸性土壤调理剂的方法

申请人：华南理工大学　申请日：2013.12.20 专利号：201310708866

（2）工业硅冶炼炉节能通水烟罩

申请人：黑河阳光伟业硅材料有限公司　申请日：2013.05.14 专利号：201320257900

（3）一种强化工业硅湿法化学除杂的方法

申请人：中国科学院过程工程研究所；　申请日：2013.12.03 专利号：201310642656

（4）一种组合熔析精炼提纯工业硅的方法

申请人：中国科学院过程工程研究所　申请日：2013.12.03 专利号：201310642445

（5）一种湿氧炉外精炼提纯工业硅熔体的方法

申请人：昆明理工大学　申请日：2013.12.02 专利号：201310626562

（6）工业硅及铁合金生产用矿热炉的自动布料及下料设备

申请人：宁夏天净冶金有限公司　申请日：2013.08.02 专利号：201320469238

（7）一种工业硅生产用还原剂，所述还原剂按质量百分比由 0～100％的石油焦颗粒和 0～100％的改性石油焦颗粒组成

申请人：廖良　申请日：2013.08.16 专利号：201310356910

（8）一种工业硅造渣除硼的方法，

申请人：东莞市长安东阳光铝业研发有限公司　申请日：2013.07.22 专利号：201310309671

（9）一种采用全煤生产工业硅的工艺

申请人：登封电厂集团铝合金有限公司　申请日：2013.09.28 专利号：201310450351

（10）一种工业硅安全耐用冷却锭模

申请人：福建省尤溪县柯鑫机械设备有限公司　申请日：2013.07.12 专利号：201320416372

（11）工业硅矿热炉上料用自卸料罐

申请人：陕西金晟冶金工程有限公司　申请日：2013.05.15 专利号：201320265588

（12）工业硅及铁合金生产用矿热炉的自动布料及下料设备

申请人：宁夏天净冶金有限公司　申请日：2013.08.02 专利号：201310333015

（13）一种工业硅到介质熔炼的全液态连续化生产方法及其装置

申请人：青岛隆盛晶硅科技有限公司　申请日：2013.07.23 专利号：201310315024

（14）工业硅冶炼炉电极抱放装置

申请人：黑河阳光伟业硅材料有限公司　申请日：2013.05.14 专利号：201320257896

（15）工业硅分离杂质的方法

申请人：青岛隆盛晶硅科技有限公司　申请日：2013.06.19 专利号：201310242256

（16）一种采用微波加热的工业硅炉外精炼抬包

申请人：昆明理工大学；云南宏盛锦盟企业集团有限公司　申请日：2013.01.21 专利号：201320029757

（17）一种用于工业硅炉外精炼的抬包

申请人：昆明理工大学　申请日：2013.01.21 专利号：201320030009

（18）一种带液压倾倒装置的工业硅炉外精炼抬包

申请人：昆明理工大学　申请日：2013.01.21 专利号：201320029760

（19）一种炉外精炼提纯工业硅熔体的方法

申请人：昆明理工大学；云南宏盛锦盟企业集团有限公司　申请日：2013.01.21 专利

号：201310020851

3.2.2 多晶硅专利申请

（1）反应器系统及用其生产多晶硅的方法

申请人：瑞科硅公司　申请日：2013.07.17 专利号：201380003725

（2）一种多晶硅氯硅烷气体冷凝装置

申请人：新特能源股份有限公司　申请日：2013.11.06 专利号：201320694547

（3）一种强制循环式多晶硅还原炉钟罩

申请人：新特能源股份有限公司　申请日：2013.11.06 专利号：201320694546

（4）流化床反应器及其用于制备粒状多晶硅和三氯氢硅的方法

申请人：江苏中能硅业科技发展有限公司　申请日：2013.02.16 专利号：201310051129

（5）一种向定向凝固炉内多晶硅熔体中吹气的装置

申请人：昆明理工大学　申请日：2013.12.25 专利号：201320859342

（6）减轻多晶硅的金属接触污染的容器和方法

申请人：瑞科硅公司　申请日：2013.11.08 专利号：201380003726

（7）电子束连续熔炼去除多晶硅中氧杂质的装置

申请人：青岛隆盛晶硅科技有限公司　申请日：2013.11.22 专利号：201320745518

（8）一种液冷多晶硅还原炉高频加热电源逆变主电路

申请人：浙江海得新能源有限公司　申请日：2013.12.19 专利号：201320841000

（9）一种可调压式多晶硅还原进料引射器

申请人：新特能源股份有限公司　申请日：2013.12.25 专利号：201320859943

（10）多晶硅包装物以及通过向其中填充多晶硅并熔接而将多晶硅包装到塑料袋中的方法

申请人：瓦克化学股份公司　申请日：2013.11.27 专利号：201310616033

（11）一种多晶硅还原炉壳体气体冷却装置

申请人：天津宏诺科技有限公司　申请日：2013.10.16 专利号：201320636344

（12）一种改善多晶硅薄膜质量的前处理工艺

申请人：中国科学院上海微系统与信息技术研究所　申请日：2013.12.27 专利号：201310736927

（13）多晶硅化学气相沉积反应器中的叶片冷却结构

申请人：新特能源股份有限公司　申请日：2013.11.08 专利号：201320700107

（14）一种多晶硅废气处理装置

申请人：胡瀛　申请日：2013.12.11 专利号：201320813175

（15）处理多晶硅还原尾气的系统

申请人：中国恩菲工程技术有限公司　申请日：2013.11.08 专利号：201320704666

（16）多晶硅还原尾气的处理系统

申请人：中国恩菲工程技术有限公司　申请日：2013.11.08 专利号：201320705099

（17）多晶硅熔炼自动捣渣机械臂

申请人：厦门大学　申请日：2013.12.26 专利号：201310731173

（18）多晶硅的包装

申请人：瓦克化学股份公司　申请日：2013.11.08 专利号：201310757010

（19）一种可退座退棒的多晶硅还原炉用石墨组件

申请人：中国矿业大学　申请日：2013.12.16 专利号：201320823973

(20) 一种流化床多晶硅颗粒的制备装置

申请人：浙江精功新材料技术有限公司　申请日：2013.09.03 专利号：201320549074

(21) 熔盐电解和定向凝固组合技术生产太阳能级多晶硅的方法

申请人：内蒙古机电职业技术学院　申请日：2013.12.02 专利号：201310664985

(22) 应用于多晶硅提纯的氮化硅涂层回收方法

申请人：青岛隆盛晶硅科技有限公司　申请日：2013.12.19 专利号：201310705292

(23) 一种多晶硅还原炉尾气取样与辅助检测的装置

申请人：内蒙古神舟硅业有限责任公司　申请日：2013.11.08 专利号：201320712926

(24) 介质熔炼与初步定向凝固衔接提纯多晶硅的装置

申请人：青岛隆盛晶硅科技有限公司　申请日：2013.10.18 专利号：201320646244

(25) 一种多晶硅定向凝固设备的侧壁热量补偿装置

申请人：厦门大学　申请日：2013.12.25 专利号：201310726451

(26) 一种多晶硅还原节能生产工艺

申请人：内蒙古同远企业管理咨询有限责任公司　申请日：2013.12.17 专利号：201310692115

(27) 定义多晶硅生长方向的方法

申请人：深圳市华星光电技术有限公司　申请日：2013.12.30 专利号：201310747070

(28) 应用于电子束熔炼多晶硅的水冷铜坩埚

申请人：青岛隆盛晶硅科技有限公司　申请日：2013.11.12 专利号：201320711971

(29) 制备多晶硅还原生产用混合气供料的装置

申请人：中国恩菲工程技术有限公司　申请日：2013.07.10 专利号：201320407879

(30) 一种用于硅烷法多晶硅生产的节涌床式硅烷分解炉

申请人：李耀文　申请日：2013.11.21 专利号：201320735467

(31) 用于沉积多晶硅的方法

申请人：瓦克化学股份公司　申请日：2013.09.12 专利号：201310414982

(32) 一种多晶硅太阳能电池扩散工艺

申请人：英利能源（中国）有限公司；　申请日：2013.12.26 专利号：201310730889

(33) 一种多晶硅铸锭装置

申请人：乐山新天源太阳能科技有限公司　申请日：2013.11.14 专利号：201320715348

(34) 多晶硅还原炉

申请人：宁波天琪电子有限公司　申请日：2013.11.13 专利号：201320721251

(35) 3 对棒的硅烷法制多晶硅分解炉的排布方式和连接方法

申请人：天津大学　申请日：2013.12.18 专利号：201310722281

(36) 多晶硅生产中的二氧化硅储存装置

申请人：陕西天宏硅材料有限责任公司　申请日：2013.09.16 专利号：201320573377

(37) 多晶硅生产中的二氧化硅包装系统

申请人：陕西天宏硅材料有限责任公司；　申请日：2013.09.16 专利号：201320573508

(38) 一种多晶硅还原炉控温节能系统

申请人：上海森松环境技术工程有限公司　申请日：2013.09.06 专利号：201320555254

(39) 制备多晶硅的设备

申请人：中国恩菲工程技术有限公司；　申请日：2013.08.23 专利号：201320520589

（40）一种多晶硅铸锭时的长晶控制方法

申请人：浙江硅宏电子科技有限公司；　申请日：2013.12.11 专利号：201310668942

（41）生产多晶硅产生的尾气的淋洗处理设备

申请人：中国恩菲工程技术有限公司；　申请日：2013.09.06 专利号：201320555213

（42）高纯多晶硅生产用还原炉电极

申请人：上海森松新能源设备有限公司；　申请日：2013.09.02 专利号：201320543114

（43）一种多晶硅片制绒方法

申请人：常州时创能源科技有限公司；　申请日：2013.10.16 专利号：201310482090

（44）一种监控多晶硅炉管晶圆厚度的方法

申请人：上海华力微电子有限公司；　申请日：2013.11.29 专利号：201310630346

（45）多晶硅生产中氯硅烷高沸物裂解回收方法及其装置

申请人：新特能源股份有限公司　申请日：2013.11.27 专利号：201310610578

（46）一种多晶硅电池生产废水的回用系统

申请人：苏州苏净环保工程有限公司　申请日：2013.08.22 专利号：201320514435

（47）一种多晶硅流化床反应器

申请人：江苏中圣高科技产业有限公司　申请日：2013.10.15 专利号：201320634205

（48）一种定向凝固尾料快速收集提纯多晶硅的设备

申请人：青岛隆盛晶硅科技有限公司　申请日：2013.09.04 专利号：201320544524

（49）一种改良西门子法生产多晶硅的精馏纯化装置

申请人：内蒙古同远企业管理咨询有限责任公司　申请日：2013.06.25 专利号：201320368162

（50）多晶硅电阻及其制造方法

申请人：上海华虹宏力半导体制造有限公司　申请日：2012.08.20 专利号：201210297949

（51）多晶硅生产副产物的高效回收设备与工艺

申请人：新特能源股份有限公司　申请日：2013.11.19 专利号：201310580560

（52）一种高纯液体多晶硅的制备方法

申请人：浙江精功新材料技术有限公司　申请日：2013.07.31 专利号：201310330768

（53）一种改进的多晶硅生产尾气冷凝分离装置

申请人：新特能源股份有限公司　申请日：2013.11.05 专利号：201310538878

（54）48 对棒多晶硅还原炉供电系统及启动方法

申请人：新特能源股份有限公司　申请日：2013.11.19 专利号：201310579367

（55）多晶硅冷氢化系统的硅粉传送管道结构

申请人：内蒙古盾安光伏科技有限公司　申请日：2013.08.24 专利号：201320518937

（56）一种利用铸锭炉提纯多晶硅粉的工艺方法

申请人：泗阳瑞泰光伏材料有限公司　申请日：2013.11.28 专利号：201310615370

（57）一种太阳能行业多晶硅加工废水处理及回收系统

申请人：杭州风扬环保科技有限公司；张朋朋　申请日：2013.09.02 专利号：201320543093

（58）高温水循环及闪蒸一体罐以及用于生产多晶硅的系统

申请人：昆明冶研新材料股份有限公司　申请日：2013.07.08 专利号：201320403355

（59）一种电子束炉熔炼多晶硅除硼和金属杂质的方法

申请人：宁夏宁电光伏材料有限公司　申请日：2013.11.20 专利号：201310587702

（60）一种炉内气体介质强制循环式多晶硅还原炉

申请人：新特能源股份有限公司　申请日：2013.11.15 专利号：201310568977

（61）一种电子级多晶硅生产中回收氢气的净化处理工艺

申请人：新特能源股份有限公司　申请日：2013.11.15 专利号：201310569193

（62）提升多晶硅层均一性的多晶硅制作方法

申请人：深圳市华星光电技术有限公司　申请日：2013.11.12 专利号：201310561925

（63）一种多晶硅逆向凝固装置及方法

申请人：大连理工大学　申请日：2013.10.30 专利号：201310530845

（64）多晶硅生产过程中物料循环利用的方法和系统

申请人：中国恩菲工程技术有限公司　申请日：2013.11.08 专利号：201310553096

（65）多晶硅棒的选择方法及单晶硅的制造方法

申请人：信越化学工业株式会社　申请日：2012.04.04 专利号：201280025081

（66）硅烷热分解法与改良西门子法耦合生产多晶硅的方法

申请人：天津大学　申请日：2013.10.17 专利号：201310486289

（67）流化床反应器及其用于制备高纯粒状多晶硅的方法

申请人：江苏中能硅业科技发展有限公司　申请日：2013.04.16 专利号：201310131179

（68）含有多台多晶硅分解炉的生产装置及操作方法

申请人：天津大学　申请日：2013.09.30 专利号：201310467589

（69）一种多晶硅行业废气水洗处理方法及装置

申请人：北京航天动力研究所　申请日：2013.09.24 专利号：201310438955

（70）一种多晶硅生产中氯化氢气体干燥方法及装置

申请人：新特能源股份有限公司　申请日：2013.09.26 专利号：201310443666

（71）一种多晶硅生产尾气的回收装置

申请人：中国化学工程第七建设有限公司　申请日：2013.07.24 专利号：201320442899

（72）多晶硅沉积装置

申请人：半材料株式会社　申请日：2012.07.25 专利号：201210260881

（73）一种多晶硅用中频熔炼炉冶炼装置

申请人：西安奥邦科技有限责任公司　申请日：2013.07.15 专利号：201320418089

（74）多晶硅中碳浓度的测定方法

申请人：信越化学工业株式会社　申请日：2012.04.03 专利号：201280016408

（75）多晶硅锭及其制备方法、多晶硅片和多晶硅铸锭用坩埚

申请人：江西赛维 LDK 太阳能高科技有限公司　申请日：2013.09.24 专利号：201310438258

（76）一种多晶硅片及其制备方法

申请人：江西赛维 LDK 太阳能高科技有限公司　申请日：2013.08.31 专利号：201310389099

（77）一种多晶硅的生产方法

申请人：浙江昱辉阳光能源有限公司　申请日：2012.06.08 专利号：201210188467

（78）硅烷法制多晶硅安全生产方法

申请人：天津大学　申请日：2013.08.23 专利号：201310373590

（79）多晶硅尾气回收系统中氯化氢吸收装置

申请人：山西潞安矿业（集团）有限责任公司；北洋国家精馏技术工程发展有限公司
申请日：2013.07.04 专利号：201320396370

（80）处理多晶硅生产废物的方法及其设备

申请人：昆明冶研新材料股份有限公司　申请日：2013.07.30 专利号：201310325368

(81) 多晶硅还原酸洗系统

申请人：内蒙古盾安光伏科技有限公司　申请日：2013.08.24 专利号：201310372273

(82) 一种多晶硅尾气中氯硅烷循环利用系统

申请人：江西景德半导体新材料有限公司－申请日：2013.03.07 专利号：201320104292

3.2.3 聚硅氧烷专利申请

(1) 一种用于合成甲基氯硅烷的含助剂 ZnO 的铜催化剂的制备方法

申请人：中国科学院过程工程研究所；山东东岳有机硅材料有限公司　申请日：2013.12.03 专利号：201310643399

(2) 用于将四氯化硅转化为三氯硅烷的方法

申请人：瓦克化学股份公司　申请日：2013.12.04 专利号：201310651564

(3) 人参皂苷 M1 与叔丁基二甲基氯硅烷的单醚化合成方法

申请人：大连杰信生物科技有限公司　申请日：2013.11.18 专利号：201310575862

(4) 硅烷反歧化制备氯硅烷的设备及方法

申请人：天津大学　申请日：2013.12.18 专利号：201310722249

(5) 一种合成二甲基二氯硅烷的新工艺

申请人：蓝星化工新材料股份有限公司江西星火有机硅厂　申请日：2013.12.27 专利号：201310734085

(6) 一种用于甲基氯硅烷歧化的催化剂的制备方法

申请人：蓝星化工新材料股份有限公司江西星火有机硅厂　申请日：2013.12.27 专利号：201310734104

(7) 利用甲基三氯硅烷生产气相法白炭黑的脱酸炉装置

申请人：浙江合盛硅业有限公司　申请日：2013.08.27 专利号：201320525054

(8) 一种用于合成甲基氯硅烷的三元铜粉末催化剂的制备方法

申请人：山东东岳有机硅材料有限公司；中国科学院过程工程研究所　申请日：2013.11.29 专利号：201310632108

(9) 一种二异丙基氯硅烷的合成方法

申请人：大连九信生物化工科技有限公司　申请日：2013.11.13 专利号：201310572364

(10) 叔丁基二甲基氯硅烷合成装置

申请人：淄博万科化工有限公司　申请日：2013.08.13 专利号：201320491869

(11) 一种浓酸水解二甲基二氯硅烷制备聚二甲基硅氧烷的方法

申请人：浙江合盛硅业有限公司　申请日：2013.08.09 专利号：201310346977

(12) 一种 γ-氯丙基三氯硅烷的合成方法

申请人：浙江华亿工程设计有限公司　申请日：2013.09.03 专利号：201310392541

(13) 二叔丁基二氯硅烷合成方法

申请人：安庆丰源化工有限公司　申请日：2013.08.30 专利号：201310390377

(14) 利用氯甲烷生产甲基氯硅烷的装置

申请人：唐山三友硅业有限责任公司　申请日：2013.08.16 专利号：201310357864

(15) 二甲基二氯硅烷采用浓酸水解制备低聚硅氧烷的工艺

申请人：唐山三友硅业有限责任公司　申请日：2013.08.16 专利号：201310358053

(16) 一种高纯度三异丙基氯硅烷的合成方法

申请人：扬州三友合成化工有限公司　申请日：2013.04.19 专利号：201310136166

(17) 有机氯硅烷浓酸水解过程中水解物的脱氯方法

申请人：青岛科技大学　申请日：2013.03.28 专利号：201310105448

(18) 一种以氯硅烷高沸物为原料制备低粘度高沸硅油的方法

申请人：浙江中天氟硅材料有限公司　申请日：2013.02.19 专利号：201310053317

(19) 种制备二甲基乙烯基氯硅烷的方法

申请人：嘉兴学院；　申请日：2013.03.08 专利号：201310073503

(20) 连续式氯硅烷残液回收处理装置及方法

申请人：天津大学；　申请日：2013.02.26 专利号：201310059359

(21) 从氯硅烷残液中回收和提纯六氯乙硅烷的间歇操作方法及装置

申请人：天津大学；　申请日：2013.02.26 专利号：201310059040

(22) 糖基改性聚硅氧烷有机硅柔软剂及其制备方法

申请人：上海发凯化工有限公司　申请日：2013.12.30 专利号：201310746590

(23) 一种聚二甲基硅氧烷微流装置

申请人：韩璧丞；赵展跃；朱俪婧　申请日：2013.07.29 专利号：201320456155

(24) 一种改性单体及由其制备的有机改性聚硅氧烷

申请人：广州星业科技股份有限公司　申请日：2013.12.31 专利号：201310754295

(25) 一种聚硅氧烷的合成方法

申请人：广东聚合有机硅材料有限公司；　申请日：2013.12.10 专利号：201310667318

(26) 一种羟基封端聚二甲基硅氧烷的合成方法

申请人：蓝星化工新材料股份有限公司江西星火有机硅厂　申请日：2013.12.27 专利号：201310734257

(27) 一种双端双羟烃基聚二甲基硅氧烷的制备方法

申请人：济南大学　申请日：2013.11.20 专利号：201310582525

(28) 一种不含多官能度杂质甲基苯基环硅氧烷的制备方法

申请人：中蓝晨光化工研究设计院有限公司　申请日：2013.12.12 专利号：201310675242

(29) 一种具有十六羟基的笼形倍半硅氧烷及其制备方法

申请人：吉林大学　申请日：2013.12.06 专利号：201310655558

(30) 一种乙烯基七苯基倍半硅氧烷材料及其制备方法

申请人：东莞上海大学纳米技术研究院；上海大学　申请日：2013.07.04 专利号：201310279999

(31) 一种超高分子量聚硅氧烷乳液及其制备方法和专用设备

申请人：浙江科技学院　申请日：2013.11.04 专利号：201310536247

(32) 环氧基改性聚硅氧烷亚麻柔软整理剂的合成方法

申请人：齐齐哈尔大学　申请日：2013.11.11 专利号：201310554411

(33) 一种耐酸碱聚醚改性三硅氧烷表面活性剂及其制备和应用

申请人：东华大学　申请日：2013.11.22 专利号：201310597880

(34) 裂解低聚硅氧烷除杂装置

申请人：唐山三友硅业有限责任公司　申请日：2013.08.16 专利号：201320501419

(35) 二甲基环硅氧烷混合标准品的制备工艺及作为定性用标准品的应用

申请人：中山大学　申请日：2013.10.14 专利号：201310479211

(36) 有机硅硅氧烷类水解物气化工艺

申请人：江西星火狮达科技有限公司　申请日：2013.11.14 专利号：201310563190

（37）有机硅高沸点环体混合物精馏提纯十甲基环五硅氧烷的装置
申请人：浙江合盛硅业有限公司　申请日：2013.07.09 专利号：201320405009

3.2.4　高温硫化硅橡胶和液体硅橡胶专利申请

（1）耐油高温硫化硅橡胶
申请人：江苏天辰硅材料有限公司　申请日：2013.12.09 专利号：201310658590
（2）一种用于合成特殊要求的高温硫化硅橡胶的密混机
申请人：宁波爱宝硅胶科技有限公司　申请日：2013.04.17 专利号：201320196092
（3）低压力密封用阻燃高温硫化硅橡胶及其制备方法
申请人：东莞市朗晟硅材料有限公司　申请日：2013.07.09 专利号：201310286460
（4）一种冷缩式电缆附件用高温硫化硅橡胶及其制备方法
申请人：江苏天辰硅材料有限公司　申请日：2013.06.21 专利号：201310253881
（5）一种导电高温硫化硅橡胶及其制备方法
申请人：江苏天辰硅材料有限公司　申请日：2013.07.11 专利号：201310291276
（6）一种具有超低硬度的高温硫化硅橡胶及其制备方法
申请人：江苏天辰硅材料有限公司　申请日：2012.11.05 专利号：201210435243
（7）连续法甲基乙烯基高温硫化硅橡胶生产装置
申请人：颜建平　申请日：2011.10.17 专利号：201120394017
（8）一种高温硫化硅橡胶及其快速制备方法
申请人：重庆大学　申请日：2009.12.31 专利号：200910312960
（9）一种有机改性 MMT 及用于高温硫化硅橡胶的交联方法
申请人：天津大学　申请日：2010.06.03 专利号：201010191100
（10）建筑门窗用阻燃型高温硫化硅橡胶胶条及其制备方法
申请人：浙江凌志精细化工有限公司　申请日：2010.03.05 专利号：201010118170
（11）甲基乙烯基高温硫化硅橡胶生产工艺
申请人：颜建平　申请日：2009.06.15 专利号：200910147836
（12）卤烃基化合物交联的高温硫化硅橡胶及其制备方法
申请人：山东大学　申请日：2003.07.04 专利号：03112466
（13）异氰酸酯交联的高温硫化硅橡胶及其制备方法
申请人：山东大学　申请日：2003.07.04 专利号：03112467
（14）树枝状分子交联的加成型高温硫化硅橡胶及其制备方法
申请人：山东大学　申请日：2003.12.24 00：00：00 专利号：200310114639
（15）树枝状分子交联的过氧化型高温硫化硅橡胶及其制备方法
申请人：山东大学　申请日：2003.12.24 00：00：00 专利号：200310114640
（16）一种发泡液体硅橡胶及其制备方法
申请人：宁波银瑞有机硅科技发展有限公司　申请日：2013.12.05 专利号：201310655490
（17）一种加成型耐热液体硅橡胶组合物的制备方法
申请人：常州化学研究所　申请日：2013.02.01 专利号：201310042033
（18）加成型液体硅橡胶用耐漏电起痕剂及其制备方法和应用
申请人：华南理工大学　申请日：2013.12.09 专利号：201310660225
（19）一种低压缩永久变形的液体硅橡胶及制备方法
申请人：浙江新安化工集团股份有限公司　申请日：2013.11.29 专利号：201310638771

（20）一种LED封装用液体硅橡胶组合物及其制备方法

申请人：山东东岳有机硅材料有限公司；中国科学院过程工程研究所 申请日：2013.11.29 专利号：201310624813

（21）一种高电气性能玻璃纤维复合材料用液体硅橡胶及其制备方法

申请人：江苏天辰硅材料有限公司 申请日：2013.07.01 专利号：201310275045

（22）一种用于液体硅橡胶室温硫化的线收缩率测试方法

申请人：东莞兆舜有机硅新材料科技有限公司 申请日：2013.09.04 专利号：201310398593

（23）一种用于移印胶头制作的加成型液体硅橡胶复合物及其制备方法

申请人：深圳市红叶杰科技有限公司 申请日：2013.08.01 专利号：201310332086

（24）加成型液体硅橡胶粘接促进剂及其制备方法和应用

申请人：东莞市贝特利新材料有限公司 申请日：2013.07.18 专利号：201310303049

（25）一种单组分加成型液体硅橡胶及其制备方法

申请人：江苏天辰硅材料有限公司 申请日：2013.07.11 专利号：201310292381

（26）一种安全液体硅橡胶玻璃瓶

申请人：王丽霞 申请日：2013.01.21 专利号：201320031032

（27）一种液体硅橡胶基电导非线性绝缘材料

申请人：哈尔滨理工大学 申请日：2013.05.13 专利号：201310175743

（28）一种发光二极管封装用液体硅橡胶的制备方法

申请人：盐城菁华新材料科技有限公司 申请日：2013.03.18 专利号：201310087259

（29）液体硅橡胶基础胶料及其制备方法及采用该胶料的有机硅涂料及其制备方法

申请人：东莞中硅新材料科技有限公司 申请日：2013.03.26 专利号：201310100989

3.2.5 室温硫化硅橡胶专利申请

（1）一种含磷-硅聚合物的阻燃室温硫化硅橡胶组合物及其制备方法

申请人：中国科学院化学研究所 申请日：2014.05.05 专利号：201410185883

（2）高黏结性单组分脱肟型室温硫化硅橡胶密封剂及制备方法

申请人：苏州天山新材料技术有限公司 申请日：2014.04.18 专利号：201410155699

（3）一种环保可喷涂型的光伏组件用双组分室温硫化硅橡胶

申请人：安徽中意胶带有限责任公司 申请日：2014.02.21 专利号：201410059412

（4）专用于双组分室温硫化硅橡胶的包装

申请人：溧阳康达威实业有限公司 申请日：2013.11.05 专利号：201320691669

（5）连续化生产室温硫化硅橡胶装置

申请人：溧阳康达威实业有限公司 申请日：2013.10.12 专利号：201320628597

（6）木质素和白炭黑协同补强室温硫化硅橡胶材料的制备方法

申请人：南昌航空大学 申请日：2012.10.18 专利号：201210395016

（7）室温硫化硅橡胶防污闪涂料老化程度的检测方法

申请人：广东电网公司电力科学研究院；清华大学深圳研究生院 申请日：2014.01.06 专利号：201410006070

（8）涂覆于绝缘子伞盘表面的室温硫化硅橡胶防污闪涂料的涂覆方法

申请人：广东电网公司电力科学研究院；清华大学深圳研究生院 申请日：2014.01.06 专利号：201410006069

（9）一种低起泡耐油性好的室温硫化硅橡胶及其制备方法

申请人：烟台德邦科技有限公司　申请日：2013.11.29 专利号：201310633334

（10）一种亲水型室温硫化硅橡胶

申请人：武汉大学　申请日：2013.12.11 专利号：201310672038

（11）一种烷氧基酮肟型室温硫化硅橡胶及其制备方法

申请人：湖北新蓝天新材料股份有限公司　申请日：2013.11.07 专利号：201310547107

（12）一种双组分缩合型室温硫化硅橡胶固化剂的制备方法

申请人：深圳市红叶杰科技有限公司　申请日：2013.10.17 专利号：201310489281

（13）单组分脱醇型室温硫化硅橡胶用钛酸酯螯合物及其制备方法

申请人：深圳市红叶杰科技有限公司　申请日：2013.10.17 专利号：201310489274

（14）专用于双组份室温硫化硅橡胶的包装

申请人：溧阳康达威实业有限公司　申请日：2013.11.05 专利号：201310540332

（15）连续化生产室温硫化硅橡胶装置

申请人：溧阳康达威实业有限公司　申请日：2013.10.12 专利号：201310474240

（16）用于对绝缘瓷瓶喷涂室温硫化硅橡胶的专用喷涂工具

申请人：国家电网公司；山东电力集团公司济南供电公司　申请日：2013.06.29 专利号：201320384401

（17）一种室温硫化硅橡胶的制备方法

申请人：烟台德邦科技有限公司　申请日：2013.10.10 专利号：201310468822

（18）加成型室温硫化硅橡胶混合材料及其制备方法

申请人：杨新莲　申请日：2013.08.19 专利号：201310362149

（19）透明脱醇型单组份室温硫化硅橡胶及其制备方法

申请人：山东永安胶业有限公司　申请日：2013.08.23 专利号：201310374663

（20）耐低温加成型室温硫化硅橡胶的制备方法

申请人：山东大学　申请日：2013.07.29 专利号：201310322504

（21）一种双组份加成型室温硫化硅橡胶及制备方法

申请人：江苏天辰硅材料有限公司　申请日：2013.07.01 专利号：201310275282

（22）耐酸性贮存稳定型高强度双组份室温硫化硅橡胶

申请人：上海回天化工新材料有限公司　申请日：2013.07.12 专利号：201310293489

（23）用于对绝缘瓷瓶喷涂室温硫化硅橡胶的专用喷涂工具

申请人：国家电网公司；山东电力集团公司济南供电公司　申请日：2013.06.29 专利号：201310269353

（24）耐热阻燃室温硫化硅橡胶组合物

申请人：中化蓝天集团有限公司；浙江省化工研究院有限公司　申请日：2012.02.29 专利号：201210048061

（25）一种耐油性单组份室温硫化硅橡胶及其制备方法

申请人：烟台泰盛精化科技有限公司　申请日：2013.06.04 专利号：201310218727

（26）一种高透明单组份室温硫化硅橡胶及其制备方法

申请人：深圳市新亚新材料有限公司　申请日：2013.04.28 专利号：201310155556

（27）一种具有耐低温性能的缩合型室温硫化硅橡胶的制备方法

申请人：山东大学　申请日：2013.05.17 专利号：201310186568

（28）一种单组份室温硫化硅橡胶用底涂剂及其制备方法

申请人：深圳市新亚新材料有限公司　申请日：2013.04.28 专利号：201310155558

3.2.6　硅油乳液专利申请

（1）一种低黏度硅油脱低分子装置

申请人：宜昌科林硅材料有限公司　申请日：2013.11.21 专利号：201320741319

（2）硅油包水型粗滴乳液化妆品组合物

申请人：信越化学工业株式会社　申请日：2013.11.13 专利号：201310562493

（3）一种连续化生产的合成硅油设备

申请人：惠州市永卓科技有限公司　申请日：2013.11.19 专利号：201320736814

（4）一种合成硅油设备的废气处理装置

申请人：惠州市永卓科技有限公司　申请日：2013.11.19 专利号：201320736163

（5）一种硅油 pickering 乳液的制备方法

申请人：三棵树涂料股份有限公司　申请日：2013.12.16 专利号：201310686408

（6）一种亲水改性氨基硅油的制备方法

申请人：绍兴鼎翔纺织品贸易有限公司；　申请日：2013.11.08 专利号：201310567659

（7）一种苯基硅油的制备方法

申请人：山东东岳有机硅材料有限公司；中国科学院过程工程研究所；　申请日：2013.11.29 专利号：201310632154

（8）一种含氢硅油硅氢含量的分析方法

申请人：蓝星化工新材料股份有限公司江西星火有机硅厂　申请日：2013.12.27 专利号：201310734091

（9）一种硅油的制备方法

申请人：济南开发区星火科学技术研究院　申请日：2013.12.04 专利号：201310641248

（10）一种端乙烯基氟硅油的制备方法

申请人：杭州师范大学　申请日：2013.10.29 专利号：201310524205

（11）一种低黏度硅油高效脱低分子方法

申请人：宜昌科林硅材料有限公司　申请日：2013.11.21 专利号：201310594477

（12）一种高活性抗黄变改性氨基硅油的制备方法

申请人：宁波润禾化学工业有限公司　申请日：2013.12.05 专利号：201310687097

（13）一种乙基硅油的制备方法与应用

申请人：杭州师范大学　申请日：2013.10.25 专利号：201310507355

（14）一种制备高黏硅油乳状液反应器

申请人：江南大学　申请日：2013.12.13 专利号：201310681738

（15）一种羟基硅油改性的水性 UV 油墨及其制备方法

申请人：武汉大学　申请日：2013.11.21 专利号：201310588755

（16）一种处理皮革表面的亲水性硅油的合成方法

申请人：烟台德邦先进硅材料有限公司　申请日：2013.11.21 专利号：201310595938

（17）功率型 LED 封装用苯基含氢硅油的制备方法

申请人：北京石油化工学院　申请日：2013.11.20 专利号：201310589512

（18）一种黏度可控二甲基硅油的制备方法

申请人：湖北兴发化工集团股份有限公司　申请日：2013.12.10 专利号：201310660460

（19）一种多元醇酯改性硅油、制备方法及碳纤维油剂

申请人：吉林大学　申请日：2013.11.13 专利号：201310566072
(20) 无溶剂型含氢硅油及其制备方法
申请人：泸州北方化学工业有限公司　申请日：2013.10.23 专利号：201310503466
(21) 一种带端氢含氢硅油的制备方法
申请人：江苏天辰硅材料有限公司　申请日：2013.07.01 专利号：201310271661
(22) 一种低四环体含量的甲基苯基羟基硅油的制备方法
申请人：杭州师范大学　申请日：2013.05.31 专利号：201310211720
(23) 一种二甲基乳化硅油的制备方法
申请人：齐鲁工业大学　申请日：2013.09.18 专利号：201310430737
(24) 一种乳化二甲基硅油生产装置
申请人：薛成强　申请日：2013.07.26 专利号：201320467770
(25) 氨基聚醚及其制备方法、氨基聚醚嵌段硅油及其制备方法
申请人：上海硅普化学品有限公司　申请日：2013.09.23 专利号：201310436482
(26) 一种乙烯基硅油的制备方法
申请人：东莞兆舜有机硅新材料科技有限公司　申请日：2013.08.30 专利号：201310390993
(27) 一种阳离子氨基硅油羊毛柔软剂的制备方法
申请人：桐乡市濮院毛针织技术服务中心　申请日：2013.08.28 专利号：201310380455
(28) 一种以二甲基硅油与微分硅胶制备医用消泡剂制剂的方法
申请人：西安医学院　申请日：2013.07.25 专利号：201310317657
(29) 含氟基团和季铵盐基团的氨基硅油柔软剂及其制备方法与应用
申请人：华南理工大学　申请日：2013.08.29 专利号：201310385133
(30) 一种支链型苯基硅油及其制备方法
申请人：烟台德邦先进硅材料有限公司　申请日：2013.07.17 专利号：201310301276
(31) 一种高折射率甲基苯基硅油的制备方法
申请人：江苏大学　申请日：2013.08.13 专利号：201310351131
(32) 一种利用废旧聚酯合成聚酯嵌段硅油的方法
申请人：上海诺科生物科技有限公司　申请日：2013.07.05 专利号：201310283307
(33) 一种嵌段硅油柔软剂的制备方法
申请人：浙江安诺其助剂有限公司；上海安诺其纺织化工股份有限公司　申请日：2013.05.31 专利号：201310211685
(34) 一种羟基封端苯基氨基聚醚改性硅油的制备方法
申请人：黄山市强力化工有限公司　申请日：2013.06.04 专利号：201310219547
(35) 一种乙烯基硅油及其合成方法
申请人：江苏天辰硅材料有限公司　申请日：2013.07.11 专利号：201310291020
(36) 一种用碱法乙烯基硅油副产物合成乙烯基硅油的方法
申请人：东莞兆舜有机硅新材料科技有限公司　申请日：2013.07.09 专利号：201310288677
(37) 一种甲基苯基硅油的制备方法
申请人：江苏大学　申请日：2013.06.26 专利号：201310260920
(38) 氨基硅油用两性高分子乳化剂及其制备方法
申请人：多善（上海）科技有限公司　申请日：2013.06.20 专利号：201310246702
(39) 一种含聚倍半硅氧烷骨架的乙烯基硅油的制备方法及其应用
申请人：杭州师范大学　申请日：2013.01.16 专利号：201310014746

(40) 一种硅油的制备方法

申请人：江苏奥斯佳材料科技有限公司　申请日：2013.06.08 专利号：201310228190

(41) 一种三元共聚嵌段硅油合成方法

申请人：浙江捷发科技有限公司　申请日：2013.04.11 专利号：201310123837

(42) 一种以氯硅烷高沸物为原料制备低粘度高沸硅油的方法

申请人：浙江中天氟硅材料有限公司　申请日：2013.02.19 专利号：201310053317

(43) 端环氧基硅油改性端羟基超支化聚酯及其制备方法与应用

申请人：华南理工大学　申请日：2013.01.31 专利号：201310042091

(44) 一种硅氧烷聚合物及其制备方法和在硅油中的应用

申请人：天惠有机硅（深圳）有限公司　申请日：2013.02.27 专利号：201310061886

(45) 一种低聚合度的端含氢硅油的制备方法

申请人：烟台德邦先进硅材料有限公司　申请日：2013.02.20 专利号：201310054546

(46) 一种双封端基聚醚改性硅油型消泡剂及其制备方法

申请人：西安三业精细化工有限责任公司；　申请日：2013.02.20 专利号：201310054599

(47) 一种双端氨基硅油的合成方法

申请人：广州市中合精细化工有限公司　申请日：2013.01.28 专利号：201310031097

(48) 一种耐洗型亲水硅油及其制备方法

申请人：东莞市嘉宏有机硅科技有限公司　申请日：2013.01.16 专利号：201310015692

3.2.7　功能性硅烷专利申请

(1) 一种 γ-氯丙基三氯硅烷的合成方法

申请人：浙江华亿工程设计有限公司　申请日：2013.09.03 专利号：201310392541

(2) 一种含非对称取代脲的功能性有机硅氧烷及其制备方法

申请人：福建师范大学　申请日：2013.12.20 专利号：201310710715

(3) 一种固态硅烷偶联剂（乙烯基十八烷基硅酸酯）及其制备方法与应用

申请人：湖北力美达硅氟科技有限公司；广州炎和化工材料有限公司 申请日：2013.12.31 专利号：201310745688

(4) 阻燃硅烷偶联剂的制备方法

申请人：巨石集团有限公司　申请日：2013.12.26 专利号：201310730563

(5) 一种无溶剂法制备硫代羧酸酯硅烷偶联剂工艺

申请人：江西晨光新材料有限公司；　申请日：2013.12.06 专利号：201310647353

(6) 一种硅氢加成法制备封端型含硫硅烷偶联剂工艺

申请人：江西晨光新材料有限公司；　申请日：2013.12.06 专利号：201310647241

(7) 含酰亚胺环结构单元的硅烷偶联剂的制备方法

申请人：南昌大学；　申请日：2013.11.14 专利号：201310563751

(8) 一种硅烷偶联剂改性碳纤维表面的处理方法

申请人：中国科学院山西煤炭化学研究所　申请日：2013.11.25 专利号：201310602623

(9) 硅烷偶联剂及制备方法及含有该硅烷偶联剂的金属胶粘剂

申请人：贾梦虹　申请日：2013.11.07 专利号：201310548832

(10) 一种硅烷偶联剂的制备方法

申请人：济南开发区星火科学技术研究院　申请日：2013.12.12 专利号：201310673076

(11) 一种阻燃改性的硅烷偶联剂及其制备方法

申请人：江汉大学　申请日：2013.10.31 专利号：201310532280

（12）N-甲基哌嗪基硅烷偶联剂的制备及用途

申请人：上海硅普化学品有限公司　申请日：2013.09.26 专利号：201310446824

（13）一种硅烷偶联剂改性的环氧树脂及其制备方法与应用

申请人：江苏博特新材料有限公司；江苏苏博特新材料股份有限公司；江苏省建筑科学研究院有限公司；博特建材（天津）有限公司　申请日：2013.07.23 专利号：201310310813

（14）兼具增韧功能的油脂源硅烷偶联剂的制备方法

申请人：中国林业科学研究院林产化学工业研究所；中国林业科学研究院林业新技术研究所　申请日：2013.09.29 专利号：201310456053

（15）包含偶氮-硅烷偶联剂的橡胶轮胎组合物

申请人：米其林集团总公司；米其林研究和技术股份有限公司　申请日：2012.03.28 专利号：201280015708

（16）一种硅烷偶联剂与金属镍离子共沉积的方法

申请人：沈阳理工大学　申请日：2013.08.19 专利号：201310364728

（17）一种 3-巯丙基三乙氧基硅烷偶联剂的制备方法

申请人：荆州市江汉精细化工有限公司　申请日：2013.09.04 专利号：201310396681

（18）一种双酰硫基硅烷偶联剂及制备方法

申请人：武汉大学　申请日：2013.07.16 专利号：201310302156

（19）含水性硅烷偶联剂-聚醚接枝聚硅氧烷聚合物涂料

申请人：中科院广州化学有限公司　申请日：2013.06.27 专利号：201310265171

（20）一种含硫硅烷偶联剂及其制备方法

申请人：武汉大学　申请日：2013.07.16 专利号：201310297716

（21）一种双-[丙基三乙氧基硅烷]-二硫化物硅烷偶联剂合成方法

申请人：招远市金鹏橡胶助剂有限公司　申请日：2013.07.18 专利号：201310301099

（22）一种双-[3-(三乙氧基硅）丙基]-多硫化物硅烷偶联剂的制备方法

申请人：荆州市江汉精细化工有限公司　申请日：2013.07.22 专利号：201310308040

（23）一种水性涂料用的硅烷偶联剂的制备方法

申请人：方舟（佛冈）化学材料有限公司　申请日：2013.06.19 专利号：201310243309

（24）一种固相硅烷偶联剂的制备方法

申请人：宁波工程学院　申请日：2013.06.08 专利号：201310250348

（25）一种硅烷偶联剂 A-171 改性的氯化聚乙烯电缆料

申请人：安徽旺达铜业发展有限公司　申请日：2013.05.14 专利号：201310177448

（26）一种烃基氧膦硅烷偶联剂及其制备方法

申请人：清华大学　申请日：2013.05.14 专利号：201310177802

（27）一种长链不饱和硅烷偶联剂制备方法及木塑材料生产工艺

申请人：盐城工学院　申请日：2013.04.27 专利号：201310152050

（28）硅烷偶联剂组合物及其制备方法和用途

申请人：兴清永宝（北京）科技有限公司　申请日：2013.05.14 专利号：201310177798

（29）一种 γ-氯丙基三乙氧基硅烷偶联剂的制备方法

申请人：青岛晟科材料有限公司　申请日：2013.03.27 专利号：201310100685

（30）硅烷偶联剂及其制备

申请人：江苏爱特恩东台新材料科技有限公司　申请日：2013.04.10 专利号：201310121845

（31）水相合成硫代羧酸酯硅烷偶联剂的制备方法

申请人：哈尔滨工业大学　申请日：2013.04.12 专利号：201310127670

（32）一种自动化连续生产卤代烷基三烷氧基硅烷的方法

申请人：景德镇宏柏化学科技有限公司　申请日：2013.02.22 专利号：201310056795

（33）一种硅烷酸性交联剂的合成方法

申请人：荆州市江汉精细化工有限公司　申请日：2013.07.22 专利号：201310308059

（34）一种交联剂、交联聚合物及其制备方法与应用

申请人：山东赛克赛斯药业科技有限公司；蒲松涛　申请日：2013.05.27 专利号：201310201809

3.2.8 气相白炭黑专利申请

（1）一种气相白炭黑自动灌装机

申请人：浙江富士特集团有限公司；　申请日：2013.11.06 专利号：201320699241

（2）利用甲基三氯硅烷生产气相法白炭黑的脱酸炉装置

申请人：浙江合盛硅业有限公司　申请日：2013.08.27 专利号：201320525054

（3）一种利用甲基三氯硅烷生产气相法白炭黑的燃烧炉装置

申请人：浙江合盛硅业有限公司　申请日：2013.08.27 专利号：201320525305

（4）一种利用甲基三氯硅烷生产气相法白炭黑的系统

申请人：浙江合盛硅业有限公司　申请日：2013.08.27 专利号：201320524920

（5）一种利用甲基三氯硅烷生产气相法白炭黑的旋风分离装置

申请人：浙江合盛硅业有限公司　申请日：2013.08.27 专利号：201320525015

第4章 产业政策

4.1 宏观政策

目前世界上新技术新产业迅猛发展，新兴产业正在成为引领未来经济社会发展的重要力量。各国纷纷调整发展战略，大力培育新兴产业，抢占未来经济科技竞争的制高点。

4.1.1 能源

（1）《能源发展“十二五”规划》国发〔2013〕2号

2013年1月23日，国务院印发《能源发展“十二五”规划》，规划指出要加快太阳能多元化利用，推进光伏产业兼并重组和优化升级，大力推广与建筑结合的光伏发电，提高分布式利用规模，立足就地消纳建设大型光伏电站，积极开展太阳能热发电示范。加快发展建筑一体化太阳能应用，鼓励太阳能发电、采暖和制冷、太阳能中高温工业应用。

太阳能电站：按照就近消纳、有序开发的原则，重点在西藏、内蒙古、甘肃、宁夏、青海、新疆、云南等太阳能资源丰富地区，利用沙漠、戈壁及无耕种价值的闲置土地，建设若干座大型光伏发电站，结合资源和电网条件，探索水光互补、风光互补的利用新模式。

关于水电，规划详细列出了50多个在2015年前重点开工建设的水电项目。到2015年，我国水电装机容量将从2010年的2.2亿千瓦增长到2.9亿千瓦，年均增长5.7%。

（2）农网改造 国务院1月召开会议提出，2013年开始全面开展农网改造，对已有的农村的电网电力进行改进和改善，然后改造那些出现严重毛病和漏洞的电网，全面落实科学发展观。显然，在改造农村电网的工作轰轰烈烈地进行的过程中，必将涉及电气行业的相关需求，对于电气需求量增加的同时，就必然带动电气产业经济的发展。

（3）特高压 2013年1月7～9日，国家电网公司召开2013年工作会议，从2013年起的8年间，该公司将投资约1.2万亿元，投产特高压线路9.4万千米、变电容量3.2亿千伏安、换流容量4.6亿千瓦，到2015年、2017年和2020年，分别建成“两纵两横”、“三纵三横”和“五纵五横”特高压“三华”同步电网，同时到2020年建成27回特高压直流工程。按照特高压电网发展规划，从2013年起，特高压将进入全面加快发展、大规模建设的新阶段。而且“十二五”期间剩余特高压交流线路还有约390亿元主设备招标，其中变压器、电抗器和GIS分别为102亿元、43亿元和242亿元。

（4）风电 2013年风电上网电量同比增长38%，增速下滑3个百分点。国家能源局12月20日发布了12项重点专项监管工作计划，监管内容包括电力交易秩序、能源项目审批简政放权落实情况、电力企业大气污染防治、可再生能源发电并网、电网安全等。国家可再生能源信息管理中心 2014 年 1 月 2 日发布《2013 年度全国风电建设快报》，2013 年度全国风电新增核准容量 27.55GW，同比增长 10%；新增并网容量 14.92GW，同比增长 0.6%；2013 年全国风电年上网电量为 1371 亿千瓦时，同比增长 36%。

（5）光伏　2013 年，浙江、山东、上海、安徽、江西等省市分别出台了扶持分布式光伏有序开展的政策文件。大部分地方政府以度电补贴为主，仅河南、安徽合肥、浙江桐乡提出对光伏电站进行投资补贴。

（6）国务院办公厅《关于转发发展改革委住房城乡建设部绿色建筑行动方案的通知》国办发〔2013〕1 号　研究完善建筑光伏发电上网政策，加快微电网技术研发和工程示范，稳步推进太阳能光伏在建筑上的应用。

（7）国家能源局印发《光伏发电运营监管暂行办法》国能监管〔2013〕459 号　第一条为加强监管，切实保障光伏发电系统有效运行，优化能源供应方式，促进节能减排，根据《中华人民共和国可再生能源法》、《电力监管条例》等法律法规和国家有关规定，制定本办法。

第二条本办法适用于并网光伏电站项目和分布式光伏发电项目。

第三条国务院能源主管部门及其派出机构依照本办法对光伏发电项目的并网、运行、交易、信息披露等进行监管。

4.1.2　科技

（1）《产业关键共性技术发展指南（2013 年）》　2013 年 9 月 4 日工信部发布《产业关键共性技术发展指南（2013 年）》，指导各地开展产业关键共性技术开发研究工作，促进产业结构调整、加快经济发展方式转变，引导社会资源投向。其中与硅产业相关如下。

① 大容量电炉生产高品质工业硅节能关键技术　工业硅冶炼木炭还原剂替代技术；微硅粉综合利用技术；高温烟气余热发电技术；连续出硅技术；低铁、磷、硼硅产品生产技术。

② 电子级高纯多晶硅生产工艺技术　全流程工艺物料、能量优化平衡及 DCS 自动控制技术；高效节能填料塔及干法除硼精馏提纯三氯氢硅新技术；生产过程运行碳含量控制技术；痕量级杂质检测分析优化技术及超高纯度产品生产洁净质量控制体系的建立。

③ 万吨级多晶硅生产技术　以降低生产能耗，提高副产物综合利用率，降低生产成本为目标，开发新型节能还原炉，研究多对棒还原炉，提高三氯氢硅转化率，开发流化床生产技术，提高副产物二氯二氢硅、四氯化硅的回收水平，开发热氢化和冷氢化技术。

④ 高效晶硅电池制造技术　以提高电池转换效率，降低生产成本为目标，开发选择性发射极、背面接触、二次丝网印刷、高效绒面、正反面钝化、正面玻璃镀膜等技术。

⑤ 硅基薄膜电池制造技术　提升硅基薄膜电池转换效率，包括非晶硅单双节电池、非晶/微晶叠层电池、多节硅基薄膜电池等技术，降低薄膜电池衰减率，提高微晶沉积速率，开发大尺寸沉积技术，和沉积均匀性技术等。

（2）工业和信息化部 2013 年 4 月 11 日下达 19 个工业行业淘汰落后产能目标任务　为落实好“十二五”期间工业领域重点行业淘汰落后产能目标任务，经淘汰落后产能工作部际协调小组第四次会议审议确定，工业和信息化部向各省、自治区、直辖市人民政府下达了 2013 年 19 个工业行业淘汰落后产能目标任务，具体为：炼铁 263 万吨，炼钢 781 万吨，焦炭 1405 万吨，铁合金 172.5 万吨，电石 113.3 万吨，电解铝 27.3 万吨，铜冶炼 66.5 万吨，铅冶炼 87.9 万吨，锌冶炼 14.3 万吨，水泥（熟料及磨机）7345 万吨，平板玻璃 2250 万重量箱，造纸 455 万吨，酒精 30.3 万吨，味精 28.5 万吨，柠檬酸 7 万吨，制革 690 万标张，印染 236150 万米，化纤 31.4 万吨，铅蓄电池极板 1420 万千伏安时、组装 1067 万千伏安时。

(3)《2013 年产业振兴和技术改造专项重点专题》 多晶硅节能和综合利用新技术；碳化硅纤维等及其复合材料制品，光纤材料及制品；氟硅、丙烯酸酯等合成橡胶和相关弹性体；大功率新型电力电子器件及碳化硅基片。

(4) 国务院《关于化解产能严重过剩矛盾的指导意见》国发〔2013〕41 号 坚持开拓市场需求与产业转型升级相结合。保持投资合理增长，培育新的消费增长点，扩大国内市场规模，巩固拓展国际市场，消化国内过剩产能。强化需求升级导向，培育高端产品市场，促进产能结构优化，带动产业转型升级。

严禁建设新增产能项目。严格执行国家投资管理规定和产业政策，加强产能严重过剩行业项目管理，各地方、各部门不得以任何名义、任何方式核准、备案产能严重过剩行业新增产能项目，各相关部门和机构不得办理土地（海域）供应、能评、环评审批和新增授信支持等相关业务。

(5)《战略性新兴产业重点产品和服务指导目录》国家发展和改革委员会公告 2013 年第 16 号 2013 年 2 月 22 日，为贯彻落实《国务院关于加快培育和发展战略性新兴产业的决定》，更好地指导各部门、各地区开展培育发展战略性新兴产业工作，国家发改委会同相关部门，组织编制了《战略性新兴产业重点产品和服务指导目录》。目录涉及战略新兴产业 7 个行业、24 个重点发展方向下的 125 个子方向，共 3100 余项细分的产品和服务。涉及硅片回收利用，可控硅，光伏电池，光伏电池原材料及辅助材料，光伏装备，硅橡胶，碳化硅等。

4.1.3 安全、环保及基础设施建设

(1) 国家安全监管总局办公厅《关于进一步推动不具备安全生产条件小化工企业关闭工作的通知》(安监总厅管三〔2013〕102 号)

(一) 充分认识加快小化工企业关闭工作的重要性。

(二) 彻底查清小化工企业底数，确定并公布关闭企业名单。

(三) 突出重点，加快推进小化工企业关闭工作。

(四) 充分利用好中央财政关闭小企业补贴政策。

该政策对行业转型升级、调节供求平衡关系、促进行业健康发展有利。

(2) 国务院《关于加强城市基础设施建设的意见》国发〔2013〕36 号

(一) 当前，要围绕改善民生、保障城市安全、投资拉动效应明显的重点领域，加快城市基础设施转型升级，全面提升城市基础设施水平。

(二) 加大城市管网建设和改造力度。包括市政地下管网建设改造；城市供水、排水防涝和防洪设施建设；城市电网建设。

(3)《挥发性有机物（VOCs）污染防治技术政策》(公告 2013 年第 31 号 2013-05-24 实施)

(一) 为贯彻《中华人民共和国环境保护法》、《中华人民共和国大气污染防治法》等法律法规，防治环境污染，保障生态安全和人体健康，促进挥发性有机物（VOCs）污染防治技术进步，制定本技术政策。

(二) 本技术政策为指导性文件，供各有关单位在环境保护工作中参照采用。

(三) 本技术政策提出了生产 VOCs 物料和含 VOCs 产品的生产、储存运输销售、使用、消费各环节的污染防治策略和方法。

(4) 国务院《关于印发循环经济发展战略及近期行动计划的通知》国发〔2013〕5 号

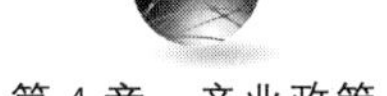

……推进煤系共伴生资源综合开发利用。加强煤系高岭土（岩）、油母页岩、硅藻土、石墨、膨润土、耐火土等共伴生矿综合利用，提高产品附加值。

……推进铁尾矿伴生金属的高效提取利用、富铁老尾矿低成本再选和低铁富硅尾矿高值整体利用。

（5）环保部向国家发改委、工信部、财政部等 13 个部门提供了《环境保护综合名录（2013 年版）》 此次发布的综合名录共包含三部分："高污染、高环境风险"产品 722 项；重污染工艺 92 项、环境友好工艺 83 项；环境保护重点设备 35 项。综合名录的主要作用是为国家相关经济政策制定提供环保依据。截至目前，综合名录所列产品中，已有 300 余种"双高"产品被财税和贸易主管部门取消出口退税，并被禁止加工贸易，有效遏制了"双高"产品大量生产和出口造成的国内环境损害。

列入"高污染、高环境风险"产品目录的硅产品有：硅酸铅、硫酸钠法工艺生产的硅酸钠、酸性洗水不经净化循环工艺生产的硅胶、四氯化硅、电热法工艺生产的金属硅。使用三甲基氯硅烷作溶剂生产 7-氨基头孢烷酸则被列为重污染工艺。

（6）国家安全监管总局《关于加强化工过程安全管理的指导意见》（安监总管三〔2013〕88 号） 收集和利用化工过程安全生产信息；风险辨识和控制；不断完善并严格执行操作规程；通过规范管理，确保装置安全运行；开展安全教育和操作技能培训；严格新装置试车和试生产的安全管理；保持设备设施完好性；作业安全管理；承包商安全管理；变更管理；应急管理；事故和事件管理；化工过程安全管理的持续改进等。

4.1.4 对外贸易

（1）财政部、工业和信息化部、海关总署、国家税务总局于 2013 年 3 月 25 日联合发布《关于调整重大技术装备进口税收政策有关目录的通知》（财关税［2013］14 号）

各省、自治区、直辖市、计划单列市财政厅（局）、工业和信息化主管部门、国家税务局，新疆生产建设兵团财务局，海关总署广东分署、各直属海关，财政部驻各省、自治区、直辖市、计划单列市财政监察专员办事处：财政部工业和信息化部海关总署国家税务总局 2013 年 3 月 25 日按照《财政部国家发展改革委工业和信息化部海关总署国家税务总局国家能源局关于调整重大技术装备进口税收政策的通知》（财关税［2009］55 号）规定，根据国内相关产业发展情况，在广泛听取有关主管部门、行业协会及企业意见的基础上，经研究决定，对集成电路设备等装备及其关键零部件、原材料进口税收政策予以调整，现通知如下。

（一）自 2013 年 4 月 1 日起，对符合规定条件的国内企业为生产国家支持发展的直流场设备、高速铁路信号系统、生活垃圾精分选成套系统装备、举高消防车、染色机、新型农业机械、太阳能电池设备、集成电路关键设备、新型平板显示器件生产设备、锂离子动力电池设备、电子元器件生产设备等装备（见附件 1）而确有必要进口部分关键零部件、原材料（见附件 2），免征关税和进口环节增值税。

自 2013 年 4 月 1 日起，取消液压支架等装备进口关键零部件及原材料免税政策；调整直流输变电设备、交流输变电设备等装备的技术规格要求（见附件 1）；调整六氟化硫断路器、串联补偿装置、PTA 工艺空气压缩机组、大型空分设备、刮板输送机、刮板转载机、混凝土泵车、等离子刻蚀机等装备的进口零部件清单（见附件 2）。

（二）国内企业申请享受本通知附件 1 中新增装备或技术规格提高的装备有关进口零部件及原材料免税政策的，具体申请要求和程序应按照财关税［2009］55 号文件有关规定执行。其中，企业在 2013 年 4 月 1 日至 12 月 31 日期间进口规定范围内的零部件、原材料申请享受本进口税收政策的，应在 2013 年 4 月 1 日至 4 月 30 日期间按照财关税［2009］55 号文件规定的程序提交申请文件。申请企业凭受理部门出具的证明文件，可向海关申请凭税款担保先予办理有关零部件及原材料放行手续。省级工业和信息化主管部门在2013年4月1日至4月30日期间受理的申请文件，应在2013年5月15日前一并将申请文件及初审意见汇总上报工业和信息化部。

附件《国家支持发展的重大技术装备和产品目录（2013年调整）》新增：太阳能电池设备四项；与硅片加工相关的集成电路关键设备五项。

（2）商务部公告2013年第81号《关于多晶硅反倾销延期公告（欧）》

根据《中华人民共和国反倾销条例》的规定，2012年11月1日，商务部发布年度第71号公告，决定对原产于欧盟的进口太阳能级多晶硅进行反倾销立案调查。

鉴于本案情况较为特殊和复杂，根据《中华人民共和国反倾销条例》第二十六条的规定，商务部决定将本案的调查期限延长6个月，即截止日期为2014年5月1日。

（3）商务部公告2013年第63号《关于对原产于美国进口太阳能级多晶硅的反补贴初裁公告》

根据《中华人民共和国反补贴条例》（以下简称《反补贴条例》）的规定，2012年7月20日，商务部发布年度第41号公告，决定对原产于美国的进口太阳能级多晶硅反补贴立案调查。该产品归在《中华人民共和国进出口税则》：28046190。该税则号项下用于生产集成电路、分立器件等半导体产品的电子级多晶硅不在本次调查产品范围之内。

商务部对原产于美国的进口太阳能级多晶硅是否存在补贴及补贴金额、被调查产品是否对国内太阳能级多晶硅产业造成损害和损害程度以及补贴与损害之间的因果关系进行了调查。根据调查结果和《反补贴条例》第二十五条的规定，调查机关作出初步裁定（见附件），并就有关事项公告如下。

（一）初步裁定

调查机关初步裁定，在本案调查期内，被调查产品存在补贴，中国太阳能级多晶硅产业受到实质损害，而且补贴与损害之间存在因果关系。

（二）被调查产品范围及措施范围

本案被调查产品及实施措施产品的具体描述如下：

调查和措施范围：原产于美国的进口太阳能级多晶硅。

被调查产品名称：太阳能级多晶硅。英文名称：Solar-Grade Polysilicon。

被调查产品的具体描述：以氯硅烷为原料采用（改良）西门子法和硅烷法等工艺生产的，用于生产晶体硅光伏电池的棒状多晶硅、块状多晶硅、颗粒状多晶硅产品。

主要用途：主要用于太阳能级单晶硅棒和定向凝固多晶硅锭的生产，是生产晶体硅光伏电池的主要原料。

该产品归在《中华人民共和国进出口税则》：28046190。该税则号项下用于生产集成电路、分立器件等半导体产品的电子级多晶硅不在本次调查产品范围之内。

（三）临时反补贴措施

根据《反补贴条例》第二十九条和第三十条的规定，调查机关向国务院关税税则委员会提出对原产于美国的被调查产品采取临时反补贴措施的建议。国务院关税税则委员会根据调查机关的建议作出决定，自2013年9月20日起，采用临时反补贴税保证金的形式对原产于美国的进口被调查产品实施临时反补贴措施。进口经营者在进口原产于美国的被调查产品时，应依据本初裁确定的各公司的从价补贴率向中华人民共和国海关提供相应的临时反补贴税保证金。

对各公司征收的临时反补贴税保证金比率如下：

① 赫姆洛克半导体公司 6.5%
(Hemlock Semiconductor Corporation)
② REC 太阳能级硅有限责任公司 0%
(REC Solar Grade Silicon LLC)
③ REC 先进硅材料有限责任公司 0%
(REC Advanced Silicon Materials LLC)
④ MEMC 帕萨迪纳有限公司 0%
(MEMC Pasadena, Inc.)
⑤ AE Polysilicon CorporatioN6.5%
⑥ 其他美国公司（All Others）6.5%

在补贴调查期内，原产于 REC 太阳能级硅有限责任公司的进口被调查产品从价补贴率为 0.2%，属于微量补贴；原产于 REC 先进硅材料有限责任公司和 MEMC 帕萨迪纳有限公司的进口被调查产品均未获得补贴。对原产于此三家公司的进口被调查产品不征收临时反补贴税保证金。

（四）采取临时反补贴措施的方法

自 2013 年 9 月 20 日起，进口经营者在进口原产于美国的被调查产品时，应依据本初裁确定的各公司的从价补贴率向中华人民共和国海关提供相应的临时反补贴税保证金。临时反补贴税保证金以海关审定的完税价格从价计征，计算公式为：临时反补贴税保证金金额＝（海关审定的完税价格×临时反补贴税保证金征收比率）×（1＋进口环节增值税税率）。

（唐乃美）

4.2　国家对硅产业各分支行业的产业政策摘编

4.2.1　金属硅政策

中国金属硅关税从 2005 年的出口退税取消到 2008 年征收 10%的关税，再到 2009 年至 2012 年 15%的高额关税，与其他国家相比，中国作为全球最大的金属硅生产地和出口国，在出口价格方面毫无优势，一方面成就了走私现象的猖獗，同时使国内正规出口企业丧失竞争优势。2013 年 1 月 1 日起，根据中华人民共和国财政部 2013 年关税实施方案通知，金属硅出口关税被正式取消。关税取消后，中国金属硅出口市场逐渐回归理性，同时有利于提高中国金属硅在国际市场上的竞争力。

2013 年，加拿大国际贸易法庭对原产于或进口自中国的金属硅做出反倾销和反补贴产业损害终裁，据此，加拿大边境服务署将对涉案产品征收反倾销和反补贴税。中国出口至加拿大的金属硅量较 2012 年有所下滑，反倾销税的增加，迫使出口金属硅价格调涨、海外订单减少，市场竞争力下降。在国内金属硅行业产能过剩，中国下游需求低迷及海外支撑有限情况下，中国企业提高产品品质、优化产业结构势在必行。

2013 年，云南省政府出台《关于推进工业硅产业结构调整的意见》，云南金属硅产量占据全国总量的三分之一左右，产能过剩、资源能耗高、产业集中度低等问题亟待解决，促进企业兼并重组、调整产品结构、集群化发展，即有利于优化资源配置，又能提高市场竞争力。

2013 年 11 月份，工信部产业政策司对第五批符合《铁合金行业准入条件》的企业名单予以公示，其中共涉及工业硅企业 12 家，累计产能达 30.99 万吨。自 2007 年第一批准入名单公示至今，工业硅准入企业核查工作有条不紊进行，有效遏制了金属硅产业低水平重复建设，为促进产业结构升级做出突出贡献。

随着全球能源的逐步枯竭、环保压力加剧等问题的日趋凸显，太阳能等可再生能源更具发展优势，为此国务院等相关部门近几年对光伏产业的关注度有所提高。2013 年 7 月份，国务院促进光伏产业细则《国务院关于促进光伏产业健康发展的若干意见》及商务部对美韩产多晶硅反倾销初裁相继出台，意见中提出六大政策扶持光伏产业发展，多晶硅及光伏产业前景看好。

4.2.2 多晶硅政策

2013 年，为帮助中国新兴的光伏产业应对危机，出台了一系列政策。

(1)《关于完善光伏发电价格政策通知》 2013 年 2 月，为落实国务院关于促进光伏产业健康发展的政策措施，国家发改委价格司向光伏企业下发了《关于完善光伏发电价格政策通知》(征求意见稿，下称“征求意见稿”)。该意见稿提出，在完善分布式光伏发电价格政策中，对分布式发电实行按照发电量补贴的政策，补贴标准为 0.35 元/千瓦时；补贴资金纳入可再生能源发展基金解决，由电网企业向分布式光伏发电项目转付；对分布式光伏发电系统自用有余上网的电量，由电网企业按照当地燃煤发电标杆上网电价收购。

(2)《关于做好分布式电源并网服务工作的意见》 2013 年 2 月，国家电网公司在京召开“促进分布式电源并网新闻发布会”，向社会正式发布。这是继支持分布式光伏发电并网后，国家电网公司将支持范围扩大至风电、天然气等所有类型分布式电源，出台的积极促进分布式能源发展的又一重大举措，一系列标准和细则的制定，将优化并网流程，简化并网手续，提升服务效率，切实提高分布式电网并网的服务水平。

(3)《分布式光伏发电示范区工作方案（草案)》 2013 年 6 月 16 日，国家能源局召开的促进光伏产业健康发展座谈会，与会者聆听了国务院第 12 次常务会议精神，以及《分布式光伏发电示范区工作方案（草案）》对分布式光伏发电示范区建设工作的部署。

该草案包括政策支持机制、示范区选择原则、组织实施方式、工作进度安排、项目可行性分析、落实项目安装条件等六方面。方案拟定的示范项目度电补贴资金为不超过 0.45 元/千瓦时。方案要求，获批示范区需在 2013 年 7 月底前启动项目建设。

(4)《关于促进光伏产业健康发展的若干意见》 2013 年 7 月 15 日，国务院下发《关于促进光伏产业健康发展的若干意见》，再次把光伏热推向高潮。

《意见》明确，“十二五”光伏发电装机容量将提高至 35 吉瓦，并对光伏市场的拓展、规范发展和政策支持提出了新的要求和指导；其中，上调装机目标、规范高效产能和完善支持政策成为三大亮点。提出了 2014 年中国要建设 14GW 光伏电站，其中 8GW 为分布式项目的总体目标。分布式项目的开发随即启动。

(5)《分布式发电管理暂行办法》 2013 年 7 月 18 日，国家发改委印发了《分布式发电管理暂行办法》。这是国家能源局在推进电力市场开放促进分布式能源发展方面发布的又一重要政策文件。

(6)《关于分布式光伏发电实行按照电量补贴政策等有关问题的通知》 2013 年 7 月 24 日，财政部发布《关于分布式光伏发电实行按照电量补贴政策等有关问题的通知》，国家将对分布式光伏发电项目按电量给予补贴，补贴资金通过电网企业转付给分布式光伏发电项目单位。此外，还将改进光伏电站、大型风力发电等补贴资金管理。

(7)《关于开展分布式光伏发电应用示范区建设的通知》 2013 年 8 月 9 日，国家能源局印发了《关于开展分布式光伏发电应用示范区建设的通知》(国能新能［2013］296 号)，批准了 18 个示范区。北京海淀区中关村海淀园等 18 个分布式光伏发电应用示范区建设相继启动前期工作。

目前，分布式项目商业确定性太差，支撑起这个系统运行的一系列保障体系都没有建成，比如质量保障体系、风险转移机制、信用体系等等。除了“任务”明确，其他所有的细节都不明确：电力公司不知道怎么和业主签购电协议，电力公司不知道没有电费发票的情况下怎么给业主电费，项目公司也不知道验收光伏项目应该按照什么标准，业主也不知道做完了项目找谁运营维护。

(8)《关于支持分布式光伏发电金融服务的意见》 2013 年 8 月 22 日 国家能源局、国家开发银行发布了《关于支持分布式光伏发电金融服务的意见》（国能新能［2013］312 号），通过加强金融服务支持分布式光伏发电建设。

截止到目前，这个文件还没有具体落实措施。国开行对分布式项目的支持不启动，导致各商业银行也处于观望状态，光伏行业之外的民间资金也未有动静。与此同时，各地对于分布式项目的地方补贴政策依旧没个说法。

(9)《关于发挥价格杠杆作用促进光伏产业健康发展的通知》 2013 年 8 月 26 日，国家发改委发布了《关于发挥价格杠杆作用促进光伏产业健康发展的通知》，将光伏电站按资源和建设条件制定了 0.9 元/千瓦时、0.95 元/千瓦时和 1.0 元/千瓦时的三类区域标杆上网电价，对分布式光伏发电按全部发电量给予 0.42 元/千瓦时的补贴。与此同时，《关于调整可再生能源电价附加标准与环保电价有关事项的通知》，也将可再生能源电价附加征收标准提高至 0.015 元/千瓦时，扩大了可再生能源发展基金的规模。

(10)《光伏制造行业规范条件》 2013 年 9 月 17 日，由工信部主导的《光伏制造行业规范条件》在结束意见征求之后正式对外发布。按照本次公布的准入条件，今后具有省级以上独立研发机构、技术中心或高新技术企业资质，每年用于研发及工艺改进的费用不低于总销售额的 3%且不少于 1000 万元人民币。

除去在技术上的资金要求外，工信部还要求企业生产的多晶硅电池和单晶硅电池的光电转换效率分别不低于 18%和 20%，多晶硅电池组件和单晶硅电池组件光电转换效率分别不低于 16.5%和 17.5%。

同时，按照规范，在生产规模上多晶硅项目每期规模需大于 3000 吨/年；硅锭年产能不低于 1000t；硅棒年产能不低于 1000t；硅片年产能不低于 5000 万片。申报符合规范名单时上一年实际产量不低于产能要求的 50%。

此外，工信部要求严格控制新上单纯扩大产能的光伏制造项目，对加强技术创新、降低生产成本等确有必要的新建和改扩建项目，报行业主管部门及投资主管部门备案。

(11)“双反”启动　2013 年 9 月 16 日，商务部发布公告称，初裁决定自 9 月 20 日起对原产于美国的进口太阳能级多晶硅采用保证金形式实施临时反补贴措施。自 2013 年 9 月 20 日起，采用临时反补贴税保证金的形式对原产于美国的进口被调查产品实施临时反补贴措施。进口经营者在进口原产于美国的被调查产品时，应依据本初裁确定的各公司的从价补贴率向中华人民共和国海关提供相应的临时反补贴税保证金。

本应 11 月公布的反倾销措施，推延到 2014 年 1 月 20 日公布。商务部裁定原产于美国和韩国的进口太阳能级多晶硅存在倾销，中国太阳能级多晶硅产业受到了实质损害，而且倾销与实质损害之间存在因果关系。进口经营者在进口原产于美国的被调查产品时，要缴纳 50%以上的反倾销税，进口原产于韩国的被调查产品时，要按公司缴纳 2.4%～48.7%的反倾销税。这样一来，美国产品进入中国市场时基本上与德国和韩国的价格持平。

(12)《关于光伏发电增值税政策的通知》 2013 年 9 月 23 日，财政部国家税务总局下发了《关于光伏发电增值税政策的通知》。通知规定：自2013年10月1日至2015年12月31日，对纳税人销售自产的利用太阳能生产的电力产品，实行增值税即征即退50%的政策。

（13）其他与光伏行业相关的政策　8月30日 国家发改委《关于调整可再生能源电价附加标准与环保电价的有关事项的通知》；10月11日 工信部《光伏制造行业规范公告管理暂行办法》；10月29日 国家能源局《关于征求2013、2014年光伏发电建设规模的函》；11月18日 国家能源局《关于印发分布式光伏发电项目管理暂行办法的通知》；11月19日 财政部《关于对分布式光伏发电自发自用电量免征政府性基金有关问题的通知》。

4.2.3 聚硅氧烷政策

按照《国务院关于加快培育和发展战略性新兴产业的决定》，2015年战略性新兴产业增加值占国内生产总值的比重力争达到8%左右，2020年战略性新兴产业增加值占国内生产总值的比重力争达到15%左右。工业和信息话部发布的《新材料产业“十二五”发展规划》中提出：“十二五”新材料产业预期发展目标总产值达到2万亿元，年均增长率超过25%，并明确强化为汽车、高速铁路和高端装备制造配置的高性能密封等专用材料的开发。

《产业结构调整指导目录（2013年本）》鼓励类：十一、石化化工/15. 苯基氯硅烷、乙烯基氯硅烷等新型有机硅单体，苯基硅油、氨基硅油、聚醚改性型硅油等，苯基硅橡胶、苯撑硅橡胶等高性能橡胶及杂化材料，甲基苯基硅树脂等高性能树脂，三乙氧基硅烷等系列高效偶联剂；19. 四氯化碳、四氯化硅、一甲基氯硅烷、三甲基氯硅烷等副产物综合利用，二氧化碳的捕获与应用。

中国政府已经把有机硅产业作为国家优先鼓励发展的产业。《新材料产业“十二五”发展规划》中明确提出自主研发和技术引进并举，走精细化、系列化路线，大力开发新产品、新牌号，改善产品质量，努力扩大规模，力争到2015年国内市场满足率超过70%。扩大丁耐高低温硅橡胶、耐低温氟橡胶等品种，积极发展专用助剂，强化为汽车、高速铁路和高端装备制造配套的高性能密封、阻尼等专用材料开发。

4.2.4 高温硫化硅橡胶政策

中国政府也已经把有机硅产业作为国家优先鼓励发展的产业。《新材料产业“十二五”发展规划》中明确提出自主研发和技术引进并举，走精细化、系列化路线，大力开发新产品、新牌号，改善产品质量，努力扩大规模，力争到2015年国内市场满足率超过70%。扩大丁基橡胶（IIR）、丁腈橡胶（NBR）、乙丙橡胶（EPR）、异戊橡胶（IR）、聚氨酯橡胶、氟橡胶及相关弹性体等生产规模，加快开发丙烯酸酯橡胶及弹性体、卤化丁基橡胶、氢化丁腈橡胶、耐寒氯丁橡胶和高端苯乙烯系弹性体、耐高低温硅橡胶、耐低温氟橡胶等品种，积极发展专用助剂，强化为汽车、高速铁路和高端装备制造配套的高性能密封、阻尼等专用材料开发。

在国家发改委公布的《产业结构调整指导目录》中，也将苯基硅橡胶、苯撑硅橡胶等高性能橡胶列入鼓励类产品。

在氟硅材料方面，国内企业已经具有一定的基础。规划强调“巩固有机硅单体生产优势，大力发展硅橡胶、硅树脂等有机硅聚合物产品。在国家发改委公布的《产业结构调整指导目录》中，将苯基硅橡胶、苯撑硅橡胶等高性能橡胶列入鼓励类产品。

4.2.5 室温硫化硅橡胶政策

《新材料产业“十二五”发展规划》中明确提出自主研发和技术引进并举，走精细化、系列化路线，大力开发新产品、新牌号，改善产品质量，努力扩大规模，力争到 2015 年国内市场满足率超过 70%。扩大丁耐高低温硅橡胶、耐低温氟橡胶等品种，积极发展专用助剂，强化为汽车、高速铁路和高端装备制造配套的高性能密封、阻尼等专用材料开发。规划强调大力发展硅橡胶、硅树脂等有机硅聚合物产品。

2009 年以来，国家采取了一系列政策抑制房价过快增长，但是整体房价仍呈增长趋势，说明购房者多为刚性需求或改善性需求。再加上今年开始对二胎政策的放开，一定程度上又为将来的刚性需求埋下伏笔。此外，服务业的快速发扎在一定程度上将刺激商业地产特别是摩天大楼的建设。因此房地产的发展至少还会发展十年甚至二十年，之后增长将放缓。中国室温硫化硅橡胶的下游需求中建筑领域是主力，从这方面来看下游需求依然十分强劲。室温硫化硅橡胶已从单一的建筑用硅酮密封胶向多领域、多用途扩展，在电子电器、汽车、模具及新能源领域得到广泛应用。

4.2.6　硅油政策

(1)《产业结构调整指导目录（2013 年本）》 鼓励类：十一、石化化工/15. 苯基硅油、氨基硅油、聚醚改性型硅油等，这部分与 2011 年版本相同。

(2)《国务院关于促进健康服务业发展的若干意见》 健康服务业以维护和促进人民群众身心健康为目标，主要包括医疗服务、健康管理与促进、健康保险以及相关服务，涉及药品、医疗器械、保健用品、保健食品、健身产品等支撑产业。加快发展健康服务业，是深化医改、改善民生、提升全民健康素质的必然要求，是进一步扩大内需、促进就业、转变经济发展方式的重要举措。

发展目标：到 2020 年，基本建立覆盖全生命周期、内涵丰富、结构合理的健康服务业体系，打造一批知名品牌和良性循环的健康服务产业集群，并形成一定的国际竞争力，基本满足广大人民群众的健康服务需求。健康服务业总规模达到 8 万亿元以上，成为推动经济社会持续发展的重要力量。

(3)《中西部地区外商投资优势产业目录》（2013 年修订）　内蒙古自治区/15. 高性能硅油、硅橡胶、树脂，高品质氟树脂，高性能氟橡胶，含氟精细化学品和高品质含氟无机盐等；16. 硅材料及其应用。

4.2.7　高纯石英政策

《产业结构指导目录（2011 年本）》鼓励发展产业中第十二大项（建材）中第 8 小项：信息、新能源、国防、航天航空等领域用高品质人工晶体材料、制品和器件生产装备技术开发；高纯石英原料、石英玻璃材料及其制品制造技术开发与生产；航天航空等领域所需的特种玻璃制造技术开发与生产。

此外，工业和信息化部《新材料产业“十二五”发展规划》发展重点中“新型无机非金属材料”领域明确提出“加快发展高纯石英粉、石英玻璃及制品，促进高纯石英管、光纤预制棒产业化”，同时《新材料产业“十二五”重点产品目录》中明确将“高品质石英玻璃制品”列为重点产品。

高纯石英原料主要由优质的石英矿产资源经提纯而制得，或采用化工副产品——四氯化硅等废弃资源为原料，经化学合成制得高纯石英粉；化学气相沉积合成石英玻璃（CVD）及等离子化学气相沉积合成石英玻璃（PCVD）采用化工副产品——四氯化硅等废弃资源为原料，制得高性能石英玻璃产品。因此，高纯石英原料及高品质石英玻璃完全符合国家产业政策，有利于高纯石英玻璃的发展。

《国家中长期科学和技术发展规划纲要（2006～2020年）》在“制造业”重点领域中明确将“基础原材料”列为优先主题之一，重点研究开发满足国民经济基础产业发展需求的高性能复合材料及大型、超大型复合结构部件的制备技术，高性能工程塑料，轻质高强金属和无机非金属结构材料，高纯材料，稀土材料，石油化工、精细化工及催化、分离材料，轻纺材料及应用技术，具有环保和健康功能的绿色材料；在“水和矿产资源”重点领域中也明确将“矿产资源高效开发利用”列为优先主题之一，重点研究深层和复杂矿体采矿技术及无废开采综合技术，开发高效自动化选冶新工艺和大型装备，发展低品位与复杂难处理资源高效利用技术、矿产资源综合利用技术；在“环境”重点领域中也明确将“综合治污与废弃物循环利用”列为优先主题之一，重点开发区域环境质量监测预警技术，突破城市群大气污染控制等关键技术，开发非常规污染物控制技术，废弃物等资源化利用技术，重污染行业清洁生产集成技术，建立发展循环经济的技术示范模式。

第5章　硅业风采专栏

5.1　区域性产业集群

5.1.1　江西永修

近年来，永修始终把有机硅作为主导产业打造，充分利用星火有机硅厂“产能最大、技术领先”的优势，做好产业集聚规划。该县与中国石油化工设计院签订协议编制有机硅产业规划，进一步丰富有机硅“产业树”内涵，最终确定以星火有机硅厂生产的有机硅单体为“树干”，以硅橡胶、硅油、硅树脂等为“树枝”，绘出了产业招商路径图。

重点发展星火工业园板块，提升有机硅产业集群承载力。该县每年投入园区基础设施建设的资金不少于3亿元，园区已具备了较好的产业承载能力。同时，在星火工业园区内规划兴建有机硅下游产品的产业园，专门承载有机硅下游终端应用项目。

该县围绕星火有机硅厂有机硅上游单体巨大的产能，以延伸有机硅产业链、做大做强循环工业为着力点，致力于“资源—产品—废弃物—再生资源”循环经济模式的积极探索和运用，“吃干榨尽”有机硅附产物，产生了良好的经济和环境效益。

实现企业之间微循环，工业园区大循环。星火有机硅厂副产物一甲，是卡博特公司生产气相二氧化硅的原材料。卡博特公司的产品气相二氧化硅和副产物浓盐酸，又是星火有机硅厂生产硅橡胶和有机硅单体的原材料，两家企业互相利用对方的产品和附产物，实现了发展壮大的目标。卡博特公司已形成了年产1.5万吨气相二氧化硅规模，成为全球最大的气相二氧化硅生产基地。利用星火有机硅厂副产物实现发展壮大的企业不止卡博特公司，江西华联有机硅有限公司用星火有机硅厂的DMC生产硅树脂，江西星火化工有限公司也利用星火有机硅厂的DMC、硅油做原料生产硅橡胶。

此外，虹润化工、东方巨龙、鸿诚化工等用星火有机硅厂的液氯生产氯磺化聚乙烯、氯化石蜡等产品……企业之间已经形成了完备的有机硅产业链条，结成了紧密的共生关系。目前，永修县有机硅产业关联度高达70%，已开发有机硅下游产品1000多个品种，已有200个产品实现工业化生产。

永修在实现世界硅都的梦想中阔步前行，力争到2017年年底，落户有机硅企业达120家，有机硅单体产能达70万吨，成为全球最大的有机硅单体生产基地，有机硅产业主营业务收入突破500亿元，撑起永修工业经济“半壁江山”。

5.1.2 江苏东海

东海水晶是世界天然水晶原料集散地，有着“水晶之都”美誉的江苏省东海县，东海水晶，以蕴藏量大，质地纯正而著称于世，2013 年东海水晶入选为 20 个“江苏符号”之一。东海天然水晶储量约为 30 万吨，其质量、储量位居全国之首。东海县生产企业数量达到 530 家，拥有硅产品品种达 1000 余类，产值突破 100 亿元。2014 年第一季度，东海县硅工业持续回暖，硅工业实现产值 41 亿元，增长近 10%，产业形势好转为企业转型升级提供了回旋空间。

面对国际国内严峻的形势，东海县针对全县硅产业发展实际，明确提出了以加快转变经济发展方式为主线，以科技创新和体制创新为动力，努力构建现代工业体系，重点规划硅产业发展，拓展现有硅产业领域，延伸产品链，从做制品到做设备，从粗加工至深加工，从初级产品向终端产品延伸。“双反”期间，东海县又准确研判经济形势，引导企业转型升级，倡导以创新加快全县光伏产业和硅材料产业集群的转型升级，以生产高端产品占领市场，推动企业在逆境中寻求商机。在不容乐观的大环境中，鼓励引导企业控制生产成本、注重科技研发，在巩固原有市场的基础上，努力拓宽市场半径，全力“突围”。

5.1.3 江苏张家港

随着道康宁公司、瓦克公司累计年产 40 万吨有机硅单体项目的投产，张家港市将成为我国乃至世界最重要的有机硅原料生产基地。未来几年，张家港道康宁有机硅单体产能将占国内总产能的 30%左右，而瓦克气相法白炭黑将占 15%左右。由于国内有机硅消费市场主要集中在长三角和珠三角地区，其中长三角消费量约占全国总消费量的 50%，而张家港市地处长三角腹地，有机硅制成品物流成本低，市场反应快，具有明显的竞争优势。张家港市已设立总规模为 10 亿元的新兴产业投资基金，重点扶持有机硅、锂电、智能电网等新兴产业。借助现有的有机硅单体原材料优势，张家港将进一步扩展高附加值、高技术水平、高投资回报的下游产业链，建设国际一流、国内最先进的有机硅新材料产业基地。张家港市发展有机硅产业具有原材料优势、交通优势和政策扶持优势，当前壮大、延伸有机硅产业的时机和条件已经成熟。

5.1.4 福建三明

福建省硅产业的发展主要集中在石英矿资源相对丰富的地区，主要分布在三明、南平和龙岩三地区。特别是三明地区，三明白炭黑产量占福建的 50%以上，约占全国产能的 40%左右。其中尤以沙县硅产业发展最为迅速，近几年，初步形成了以硅化工产品为主导的产业集群的雏形，目前沙县硅产业已经纳入三明市新兴产业规划（2010—2015），同时沙县人民政府专门为硅产业的发展出台了《沙县人民政府关于加快沙县硅产业发展的若干意见》，为沙县硅产业快速发展提供动力。福建省无机硅化物产品质量监督检测中心、沙县硅化工中心实验室已在沙县相继创立，对沙县硅化工产品质量的控制和提升，以及新产品的研发都具有重要作用。三明市作为我省的老工业基地，已将硅产业发展列入新兴产业发展规划。

从福建省三明市政府获悉，根据矿产资源赋存和开发利用现状，该市确定萤石、铅锌、石灰石等为首批实行政府资源调配试点矿种，重点培育、氟、硅、新型建材等六大矿产品深加工产业链，促进资源合理配置，有力提升矿业产业结构。硅产业方面，建立采矿—矿石微粉—硅化物产品—下游产品（循环经济、深加工产品）的完整硅产业链，打造沙县硅产业循环经济园和清流县光伏产业园，形成优势硅产业集群。重点培育福建海能新材料有限公司、三明市丰润化工有限公司、福建省三明同晟化工有限公司等龙头企业。

5.2　龙头企业

5.2.1　多晶硅行业

5.2.1.1　江苏中能硅业发展有限公司

江苏中能硅业科技发展有限公司是香港上市公司保利协鑫（HK3800）全资控股的高纯多晶硅生产企业。2013年该公司多晶硅产能仍为6.5万吨/年。万吨级流化床技术计划2014年量产。该公司冷氢化能力50万吨/年，居世界首位。2013年江苏中能计划建设自营的30万千瓦火电厂，将用电成本从现在的将近0.7元/度下降到0.32元/度左右。

2013年，江苏中能产能6.5万吨/年，多晶硅产量为5.044万吨，占全国总产量的61.4%，居世界第一。2013年多晶硅生产线全年开工率77.6%，第四季度开工率达91.7%。截止2013年12月31日，硅片产能增加至10吉瓦，2013年硅片产量为8.634吉瓦，比2012年增加53.6%。

2013年，江苏中能多晶硅产量的1/3外销，销量达16329吨，比2012年增长29.7%，外销价格平均17.4美元/千克，几乎与生产成本（17.0美元/千克）持平；销售硅片9.3吉瓦，比2012年增长66.2%。

2013年加大研发投入，技术进步显著，产品竞争力保持优势，同时生产成本每季度保持下降。2013年利用硅烷法顺利产出高质量颗粒多晶硅，并达到世界同类生产装置先进水平。西门子法技术研发也在不断进行，各生产环节的生产力都显著提升。成功推出高效多晶硅片以及第二代高效单晶硅片，大幅提高了光伏电池的转换效率。

保利协鑫报告2013年亏损8500万美元，比2012年亏损额大幅降低。

5.2.1.2　洛阳中硅高科技有限公司

洛阳中硅高科技有限公司是由中国恩菲工程技术有限公司（控股75%）、洛阳硅业集团有限公司、偃师金丰投资有限公司、中国有色工程设计研究总院四家股东共同出资组建的高科技企业。目前中硅高科有一套年产2400吨白炭黑装置，用于处理公司多晶硅生产的副产物四氯化硅，但2013年没有开车。

2013年上半年，该公司利用多晶硅材料制备技术国家工程实验室的研究成果，蛰伏技改，提高技术水平和管理能力。2013年8月18日，多晶硅生产系统依序启动，9月，多晶硅产品顺利如期出炉。通过一年的产品质量提升和成本降低，还原电耗较之前降低了10%，降低成本预期效果明显。

中硅高科将继续加大对工艺优化的力度，继续追求质量更优、成本更低，暂时没有扩能计划。

5.2.1.3　大全新能源有限公司

大全新能源有限公司是由鸿立国际有限公司投资设立的外商独资企业，注册资金6300万美元。公司从国外引进的多晶硅生产技术和设备，目标是生产电子级、太阳能级产品。

大全新能源有限公司首先在四川万州投资建设了年产4500吨高纯多晶硅项目，其中第一条年产1500吨多晶硅生产线于2008年7月份成功投产。2012年，该公司在新疆石河子的5000吨/年生产线竣工并调试完成，2013年3月实现满负荷生产。四月该公司对该生产线成功进行了几项技术升级项目，将生产成本降低至低于16美元/千克。通过边生产边技改，2013年年底该线产能达到6150吨/年，成本削减到14美元/千克。2013年全年生产成本平均为15.8美元/千克。

大全正在关闭万州多晶硅工厂，并将部分设备及冷氢化装置转移到新疆工厂。

2014 年 4 月该公司新疆工厂又开始了新一轮扩建，将产能由 6150 吨/年扩建到 12150 吨/年，将利用万州工厂的一部分设备。新疆县生产线将在 4 月检修为扩建做准备，并升级尾气处理工艺，把传统的氢化工艺改为氢氯化工艺。计划 2015 年第 2 季度完成扩建，届时总生产成本将降低到 12 美元/千克。

5.2.1.4 新特能源股份有限公司

新特能源股份有限公司是上海 A 股上市公司特变电工的子公司，位于乌鲁木齐国际级高新技术区，于 2008 年 2 月 20 日注册成立，特变电工新能源产业的核心企业，是专业从事太阳能光伏产业一体化研发、生产、经营的高科技企业，与特变电工新疆新能源股份公司一起构成了光伏产业链。

2012 年二期项目投产，产能 3000 吨/年。2013 年，三期 1.2 万吨/年项目 8 月投产，特变电工总产能达到 1.5 万吨/年。为三期配套的 36 万吨/年冷氢化装置 6 月投产。目前，该公司下游已拥有年产超 300MW 的硅片生产能力，并正在向 GW 级的产能目标扩张。

三期新生产线配套有 2×35 万千瓦的自备电厂，按照新疆当地的上网电价 0.25 元/度，其多晶硅电价成本远低于国内其他多晶硅企业。特变电工拥有准东 120 亿煤炭资源，是公司低成本竞争的根本保障。据悉，新生产线全成本为 9～10 万元/吨（16 美元/千克左右）。

2013 年度，新特能源母公司特变电工实现营业收入 291.75 亿元，净利润 13.78 亿元；同比分别增长 43.54％和 47.67％。

5.2.1.5 亚洲硅业（青海）有限公司

亚洲硅业（青海）有限公司是由亚洲硅业有限公司于 2006 年 12 月在青海省注册成立的一家外资企业，注册资本 2 亿美元。该公司采用改良西门子法生产多晶，由于依托青海当地丰富的水电和光照资源，产品具有成本优势，国内报价一向偏低。该公司有能力生产电子级产品。2013 年多晶硅产能为 5000 吨/年。

5.2.1.6 四川永祥多晶硅有限公司

四川永祥多晶硅有限公司是四川永祥股份有限公司旗下的全资子公司，是上市公司通威股份（600438）的孙公司。一期 1000 吨/年多晶硅项目于 2008 年 9 月 19 日在乐山市五通桥区全面竣工并全面达产；二期 3000 吨/年多晶硅项目于 2011 年 9 月底建成投运；原计划于 2012 年 9 月底建成的三期 6000 吨/年多晶硅项目因市场因素暂缓开工。该公司配套乐山永祥硅业有限公司 20000 吨三氯氢硅加上冷氢化。目前三氯氢硅原料基本能够满足生产需求。2013 年底开始，永祥投资 6 亿多元用于冷氢化技术改造。

5.2.1.7 内蒙古神舟硅业有限责任公司

内蒙古神舟硅业有限责任公司是由中国航天科技投资控股有限公司、上海航天技术研究院和中国进出口银行等五家国有企事业单位共同出资，并于 2007 年 5 月在内蒙古自治区呼和浩特市金桥开发区注册，专业从事多晶硅及下游产品、副产品的研发、制造和销售。2012 年 7 月，公司建成了 5 万吨/年冷氢化装置。2013 年该公司进行了工艺改造，多晶硅产能提升为 5000 吨/年。

5.2.1.8 内蒙古盾安光伏科技有限公司

内蒙古盾安光伏科技有限公司原是上市公司盾安环境（SZ：002011）在内蒙古设立的全资子公司，主要从事太阳能级多晶硅等的研发、生产和销售，为国家首批准入企业。由于经济效益一直不好，2013 年 7 月盾安环境将其剥离。

5.2.1.9 陕西天宏硅材料有限责任公司

陕西天宏硅材料有限责任公司由陕西有色金属控股集团、延长石油（集团）有限责任公司、西安绿晶科技有限责任公司和陕西省投资集团（有限）公司共同出资组建，由陕西有色金属控股集团公司负责控股经营。

第一条1250吨/年微电子级多晶硅项目于2007年9月奠基，2008年4月动工建设，2009年7月成功联动试产，并于2009年7月16日生产出第一炉多晶硅。二期2500吨/年多晶硅于2011年10月投产，并配套冷氢化装置，冷氢化装置于2012年2月开启运行。该公司称通过稳定生产、系统优化，微电子级多晶硅高技术产业化项目产能已由3750吨/年逐步提升至4250吨/年，最高可达4500吨/年。

5.2.1.10 四川瑞能硅材料有限公司

四川瑞能是昱辉阳光 Renesola Ltd（NYSE：SOL）全资多晶硅厂。Renesola Ltd 是一家在美国纽交所、英国伦敦证券交易所 AIM 版两地上市的公司。旗下子公司有：Renesola America（100%控股），Renesola Singapore（100%控股），Renesola Malaysia（51%控股），浙江昱辉阳光能源有限公司（100%控股），河南林州中升半导体硅材料有限公司（49%参股），四川瑞能硅材料有限公司（100%控股）。

昱辉阳光在2013年7月，完成旨在大幅削减生产成本的漫长的铸锭炉和氢氯化反应技术升级后，才重新启动多晶硅生产（仅用于内部消耗），希望生产成本削减至18美元/千克。

2012年技改后该公司产能达到8000吨/年，实际产能号称可达10000吨/年。2013年产能仍为8000吨/年，一期产能实际可达4000吨/年，二期为6000吨/年。2013年年底该公司宣布，由于无法有效降低成本，将永久关闭一期生产线并退出电站业务，2014年将对二期项目检修以保证满负荷开车。

该公司曾解释说一期设施采用的是热氢化技术，二期采用的是氢氯化反应技术，一期设施实质上已成为二期设施的负担，所以决定永久停产一期设施。

5.2.2 聚硅氧烷行业

5.2.2.1 浙江新安化工集团

浙江新安化工集团股份有限公司（新安化工）位于浙江省杭州市，创建于1965年，2001年9月在上交所A股上市。该公司有两大系列主导产品：以草甘膦为主线的农药、有机硅系列。

浙江新安化工集团拥有独特的有机硅一草甘膦联产的“氯循环”工艺，即将草甘膦生产中回收的氯甲烷作有机硅生产的原料，并由此得以凭借成本优势在有机硅行业竞争中处于优势地位。同时，浙江新安通过与迈图的合作，引进GE的有机硅单体技术，单体质量得到了显著提高。GE作为原世界五大有机硅制造商，其技术可以制造全球最好的深加工产品，与之合作为新安在有机硅领域带来系统性优势。领先工艺、国际合作及完整的产业链造就了浙江新安有机硅卓越的盈利能力。

2013年该公司两大主导产品销售情况：农药产品销售收入全年为35.54亿元，占全部收入的53.98%，比上年的28.32亿元收入上升了7.22亿元，涨幅为25.49%；有机硅产品销售收入全年为24.70亿元，占全部收入的46.02%，比上年的26.65亿元收入下降了1.95亿元，降幅为7.32%。

目前浙江新安拥有27.5万吨/年甲基单体（含新安迈图）、7万吨/年有机硅下游产品，0.7万吨/年气相法白炭黑和3万吨/年三氯氢硅等装置。浙江新安正着力完善有机硅产业链。

浙江新安与迈图按照51∶49比例合资建设的10万吨/年甲基单体于2010年年底投产。新安迈图的二期20万吨/年单体项目已经通过环评，目前因技术问题暂时搁置。2013年6月新安化工以5.65亿元收购江苏宏达子公司利洪公司100%股份。其中包括7.5万吨/年的单体装置和 7 万吨/年有机硅材料扩建项目。2013 年底，浙江新安化工拥有甲基单体产能约 27.5 万吨/年（含新安迈图）。除甲基单体外，浙江新安还发展特种单体——苯基单体（苯基氯硅烷 3500 吨/年，苯基甲基二氯硅烷 500 吨/年）。

浙江新安有机硅研究所和浙江大学、武汉大学、俄罗斯国家元素所等国内外著名高校和研究所合作，共建研发中心，设立了博士后流动站。研究所拥有综合实验楼和多功能中试装置，拥有电感耦合等离子体原子发射光谱仪、气相色谱仪和凝胶渗透色谱仪等各种分析仪器近百套，为科学研究、标准技术研究和专利战略的实施创造了良好的条件。

2013 年浙江新安化工集团主营业务分产品情况见表 5-1，在建工程见表 5-2，主要控股公司和参股公司经营情况及业绩如表 5-3。

表 5-1 2013 年浙江新安化工集团主营业务分产品情况

分产品	营业收入/万元	营业成本/万元	毛利率/%	营收同比/%	营业成本同比/%
农药	355419	256576	27.81	25.50	2.95
有机硅	247044	207147	16.5	−7.28	−6.61

数据来源：浙江新安化工股份有限公司 2013 年年度报告。

表 5-2 2013 年重大在建工程的工程进度情况

项　目	进度/%	备　注
绿色农药剂型制造项目	90.0	一、二期已完工、三期建设中
4.5 万吨/年室温硫化硅橡胶及配套工程项目	60.0	一期已完工、二期尚在建设中
3 万吨/年甲基氯硅烷项目	51.0	一期已完工、二期尚在建设中
5 万吨白炭黑联产三氯氢硅项目	40.0	一期已完工、二、三期尚在筹建中

数据来源：浙江新安化工股份有限公司 2013 年年度报告。

表 5-3 2013 年新安化工主要控股公司和参股公司经营情况及业绩

参控股公司	经营范围	资产总额	净资产	净利润
浙江开化合成材料有限公司	有机硅生产销售	58,783.24	50146	1391
浙江开化元通硅业有限公司	工业硅加工销售	29468	19584	−1983
黑河市元泰硅业有限公司	工业硅加工销售	4295	1402	16
阿坝州禧龙工业硅有限公司	工业硅加工销售	9415	3396	−2650
浙江新安迈图有机硅有限公司	有机硅生产销售	94076	38883	2070
绥化新安硅材料有限公司	化学硅、微硅粉生产	12126	−5112	−8584
新安天玉有机硅有限公司	硅橡胶制品生产销售	23501	8611	108
芒市永隆铁合金有限公司	铁合金生产销售、金属硅销售	21873	4930	−3,456
新安有机硅（深圳）研究院有限公司	有机硅产品研发	293	282	2
杭州维捷新科技有限公司	有机硅开发和销售	27	−30	−30

数据来源：浙江新安化工股份有限公司 2013 年年度报告。

5.2.2.2 中国蓝星集团（股份）有限公司

中国蓝星（集团）股份有限公司下属江西星火有机硅厂是中国最早从事有机硅单体生产的企业。

有机硅产业链 2013 年销售收入 12.26 亿元，销售利润−4.03 亿元，利润总额−3.99 亿元。星火厂大幅亏损，主要是受国内外有机硅产业低迷影响，市场需求不足，主要生产装置均未满负荷开车，产品产量下降幅度较大。有机硅合成装置有机硅粗单体合成装置开工负荷低于 74%，其他产品产量同比均有不同幅度下降。

星火厂始建于 1968 年，是国家重点国防化工和化工新材料生产大型企业，现拥有 20 万吨/年有机硅单体、10 万吨/年有机硅下游系列产品、8 万吨/年烧碱等生产装置。

2009 年 8 月 9 日，蓝星的控股股东中国化工集团投资 80 亿元，引进法国 BSI 先进生产技术建设的大型项目——年产 40 万吨有机硅单体及 24 万吨有机硅下游系列产品项目开工建设。其中一期工程投资 45 亿元，建设一套年产 20 万吨有机硅单体及 12 万吨有机硅下游系列产品。目前一期项目已经部分投产。20 万吨/年的单体装置已于 2013 年建成，于 2014 年投产。

“十二五”期间星火厂重点以发展配套的有机硅下游产品，发展“两胶一油”及其后部产品，产品涉及密封胶、高温胶、液体胶、硅油、乳液、硅树脂等产品系列，后部产品规格型号达 1000 种以上，DMC 自消化能力将发展到 2015 年的 80%以上；以星火厂为中心打造有机硅单体及下游深加工产品为核心的产业化基地。采用 BSI 技术，重点发展有机硅系列下游产品深加工，主要产品有硅油、硅树脂、硅橡胶、硅烷偶联剂等；提升有机硅单体二甲基二氯硅烷的收率，降低单耗，实现节能环保和副产综合利用，提高生产效率。发展苯基、乙烯基等特种单体，针对各类细分市场的特种有机硅材料，开拓有机硅深加工市场，带动下游相关产业升级。

蓝星硅材规划今后 5 年内，继续引进国外先进生产技术，将工业硅总产能扩大到 10 万吨/年。2013 年蓝星新材分产品运行情况见表 5-4，在建工程见表 5-5。

表 5-4 2013 年蓝星新材分产品运行情况

分产品	营业收入/万元	营业成本/万元	毛利率/%	营业收入比上年增加/%
有机硅	115151	130954	−13.72	12.41
苯酚、丙酮、苯酐、顺酐	129643	134695	−3.9	−2.2
环氧树脂、双酚 A、工程塑料	165472	168019	−1.54	5.69
氯丁橡胶	17148	18791	−9.58	−61.68
化工设备	404301	29682	26.59	−46.42
贸易	178182	169194	5.04	7.58
其他化工产品	68536	62732	8.47	−44.33

数据来源：蓝星化工新材料 2013 年年度报告。

表 5-5 蓝星新材在建项目资金投入情况

项目名称	项目总金额/万元	项目进度/%	2013 年度投入金额/万元
20 万吨/年有机硅单体工程/12 万吨/年有机硅下游系列产品工程	396303	95	68216
40 万吨/年有机硅单体 一期工程	97297	35	15
有机硅单体 20 万吨/年扩 30 万吨/年工程	909	77	104

数据来源：蓝星化工新材料 2013 年年度报告。

5.2.2.3 浙江恒业成有机硅有限公司

浙江恒业成有机硅有限公司（恒业成）是浙江中成控股集团有限公司创办的一家专业从事甲基硅氧烷及下游产品生产与销售的企业，公司总部位于浙江绍兴袍江工业区。

2013 年，恒业成在内蒙古乌海拥有三套甲基单体装置，合计 20 万吨/年的产能。另在绍兴总部的 5 万吨/年装置。截至 2013 年，恒业成拥有年产 25 万吨甲基单体的生产能力，一跃成为国内前三大生产企业，然而绍兴 5 万吨/年的单体装置因靠近城市，后期将废弃或者一直处于停产状态。恒业成也拥有部分下游产品生产线，包括年产 4.5 万吨 107 胶，0.6 万吨含氢硅油，6.25 万吨 110 胶，2.7 万吨混炼胶，以及 0.2 万吨气相白炭黑生产线。

5.2.2.4 宁波合盛集团有限公司

宁波合盛集团有限公司（宁波合盛）于 2005 年 8 月创立了浙江合盛硅业有限公司。合盛硅业一期 6 万吨/年有机硅混合单体项目于 2007 年建成投产。2009 年 7 月顺利完成 6 万吨/年扩产 8 万吨/年有机硅单体装置改扩并顺利投产。2010 年第二套 8 万吨/年有机硅单体装置投产。2012 年通过技术革新单体总产能扩增至 18 万吨/年。该公司同时拥有 2.5 万吨/年 107 胶和 6 万吨/年 110 生胶生产线。

5.2.2.5 东岳集团有限公司

东岳集团有限公司（东岳集团）是亚洲规模最大的氟硅材料生产基地，2007 年在香港主板上市。东岳集团自 2006 年进入有机硅行业，有机硅单体项目一期 6 万吨/年装置于 2007 年底投产，2012 年技改为 8 万吨/年，2010 年二期 10 万吨/年装置正式投产。2013 年"8"扩"10"，2013 年，东岳集团有机硅单体生产能力达到 20 万吨/年，同时拥有年产 2.5 万吨 110 生胶、3 万吨 107 胶、0.6 万吨气相白炭黑生产能力、0.2 万吨含氢硅油、0.8 万吨高温硅橡胶。

2013 年东岳集团总收益 67.83 亿元，较 2012 年同比减少 3.80%。2013 年毛利 10.96 亿元，较 2012 年同期减少 34.88%。其中，制冷剂分部收益为 29.24 亿元人民币，高分子材料 20.54 亿元，原材料分部 11.44 亿元。

2013 年，制冷剂、高分子和有机硅业务主要产品销量同比分别增长 8.7%，44.6%及 14.6%。东岳制冷剂和高分子产品的市场占有率依然保持行业领先，再次证明了东岳在氟化工领域的龙头地位。另外，东岳有机硅业务依靠技术进步、新产品研发和降耗挖潜，业绩在 2013 年实现扭亏为盈，产品产量、技术水平和盈利能力均在行业名列前茅。

5.2.2.6 唐山三友硅业有限责任公司

该公司是唐山三友化工股份有限公司与其子公司唐山三友氯碱有限责任公司于 2007 年 11 月共同投资设立的。主营业务为混合甲基环硅氧烷及其下游产品的生产与销售，注册资本 5.1 亿元。截至 2013 年底，该公司拥有单体产能 10 万吨/年，107 胶产能 2 万吨/年，110 生胶 2 万吨/年。

2013 年该公司共生产二甲基硅环体约 4.83 万吨，其中 2.56 万吨该公司用于直接生产下游产品，2.27 万吨形成商品对外销售。实现主营业务收入 7.14 亿元，利润总额 6355.36 万元，净利润 4951.92 万元。

5.2.3 高温硫化硅橡胶行业

5.2.3.1 江苏宏达新材料股份有限公司

2013 年，该公司以 5.65 亿元转让子公司江苏利洪硅材料有限公司的硅氧烷资产，其中包括 7 万吨/年有机硅材料扩建项目。

2013 年完成营业收入 8.03 亿元，比 2012 年的 8.30 亿元，减少 0.27 亿元。主要原因是子公司江苏利洪因为火灾无法正常生产，副产品收入减少。未来该公司计划主抓硅橡胶业务，积极发展多品种有机硅下游产品，提高产品附加值和毛利率水平，狠抓节能降耗和增收节支。2012～2013 年江苏宏达新材混炼胶生产销售情况如表 5-6 所示。

表 5-6 2012～2013 年江苏宏达新材混炼胶生产销售情况

分　类	2012	2013	同比增减/%
销售量/t	42785	43820	2.42
生产量/t	43778	44545	1.75
库存量/t	2644	3369	27.42

数据来源：江苏宏达新材料股份有限公司 2013 年年度报告。

5.2.3.2 东爵有机硅（南京）有限公司

东爵有机硅集团有限公司 1996 年在江苏省南京市投资设立了东爵有机硅（南京）有限公司。该公司现已形成从生胶、混炼胶、绝缘胶、气相胶，直到硅橡胶制品等比较完整的产品链。南京东爵现具备年产高温硅橡胶 5.8 万吨/年、生胶 7.5 万吨/年生产能力，各类制品达 18 大类共计 500 个品种。

2009～2013 年东爵有机硅（南京）有限公司销售情况见表 5-7。在中国大陆高温硅橡胶市场竞争激烈、欧美经济复苏缓慢的外部环境下，集团公司 2013 年度高温硅橡胶的销售量依然达到了历史高点，实现销售 7.54 万吨的好业绩，同比增长 27.73%。实现销售收入 13.79 亿元人民币，同比增长 23.39%。该公司计划 2014 年高温硅橡胶销售 8 万吨，比 2013 年销售量增长 6.8%。

表 5-7 2009～2013 年东爵有机硅（南京）有限公司销售情况

种类	生胶		混炼胶		绝缘胶		总计	
年份	销售量/t	同比增长/%	销售量/t	同比增长/%	销售量/t	同比增长/%	总销量/t	同比增长/%
2009	8726	24.61	24598	15.05	4200	32.49	37526	18.93
2010	13156	50.73	38195	55.28	4339	3.31	55690	48.40
2011	13299	1.09	35058	−8.21	4633	6.78	52990	−4.85
2012	19799	48.35	35732	1.92	3511	−24.22	59054	6.94
2013	29201	47.49	42853	19.93	3363	−4.22	75417	27.73

数据来源：东爵有机硅（南京）有限公司 2009～2013 年年度报告。

5.2.4 室温硫化硅橡胶行业

5.2.4.1 成都硅宝科技股份有限公司

成都硅宝科技股份有限公司，地处中国有机硅材料工业的发源地四川，是中国西部主要的硅酮结构胶生产企业。硅宝主要从事研究、开发和生产硅酮密封胶系列产品，广泛应用于建筑幕墙、电子电器、太阳能、公路道桥与机场跑道、汽车制造、地铁工程等行业。该公司还为国内众多有机硅密封胶厂提供技术支持，同时也从事设计和制造密封胶生产专用的特种设备。

硅宝室温硅橡胶产品分为建筑用胶和工业用胶两大类别，其中建筑用胶销售占室温胶产品销售的 84%，工业胶销售占比为 16%。2013 年，该公司商业地产用幕墙胶产品、中空产品和民用家庭内装产品均实现持续增长，建筑用胶类产品较 2012 年同期增长近 40%。随着民用装饰用胶市场对优质产品需求的扩大和销售渠道的建立，民用胶销售较 2012 年同期也实现大幅增长。工业用胶领域，技术研发实力竞争更加明显，产品技术附加值更高，该公司充分发挥技术型企业优势，在汽车、环保、新能源等细分领域精耕细作，优化产品性能，工业胶销售较 2012 年同期增长 18%。电力环保用胶领域，该公司提出电力防腐解决方案，在原有产品基础上，不断进行技术升级，推出耐高温和耐腐蚀性能更好的新型防腐环保产品，防腐效果和使用周期较原产品有很大提高，该公司电力环保防腐解决方案获得客户认可，电力环保用胶销售较去年同期增长 30%以上。随着该公司品牌宣传和渠道拓展工作的深入，室温硅橡胶销售较去年同期增长 35%。2013 年，该公司室温胶年产能已达 2.8 万吨/年。

2011 年 2 月硅宝增资控股安徽翔飞立派有机硅新材料有限公司，组建安徽硅宝翔飞有机硅新材料有限公司。2013 年硅宝翔飞营业收入达 5166 万元，但利润仅 31 万元，从总体上降低了硅宝总体利润率。除此之外，硅宝翔飞投资了近 3000 万元建设氨基硅烷生产线，2013 年已完工，2014 年投入生产。

2013 年，公司新申请国家发明专利 5 项、实用新型专利 14 项，获得 6 项专利授权，完成新产品、新技术项目鉴定 1 项、在专业期刊杂志发表文章 15 篇，提升了公司在行业内影响。

表 5-8、表 5-9 和图 5-1 分别为成都硅宝近几年的营业收入、2011～2013 年产品营业收入情况和 2012～2013 年成都硅宝分地区营业收入。

表 5-8　2009～2013 年成都硅宝科技营业收入

类　别	2013 年	同比增长/%	2012 年	2011 年	2010 年	2009 年
营业收入/万元	46467.17	24.9	37203.78	33956.8	20262.9	16861.9
营业利润/万元	7578.59	9.66	6910.76	5426.3	4192.0	3694.7
利润总额/万元	8163.41	12.59	6146.66	5867.4	4969.6	4138.3
净利润/万元	6520.02	11.17	5864.94	5028.6	4281.4	3539.2

数据来源：成都硅宝科技 2009～2013 年年度报告。

表 5-9　2011～2013 年成都硅宝主营业务分产品营业收入情况

分产品	营业收入/万元			毛利率/%		
年度	2011	2012	2013	2011	2012	2013
有机硅室温胶	24309	29671	40111	37.85	40.39	35.3
偶联剂	7472	5378	4712	9.57	16.57	19.43
设备收入	2045	1874	1078	28.96	20.67	22.15
其他产品	80	147	22	45.04	70.92	56.0
合计	33906	37070	45923	31.10	36.06	33.10

数据来源：2011～2013 年成都硅宝年度报告。

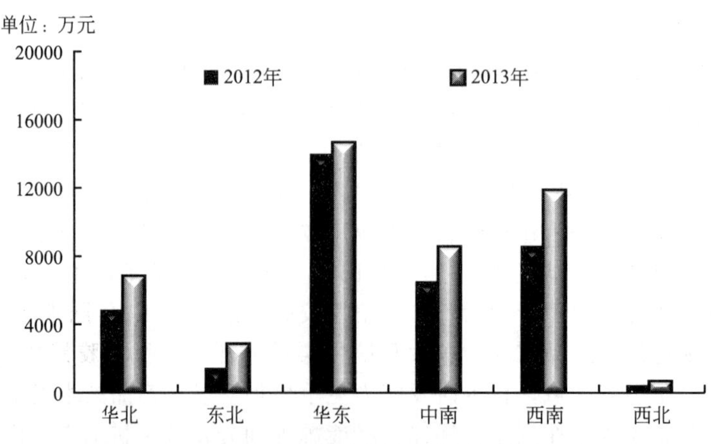

图 5-1　2012～2013 年成都硅宝分地区营业收入

5.2.4.2 湖北回天胶业股份有限公司

回天胶业所处行业为精细化工行业，主要经营胶黏剂、汽车制动液等精细化工产品的研究开发和生产销售。目前拥有“上海回天”、“广州回天”、“上海豪曼”、“常州回天”四家控股子公司。

回天胶业主营业务收入主要来源于以高性能有机硅胶、聚氨酯胶、厌氧胶等产品为代表的工程胶黏剂系列产品及太阳能电池背膜的销售收入。2013 年，工程胶黏剂产品销售收入同比增加 13.82%，其中有机硅胶销售收入增长 13.54%，聚氨酯销售收入增长 28.92%；非胶类产品销售收入同比增加 37.25%，主要系新产品上市的增量及原油重点产品继续放量；背膜产品销售收入同比大幅增长主要系新生产线投产，同时大客户开发得到突破，下游市场需求增长导致销售数量增加，销售收入同比增加 96.89%。

2011～2013 年回天胶业主营业务分产品情况表 5-10 所示。2013 年实现销售收入 63296 万元，营业利润 24261 万元。2012～2013 年回天胶业分领域利润及收入情况如图 5-2 所示。由此看来，回天胶业的毛利润主要来源于汽车领域、电子电器、可再生能源等领域。

表 5-10 2011～2013 年湖北回天胶业主营业务分产品情况

项目	营业收入/万元			营业成本/万元			毛利率/%		
年度	2011	2012	2013	2011	2012	2013	2011	2012	2013
高性能硅胶	25774	26457	30038	14615	15319	17271	43.29	42.10	42.5
聚氨酯胶	3715	3828	4935	3251	3076	3594	12.49	19.64	27.2
其他胶类	8314	3828	8133	4348	4146	4148	47.71	45.35	49.0
非胶类	7179	6397	8780	5155	4383	6352	28.19	31.48	27.7
太阳能电池背膜	—	—	11410	—	—	7670	—	—	32.8

数据来源：湖北回天胶业 2011 年、2012 年、2013 年年度报告。

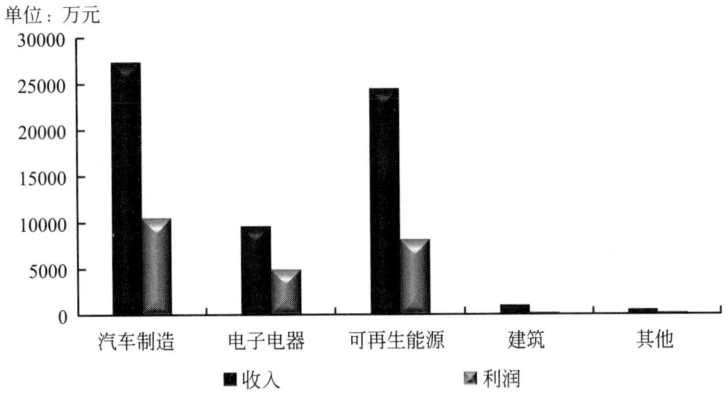

图 5-2 2012～2013 年回天胶业分领域利润及收入情况

5.2.4.3 杭州之江有机硅化工有限公司

杭州之江有机硅化工有限公司是一家专门从事化工新材料研发和生产的股份制企业，国家经贸委首批认定的有机硅结构胶生产企业之一；生产的“金鼠”牌有机硅密封胶被评为中国名牌产品，“金鼠”商标被认定为中国驰名商标。

该公司拥有 7 条分别从德国、意大利引进的国内最先进的自动化生产线和一批高素质的科研队伍，具有领先的产品研发、创新和市场服务能力。该公司拥有 8 大系列 30 多个品种的产品，广泛用于建筑、玻璃深加工、汽车、电子、日化等领域。生产的“金鼠”系列产品不但与国内各大幕墙公司、中空玻璃厂、房地厂商、汽车制造厂建立了广泛的合作关系，而且远销北美、欧洲、东南亚、中东等地区，在市场上享有很高的知名度和美誉度。

2013 年该公司有机硅室温胶产能约 4 万吨/年，销售额约 12 亿元，4 万吨/年有机硅室温胶新建项目的建设已接近尾声，预计 2014 年上半年完工。

5.2.4.4 广州新展有机硅有限公司

广州新展有机硅有限公司创建于 1996 年，生产厂区位于广州市荔湾区东沙经济开发区。主要经营有机硅高新技术材料，是研发、生产、销售自有品牌的有机硅密封胶生产企业。厂房建筑面积约 30000 平方米，注册资本 2000 万元，现有资产总值 2.2 亿元，是中国最大密封胶生产厂家。2008 年“新展”商标被认定为广东省著名商标，同年被认定为广东省高新技术企业。2010 年被评为 2008～2009 年度广州市优秀民营企业。新展拥有强大的市场网络，销量连续八年雄踞全国之首。2003 年新展品牌开始进入海外市场，现业务覆盖超过 90 个国家和地区。新建 12 万吨/年的有机硅密封胶生产基地已于 2012 年完工。

该公司于 2012 年运营了新的生产基地，启用了进口的全自动生产线，产能达到了 12 万吨/年，保证了货物的及时供应和产品的质量。

5.2.4.5 广州市白云化工实业有限公司

白云化工，原名广州白云粘胶厂，成立于 1985 年，主要从事各类建筑和工业用密封胶等高分子新材料的研发、生产及经营。白云化工是国家建设部授予的全行业唯一的“建筑密封胶新技术产业化示范基地”，建设有国内第一条具有世界先进水平并拥有自主知识产权的全自动连续化生产线。产品定位中高端，特别是单组份硅酮密封胶遥遥领先。

2013 年该公司室温胶产能约 3 万吨，其中建筑密封胶约占 65%、工业密封胶约占 25%、其他用途胶约占 10%。

5.2.4.6 郑州中原应用技术研究开发有限公司

该公司成立于 1983 年，是国内最早从事密封胶研究、生产、销售的高新技术企业，30 多年的历史填补了国内密封胶行业的多项空白。公司密封胶有聚硫、硅酮、丁基、环氧、聚氨酯五大密封胶系列产品，应用于建筑、汽车、太阳能光伏、桥梁防腐、道路、地铁、高铁、军工等领域。产品已销售到俄罗斯、澳大利亚、哈萨克斯坦、印度、阿联酋等二十多个国家和地区。

2013 年该企业新上 4 套进口全自动生产线，仅有机硅密封胶产能已达 7 万吨/年。主要产品面向建筑领域，产品定位中高端，特别是双组份产品。

5.2.5 硅油及乳液行业

5.2.5.1 浙江传化股份有限公司

浙江传化股份有限公司是传化集团五大事业平台的重要组成部分，拥有员工 1000 余名，年销售额超 20 亿元，下属 3 家企业被评为国家高新技术企业，市场和生产区域覆盖中国华东、华北、华南、东北等地区，同时在西亚及东南亚等地区建有生产装置并拥有健全的海外市场网络。

传化是中国应用领域最广、系列最全、规模最大、实力最强的专用化学品生产商。其中，纺织化学品产销量世界第二、亚洲第一，DTY 油剂产销量全球第一，活性染料产销量全国前三。

“十二五”期间，在进一步做深、做大已有专用化学品并进一步开拓新应用领域基础上，公司将大力投资以合成橡胶和弹性体为主的化工新材料、C4 及 C5 深加工、以及以多晶硅为核心的新能源行业。

2010年7月，传化股份成功向A股定向增发4119万股，以每股12.69元的价格实现募集资金5.23亿。

2013年传化股份实现销售收入409527.95万元，同比增长22.12%，利润总额28168.52万元，同比增长37.16%。归属于上市公司股东的净利润17267.88万元，比上年同期增长11.83%。2013年浙江传化各产品系列毛利情况如表5-11所示。硅油乳液业务包含在皮革化纤油剂项目下。

表5-11 2013年浙江传化各产品系列毛利情况

产品	主营业务收入/万元	主营业务成本/万元	毛利率/%	主营业务收入同比/%	主营业务成本同比/%
印染助剂	141255	86571	38.71	12.18	6.23
皮革化纤油剂	131372	117042	10.91	5.63	5.96
染料	101732	81254	20.13	42.33	30.66
顺丁橡胶	13698	18804	−37.27	—	—
其他	163979	14006	14.49	92.02	101.69

数据来源：浙江传化2013年年度报告。

主要控股子公司包括传化化学品、广丰化学品、传化精细化工、传化建筑新材料、泰兴锦云染料、锦鸡染料等企业。

另外传化集团为新安股份第一大股东和控股股东，解决了其硅油原料来源问题，形成了产业链延伸。

5.2.5.2 德美瓦克有机硅有限公司

德美瓦克有机硅有限公司是瓦克化学股份有限公司和广东顺德德美精细化工股份有限公司于2005年9月共同成立的一家合资公司，注册资本4040万元。主要生产和销售主要用于纺织、皮革和纤维行业的有机硅产品。该公司现有位于广东顺德和江苏张家港两家工厂，并在上海设有分公司。2013年氨基硅油产能2000吨/年，硅乳液产能34500吨/年。

2013年该公司营业收入2.05亿元，同比增长约5%；净利润4571.8万元，同比增长12%。

5.2.5.3 广州天赐高新材料股份有限公司

广州天赐高新材料股份有限公司是一家专业从事个人护理品功能材料、锂离子电池材料、有机硅橡胶材料的企业。创立于2000年，注册资本9880万元，于2014年1月23日在深圳证券交易所中小板上市。位于广州市黄埔区经济技术开发区内。下设遂昌天赐高新材料科技有限公司和九江天赐高新材料有限公司两家全资子公司，同时控股广州天赐有机硅科技有限公司。

2013年广州天赐营业收入为5.96亿元，同比增长7.57%，主要是个人护理品材料销售同比增长带动；净利润8133万元，同比增长28.96%。

2013年，广州天赐包含了硅油乳液的个人护理品材料业务，国内销售获得了逆市增长，其中国内跨国公司客户业务和新兴日化客户的业务增长尤为显著，与此同时，海外业务继续保持同比大幅增长的良好势头。个人护理品材料产销售量均超过3万吨，同比增长都在30%以上，毛利率达30.88%，营业收入占公司总营业收入的58%左右。广州天赐分别在九江、遂昌和天津建有硅油乳液及下游生产的子公司。

5.2.5.4 广州市东雄化工有限公司

广州市东雄化工有限公司成立于1994年，是国内最早致力于研发、生产化妆品原材料的专业生产厂家之一。如今广州东雄已经发展成为一家年产量达数万吨的精细化工生产企业。该公司拥有膏霜乳化剂、高分子硅油、阳离子聚合物、温和表面活性剂、丙烯酸共聚物（卡波姆以及定型胶浆）等系列产品，应用于洗发护发、护肤洁肤、头发定型以及面部彩妆等产品中。涉及有机硅的产品有透明硅脂、乳化硅油、氨基硅微乳、聚硅氧烷阳离子蛋白、水溶性硅蜡等。

硅油总产能 7000 吨/年，产品种类有甲基、氨基、聚醚改性硅油。

5.2.5.5　宜昌科林硅材料有限公司

宜昌科林硅材料有限公司是广州吉必盛科技实业有限公司与兴发集团共同出资注册的，位于湖北宜昌市兴山县，注册资本 3000 万元，主要从事高纯度硅油及深加工产品的研发、生产及销售。该公司总投资 10 亿元，计划分三期建设 10 万吨高品质硅油及深加工产品生产能力。其中一期投资 1.2 亿元的 1 万吨/年连续法高纯硅油项目已于 2013 年 9 月正式投产，该装置采用固体酸催化连续法生产工艺，主要产品为甲基硅油和氨基硅油。二期项目也于 2013 年 9 月正式开工建设，预计 2020 年全部三期项目建成。

5.2.6　功能硅烷行业

5.2.6.1　荆州市江汉精细化工有限公司

荆州市江汉精细化工有限公司是 1998 年改制组建的民营股份制企业，总资产 1.2 亿元。2013 年其功能性硅烷产能约 3.2 万吨/年，其中 60%为含硫硅烷。

荆州江汉也是国内供应链最完善的硅烷生产企业之一，也是目前国内产品种类最全的硅烷生产企业，包括含硫硅烷（Si-69、Si-75 等），氨基硅烷（KH-550，KH-602），甲基丙烯酰氧基硅烷（KH-570），环氧硅烷（KH-560）、乙烯基硅烷（KH-171）及中间体等。另外，江汉精细还生产少量脲基硅烷等品种产品。

原料方面，其主要原料三氯氢硅来自其控股子公司荆州市华翔化工有限公司，该公司是国内较大的三氯氢硅生产企业。同时入股华翔化工的沙隆达集团拥有 12 万吨/年氯碱生产能力，保证了华翔化工的原材料供应。其他石油基原料等均可就近有充足供应。

5.2.6.2　湖北新蓝天新材料股份有限公司

湖北新蓝天新材料股份有限公司成立于 1999 年，是国内专业生产硅烷交联剂的企业，其产品全球市场份额排名第一。2013 年该公司万吨级直接法烷氧基硅烷装置和新建 4 套大型硅烷偶联剂装置先后投产，其总产能迅速扩大至 4.5 万吨/年，产量达到约 2.5 万吨，销售额约接近 6 亿元，一跃成为国内产能、产量第一、销售额第二大的硅烷企业，并同时拥有交联剂和偶联剂两大类产品。其中偶联剂产品 2013 年产能为 2.4 万吨，主要有氨基、丙烯酰氧基、乙烯基和环氧基硅烷偶联剂产品。

该公司新投产的直接法烷氧基硅烷装置已投产并稳定运行，该装置采用武大有机硅的技术并有一定改进；氨基硅烷生产线采用较为先进的管式反应器，从而实现了连续生产，合成条件也有一定改进，但尚不能实现稳定高效运行；其新基地精馏环节已经实现连续精馏，在馏分控制方面有所改进并提高了产品质量。

5.2.6.3　景德镇宏柏化学科技有限公司

景德镇宏柏化学科技有限公司是由台商于 2005 年创办，其总部设在台湾台中市，目前在中国大陆拥有两个分厂，分布于广东东莞市和江西省乐平市。2006 年，宏柏化学旗下的香港宏柏化工有限公司与乐平市东豪气体有限公司共同出资组建江西嘉柏新材料有限公司，该公司拥有年产 6 万吨三氯氢硅生产装置。

2013 该公司与两家关联公司实现重组，产品线从而覆盖了三氯氢硅、气相白炭黑、含硫硅烷等上下游行业，并扩大了气相白炭黑产能，从而实现了产业链一体化；2013 年，该公司投入近 2000 万元建设的废水处理装置和投入 1000 多万元建设的连续精馏装置投入使用，提高了产品质量并实现了环保达标排放；此外，宏柏还购买了周边热电联产装置，使蒸汽和电力供应价格下降。

2013 年该公司含硫硅烷产能为 2 万吨/年。其产品为液体含硫硅烷和固体含硫硅烷（50%硅烷+50%炭黑）两种，主要应用于橡胶加工行业。

5.2.6.4 南京曙光硅烷化工有限公司

南京曙光硅烷化工有限公司始建于 1958 年，从事硅烷偶联剂、钛酸酯偶联剂及其他橡胶助剂等产品的开发与应用，是中国硅烷偶联剂行业中起步最早、规模最大、且拥有自己的研发机构和国家设计资质的企业，也是最早引进国外硅烷技术与资本的国内企业。

南京曙光 2009 年起实施污染治理搬迁改造项目，搬迁地点位于南京红山精细化工园红山窑片区。目前该企业具有 3.4 万吨/年功能性硅烷和 2.9 万吨/年氯丙基硅烷中间体产能，主要产品为含硫硅烷。

5.2.6.5 湖北武大有机硅新材料股份有限公司

湖北武大有机硅新材料股份有限公司前身是成立于 1958 年的武汉大学化工厂，2000 年完成改制成为股份制公司，2001 年成立国家教育部有机硅工程研究中心，2012 年该公司股票在“新三板”上市，从而成长中国硅烷行业第一家上市公司。

该公司是直接法合成工艺的倡导者，1998 年进行了烷氧基硅烷的硅/醇反应直接合成法工艺研究，2001 年完成成果转化。2009 年，武大有机硅投资建设世界首条采用直接法合成乙氧基硅烷的万吨级生产装置，2011 年装置建成，但该装置因技术问题至今未能正常投产。

2013 年，该公司拥有功能性硅烷产能 1.4 万吨/年，产品主要为三甲氧基硅烷、甲基丙烯酰氧基硅烷、乙烯基硅烷、环氧基硅烷和含硫硅烷。2013 年该公司销售收入约 1.4 亿元。

5.2.6.6 江苏晨光偶联剂有限公司

该公司成立于 1983 年，位于江苏省丹阳市。2006 年该公司在江西省九江市购买土地新建生产基地，2012 年江西基地二期工程动工，目前仍在建设之中。公司产品链较为完整，拥有三氯氢硅和中间体生产装置，中间体产品除自用外也有部分外销。公司主要产品为氨基硅烷、甲基丙烯酰氧基硅烷、环氧基硅烷和含硫硅烷，2013 年产能约 1.3 万吨/年。

5.2.7 气相二氧化硅行业

5.2.7.1 瓦克化学（张家港）有限公司

该公司是由德国瓦克化学公司和美国道康宁公司于 2006 在江苏张家港共同投资建设，2011 年 10 月 19 日二期项目正式投产，气相二氧化硅产能达到 1.6 万吨/年，为中国最大的气相二氧化硅生产基地。原料主要来源于道康宁-瓦克合资单体装置的副产一甲，另需要外购部分一甲和四氯化硅。

5.2.7.2 卡博特蓝星化工（江西）有限公司

该公司由美国卡博特公司与中国化工集团公司所属的中国蓝星（集团）股份有限公司于 2004 年合资兴建，一期产能为 0.5 万吨/年，二期产能 1 万吨/年于 2012 年 4 月投产，未来产能将进一步扩产至 2 万吨/年。该生产基地目前主要生产亲水性产品，原材料为一甲基三氯硅烷，基本来源丁蓝星星火有机硅厂。2013 年该企业的产能为 1.5 万吨/年。部分原料为外购一甲。2014 年，随着蓝星 20 万吨/年有机硅单体新装置的投产，该企业原料的供应紧张将得到缓解。

5.2.7.3 唐山奥瑟亚三孚化工有限公司

(1) 奥瑟亚集团介绍 奥瑟亚公司(OCI)是总部位于韩国首尔的一家具有悠久历史的化工和绿色能源公司。成立于1959年,1976年在韩国证券交易所上市。

目前,公司业务主要分为四大板块:无机化工、煤化工、精细化工和新能源,生产108种化工产品和新材料。产品畅销全球100多个国家和地区,被广泛应用于工业产品,消费品,绿色能源和其它高价值产品之中。今天,奥瑟亚的业务已经遍布全球,包括北美,欧洲,亚洲和中国。目前在8个国家有24个生产工厂,员工人数为5200人。在韩国有四个综合生产基地,另外在美国,越南,菲律宾,马来西亚,以及中国等地分别建有生产工厂。

(2) 奥瑟亚在中国 中国是全球最重要,发展最快,市场容量巨大,同时也是距离韩国最近的市场,OCI清楚地看到了中国市场的重要性,因此OCI在中国投资建设生产工厂。目前,OCI已经在山东,江苏,河北和辽宁投资建设了煤焦油加工,炭黑,三氟化氮气体,气相二氧化硅和氢氟酸的生产工厂。2011年8月,在上海成立奥瑟亚(中国)投资有限公司,作为在中国的地区总部,负责管理,整合,协调在中国的业务和投资。OCI公司的目标是成为一个真正的全球化公司,所以必须在中国取得成功。今后,OCI将会根据市场发展和需求,继续保持在中国的投资。

(3) 唐山奥瑟亚三孚化工有限公司 唐山奥瑟亚三孚化工有限公司,于2013年年底建成投产,致力于高品质气相法二氧化硅的生产,产能6000吨/年。此工厂由奥瑟亚(中国)投资有限公司与唐山三孚硅业有限公司合资成立,总投资额5000万美元,其中奥瑟亚占80%,唐山三孚占20%。

OCI气硅产品质量依托于OCI成熟的气相法二氧化硅生产技术和工艺,先进的生产设备,稳定的原料供应,水平过硬的管理和生产技术团队。同时,在保证气相二氧化硅质量前提下,奥瑟亚公司对于生产的稳定性控制非常严格,比如比表面积、粒径、pH值、透明度、杂质含量等指标批次间不会有明显差异,严格控制在质量规范要求的范围之内。

奥瑟亚在唐山的工厂从今年初试生产到现在,已经迅速从调试阶段进入到稳定生产阶段,产品品质已经通过了大部分客户的测试和认证,包括各行业(如HTV,RTV,LSR,涂料,胶体电池等)的龙头企业,完全可以达到客户的要求,目前,OCI气硅产品已经形成一定的销售规模,并且正在逐步扩大市场份额。

(4) 客户服务——奥瑟亚的快速反应的机制 奥瑟亚针对客户对产品的实际需求进行分类汇总,通过工艺调整,可以快速生产出更加符合客户需求的产品;

同时,奥瑟亚与经销商通力合作,在运输,仓储,付款方式等方面提供更加满足客户要求的服务方案

而对于客户投诉,奥瑟亚工作人员会第一时间到达客户现场,本着实事求是,解决问题的原则,奥瑟亚会快速做出反应,保障客户生产的顺利进行。

(5) 中国市场的特性

• 发展速度 中国市场的发展速度是一种“蛙跳模式”,同样的市场发展和进化,在其他国家可能需要十几年的时间,但在中国可能只需要几年时间。这就是大家说的“中国变化太快”。所以在中国,在一件事情上需要很快做决定,需要承担一定的风险,否则很可能永远失去好的机会。

• 市场容量 中国现在是世界第二大经济体,在不远的将来将超过美国成为第一大经济体。作为一个全球性公司,如果不能在中国生存发展,那就谈不上真正的成功。但由于中国的市场容量,空间和地域太大,所以需要在不同方面,如销售和市场,产品组成,成本控制,物流运输等采用不同的市场策略,来达到“适者生存”。

• 供需失衡　在中国，只要某个产品有较好的市场和利润空间，投资者就会“一哄而上”，造成产能大于需求，然后依靠低价拼市场，淘汰弱者。气相二氧化硅在中国也是同样的情况。在这种市场环境下，只有产品的生产成本能够降低，并采用“满足客户的需求”的市场策略，才能够在中国市场上取得成功。

• 市场划分。在一般情况下，一般将市场划分为“高档，中档，低档”三个层次，并且一般呈“金字塔”形状。高档的价格最高，但需求量最小；低档的价格最低，但需求量最大。但是在中国，市场更像“橄榄型”，高档和低档的市场需求量相对都不大，而中档市场的需求量是最大的。

（6）中国市场战略　作为一个进入中国市场较晚的供应商，奥瑟亚目前会面向涂料、油墨、胶黏剂，硅橡胶，胶体电池，皮革等行业，以经销商销售渠道为主，同时重点关注大客户，为大客户提供专门的销售和服务方案。

在未来几年里，奥瑟亚将按照跑马占地，深耕密植，优胜劣汰，浴火重生的战略步骤，快速而稳健地开发中国市场，争取做到后发制人，快速成长。

奥瑟亚希望通过过硬的产品品质，优秀的客户服务，正确的市场定位，诚信的办事风格，和高效的工作效率，赢得经销商和客户的认可，同经销商和客户建立起长期稳定的战略合作关系。

5.2.7.4　德山化工（浙江）有限公司

该公司为日本德山株式会社在浙江独资建设，2007年一期5000吨/年的装置投产。二期5000吨/年装置于2009年10月建成，配套1.2万吨/年三氯氢硅生产装置。该公司产品为气相二氧化硅、高纯度三氯硅烷、四氯化硅。2013年该公司气相二氧化硅产能为1万吨/年，原料四氯化硅部分外购。

5.2.7.5　浙江新安化工集团

浙江新安拥有年产能7000吨的气相二氧化硅装置，其中子公司开化合成拥有产能分别为1000吨/午和2000吨/年两套生产装置，另规划2000吨/年项目因受原料短缺影响暂且搁置。

另一个子公司镇江江南化工有限公司拥有4000吨/年生产装置，共四条生产线，于2011年底建成，鉴于原料紧缺，设备搁置一年多。2013年3月正式投产，原料一般为外购一甲。该公司收购的宏达单体装置预计2014年将正式开车，届时将优先解决江南化工气相二氧化硅生产的原料短缺问题。

5.2.7.6　宜昌南玻硅材料有限公司

宜昌南玻硅材料公司是中国南玻集团2006年在湖北投资建设专门从事高纯多晶硅材料、太阳能硅片及电池片（组件）生产的大型制造企业。宜昌南玻是中国同行业最早实现全闭环生产的多晶硅项目，生产过程中的副产物四氯化硅全部转化，同时也保证了低成本生产，实现了污染零排放。公司气相白炭黑生产线3条，合计产能3400吨/年。原料为生产多晶硅所产生的四氯化硅，2011年该公司多晶硅产能从1500吨/年增长至3000吨/年。

2012年9月该公司开始对多晶硅生产线技改、产能大升级。2013年8月26日，宜昌南玻通过技改引进的36对棒大还原炉生产的首炉多晶硅棒成功出炉。新出炉的多晶硅棒高2.5m，首炉产量约5.5t，比原12对棒还原炉产量提高了3倍。标志着该公司产能达到6000吨/年。该公司还为新产能配套了12.5万吨/年冷氢化项目，采用美国DEI公司最先进的冷氢化工艺和全球最大的冷氢化炉，采用优化的天津大学差压耦合精馏工艺等，对能量进行最大化的综合利用，对四氯化硅、二氯二氢硅等物料进行了循环利用，实现了尾气零排放。

该公司目前拥有年产6000吨高纯多晶硅、160兆瓦硅片及3400吨气相二氧化硅的生产能力。

5.2.7.7 江西黑猫炭黑股份有限公司

该公司是专业生产炭黑的上市企业，气相二氧化硅生产装置于2011年投产，共两条生产线，合计产能2000吨/年。2013年受原料四氯化硅短缺影响，该公司对装置进行技改，现两种原料均可使用。因一甲基三氯硅烷相对较容易购得，2013年下半年主要使用一甲，产量有所提升。主要产品型号为HM-150、HM-200、HM-300和HM-380。

5.3 科研院所

从事有机硅基础研究及应用研究的主要单位有中国科学院化学所、晨光院、山东大学、南京大学、武汉大学、南开大学等。多年来，国内有关科研院所在有机硅基础研究方面取得一系列成果，为行业发展提供了有力支撑，近几年，国内有机硅工业保持了较好的增长趋势，年均增长率在20%左右。

5.3.1 中蓝晨光化工研究院

中蓝晨光化工研究院始建于1965年。因国家国防“三线建设”的需要，由北京化工研究院、沈阳化工研究院、上海化工研究院和上海医工院四个研究院的化工新材料专业成建制内迁四川省富顺县而组成。

该院是以有机硅材料、有机氟材料、工程塑料、特种纤维、粘接材料等化工新材料研究开发为主体的科技型企业。院内拥有仪器设备三千台，其中大型精密仪器20余台，进口设备仪器200余台，图书馆拥有中外文图书及各类期刊的合订本12.5万册，中外文期刊1000余种。

现有员工300余人，专业技术人员约占70%。有34位享受政府特殊贡献津贴的专家。

该院主要专业领域是：有机硅材料、有机氟材料、工程塑料、塑料合金、改性工程塑料、特种纤维、精细化工材料、生物制品、化工专用设备以及为科研配套的工程设计、仪表自控、分析测试和科技信息服务。其中，有机硅材料、有机氟材料、工程塑料、特种纤维等专业领域具有国内领先的技术水平，部分项目达到国际先进水平。

现已投放市场的产品达400余种，包括有机硅特种单体、硅橡胶、硅油、硅树脂等系列产品；特种工程塑料、塑料合金以及共混改性工程塑料等产品与制品；特种纤维芳纶Ⅱ、芳纶Ⅲ、PBO等产品；环氧类及有机硅类胶粘剂与灌封料系列产品；免清洗助焊剂系列电子化学品；生物分离介质系列产品；生物制品；硅氟改性皮革化工系列产品，双螺杆反应挤出机等化工用设备等。

建院四十余年来，该院先后承担高技术项目800余项，累计取得科技成果500多项，获奖成果有267项次，省部级以上奖有208项次；申请国内外专利68项，有48个已获专利权。获奖项目中，国家级奖项（国家科技进步奖、国家发明奖、全国科学大会奖等）47项；省部级奖项179项。转让技术项目100余项，辐射面为全国（包括中国台湾地区、中国香港地区）22个省、市、自治区的近二百个企业，并辐射印度、罗马尼亚、波兰、韩国等国家。取得了较好的经济效益和社会效益。

5.3.2 武汉大学

武汉大学对有机硅和有机氟的研究开发，满足了国家战略需要，服务于国防军工、航空航天、文物保护等高精尖行业领域，开发出一系列成果，为国家需要和重点行业的发展做出了贡献。武汉大学是我国有机硅行业“产、学、研”相结合的典范，科技成果不仅在控股企业实现了大规模产业化，而且在国内40多家企业推广和转化，加速了有机硅研发成果产业

化转化，推动了行业技术进步。

武汉大学及控股公司主持承担了近 20 项有机硅和有机氟方向的国家级项目，包括国家自然科学基金、国家级科技和产业化项目，近 10 项成果获得国家科学大会奖、国家发明奖等国家和省部级奖励。

5.3.3　中国建筑材料科学研究总院

中国建筑材料科学研究总院高纯石英业务分为两部分：一部分为中国建筑材料科学研究总院（“北京院本部”）；另一部分为浙江衢州高性能石英玻璃基地。

北京院本部位于北京市朝阳区管庄东里 1 号院，即中国建筑材料科学研究总院大院内，地块位于大院东侧，向东靠近北京市政法干部管理学院，现有总建筑面积 30 万平方米。该园区主要从事玻璃材料（深加工玻璃、特种玻璃）、石英玻璃、特种玻璃纤维以及军用特种陶瓷的研究生产以及无机非金属材料分析检测任务。

衢州生产基地（中建材衢州金格兰石英有限公司）位于浙江省衢州高新技术产业园区内城南 B-56-（1）区块，地块北侧为浙江诺瓦化工有限公司；西北侧为王千秋村；西侧为浙江正和硅业有限公司；东侧为浙江富士特硅材料有限公司。

浙江衢州高新技术产业园区是经浙江省人民政府批准，国家发改委批复设立的省级高新技术产业园区，成立于 2002 年 6 月，是一家专业化工园区，规划面积为 9.8 平方公里，包括一园三区，即中俄科技合作园和氟硅化工、精细化工、生物化工等功能区块，是国内唯一的同时具备氟和硅两个产业发展基础的基地。2008 年 5 月，被科技部授予国家火炬计划浙江衢州氟硅新材料产业基地。目前，高新园区已开发约 7 平方公里。入园企业 50 多家。园区坚持“政府主导、市场运作、依托巨化，开放开发”的原则，以中俄科技合作为特色，以建设“氟硅之都”为目标，以氟硅化工、精细化工、生物化工等为产业重点，吸引和鼓励各类科技人员入园创新创业、孵化和培养高新技术企业，大力发展高新技术产业。

中国建筑材料科学研究总院是国内建筑材料与无机非金属新材料专业最大的综合型研究机构和技术开发中心。是国务院学位委员会首批批准的材料学无机非金属材料专业硕士、博士学位授予点，建有博士后科研流动站，成为国内最具规模和实力的大型研发机构之一。其下属的石英与特种玻璃研究院在石英玻璃领域中，是国内唯一一家集研制、开发、生产、测试和人才培养于一体的科研机构，是石英玻璃行业重点实验室所在地，是国家安全玻璃及石英玻璃质量监督检验中心挂靠单位，有雄厚的检测基础和齐全的检测手段，是我国各类石英玻璃研究和开发源头，多年来一直致力于石英玻璃及其制品的研究开发工作，具有强大的科研能力和深厚的理论基础。拥有多年从事石英玻璃研发、工程化、产业化综合技术实力和较好的基础设施，专业配套、高素质和高技术水平的研发团队，集成创新一批石英玻璃研发成果，在石英玻璃的循环生产以及先进制造技术的研究和工程化应用方面取得多项专利及专有技术。在石英玻璃技术领域曾承担军工科研、科技攻关、“863”等 40 余项重大项目，获得国家科技进步奖 5 项、光华科技一等奖、部级科技进步奖 20 余项，拥有国家发明及实用新型专利 20 余项，制定国标、行标及国家军用标准 30 余项，在工艺技术、应用基础理论以及标准化研究方面引领我国石英玻璃行业发展。经过多年攻关，攻克了我国大尺寸、高性能熔石英玻璃的关键制备技术，突破了规格尺寸、光学均匀性、抗激光损伤阈值等关键技术指标，研制出直径 600mm 高品质合成石英玻璃砣，经均化、精密退火等处理制备出 ϕ600mm 样品，400mm 通光口径内光学均匀性实现 $(3\sim5)\times10^{-6}$，研制技术及产品性能指标达到国内领先且接近国际先进水平，为我国国民经济和国防建设提供关键材料，打破国外先进技术和产品壁垒，填补国内空白。同时，作为国内唯一具备研发超纯石英玻璃的生产单位，制备出超纯石英玻璃样品最大单体达到 20kg，羟基含量小于 1ppm，金属含量小于 1ppm。

中国建筑材料科学研究总院的全资公司——北京金格兰石英玻璃有限公司为石英与特种玻璃研究院的生产开发部分。金格兰公司依托石英与特种玻璃研究院，现有完善的研究、生产、开发及检测设施，强有力的技术开发和批量生产能力，是集研发、生产、销售、服务为一体的现代企业，被评为“北京市高新技术企业”。2002 年公司顺利通过了 ISO9001：2000 质量体系认证。公司先后承担完成国家及省部级项目近 10 项，已授权的实用新型专利 9 项，发明专利 3 项，授通的发明专利 3 项。

2011 年，中国建筑材料科学研究总院启动衢州石英基地建设，2012 年 2 月一期建设完成并一次点火成功，正式投产运营。2013 年启动二期建设，并成立“中建材衢州金格兰石英有限公司”，衢州公司位于浙江省衢州市高新技术产业园区，占地 15000m^2，建筑总面积 11000m^2，投资总额约 5000 万元，2013 年已获批“衢州市院士工作站”荣誉称号。2014 年年底北京金格兰石英玻璃有限公司整体搬迁至衢州公司，整体实力与规模将进一步增强，利用衢州公司的地理优势，联合江浙一带周边的光纤、半导体等下游企业，发展区域产业集群。衢州石英基地的落成标志着我国最先进的石英玻璃研制和生产线正式启动。衢州石英基地的建成，不仅为石英与特种玻璃研究院石英专业更好完成国家科研项目提供了基础条件与保障，而且为加快金格兰公司的产业化进程起到了推波助澜的作用。

2013 年，中国建筑材料科学研究总院高纯石英专业销售收入 3500 万元、利润 500 万元、利税 190 万元、固定资产投资 3000 万元、高纯石英产品出口 450 万元。同时，在科技研发方面，取得重大突破，攻克了我国大尺寸、高性能熔石英玻璃的关键制备技术，突破了规格尺寸、光学均匀性等关键技术指标，其中 400mm 口径石英玻璃光学均匀性达到（3～5）×10^{-6}，研制技术及产品性能指标达到国内领先且接近国际先进水平，为我国国民经济和国防建设提供关键材料，打破国外先进技术和产品壁垒，填补国内空白；突破了直径 ϕ200mm、羟基小于 1ppm、金属杂质含量小于 1ppm 的超纯石英玻璃的研制，制备水平、材料性能达到了国际一流水平，为我国惯导系统提供了关键石英配套材料。

“十三五”期间，争取国家军工科研、863 计划、科技支撑计划、省市科技计划项目等 6 项以上，及拓展石英玻璃新领域 2 项以上，申请专利 20 项以上，制定国家及行业标准 3～5 项，并建立一支高素质石英玻璃研发团队及产业化团队，实现产值 1 亿元/年，初步建成国内领先水平多品种石英玻璃研发平台和产业化基地。

2013 年，中国建筑材料科学研究总院石英专业主导产品为：光纤把持棒、IT 及光学行业用石英玻璃片、化合物半导体行业用石英玻璃制品、合成石英玻璃和耐辐照石英玻璃等，产能分别为 25000 支、25 万片、2000 套件、20t 和 200 套，对应产值分别为 2000 万元、850 万元、250 万元、500 万元和 200 万元，建材总院高纯石英市场占有率约 5%。

2013 年，启动衢州基地二期建设，并成立“中建材衢州金格兰石英有限公司”。计划 2014 年年底建设完成，同时“北京金格兰石英玻璃有限公司”于 2014 年年底将整体搬迁至衢州金格兰公司，进一步扩大规模、提高产品质量，整体实力进一步增强。

5.3.4 山东大学

山东大学自 1957 年开始有机硅研发，取得一系列技术成果，且大部分实现产业化应用。

山东大学特种功能聚集体材料教育部重点实验室是依托山东大学化学与化工学院组建起来的，结合了化学和材料学两个重点学科的相关研究方向。在有机硅领域悠久研究历史和学科优势的基础上，形成了有机硅弹性体材料、有机硅胶粘和涂层材料、耐高温树脂基复合材料、特种纳米结构材料等优势研究方向。

5.3.5　中科院化学所

中科院化学所率先在国内开展硅橡胶、硅油、硅烷偶联剂和有机硅乳液的基础研究和产业化应用基础研究，为有机硅行业发展作出重要贡献。

截至 2012 年 12 月，化学所共获得国家及省部级奖 290 项，其中包括国家自然科学二等奖 15 项，三等奖 2 项；国家发明金奖 1 项，三等奖 9 项，四等奖 1 项；国家科技进步特等奖 3 项，一等奖 1 项，二等奖 1 项，三等奖 4 项；国家星火三等奖 1 项；全国科学大会奖 24 项。

中科院化学所对于有机硅的研究主要集中于高技术材料实验室，多年来中科院化学所致力于有机硅的研究，如聚硅氧烷、硅烷偶联剂、硅树脂等产品，已取得多项专利、发表了几十篇影响因数较高的文章，对国内有机硅的发展外影响深远。

5.3.6　北京有色金属研究总院

我国多晶硅工艺起步于 20 世纪 50 年代中期，北京有色金属研究总院开始研究，1965 年进入投产由四川峨眉半导体材料厂开始生产。由于电子业的发展，硅业像雨后春笋，生产厂家达 20 多家。由于技术难度大、规模小、工艺落后、环境污染严重、耗能大、成本高，绝大多数企业相继停产和转产。1986 年，原中国有色金属工业总公司和各级政府，在积极引进多晶硅生产技术的前提下，同时决定走自行研究开发多晶硅生产技术的道路，组织北京有色金属研究总院与峨嵋半导体材料厂（所）共同研究开发。为了从根本上解决多晶硅生产中物耗高、能耗高、成本高、污染严重及难实现规模生产问题，研究开发了“导热油循环冷却技术、大型节能还原炉、$SiCl_4$ 氢化和还原尾气干法回收”4 项关键技术。

5.3.7　浙江大学

1985 年，在浙江大学半导体材料研究所的基础上，由原国家计委批准建设硅材料国家重点实验室（原名高纯硅及硅烷国家重点实验室），1988 年正式对外开放。是国内最早建立的国家重点实验室之一。以重点实验室为依托的浙江大学材料物理与化学学科（原半导体材料学科）一直是全国重点学科，1978 年获批国内首批硕士点（半导体材料），1985 年获批国内第一个半导体材料工学博士点。

从 20 世纪 50 年代开始，浙江大学在硅烷法制备多晶硅提纯技术、掺氮直拉硅单晶生长技术基础研究等取得系列重大成果，在国际上占有独特的地位；同时，实验室一直坚持“产、学、研”紧密结合，培育出浙江金瑞泓科技股份有限公司等国内硅材料的龙头企业，取得显著经济效益。自上世纪 90 年代以来，实验室研究方向不断拓宽。目前，实验室以硅为核心的半导体材料为重点，包括半导体硅材料、半导体薄膜材料、复合半导体材料以及功能材料微纳结构等研究方向。

2005～2012 年期间，实验室获得国家自然科学二等奖 2 项、国家科学技术进步二等奖 2 项，浙江省科学技术一等奖 9 项，发表 SCI 检索论文 1911 篇，获得国家发明专利 452 项，已成为国家在本领域的科学研究、人才培养和国际交流的主要基地之一。

浙江大学半导体材料研究所前身是 1954 年建立的半导体材料研究小组，是我国开展半导体材料研究最早的单位之一。根据学科发展的需要，1999 年进行了调整组合。经过调整后的半导体材料研究所以新的面貌出现，组成了以阙端麟教授（中科院院士）为学科带头人，长江计划特聘教授、国家跨世纪优秀人才等一批优秀青年教师为学术骨干的教学科研队伍。

该所1959年开始，以硅材料作为主攻方向，历经20余年的发展，形成了从硅烷气体-硅薄膜生长-多晶硅-单晶硅-测试分析以至器件单元工艺等配套的硅材料研究条件，在高纯硅烷的制取、高纯硅技术、探测器级硅单晶、硅单晶中碳、氧的控制以及硅单晶的电学测量等方面取得了重大成果，曾获得三项国家发明奖，十多项省部级和国家发明专利。在1985年建立国家重点实验室以后，先后引进一批优秀的年轻人才，添置了一批具有国际先进水平的材料生长设备以及分析测试仪器，使得科研力量大大增强，基础理论研究的水平有了大幅度提高，继续以研究硅、硅基半导体材料为主。近年来，先后在国际、国内的重要学术刊物上发表数百篇论文。目前该所于硅材料方面的研究与科技生产力转化在国内处于领先地位，在国际上也有特殊的影响。该所目前设有博士点和博士后流动站。每年招收硕士生、博士生二十余名。主要研究方向如下。

① 大直径硅单晶生长技术和理论，硅晶体加工技术及硅材料中杂质与缺陷的科学技术研究。

② 以超高真空CVD技术为基础，开展硅基同质、异质外延研究，同时生长新颖的硅基SiGe，GaN，ZnO等薄膜材料；开展硅基SiO_2光子晶体材料及硅烷气体在有关光电子方面的应用研究。

③ 以有机无机复合半导体材料的研究为新的生长点，为新一代的半导体材料的发展奠定基石。

该所准备进一步拓宽学科覆盖面，以大直径硅单晶，硅基材料，复合半导体功能材料研究为主，同时加强电子信息材料、磁性材料等一批国民经济发展迫切需要的新型材料的研究。

5.3.8 中国电子科技集团公司第四十六研究所

中国电子科技集团公司第四十六研究所始建于1958年，是国内最早从事半导体材料和光纤研究与生产的单位之一。经过五十年的发展壮大，目前已形成四大专业领域：半导体材料、特种光纤及器件、电子材料检测分析、电子工业仪表及电子专用设备。全所现有职工700余名，其中专业技术人员440余人，享受政府特殊津贴专家19人。

四十六所地处天津市区，坐落在河西区陈塘庄工业园区，占地面积100多亩。四十六所主要业务部门为“五部一中心四公司”，于1999年通过质量体系审核认证。近三十年来取得科研成果400余项，获国家级奖励11项，省部级奖励102项，拥有专利37项。

在五十年发展壮大的过程中，四十六所人用自己的智慧和汗水创造了多个第一，其中包括成功研制出我国第一颗硅单晶、第一颗4英寸砷化镓单晶、第一颗6英寸砷化镓单晶、第一颗碳化硅单晶及第一批熊猫型特种光纤等。在新的历史机遇和挑战下，四十六所人秉承“进取、创新、协作、奉献”的企业精神和“军民结合，质量第一。持续改进、客户满意”的质量方针，致力于为国家和社会提供质优价廉的产品，逐步将四十六所建设成为集团公司乃至全国的关键材料及核心元器件的研制基地。

5.3.9 大连光明特气化工研究所

大连光明特种气体有限公司（现中昊光明化工研究设计院有限公司）——是以特种气体的研制、开发、生产、销售为主题的专业化公司，为大连市高新技术产业园区所属高新技术产业，并且是中国话工标准物质委员会成员，部分气体通过国家技术监督局标准物质认证，并获得国家技术监督局颁发的《中华人民共和国制造器具许可证》及《国家标准物质定级证书》，公司通过ISO9001：2000国际质量体系认证，公司生产的标准气、高纯气、水处理剂产品被中国技术监督清包协会评为《中国质量放心品牌》。经大连市科委批准成立大连光明特气化工研究所，主要从事标准气、化学试剂、水处理剂等新品种的开发和研制。

公司拥有固定资产 700 多万元，采用从德国 sartorias 公司引进当今世界上最先进的电子设备及大型分析天平用于各种标准气的配制，它具有精确度高、灵敏度高、误差小等特点，采用色谱、质谱、具有较强的技术力量和生产能力，公司高纯气体年产万余瓶，标准气体年产五千余瓶，被中国化工标准物质委员会制定为东北地区标准气研制、开发基地。

作为中国化工标准物质委员会的成员之一，该科研人员不断致力于强调产品的质量与检验，以及吸纳产品的开发，随着企业实力的不断增强，公司凭借先进的设备和精良的技术，现公司的产品已行销全国各地。

5.4　跨国公司在中国

5.4.1　道康宁

道康宁成立于 1943 年，是一家由陶氏化学公司和康宁公司均等持股的合资公司，总部设在美国密歇根州米德兰市。道康宁致力于探索和开发有机硅的应用潜力，现为全球硅胶技术和创新领域的全球领导者。

位于张家港市江苏扬子江国际化学工业园的道康宁有机硅综合生产基地，是中国最大的有机硅生产基地，也是世界上最大、最先进的有机硅综合生产基地之一。该综合生产基地总投资达 18 亿美元，占地约一百万平方米，包括由道康宁和其合作伙伴共同投资运营的两家有机硅上游产品生产设施：硅氧烷厂和气相二氧化硅厂，以及两家公司各自拥有运营并独立进行市场和销售的有机硅下游产品生产厂。硅氧烷厂和气相二氧化硅的综合产能预计可达到每年 21 万吨。道康宁希望通过张家港综合生产基地满足快速增长的中国和亚洲市场对有机硅材料的需求。

5.4.2　瓦克

瓦克是一家全球性化学公司，公司总部位于德国慕尼黑。共有员工约 16000 人，2013 年销售额约达 44.8 亿欧元。瓦克五大业务部门的业务遍布全球，目前在世界各地设有 25 个生产基地。瓦克在美洲、亚洲、大洋洲和欧洲的 29 个国家设有子公司和销售办事处。瓦克拥有五个业务部门：世创电子、有机硅、聚合物、多晶硅、生物科技，其中有机硅销售额占总销售额的 33%。道康宁和瓦克合资在张家港建有年产 21 万吨硅氧烷和气相二氧化硅一期项目，该合作项目是瓦克中国扩展战略的里程碑

瓦克有机硅生产的有机硅产品超过 3000 种，是全球最大的硅烷和有机硅生产商之一。主要产品包括：硅烷、硅油、乳液、弹性体、密封剂、树脂、以及气相二氧化硅等。

5.4.3　迈图

迈图高新材料集团，由美国阿波罗投资公司于 2006 年 12 月完成对 GE 高新材料集团的收购后正式创立。迈图是一家首屈一指的特殊材料公司，在有机硅、石英和陶瓷市场提供高技术材料解决方案。

迈图的厂家遍布美国、日本、德国、泰国和中国，截至 2013 年年底，迈图聚硅氧烷的总产能为 28.5 万吨/年。在中国，迈图与新安在建德合资的 10 万吨/年单体装置，迈图占 49%股份。下游方面，迈图在江苏南通拥有特种有机硅室温胶、特种有机硅乳液、特种有机

硅树脂、特种表面涂层有机硅和特种有机硅密封胶等。可广泛应用于建筑、汽车、电子、纺织、涂料、航空、医疗、农业等众多领域。

5.4.4 赢创

赢创工业集团自20世纪90年代初期开始在中国生产特种化工产品，并于更早就已经与中国建立了广泛的贸易关系。今天，赢创在中国已经拥有了多达18家公司，生产基地遍及中国十几个城市。

赢创产品品质卓越，种类繁多，包括沉淀法二氧化硅、炭黑、橡胶硅烷偶联剂、氨基酸、聚氨酯泡沫添加剂、涂料聚酯树脂、色浆、着色系统、高性能聚合物以及聚合物生产所需的引发剂等，客户遍及中国及整个亚洲。2013财年，赢创的33500多名员工创造了约127亿欧元的销售额，营业利润（税息折旧及摊销前利润）达20亿欧元。超过70%的销售额来自德国本土之外。截至2014年，赢创沉淀法二氧化硅、气相法二氧化硅、金属氧化物和消光粉的全球年产能已超过55万吨。此外，为持续服务全球客户，公司还有多个项目在计划和进行中。

5.4.5 卡博特

创建于1882年的美国卡博特公司，为美国500强企业，是一家专业生产特殊化工产品和特种化工材料的全球性跨国公司，总部位于美国波士顿，在世界五大洲21个国家拥有36家生产企业，其经营范围包括炭黑、气相法二氧化硅、喷墨墨水颜料色浆、特种金属材料、纳米胶、塑料色母粒以及特种钻井流体等。

美国卡博特公司是世界生产的领导者，是唯一全球性生产轮胎用炭黑、工业橡胶炭黑和特种炭黑的生产经营公司。它在20个国家拥有31家炭黑工厂，年总产量为200万吨，占全球总产量的28%，位居世界首位。

2012年，卡博特蓝星化工（江西）有限公司年产15000吨气相二氧化硅扩建项目顺利竣工，随着亚太地区市场需求的不断增长，未来产能可能扩大至20000吨。

5.4.6 贺利氏

贺利氏是总部位于德国哈瑙的生产贵金属及技术供应的全球性集团公司，在贵金属、齿科、传感器、石英玻璃及特种光源领域的市场及技术方面位居世界领先地位。2013财年，贺利氏取得36亿欧元的产品收入和135亿欧元的贵金属交易收入。凭借世界各地110多家子公司和近12500名员工的出色表现，贺利氏在全球市场上占据着领导地位。

贺利氏石英公司是德国贺利氏集团五个事业部之一，成立于1902年，是全球制造和加工石英玻璃公司中最具历史的一家。贺利氏石英有限公司不仅出产高纯度的石英，同时还会为有特殊需求的客户提供特别定制服务。作为全球最大的石英综合供应商，贺利氏在欧洲，亚洲和北美洲建立了8家工厂。石英原材料具有多个系列的产品，主要应用在光学、半导体工业和灯管工业领域。虽然贺利氏石英材料进入中国市场的时间较晚，但已经被广泛应用于各个领域，如精密光学、激光、半导体工业、或是通讯领域。

第6章　河南省多晶硅行业安全生产管理实践

近几年，随着太阳能光伏产业的快速发展，多晶硅产业经历了高速发展和跌宕起伏。2011年的高额利润吸引了一大批企业“大干快上”，生产厂家一度达到近50家。而多晶硅生产的主要原料三氯氢硅的新建项目也遍地开花。“大干快上”的后果除了带来投资经济问题，更是带来了很多安全和环保隐患。为此，河南省安全生产监督管理局针对多晶硅、氯硅烷生产企业开展了专项整治，严肃整治现有企业安全生产条件，严格新建项目行业准入条件，全面提升我省多晶硅。

6.1　生产特点及危险物质

多晶硅生产过程包括三氯氢硅合成、氯硅烷分离与提纯、制氢与氢气净化、多晶硅还原、还原尾气回收、四氯化硅氢化、三废处理等过程。生产特点是：易燃易爆，有毒有害、强腐蚀性，高温高压，生产过程连续性强、工艺复杂、自动化程度高，供电电压高、面广。涉及的危险物质主要有：三氯硅烷、二氯硅烷、四氯化硅、氢气（压缩的）、氮气（压缩的）、硝酸、氢氟酸、氢氧化钠、硅粉、五氧化二钒等。

(1) 生产特点

① 易燃易爆

在生产过程中，使用的原料、中间产品等大都是易燃易爆物质。如氢气、三氯氢硅、二氯二氢硅等，他们都具有燃点低，爆炸下限低，点燃能量低，当管理不当、操作失误、泄漏、使用不合理时极易引起着火和爆炸，着火时火势凶猛而且不易扑灭，危险性极大。

② 有毒有害，强腐蚀性

生产过程中，原副材料、中间产品等大都具有强腐蚀性，如液氯、氯化氢、三氯氢硅、四氯化硅、二氯二氢硅、氢氧化钠、氢氟酸、硝酸等，一旦溅在皮肤或眼睛里，如果处理不当，会造成严重的后果；液氯、二氯二氢硅有剧毒，氯化氢、氟化氢、氮氧化物等腐蚀人的呼吸系统，长期在高浓度环境中会严重伤害人的机体，容易发生中毒事故。

③ 高温高压

多晶硅生产工艺过程大都需要加温加压，在高温高压情况下，可燃气体的爆炸极限范围变宽，危险性变大，当温度达到或超过可燃气体的自燃点时，会引起燃烧、爆炸。导热油闪点125℃，沸点250℃（初馏），如操作不当或控制失误，可能导致导热油泄漏燃烧爆炸。

④ 生产过程连续性强，工艺复杂，自动化程度高

多晶硅生产是个连续的生产过程、各工序之间一环紧扣一环，紧密相连、互相制约，具

有高度的连续性，而且工艺复杂，仪表自动化程度高，如果一个工序或者一台设备发生故障，都会造成装置的停车甚至发生重大事故。

⑤ 供电电压高，面广

总降压站110KV供电；多晶硅还原电气室设置36台变压器，工作电压10KV；还原夹层高压供电与可燃物料供料管同在；冷冻房间配电室高压、低压同在；各车间低压配电室分布较广；各用电部门等如果违章操作，可能导致电击事故或引起生产局部或全部停产。

（2）危险物质特性

① 三氯硅烷

三氯硅烷是四氯化硅氢化的产物，是还原的主要原料，是综合利用项目的产品。主要存在于精馏提纯与综合回收、四氯化硅氢化以及多晶硅还原的设备、储罐和管道中。三氯硅烷外观是无色液体，极易挥发，有令人窒息的气味。三氯硅烷属第4.3类遇湿易燃物品，熔点－134℃，沸点31.8℃，易燃，引燃温度175℃，火灾危险性类别甲类，爆炸浓度极限6.9%～70%，闪点－13.9℃开杯，燃烧分解产物其物化性质与主要危险特性见表6-1。

表6-1　三氯硅烷物化性质及危险特性表

<table>
<tr><td rowspan="3">标识</td><td>中文名</td><td>三氯硅烷</td><td>分子式</td><td>$SiHCl_3$</td><td>危险性类别</td><td>第4.3类遇湿易燃物品</td></tr>
<tr><td>别名</td><td>三氯硅烷</td><td>分子量</td><td>135.44</td><td>危险货物编号</td><td>43049</td></tr>
<tr><td>英文名</td><td>Trichlorosilane</td><td>UN号</td><td>1295</td><td>CAS号</td><td>10025-78-2</td></tr>
<tr><td rowspan="5">理化性质</td><td>外观与性状</td><td colspan="3">无色液体，极易挥发。有令人窒息的气味</td><td>溶解性</td><td>溶于苯、醚等多数有机溶剂</td></tr>
<tr><td>熔点</td><td>－134℃</td><td>沸点</td><td>31.8℃</td><td>燃烧热</td><td>无资料</td></tr>
<tr><td>相对密度（空气＝1）</td><td>4.7</td><td>相对密度（水＝1）</td><td>1.37</td><td>饱和蒸汽压</td><td>53.33kPa（14.5℃）</td></tr>
<tr><td>临界温度</td><td>无资料</td><td>临界压力</td><td>无资料</td><td rowspan="2">禁忌物</td><td rowspan="2">强碱、强氧化剂、水、醇类、胺类</td></tr>
<tr><td>稳定性</td><td>稳定</td><td>聚合危害</td><td>不聚合</td></tr>
<tr><td rowspan="5">燃爆危险与消防</td><td>燃烧性</td><td>易燃</td><td>引燃温度</td><td>175℃</td><td>火灾危险性类别</td><td>甲类</td></tr>
<tr><td>爆炸极限</td><td>6.9%～70%</td><td>闪点</td><td>－13.9℃开杯</td><td>燃烧分解产物</td><td>氯化氢、氧化硅</td></tr>
<tr><td>最小点火能</td><td>无资料</td><td></td><td></td><td>最大爆炸压力</td><td>无资料</td></tr>
<tr><td>危险特性</td><td colspan="5">遇明火、高热易燃。与氧化剂发生强烈反应。遇水或含水蒸气能产生热和有毒的腐蚀性烟雾。若遇高热，容器受热内部压力增大，有发生开裂、爆炸的危险。蒸汽比空气重，易在低处积聚。蒸汽能扩散到远处，遇点火源着火，并引起回燃</td></tr>
<tr><td>灭火方法</td><td colspan="5">佩戴过滤式防毒面具或隔离式呼吸器，穿防火防毒服，在上风处灭火
用干砂、干粉、水泥灭火，禁止直接用水和泡沫或酸碱灭火剂扑救</td></tr>
<tr><td rowspan="4">健康危害与防护</td><td colspan="3">工作场所职业接触限制/（mg/m^3）</td><td colspan="2">职业毒性危害等级</td><td>侵入途径</td></tr>
<tr><td>MAC：3</td><td>TWA：—</td><td>STEL：—</td><td colspan="2">Ⅲ级（中度危害）</td><td>吸入、食入、经皮吸收</td></tr>
<tr><td>健康危害</td><td colspan="5">遇水生成盐酸酸雾，刺激眼及上呼吸道。高浓度时，可引起角膜损伤，呼吸道炎症，甚至肺水肿。常伴有头昏、头痛、乏力、恶心、呕吐、心慌等症状。溅在脸上，可引起坏死，溃疡长期不愈</td></tr>
<tr><td>防护措施</td><td colspan="5">工程控制：密闭操作，局部通风
呼吸系统防护：空气中浓度超标时，应该佩戴防毒面具。紧急事态抢救或逃生时，建议佩戴自给式呼吸器
眼睛防护：戴化学安全防护眼睛
身体防护：穿相应防化服
手防护：戴防化学品手套
其它：工作现场禁止吸烟、进食、饮水。工作完毕，淋浴更衣。保持良好卫生习惯</td></tr>
</table>

续表

急救与应急	急救措施	皮肤接触:脱去污染的衣着,立即用流动清水彻底清洗。若有灼伤,就医治疗。注意患者保暖并且保持安静。确保医务人员了解该物质相关的个体防护知识,注意自身保护。眼睛接触:立即提起眼睑,用流动清水或生理盐水冲洗15min。就医 吸入:迅速脱离现场至空气新鲜处,保持呼吸道畅通。呼吸困难时给输氧。呼吸停止时,立即进行人工呼吸。就医。如果患者食入或吸入该物质不要用口对口进行人工呼吸,可用单向阀小型呼吸器或其它适当的医疗呼吸器 食入:误服者立即漱口,给饮牛奶或蛋清。就医				
	应急处理	疏散泄漏污染区人员至上安全区,并进行隔离,禁止无关人员进入污染区。切断火源。建议应急处理人员戴自给正压式呼吸器,穿化学防护服。不要直接接触泄漏物,在确保安全情况下堵漏。喷水雾会减少蒸发,但不能降低泄漏物在受限制空间内的易燃性。用沙土或其它不燃性吸附剂混合吸收,然后收集运至废物处理场所处置。如果大量泄漏,在技术人员指导下清除				
储存与废弃	包装分类	Ⅱ	包装标志	遇湿易燃物品	包装方法	螺纹口玻璃瓶、铁盖压口玻璃瓶、塑料瓶或金属桶(罐)外木板箱;安瓿瓶外木板箱
	储运事项	储存于高燥清洁的仓间内。远离火种、热源。储存温度不宜超过25℃。避免光照。包装必须密闭,切勿受潮,应与氧化剂、酸类、碱类分开存放。储存间内的照明、通风等设施等设施应采用防爆型,开关设在室外。配备相应品种和数量的消防器材。禁止使用易产生火花的机械、设备和工具。装运本品的车辆排气管须有阻火装置。搬运时要轻装轻卸,防止包装及容器损坏。运输按规定路线行驶,中途不得停驶。雨天不宜运输				
	废弃处置	处置前应参阅国家和地方有关法规。或与厂商或制造商联系,确定处置方法。建议用控制焚烧法处置。溶于易燃溶剂或与燃料混合后,再焚烧				

② 二氯硅烷[二氯二氢硅]

二氯二氢硅是多晶硅还原、四氯化硅氢化的副产物。主要存在于精馏提纯与综合回收、四氯化硅氢化的氢化反应器、三级冷凝器、粗馏塔及输送管道、储罐中。其物理化学性质与主要危险特性见表6-2。

表6-2 二氯二氢硅物化性质及危险特性表

标识	中文名	二氯二氢硅	分子式	SiH_2Cl_2	危险性类别	第2.3类有毒气体
	别名	二氯二氢硅烷	分子量	101.01	危险货物编号	23042
	英文名	Dichlorosilane	UN号	2189	CAS号	4109-96-0
理化性质	外观与性状	无色气体			溶解性	溶于苯、醚等多数有机溶剂
	熔点	−122℃	沸点	8.3℃	燃烧热	无资料
	相对密度(空气=1)	3.59	相对密度(水=1)	1.26	饱和蒸汽压	167.16kPa(20℃)
	临界温度	无资料	临界压力	无资料	禁忌物	强碱、强氧化剂、水、醇类
	稳定性	稳定	聚合危害	不聚合		
燃爆危险与消防	燃烧性	易燃	自燃温度	58℃	火灾危险性类别	甲类
	爆炸极限	4.1%~99%	闪点		燃烧分解产物	氯化氢、氧化硅
	最小点火能	无资料			最大爆炸压力	无资料
	危险特性	与空气混合能形成爆炸性混合物,遇明火、高热极易燃烧爆炸。与氧化剂发生强烈反应。遇水反应发热放出有毒的腐蚀性气体。其蒸汽比空气重,能在较低处扩散到相当远的地方,遇火源引着回燃。若遇高热可发生剧烈分解,引起容器破裂或爆炸事故				
	灭火方法	切断气源。若不能切断气源,则不允许熄灭泄漏处的火焰。喷水冷却容器,可能的话将容器从火场移至空旷处 灭火剂:二氧化碳、干粉				

续表

<table>
<tr><td rowspan="4">健康危害与防护</td><td colspan="3">工作场所职业接触限制/(mg/m³)</td><td colspan="2">职业毒性危害等级</td><td>侵入途径</td></tr>
<tr><td>MAC:—</td><td>TWA:—</td><td>STEL:—</td><td colspan="2">—</td><td>吸入</td></tr>
<tr><td>健康危害</td><td colspan="5">本品有毒气体,对上下呼吸道、皮肤和眼睛有腐蚀性和刺激性。本品遇水或空气中的水分迅速水解形成氯化氢(盐酸)。盐酸可致皮肤灼伤和粘膜刺激。接触后表现有流泪、咳嗽、咳痰、呼吸困难等。可引起肺炎或肺水肿。眼睛接触可致灼伤,导致失明</td></tr>
<tr><td>防护措施</td><td colspan="5">工程控制:严加密闭,提供充分的局部排风和全面排风
呼吸系统防护:空气中浓度较高时,必须佩戴防毒面具。紧急事态抢救或逃生时,建议佩戴正压自给式呼吸器
眼睛防护:戴化学安全防护眼睛
身体防护:穿相应防化服
手防护:戴防化学品手套
其它:工作现场禁止吸烟、进食、饮水。工作完毕,淋浴更衣。进入罐或其它高浓度区作业,须有人监护</td></tr>
<tr><td rowspan="2">急救与应急</td><td>急救措施</td><td colspan="5">皮肤接触:脱去污染的衣着,立即用流动清水彻底清洗
眼睛接触:立即提起眼睑,用流动清水或生理盐水冲洗15min。就医
吸入:迅速脱离现场至空气新鲜处,保持呼吸道畅通。呼吸困难时给输氧。呼吸停止时,立即进行人工呼吸。就医</td></tr>
<tr><td>应急处理</td><td colspan="5">迅速撤离泄漏污染区人员至上风处,并进行隔离直至气体散尽,切断火源。建议应急处理人员戴正压自给式呼吸器,穿厂商特别推荐的化学防护服(完全隔离)。切断气源,抽排(室内)或强力通风(室外)。漏气容器不能再用,且要经过技术处理以清除可能剩下的气体</td></tr>
<tr><td rowspan="3">储存与废弃</td><td>包装分类</td><td>Ⅱ</td><td>包装标志</td><td>有毒气体</td><td>包装方法</td><td>钢质气瓶</td></tr>
<tr><td>储运事项</td><td colspan="5">易燃有毒的压缩气体。储存于阴凉通风仓间内。远离火种、热源。钢瓶温度不应超过52℃。防止阳光直射。包装必须密封,切勿受潮,应与氧化剂分开存放。储存间内的照明、通风等设施等设施应采用防爆型,开关设在室外。配备相应品种和数量的消防器材。禁止使用易产生火花的机械、设备和工具。搬运时要轻装轻卸,防止钢瓶及附件破损。运输按规定路线行驶,中途不得停驶</td></tr>
<tr><td>废弃处置</td><td colspan="5">处置前应参阅国家和地方有关法规。或与厂商或制造商联系,确定处置方法。建议用控制焚烧法处置。溶于易燃溶剂或与燃料混合后,再焚烧</td></tr>
</table>

③ 四氯化硅

四氯化硅是三氯硅烷还原的副产物。主要存在于精馏提纯与综合回收、四氯化硅氢化、多晶硅还原的设备、储罐和管道中。其物化性质及危险特性见表6-3。

表6-3 四氯化硅物化性质及危险特性表

<table>
<tr><td rowspan="3">标识</td><td>中文名</td><td>四氯化硅</td><td>分子式</td><td>$SiCl_4$</td><td>危险性类别</td><td>第8.1类酸性腐蚀品</td></tr>
<tr><td>别名</td><td>四氯硅烷</td><td>分子量</td><td>169.90</td><td>危险货物编号</td><td>81043</td></tr>
<tr><td>英文名</td><td>Silicontetrachloride</td><td>UN号</td><td>1818</td><td>CAS号</td><td>10026-04-7</td></tr>
<tr><td rowspan="5">理化性质</td><td>外观与性状</td><td colspan="3">无色或淡黄色发烟液体,有刺激性气味,易潮解</td><td>溶解性</td><td>溶于苯、氯仿、石油醚等多数有机溶剂</td></tr>
<tr><td>熔点</td><td>−70℃</td><td>沸点</td><td>57.6℃</td><td>燃烧热</td><td>无意义</td></tr>
<tr><td>相对密度(空气=1)</td><td>5.86</td><td>相对密度(水=1)</td><td>1.48</td><td>饱和蒸汽压</td><td>55.99kPa(37.8℃)</td></tr>
<tr><td>临界温度</td><td>无资料</td><td>临界压力</td><td>无资料</td><td rowspan="2">禁忌物</td><td rowspan="2">强碱、强氧化剂、水、醇类</td></tr>
<tr><td>稳定性</td><td>稳定</td><td>聚合危害</td><td>不聚合</td></tr>
</table>

续表

燃爆危险与消防	燃烧性	不燃	引燃温度	无意义	火灾危险性类别	丁类
	爆炸极限	无意义	闪点	无意义	燃烧分解产物	氯化氢、氧化硅
	最小点火能	无意义			最大爆炸压力	无意义
	危险特性	本品不燃，具强腐蚀性、强刺激性，可致人体灼伤。受热或遇水分解放热，放出有毒的腐蚀性烟气。对很多金属尤其是潮湿空气存在下有腐蚀性				
	灭火方法	消防人员必须穿全身耐酸碱消防服 灭火剂：干砂、干粉。禁止用水				
健康危害与防护	工作场所职业接触限制/(mg/m^3)			职业毒性危害等级		侵入途径
	MAC:	TWA:—	STEL:—	Ⅳ级(轻度危害)		吸入、接触、食入
	健康危害	对眼睛及上呼吸道有强烈刺激作用。高浓度可引起角膜混浊，呼吸道炎症，甚至肺水肿。眼直接接触可致角膜及眼睑严重灼伤。皮肤接触后可引起组织坏死。本品可引起溶血反应而导致贫血				
	防护措施	工程控制：密闭操作，注意通风。尽可能机械化、自动化。提供安全淋浴和洗眼设备 呼吸系统防护：可能接触其蒸汽时，必须佩戴自吸过滤式防毒面具(全面罩)或隔离式呼吸器。紧急事态抢救或撤离时，建议佩戴空气呼吸器 眼睛防护：呼吸系统防护中已作防护 身体防护：穿橡胶耐酸碱服 手防护：戴橡胶耐酸碱手套 其它：工作现场禁止吸烟、进食、饮水。工作完毕，淋浴更衣。单独存放被毒物污染的衣服，洗后备用。保持良好的卫生习惯				
急救与应急	急救措施	皮肤接触：立即脱去污染的衣着，用大量流动清水冲洗至少 15min。就医 眼睛接触：立即提起眼睑，用流动清水或生理盐水冲洗至少 15min。就医 吸入：迅速脱离现场至空气新鲜处，保持呼吸道畅通。呼吸困难时给输氧。呼吸停止时，立即进行人工呼吸。就医 食入：误服者立即漱口，给饮牛奶或蛋清。就医				
	应急处理	迅速疏散泄漏污染区人员至上安全区，并进行隔离，严格限制出入。建议应急处理人员戴自给正压式呼吸器，穿防酸碱工作服。从上风处进入现场。尽可能切断泄漏源。小量泄漏：将地面洒上苏打水，然后用大量水冲洗，洗水稀释后放入废水系统。大量泄漏：构筑围堤或挖坑收容。在专家指导下清除				
储存与废弃	包装分类	Ⅱ	包装标志	酸性腐蚀品	包装方法	玻璃瓶或塑料桶(罐)外全开口钢桶；玻璃瓶或塑料桶(罐)外普通木箱或半花格木箱；塑料瓶或金属桶(罐)外普通木箱
	储运事项	储存于阴凉、干燥、通风良好的库房。远离火种、热源。库温不超过 25℃，相对湿度不超过 75%。包装必须密闭，切勿受潮。应与氧化剂、碱类、醇类分开存放，切忌混储。储区应备有泄漏应急处理设备和合适的收容材料。铁路运输时应严格按照铁道部《危险货物运输规则》中的危险货物配装表进行配装。严禁与氧化剂、碱类、醇类、食用化学品等混装混运。运输途中应防爆晒、雨淋，防高温。公路运输时要按规定路线行驶，勿在居民区和人口稠密区停留				
	废弃处置	处置前应参阅国家和地方有关法规。或与厂商或制造商联系，确定处置方法				

④ 氢（压缩的）

氢既是电解水的产物，也是四氯化硅氢化的原料，同时也是还原的原料。广泛存在于制氢电解槽、分离槽、纯化器、缓冲罐、储罐及其相关管道中，存在于还原、尾气回收、净化、四氯化硅氢化等设备和管道及附属设备中。其物化性质及危险特性见表 6-4。

表 6-4　氢气物化性质及危险特性表

标识	中文名	氢(压缩的)	分子式	H_2	危险性类别	第2.1类易燃气体
	别名	氢气	分子量	2.01	危险货物编号	21001
	英文名	Hydrogen	UN号	1049	CAS号	1333-74-0
理化性质	外观与性状	无色无臭气体			溶解性	不溶于水、乙醇、乙醚
	熔点	−259.2℃	沸点	−252.8℃	燃烧热	241.0kJ/mol
	相对密度(空气=1)	气态0.07	相对密度(水=1)	液态0.07(−252℃)	饱和蒸汽压	13.33kPa(−257.9℃)
	临界温度	−240℃	临界压力	1.30MPa	禁忌物	强氧化剂、卤素
	稳定性	稳定	聚合危害	不聚合		
燃爆危险与消防	燃烧性	易燃	引燃温度	400℃	火灾危险性类别	甲类
	爆炸极限	4.1%~74.1%	闪点	无意义	燃烧分解产物	水
	最小点火能	0.019mJ			最大爆炸压力	0.720MPa
	危险特性	易燃,与空气能形成爆炸性混合物,遇明火、高热能引起燃烧、爆炸。与氟、氯、溴等卤素接触会发生剧烈化学反应。容器受热内部压力增大,有发生开裂、爆炸的危险。其气体比空气轻,漏气在室内上升滞留屋顶不易排出,遇火源引起爆炸				
	灭火方法	切断气源。若不能切断气源,则不允许熄灭泄漏处的火焰。喷水冷却容器,可能的话将容器从火场移至空旷处 灭火剂:雾状水、泡沫、二氧化碳、干粉				
健康危害与防护	工作场所职业接触限制/(mg/m^3)			职业毒性危害等级		侵入途径
	MAC;—	TWA:—	STEL:—	—		吸入
	健康危害	生理学上属惰性气体,仅在高浓度时,由于空气中氧分压降低才引起窒息。在很高的分压下,氢气可呈现出麻醉作用				
	防护措施	工程控制:密闭系统,通风,防爆型电气设备 呼吸系统防护:一般不需要特殊防护,高浓度接触时可佩戴空气呼吸器 眼睛防护:一般不需要特殊防护 身体防护:穿防静电工作服 手防护:戴一般作业防护手套				
急救与应急	急救措施	吸入:迅速脱离现场至空气新鲜处。保持呼吸道畅通。如呼吸困难,给输氧。如呼吸停止,立即进行人工呼吸。就医				
	应急处理	迅速撤离泄漏污染区人员至上风处,并进行隔离,严格限制出入。切断火源。建议应急处理人员戴自给正压式呼吸器,穿防静电工作服。尽可能切断泄漏源。合理通风,加速扩散。如有可能,将漏出气用排风机送至空旷地方或装设适当喷头烧掉。漏气容器要妥善处理,经修复、检验后再用				
储存与废弃	包装分类	Ⅱ	包装标志	易燃气体	包装方法	钢质气瓶
	储运事项	储存于阴凉、通风处,储存温度不宜超过30℃。远离火种、热源,防止阳光直射。保持容器密闭。应与氧气、压缩空气、卤素、氧化剂等分开存放。切忌混储混配。储存间内的照明、通风等设施等设施应采用防爆型,开关设在室外。配备相应品种和数量的消防器材。禁止使用易产生火花的机械、设备和工具。验收时要注意品名和验瓶日期,先进先用。搬运时要轻装轻卸,防止钢瓶及其附件受损				
	废弃处置	处置前应参阅国家和地方有关法规。或与厂商或制造商联系,确定处置方法				

⑤ 硅粉

硅粉是公司四氯化硅氢化的原料，以粉状存在于储存、搬运及四氯化硅氢化设备、设施、管道中。其物理化学性质与主要危险特性见表6-5。

表 6-5　硅粉物化性质及危险特性表

标识	中文名	硅粉	分子式	Si	危险性类别	第4.1类易燃固体
	别名	无定型硅粉	分子量	28.09	危险货物编号	41510
	英文名	Silicon	UN号	1346	CAS号	7440-21-3
理化性质	外观与性状	黑褐色无定形非金属粉末或硬而有光泽的晶体			溶解性	不溶于水，不溶于盐酸、硝酸，溶于氢氟酸、碱液
	熔点	1410℃	沸点	2355℃	燃烧热	889.5kJ/mol
	相对密度（空气=1）	无资料	相对密度（水=1）	2.3(20℃)	饱和蒸汽压	0.13kPa(1724℃)
	临界温度	无资料	临界压力	无资料	禁忌物	强氧化剂、潮湿空气
	稳定性	稳定	聚合危害	不聚合		
燃爆危险与消防	燃烧性	易燃	引燃温度	雾状约775℃	火灾危险性类别	乙类
	爆炸下限	160g/m³	闪点	无意义	燃烧分解产物	氧化硅
	最小点火能	无资料			最大爆炸压力	无资料
	危险特性	与碳酸碱、钙、氯、氟等剧烈反应。粉尘遇火焰或与氧化剂接触发生反应，有中等程度危险性				
	灭火方法	采用干粉、干砂灭火。禁止用水、二氧化碳灭火				
健康危害与防护	工作场所职业接触限制/(mg/m³)			职业毒性危害等级		侵入途径
	MAC:—	TWA:1.5	STEL:3	—		接触、吸入
	健康危害	本品对人体无毒。高浓度吸入引起呼吸道轻度刺激，进入眼内作为异物有刺激性。LD_{50}：3160mg/kg（大鼠口径）				
	防护措施	工程控制：密闭操作，局部通风 呼吸系统防护：一般不需要特殊防护，建议特殊情况下，佩戴自吸过滤式防毒面具 眼睛防护：一般不需要特殊防护，高浓度接触时可戴安全防护眼镜 身体防护：穿一般作业防护服 手防护：戴一般作业防护手套 其它：工作服、帽等要定期清洗。工作完毕，淋浴更衣。保持良好卫生习惯				
急救与应急	急救措施	吸入：迅速脱离现场至空气新鲜处。保持呼吸道畅通。如呼吸困难，给输氧。如呼吸停止，立即进行人工呼吸。就医 食入：饮足量温水，催吐。就医				
	应急处理	隔离泄漏污染区，限制出入。切断火源。建议应急处理人员戴防尘面具（全面罩），穿一般作业工作服。小量泄漏：避免扬尘，用洁净的铲子收集于干燥、洁净、有盖的容器中。大量泄漏：用水润湿，然后转移回收				
储存与废弃	包装分类	Ⅲ	包装标志	易燃固体	包装方法	金属桶（罐）外普通木箱；螺纹口玻璃瓶、塑料瓶或镀锡薄钢板桶（罐）外满底板花格箱、纤维板箱或胶合板箱
	储运事项	储存于阴凉、干燥、通风仓间，远离火种、热源，密封包装，不可与空气接触。与氧化剂、碱类、酸类分开存放。搬运时要轻装轻卸，防止包装及容器损坏				
	废弃处置	处置前应参阅国家和地方有关法规。若可能，回收使用。或用安全掩埋法处置				

⑥ 硝酸

硝酸、氢氟酸的混合酸组分之一，用于多晶硅产品后处理及深加工硅片工序。其物理化学性质与主要危险特性见表 6-6。

表 6-6 硝酸物理化学性质与主要危险特性表

<table>
<tr><td rowspan="3">标识</td><td>中文名</td><td>硝酸</td><td>分子式</td><td>HNO_3</td><td>危险性类别</td><td>第 8.1 类酸性腐蚀品</td></tr>
<tr><td>别名</td><td>—</td><td>分子量</td><td>63.01</td><td>危险货物编号</td><td>81003</td></tr>
<tr><td>英文名</td><td>Nitric acid</td><td>UN 号</td><td>2031</td><td>CAS 号</td><td>7697-37-2</td></tr>
<tr><td rowspan="5">理化性质</td><td>外观与性状</td><td colspan="3">纯品为无色透明发烟液体，有酸味</td><td>溶解性</td><td>与水混溶</td></tr>
<tr><td>熔点</td><td>−42℃(无水)</td><td>沸点</td><td>86℃(无水)</td><td>燃烧热</td><td>无意义</td></tr>
<tr><td>相对密度(空气=1)</td><td>2.17</td><td>相对密度(水=1)</td><td>1.50(无水)</td><td>饱和蒸气压</td><td>4.4kPa(20℃)</td></tr>
<tr><td>临界温度</td><td>无资料</td><td>临界压力</td><td>无资料</td><td rowspan="2">禁忌物</td><td rowspan="2">还原剂、碱类、醇类、碱金属、铜、胺类</td></tr>
<tr><td>稳定性</td><td>稳定</td><td>聚合危害</td><td>不聚合</td></tr>
<tr><td rowspan="5">燃爆危险与消防</td><td>燃烧性</td><td>不燃</td><td>引燃温度</td><td>无意义</td><td>火灾危险性类别</td><td>乙类(发烟硝酸)</td></tr>
<tr><td>爆炸极限</td><td>无意义</td><td>闪点</td><td>无意义</td><td>燃烧(分解)产物</td><td>氧化氮</td></tr>
<tr><td>最小点火能</td><td>无意义</td><td></td><td></td><td>最大爆炸压力</td><td>无意义</td></tr>
<tr><td>危险特性</td><td colspan="5">强氧化剂。能与多种物质如金属粉末、电石、硫化氢、松节油等猛烈反应，甚至发生爆炸。与还原剂、可燃物如糖、纤维素、木屑、棉花、稻草或废纱头等接触，引起燃烧并散发出剧毒的棕色烟雾。具有强腐蚀性</td></tr>
<tr><td>灭火方法</td><td colspan="5">消防人员必须穿全身耐酸碱消防服。灭火剂：雾状水、二氧化碳、砂土</td></tr>
<tr><td rowspan="4">健康危害与防护</td><td colspan="3">工作场所职业接触限值/(mg/m^3)</td><td colspan="2">职业毒性危害等级</td><td>侵入途径</td></tr>
<tr><td>MAC:—</td><td>TWA:—</td><td>STEL:—</td><td colspan="2">Ⅲ级(中度危害)</td><td>吸入、食入</td></tr>
<tr><td>健康危害</td><td colspan="5">其蒸气有刺激作用，引起眼和上呼吸道刺激症状，如流泪、咽喉刺激感、呛咳，并伴有头痛、头晕、胸闷等。口服引起腹部剧痛，严重者可有胃穿孔、腹膜炎、喉痉挛、肾损害、休克以及窒息。皮肤接触引起灼伤。慢性影响：长期接触可引起牙齿酸蚀症</td></tr>
<tr><td>防护措施</td><td colspan="5">工程控制：密闭操作，注意通风。尽可能机械化、自动化。提供安全淋浴和洗眼设备
呼吸系统防护：可能接触其烟雾时，佩戴自吸过滤式防毒面具(全面罩)或空气呼吸器。紧急事态抢救或撤离时，建议佩戴氧气呼吸器
眼睛防护：呼吸系统防护中已作防护
身体防护：穿橡胶耐酸碱服
手防护：戴橡胶耐酸碱手套
其它：工作现场禁止吸烟、进食和饮水。工作完毕，淋浴更衣。单独存放被毒物污染的衣服，洗后备用。保持良好的卫生习惯</td></tr>
<tr><td rowspan="2">急救与应急</td><td>急救措施</td><td colspan="5">皮肤接触：立即脱去污染的衣着，用大量流动清水冲洗至少 15min。就医
眼睛接触：立即提起眼睑，用大量流动清水或生理盐水彻底冲洗至少 15min。就医
吸入：迅速脱离现场至空气新鲜处。保持呼吸道通畅。如呼吸困难，给输氧。如呼吸停止，立即进行人工呼吸。就医
食入：用水漱口，给饮牛奶或蛋清。就医</td></tr>
<tr><td>应急处理</td><td colspan="5">迅速撤离泄漏污染区人员至安全区，并进行隔离，严格限制出入。建议应急处理人员戴自给正压式呼吸器，穿防酸碱工作服。从上风处进入现场。尽可能切断泄漏源。防止流入下水道、排洪沟等限制性空间。小量泄漏：将地面洒上苏打灰，然后用大量水冲洗，洗水稀释后放入废水系统。大量泄漏：构筑围堤或挖坑收容。喷雾状水冷却和稀释蒸汽、保护现场人员、把泄漏物稀释成不燃物。用泵转移至槽车或专用收集器内，回收或运至废物处理场所处置</td></tr>
</table>

续表

储运与废弃	包装分类	Ⅰ	包装标志	酸性腐蚀品	包装方法	耐酸坛或陶瓷瓶外普通木箱或半花格木箱；磨砂口玻璃瓶或螺纹口玻璃瓶外普通木箱
	储运事项	储存于阴凉、通风的库房。远离火种、热源。库温不宜超过 30℃。保持容器密封。应与还原剂、碱类、醇类、碱金属等分开存放，切忌混储。储区应备有泄漏应急处理设备和合适的收容材料。本品铁路运输时限使用铝制企业自备罐车装运，装运前需报有关部门批准。铁路运输时应严格按照铁道部《危险货物运输规则》中的危险货物配装表进行配装。起运时包装要完整，装载应稳妥。运输过程中要确保容器不泄漏、不倒塌、不坠落、不损坏。严禁与还原剂、碱类、醇类、碱金属、食用化学品等混装混运。运输时运输车辆应配备泄漏应急处理设备。运输途中应防曝晒、雨淋，防高温。公路运输时要按规定路线行驶，勿在居民区和人口稠密区停留					
	废弃处置	加入纯碱—硝石灰溶液中，生成中性的硝酸盐溶液，用水稀释后排入废水系统					

⑦ 氢氟酸

硝酸、氢氟酸的混合酸组分之一，用于多晶硅产品后处理及深加工硅片工序。其物理化学性质与主要危险特性见表 6-7。

表 6-7　氢氟酸物理化学性质与主要危险特性表

标识	中文名	氢氟酸	分子式	HF	危险性类别	第 8.1 类酸性腐蚀品
	别名	—	分子量	20	危险货物编号	81016
	英文名	Hydrofluoric acid	UN 号	1790	CAS 号	7664-39-3
理化性质	外观与性状	无色透明有刺激性臭味的液体。商品为 40%的水溶液。			溶解性	—
	熔点	−83.1℃(纯)	沸点	120℃(35.3%)	燃烧热	无意义
	相对密度(空气=1)	气态 1.27	相对密度(水=1)	液态 1.26(75%)	饱和蒸气压	—
	临界温度	—	临界压力	—	禁忌物	强碱、活性金属粉末、玻璃制品
	稳定性	—	聚合危害	—		
燃爆危险与消防	燃烧性	不燃	引燃温度	无意义	火灾危险性类别	—
	爆炸极限	无意义	闪点	无意义	燃烧(分解)产物	氟化氢
	最小点火能	—	—		最大爆炸压力	—
	危险特性	不燃，但能与大多数金属反应，生成氢气而引起爆炸。遇 H 发泡剂立即燃烧。腐蚀性极强				
	灭火方法	灭火剂：雾状水、泡沫				
健康危害与防护	工作场所职业接触限值/(mg/m³)			职业毒性危害等级		侵入途径
	MAC：2	TWA：—	STEL：—	—		吸入，食入，皮肤接触
	健康危害	对皮肤有强烈的腐蚀作用。灼伤初期皮肤潮红、干燥。创面苍白，坏死，继而呈紫黑色或灰黑色。深部灼伤或处理不当时，可形成难以愈合的深溃疡，损及骨膜和骨质。本品灼伤疼痛剧烈。眼接触高浓度氢氟酸可引起角膜穿孔。接触其蒸汽，可发生支气管炎、肺炎等。接触其蒸汽，可发生支气管炎、肺炎等。慢性影响：眼和上呼吸道刺激症状，或有鼻衄，嗅觉减退。可有牙齿酸蚀症。骨骼 X 线异常与工业性氟病少见				
	防护措施	工程控制：密闭操作，注意通风。尽可能机械化、自动化。提供安全淋浴和洗眼设备 呼吸系统防护：可能接触其烟雾时，佩戴自吸过滤式防毒面具(全面罩)或空气呼吸器。紧急事态抢救或撤离时，建议佩戴氧气呼吸器 眼睛防护：呼吸系统防护中已作防护 身体防护：穿橡胶耐酸碱服 手防护：戴橡胶耐酸碱手套 其它：工作现场禁止吸烟、进食和饮水。工作完毕，淋浴更衣。单独存放被毒物污染的衣服，洗后备用。保持良好的卫生习惯				

续表

<table>
<tr><td rowspan="2">急救与应急</td><td>急救措施</td><td colspan="4">吸入:迅速脱离现场至空气新鲜处。保持呼吸道通畅。如呼吸困难,给输氧。如呼吸停止,立即进行人工呼吸。就医
皮肤接触:立即脱去污染的衣着,用大量流动清水冲洗至少 15 分钟。就医
眼睛接触:立即提起眼睑,用大量流动清水或生理盐水彻底冲洗至少 15 分钟。就医
食入:用水漱口,给饮牛奶或蛋清。就医</td></tr>
<tr><td>应急处理</td><td colspan="4">迅速撤离泄漏污染区人员至安全区,并进行隔离,严格限制出入。建议应急处理人员戴自给正压式呼吸器,穿防酸碱工作服。不要直接接触泄漏物。尽可能切断泄漏源。小量泄漏:用砂土、干燥石灰或苏打灰混合。也可以用大量水冲洗,洗水稀释后放入废水系统。大量泄漏:构筑围堤或挖坑收容。用泵转移至槽车或专用收集器内,回收或运至废物处理场所处置</td></tr>
<tr><td rowspan="4">储运与废弃</td><td>包装分类</td><td>I</td><td>包装标志</td><td colspan="2">酸性腐蚀品</td></tr>
<tr><td>包装方法</td><td colspan="4">装入铅桶或特殊塑料容器内,再装入木箱中。空隙用不燃材料填充妥实;装入塑料瓶,特种电木、橡胶或铅容器,严封后再装入坚固木箱中。木箱内用不燃材料衬垫,每箱净重不超过 20kg,3~5kg包装每箱限装 4 瓶</td></tr>
<tr><td>储运事项</td><td colspan="4">储存于阴凉、通风的库房。远离火种、热源。库温不超过 30℃,相对湿度不超过 85%。保持容器密封。应与碱类、活性金属粉末、玻璃制品分开存放,切忌混储。储区应备有泄漏应急处理设备和合适的收容材料。起运时包装要完整,装载应稳妥。运输过程中要确保容器不泄漏、不倒塌、不坠落、不损坏。严禁与碱类、活性金属粉末、玻璃制品、食用化学品等混装混运。运输时运输车辆应配备泄漏应急处理设备。运输途中应防曝晒、雨淋,防高温。公路运输时要按规定路线行驶,勿在居民区和人口稠密区停留</td></tr>
<tr><td>废弃处置</td><td colspan="4">用过量石灰水中和,析出的沉淀填埋处理或回收利用,上清液稀释后排入废水系统</td></tr>
</table>

⑧ 氮(压缩的)

氮气来自于空分制氮装置,在该公司中主要用作惰性保护气体,用于吹扫、置换、保护使用的输送管道、设备、储罐中。其物化性质及危险特性见表 6-8。

表 6-8 氮气的物化性质及危险特性表

<table>
<tr><td rowspan="3">标识</td><td>中文名</td><td>压缩氮气</td><td>分子式</td><td>N_2</td><td>危险性类别</td><td>第 2.2 类不燃气体</td></tr>
<tr><td>别名</td><td>—</td><td>分子量</td><td>28.01</td><td>危险货物编号</td><td>22005</td></tr>
<tr><td>英文名</td><td>Netrogen</td><td>UN 号</td><td>1066</td><td>CAS 号</td><td>7727-37-9</td></tr>
<tr><td rowspan="5">理化性质</td><td>外观与性状</td><td colspan="3">无色无臭气体</td><td>溶解性</td><td>微溶于水、乙醇</td></tr>
<tr><td>熔点</td><td>−209.8℃</td><td>沸点</td><td>−195.6℃</td><td>燃烧热</td><td>无意义</td></tr>
<tr><td>相对密度(空气=1)</td><td>0.97</td><td>相对密度(水=1)</td><td>0.81(−196℃)</td><td>饱和蒸气压</td><td>1026.42 kPa(−173℃)</td></tr>
<tr><td>临界温度</td><td>−147℃</td><td>临界压力</td><td>3.40MPa</td><td rowspan="2">禁忌物</td><td rowspan="2">—</td></tr>
<tr><td>稳定性</td><td>稳定</td><td>聚合危害</td><td>不聚合</td></tr>
<tr><td rowspan="5">燃爆危险与消防</td><td>燃烧性</td><td>不燃</td><td>引燃温度</td><td>无意义</td><td>火灾危险性类别</td><td>戊类</td></tr>
<tr><td>爆炸极限</td><td>无意义</td><td>闪点</td><td>无意义</td><td>燃烧(分解)产物</td><td>氮气</td></tr>
<tr><td>最小点火能</td><td>无意义</td><td></td><td></td><td>最大爆炸压力</td><td>无意义</td></tr>
<tr><td>危险特性</td><td colspan="5">遇高热容器内压增大,有开裂和爆炸的危险</td></tr>
<tr><td>灭火方法</td><td colspan="5">用雾状水保持火场中容器冷却</td></tr>
</table>

续表

	工作场所职业接触限值/(mg/m³)			职业毒性危害等级	侵入途径
	MAC:—	PC TWA:—	PC STEL:—	无资料	吸入
健康危害与防护	健康危害	空气中氮气含量过高,使吸入气氧分压下降,引起缺氧窒息。吸入氮气浓度不太高时,患者最初感胸闷、气短、疲软无力;继而有烦躁不安、极度兴奋、乱跑、叫喊、神情恍惚、步态不稳,称之为“氮酩酊”,可进入昏睡或昏迷状态。吸入高浓度,患者可迅速出现昏迷、呼吸心跳停止而致死亡 潜水员深潜时,可发生氮的麻醉作用;若从高压环境下过快转入常压环境,体内会形成氮气气泡,压迫神经、血管或造成微血管阻塞,发生“减压病”			
	防护措施	工程控制:密闭操作。提供良好的自然通风条件 呼吸系统防护:一般不需特殊防护。当作业场所空气中氧气浓度低于 18%时,必须佩戴空气呼吸器、氧气呼吸器或长管面具 眼睛防护:一般不需特殊防护 身体防护:穿一般作业工作服 手防护:戴一般作业防护手套 其它:避免高浓度吸入。进入罐等限制性空间或其它高浓度区作业,应有监护			
急救与应急	急救措施	吸入:迅速脱离现场至空气新鲜处。保持呼吸道通畅。如呼吸困难,给输氧。呼吸心跳停止时,立即进行人工呼吸和胸外心脏按压术。就医			
	应急处理	迅速撤离泄漏污染区人员至上风处,并进行隔离,严格限制出入。建议应急处理人员戴自给正压式呼吸器,穿一般作业工作服。尽可能切断泄漏源。合理通风,加速扩散。漏气容器要妥善处理,经修复、检验后再用			
储运与废弃	包装分类	Ⅲ	包装标志	不燃气体	包装方法	钢质气瓶
	储运事项	不燃性压缩气体。储存于阴凉、通风的仓间内。仓温不宜超过 30℃。远离火种、热源,防止阳光直射。验收时要注意品名,注意验瓶日期,先进的先发用。搬运时轻装轻卸,防止钢瓶及附件破损			
	废弃处置	允许气体安全地扩散到大气中			

⑨ 氢氧化钠

氢氧化钠主要是作为软化水制备过程中脱盐水的 pH 调整，以固态存在于仓储以及软化水设施中，溶解后加入纯水中。其物化性质及危险特性见表 6-9。

表 6-9　氢氧化钠物化性质及危险特性表

标识	中文名	氢氧化钠	分子式	NaOH	危险性类别	第 8.2 类碱性腐蚀品
	别名	烧碱、苛性钠	分子量	40.01	危险货物编号	82001
	英文名	Sodiun hydroxide	UN 号	1823	CAS 号	1310-73-2
理化性质	外观与性状	白色不透明固体,易潮解。			溶解性	易溶于水、乙醇、甘油,不溶于丙酮。
	熔点	318.4℃	沸点	1390℃	相对密度(水=1)	液态 2.12
	饱和蒸气压	0.13kPa(739℃)	稳定性	稳定	禁忌物	强酸、易燃或可燃物、二氧化碳、过氧化物、水
燃爆危险与消防	燃烧性	不燃	引燃温度		火灾危险性类别	戊类
	危险特性	与酸发生中和反应并放热。遇潮时对铝、锌和锡有腐蚀性,并放出易燃易爆的氢气。本品不会燃烧,遇水和水蒸气大量放热,形成腐蚀性溶液。具有强腐蚀性				
	灭火方法	用水、砂土扑救,但须防止物品遇水产生飞溅,造成灼伤				

续表

<table>
<tr><td rowspan="5">健康危害与防护</td><td colspan="3">工作场所职业接触限值/(mg/m³)</td><td>职业毒性危害等级</td><td>侵入途径</td></tr>
<tr><td>MAC:0.5</td><td>TWA:2</td><td>STEL:2</td><td>Ⅳ级,轻度危害</td><td>接触、食入</td></tr>
<tr><td>健康危害</td><td colspan="4">本品有强烈刺激和腐蚀性。粉尘或烟雾刺激眼和呼吸道,腐蚀鼻中隔;皮肤和眼直接接触可引起灼伤;误服可造成消化道灼伤,粘膜糜烂、出血和休克</td></tr>
<tr><td>防护措施</td><td colspan="4">工程控制:密闭操作。提供安全淋浴和洗眼设备
呼吸系统防护:可能接触粉尘时,必须佩戴头罩型电动送风过滤式防尘呼吸器。必要时,佩戴空气呼吸器
身体防护:穿橡胶耐酸碱服
眼睛防护:呼吸系统防护中已作防护
手防护:戴橡胶耐酸碱手套
其它:工作场所禁止吸烟、进食和饮水,饭前要洗手。工作毕,淋浴更衣。注意个人卫生</td></tr>
<tr><td colspan="5"></td></tr>
<tr><td colspan="2">急救措施</td><td colspan="4">皮肤接触:立即脱去被污染的衣物,用大量清水冲洗至少15分钟,就医治疗
眼睛接触:立即提起眼睑,用流动清水或生理盐水冲洗至少15分钟。或用3%硼酸溶液冲洗。就医</td></tr>
<tr><td rowspan="2">储运与包装</td><td>包装分类</td><td>Ⅱ 包装标志</td><td>碱性腐蚀品</td><td>包装方法</td><td>小开口钢桶 塑料袋、多层牛皮纸外木板箱</td></tr>
<tr><td>储运事项</td><td colspan="4">储存于高燥清洁的仓间内。注意防潮和雨水浸入。应与易燃、可燃物及酸类分开存放。分装和搬运作业要注意个人防护。搬运时要轻装轻卸,防止包装及容器损坏。雨天不宜运输</td></tr>
</table>

⑩ 五氧化二钒

五氧化二钒主要是作为氢氧站制氢中电解液配置的添加剂，以固态存在于仓储以及氢氧站配水设施和搬运过程中。其物化性质及危险特性见表 6-10。

表 6-10　五氧化二钒物化性质及危险特性表

<table>
<tr><td rowspan="3">标识</td><td>中文名</td><td>五氧化二钒</td><td>分子式</td><td>V_2O_5</td><td>危险性类别</td><td>第6.1类毒害品</td></tr>
<tr><td>别名</td><td>钒酸酐</td><td>分子量</td><td>182</td><td>危险货物编号</td><td>61028</td></tr>
<tr><td>英文名</td><td>Vanadium pentoxide</td><td>UN号</td><td>2862</td><td>CAS号</td><td>1314-62-1</td></tr>
<tr><td rowspan="5">理化性质</td><td>外观与性状</td><td colspan="3">橙黄色或红棕色结晶粉末</td><td>溶解性</td><td>微溶于水,不溶于乙醇,溶于浓酸、碱</td></tr>
<tr><td>熔点</td><td>690℃</td><td>沸点</td><td>分解</td><td>燃烧热</td><td>无意义</td></tr>
<tr><td>相对密度(空气=1)</td><td>无资料</td><td>相对密度(水=1)</td><td>3.35</td><td>饱和蒸气压</td><td>0.13 kPa(719℃)</td></tr>
<tr><td>临界温度</td><td>无资料</td><td>临界压力</td><td>无资料</td><td rowspan="2">禁忌物</td><td rowspan="2">强酸、易燃或可燃物、二氧化碳、酸酐、酰基氯</td></tr>
<tr><td>稳定性</td><td>稳定</td><td>聚合危害</td><td>不聚合</td></tr>
<tr><td rowspan="4">燃爆危险与消防</td><td rowspan="2">燃烧性</td><td rowspan="2">不燃</td><td rowspan="2">引燃温度</td><td rowspan="2"></td><td>火灾危险性类别</td><td>丁类</td></tr>
<tr><td>燃烧(分解)产物</td><td>可能产生有害的毒性烟雾</td></tr>
<tr><td>危险特性</td><td colspan="5">本品不燃。与三氟化氯、锂接触剧烈反应。可能产生有害的毒性烟雾。禁忌强酸、易燃或可燃物</td></tr>
<tr><td>灭火方法</td><td colspan="5">用水、砂土扑救,但须防止物品遇水产生飞溅,造成灼伤</td></tr>
</table>

续表

<table>
<tr><td rowspan="4">健康危害与防护</td><td colspan="3">工作场所职业接触限值/(mg/m^3)</td><td colspan="2">职业毒性危害等级</td><td>侵入途径</td></tr>
<tr><td>MAC:0.1[烟]</td><td>TWA:0.1[烟]</td><td>STEL</td><td colspan="2">Ⅱ级、高度危害,(剧毒化学品)</td><td>吸入、食入</td></tr>
<tr><td>健康危害</td><td colspan="5">毒性:属高毒类。LD_{50}:10mg/kg(大鼠经口);
健康危害:对呼吸系统和皮肤有损害作用。急性中毒:可引起鼻、咽、肺部刺激症状,多数工人有咽痒、干咳、胸闷、全身不适、倦怠等表现,部分患者可引起肾炎、肺炎。慢性中毒:长期接触可引起慢性支气管炎、肾损害、视力障碍等。侵入途径:吸入、食入、经皮吸收;皮肤接触,眼睛接触</td></tr>
<tr><td>防护措施</td><td colspan="5">工程控制:密闭操作。提供安全淋浴和洗眼设备
呼吸系统防护:可能接触粉尘时,必须佩戴头罩型电动送风过滤式防尘呼吸器。必要时,佩戴空气呼吸器
身体防护:穿橡胶耐酸碱服
眼睛防护:呼吸系统防护中已作防护
手防护:戴橡胶耐酸碱手套
其它:工作场所禁止吸烟、进食和饮水,饭前要洗手。工作毕,淋浴更衣。注意个人卫生</td></tr>
<tr><td colspan="2">急救措施</td><td colspan="5">皮肤接触:立即脱去被污染的衣物,用大量清水冲洗至少 15 分钟,就医治疗
眼睛接触:立即提起眼睑,用流动清水或生理盐水冲洗至少 15 分钟。或用 3%硼酸溶液冲洗。就医
吸入:迅速脱离现场至空气新鲜处。保持呼吸道通畅。如呼吸困难,给输氧。如呼吸停止,立即进行人工呼吸。就医
食入:误食者用不漱口,给饮牛奶或蛋清。就医</td></tr>
<tr><td rowspan="2">储运与包装</td><td>包装分类</td><td>Ⅱ</td><td>包装标志</td><td>毒害品</td><td>包装方法</td><td>螺纹口玻璃瓶、铁盖压口玻璃瓶、塑料瓶或金属桶(罐)外普通木箱</td></tr>
<tr><td>储运事项</td><td colspan="5">储存于阴凉、通风的库房。远离火种、热源。应与易(可)燃物、酸类、食用化学品分开存放,切忌混储。储区应备有合适的材料收容泄漏物。应严格执行极毒物品“五双”管理制度
铁路运输时应严格按照铁道部《危险货物运输规则》中的危险货物配装表进行配装。运输前应先检查包装容器是否完整、密封,运输过程中要确保容器不泄漏、不倒塌、不坠落、不损坏。严禁与酸类、氧化剂、食品及食品添加剂混运。运输时运输车辆应配备泄漏应急处理设备。运输途中应防曝晒、雨淋,防高温</td></tr>
</table>

6.2　典型事故案例危害及分析

近年来河南省多晶硅行业快速发展，多晶硅生产涉及的过程、生产工艺条件复杂，装置设备众多，危险、有害物质种类多、危险性高，因此多晶硅生产过程中潜在的危险有害因素种类多、分布广，性质、特点各异。在正常生产情况下，生产过程是安全的。但是，一旦设备出现故障、控制失灵、操作失误，以及设备和工艺路线设计及选材不合理，安装施工质量低劣，设备、管道发生泄漏等，很可能使整个生产系统的安全运行受到威胁，甚至造成事故，并使作业人员受到伤害。由危险物质的性质决定，生产过程存在的危险有害因素主要为氢气、三氯硅烷、二氯二氢硅等所引起的火灾爆炸，其次是中毒窒息、腐蚀和化学灼伤、高、低温灼伤、电气伤害、机械伤害、高处坠落、噪声、振动等。

(1) 火灾爆炸事故

★洛阳单晶硅有限责任公司三氯硅烷泄漏事故

2000 年 9 月 4 日 17 时 55 分，洛硅公司（洛阳单晶硅厂）有机硅分厂操作工蒋某在从冷冻站向有机硅分厂三氯氢硅贮罐压料时，与贮罐出料口法兰对接的不锈钢法兰产生贯穿性裂纹发生三氯氢硅泄漏，蒋某应急处理措施不当，泄漏部位发生摩擦引发燃烧。在洛阳市领导和公司领导的指挥下，消防官兵、公司广大干群经过多方努力，火势于19时48分得到控制并扑灭。着火导致两吨多三氯氢硅燃烧损失，$4m^3$ 的三氯氢硅贮罐报废。

这起事故的主要原因：一是有机硅分厂操作人员安全检查不到位，发生事故后应急处理措施不当；二是安全环保部和机动能源部安全和设备监督检查不力，事故隐患未及时发现和排除；三是工艺操作规程不合理，事故应急预案不完善，操作人员事故应急处理的培训不到位；四是部门领导对安全管理重视不足。

★袋式过滤器人孔口爆鸣事故

2009年5月8日1时50分左右，洛阳中硅偃师公司生产三部三氯氢硅合成系统袋式过滤器经氮气置换2.5小时后，操作工打开人孔盖，通氮气保持正压，当时检测内壁温度最高110℃，最低90℃，因人孔处粉尘较大，温度较高，遂减小氮气通入量继续保持微正压，约3min左右，在人孔口外发生爆鸣。

爆鸣原因是袋式过滤器置换不彻底所致。在容器排气口上部有1米死角，置换后未进行可燃气体检测，容器内存在一定量的氢气；容器内吸附有大量细微的硅粉尘，硅粉尘活性较高，爆炸极限较低，极易燃烧、爆炸；关闭袋式过滤器进出口阀并打开人孔盖时容器内温度较高，自下部充氮气在人孔盖处放空时，含有氢气、硅粉的放空气温度较高，在容器外与空气接触发生爆鸣。

★洛阳万年硅业有限公司氢化装置突爆

2010年12月12日14时30分左右，位于偃师市首阳山镇洛阳万年硅业有限公司原料车间氢化装置在检修过程中发生突爆事故，造成一死三伤。经专家初步分析认为，造成此次事故的原因是：过滤器中的反应料渣吸附了一定量的氯硅烷，无法置换干净（但取样分析的结果却是合格的），在设备人孔打开对空后，氯硅烷挥发并在设备中积聚；而反应料渣中的未被完全氧化的镍系催化剂遇到空气中的氧气，继续发生氧化反应放出热量，将设备中积聚的氯硅烷引爆，而导致事故发生。

（2）中毒窒息事故

★四氯化硅罐车窒息事故

2007年11月3日，洛阳中硅偃师公司拉四氯化硅的槽车司机苏某爬上正在进行氮气置换的料罐槽车顶部，从直径约400mm的检查人孔内向下观察罐底情况时，装在上衣兜内的人民币掉入罐内，当时未通知公司人员即自行下到罐内拣钱，因罐内充氮气置换缺氧而随即晕倒，槽车司机陈某看到后未采取任何防护措施立即下罐救人，押运员刘某站在罐顶边喊“救人”边拉陈某。我公司员工听到呼救后，及时采取措施并通知公司领导层、安全生产管理部、维修人员、120。公司领导及时组织救援人员戴正压式呼吸器进入罐内救人，已处于昏迷状态的三人先后于10:00被全部救出，放置在地面空气流通处，救援人员拿氧气瓶、正压式呼吸器向被救人员送氧气和压缩空气以促进呼吸，10:20救护车赶到现场将被救人员送往医院抢救。11月4日00:30，在医院接受治疗的三人全部苏醒，各项生命体征指标正常。11月6日三人全部痊愈出院。

这起事故的主要原因如下：槽车司机进入正在进行置换的罐内既未通知公司相关人员，也未采取安全防护措施，是严重的违章作业行为；另两人违章盲目施救，导致事故扩大；公司对外来车辆和人员的安全管理不到位、对外来人员的安全培训不足，是发生事故的间接原因。

(3) 化学灼伤事故

★洛硅硝酸提纯器爆裂灼伤事故

2004 年 3 月 10 日 8:00，洛硅公司有机硅分厂酸提纯班顾某（主管）、张某、李某和蔡某四人上班后，张某、李某检查完操作间管道、水、电、气等，确认一切正常后开始生产。当第一瓶硝酸蒸馏满后，张某、蔡某同时进入操作间，由蔡某进行出酸管阀门转换，将酸液导入第二个硝酸瓶，随后同时返回观察室。9:10，观察室的张某通过观察窗口发现提纯器液面异常，就前往操作间处理，此时观察室的顾某透过观察窗看到提纯器的两个加热管一个硝酸很少，一个液位很高，立即采取紧急措施，切断了电源，这时张某已进入操作间说“断电吧!”，顾某、李某同时答应“电已断!”，张某听到后准备离开操作间时，硝酸提纯器发生爆裂，尚未离开提纯间的张某被飞溅的高温硝酸灼伤，经洛阳市中心医院诊断为中度灼伤。

这起事故的主要原因：当班操作工蔡某在进行出酸管阀门转换时，关闭了第一瓶酸导入阀门，开错了第二瓶酸导入阀门（未打开），造成系统充压，压力升高致使硝酸提纯器爆裂；酸提纯系统设计有缺陷，无泄爆装置，玻璃三通阀门无指示标识；操作人员的安全技术培训不到位，新员工对操作规程不够熟悉，导致误操作；安全管理不到位，事故处理预案不准确，操作记录简单，交接班不详细；操作人员安全防范意识淡漠等。

(4) 触电事故

★还原车间高压配电室触电事故

2005 年 11 月 19 日 14:00 左右，洛阳中硅偃师公司内，吉林永大集团、北京三义电力电子公司调试人员在带负荷调试还原电气室三、四段母线过程中，发现 12# 炉 C 项高压柜与母线槽软连接搭接未固定，于是停还原炉四段母线送电，通知六冶公司对 12# 炉母线进行处理。15:20 左右，六冶徐某和李某到还原电气室，看到我公司调试人员正在讨论问题，就直接到维修间拿着工具，李某先去 12# 炉维修，徐某在锁工具箱时，听见放电声，徐某马上冲过去，发现李某被 10kV 电压吸住并击伤。

这次事故的主要原因是：操作规程不健全，作业票执行不到位；调试方案不细致，方案落实不到位；未按《电业安全工作规程》的规定进行操作；现场无“检修中”、“已送电”、“禁止送电”等警示标志；操作人员技术交底和培训不足；六冶维修人员无电气作业证；管理混乱，安全意识不够等。

6.3 实用安全生产技术规范和管理办法

通过对河南省多晶硅/三氯氢硅行业发生事故的分析，我们意识到安全生产技术及规范规章和标准的重要性。除了安全监督管理部门外，对于企业来说，一套健全的安全生产技术规范、管理体制和实施措施是非常重要的，也是必需的。

在这方面，洛阳中硅高科在全国行业也算是领先的，该公司已经参与了制定多晶硅的质量标准、多晶硅的行业准入条件。在我局制定《多晶硅行业安全技术指导书》的过程中，该公司也提供了大量宝贵意见。洛阳中硅在生产中所实施的规范规章值得借鉴，以下为该公司在实际生产中执行的安全技术规范、管理办法和实施措施。

按照《中华人民共和国安全生产法》、《危险化学品建设项目安全监督管理办法》、《河南省危险化学品从业单位安全生产标准化评审标准》相关规定，多晶硅企业应制定健全的安全生产规章制度，至少应包括以下内容：安全生产职责、识别和获取适用的安全生产法律法规、标准及其他要求、安全生产会议管理、安全生产费用、安全生产奖惩管理、管理制度评审和修订、安全培训教育、特种作业人员管理、管理部门及基层班组安全活动管理、风险评价、隐患排查治理、重大危险源管理、变更管理、事故管理、防火防爆管理及禁烟管理、消防管理、仓库罐区安全管理、关键装置重点部位安全管理、监视和测量设备管理、安全作业管理、危险化学品安全管理、检维修管理、生产设施拆除和报废管理、承包商管理、供应商管理、职业卫生管理、劳动防护用品（具）和保健品管理、作业场所职业危害因素检测管理、应急救援管理、安全检查管理和自评等 32 项内容。

为了明确企业各级人员的安全环保消防职业卫生职责，加强安全环保生产管理，防止和减少生产安全和环保事故，保护职工在生产过程中的安全和健康，保护环境，促进生产经营的发展。根据《安全生产法》《环境保护法》《职业病防治法》《消防法》及国家相关规章，落实和体现“一岗双责”理念，按照“管行业必须管安全，管经营必须管安全，管生产必须管安全，管业务必须管安全”的总要求，制定了《安全、环保、消防和职业卫生管理委员会章程》和《安全环保生产责任制》。

为加强落实企业各级安全环保生产责任制，规范安全环保目标的考核管理，保证安全生产和环境保护，制定了《安全环保目标考核办法》。

为了加强企业生产安全管理，确保各项安全生产工作的落实，及时了解、掌握生产安全状况并及时解决生产中存在的问题，确保安全生产，制定了《安全生产例会制度》。

为了细化安全管理，确保基础资料齐全，制定了《安全台账管理制度》。安全工作台账包括安全组织、安全会议、安全教育培训、安全检查及隐患治理、事故管理、安全考核与奖惩六类内容。

为了切实落实企业安全生产主体责任，促进危险化学品企业建立事故隐患排查治理的长效机制，及时排查、消除事故隐患，有效防范和减少事故，按照“谁主管、谁负责”和“全员、全过程、全方位、全天候”的原则，明确职责，建立健全企业隐患排查治理制度和保证制度有效执行的管理体系，努力做到及时发现、及时消除各类安全生产隐患，保证安全生产，制定了《隐患检查整改管理制度》。

为了加强生产装置、罐区的大、中修作业的安全管理，防止火灾爆炸、中毒和窒息、人身伤害等各类事故的发生，依据 AQ 3026—2008《化学品生产单位设备检修作业安全规范》及相关法律法规，结合企业实际，制定了《检修安全管理制度》，该制度适用于生产装置或罐区全面停工处理，进行了有效隔离，经检测、分析合格后的大、中、小修各类作业。

为了规范生产安全事故的报告和调查处理，落实安全环保及职业病防治责任制，防止和减少各类事故发生，根据《中华人民共和国安全生产法》和《生产安全事故报告和调查处理条例》（国务院令第 493 号）的规定，按照处理事故“四不放过”和“谁主管、谁负责”的原则，严肃追究事故直接及相关责任者的责任，确保安全生产，制定了《事故管理及责任追究制度》。

为加强生产区域的动火作业安全管理，防止火灾、爆炸事故发生，依据 AQ 3022—2008《化学品生产单位动火作业安全规范》和相关法律法规，结合企业实际，制定了《动火作业安全管理制度》。

为防止高处作业过程中高空坠落、物体打击等事故的发生，确保人员生命安全，依据 AQ 3025—2008《化学品生产单位高处作业安全规范》及相关法律法规，结合企业实际，制定了《高处作业安全管理规定》。

为加强受限空间作业的安全管理，防止中毒、窒息、火灾爆炸事故的发生，依据 AQ 3028—2008《化学品生产单位受限空间作业安全规范》及相关法律法规，结合企业实际，制定了《进入受限空间作业安全管理规定》。

为确保动土施工作业安全，防止事故发生，依据 AQ 3023—2008《化学品生产单位动土作业安全规程》及相关法律法规，结合企业实际，制定了《动土作业安全管理制度》。

为了确保公司道路交通畅通及生产正常运行，依据 AQ 3024—2008《化学品生产单位断路作业安全作业规范》及相关法律法规，结合企业实际，制定了《断路作业安全规定》。

为了确保吊装作业过程中的安全，依据 AQ 3021—2008《化学品生产单位吊装安全作业规范》和相关法律法规，结合企业实际，制定了《吊装作业安全管理规定》。

为加强企业各生产区域一般作业的安全管理，防止各类事故发生，依据相关法律法规，结合企业实际，制定了《进入生产区域一般作业安全管理规定》。

为了加强设备、管道作业安全，杜绝中毒、窒息、着火等事故发生，根据《化学品生产单位盲板抽堵作业安全规范》（AQ 3027—2008），结合企业实际，制定了《盲板抽堵作业安全管理规定》。

为了加强规范企业安全生产费用的使用、管理程序、职责及权限，制定了《安全生产费用管理制度》。

为确保厂区交通安全，预防交通事故，为生产建设创造良好的工作环境，制定了《厂区道路交通安全管理规定》，适用于厂区内行驶的车辆、驾驶人、行人、乘车人以及与厂区道路交通活动有关的单位和个人。

为规范对承包商的安全信誉等级做出客观、公正的评价及安全考核管理，控制违章行为，减少和消除事故的发生，保证公司的安全生产，制定了《承包商安全管理制度》，适用于在公司范围内从事工程项目（包括新、改、扩建项目，检、维修项目）施工的所有承包商。

为规范企业防火防爆管理，及时发现和消除火灾、爆炸隐患，确保生产安全，根据《中华人民共和国消防法》、《机关、团体、企业、事业单位消防安全管理规定》，制定了《防火防爆管理制度》。

为了加强和规范剧毒化学品安全管理工作，保障人民生命和国家财产安全，依据《危险化学品安全管理条例》（国务院令第 591 号），制定了《剧毒化学品安全管理规定》，适用于公司范围内购买、保管、领取、使用和处置废弃的生产和化学分析用剧毒化学品。

为保护从业人员在劳动过程中的安全与健康，防止发生人身事故和预防职业病，依据《劳动防护用品监督管理规定》及相关法律法规，结合公司实际，制定了《劳保用品管理制度》。

为加强临时用电安全管理，避免人身触电、火灾爆炸及各类电气事故的发生，制定了《临时用电安全管理规定》。

为了确保进入厂区内氯硅烷槽车装卸过程人员及车辆安全，保护环境，制定了《氯硅烷槽车安全管理规定》。

为杜绝企业生产设施拆除和报废管理过程中发生安全事故，规范安全生产管理，保护员工生命和财产安全，制定了《生产设施拆除和报废安全管理规定》。

为了加强企业对危险化学品的安全管理，保障人民生命财产安全，保护环境，规范作业行为，减少事故发生，依据《危险化学品安全管理条例》（国务院令第 591 号），制定了《危险化学品安全管理规定》，适用于购买、储存、使用和处置废弃的生产及化学分析的危险化学品。

为加强企业易制毒化学品的安全管理，保障公司生产经营工作的正常运行，根据国家有关规定，制定了《易制毒化学品管理制度》，适用于公司购买、生产、存贮、使用、销售易制毒化学品的部门及其员工。

为加强企业对重大危险源的监督管理，有效防范危险化学品各类事故发生，根据《重大危险源辨识》（GB 18218—2009）、《危险化学品重大危险源监督管理暂行规定》（安监总局令第 40 号），制定了《重大危险源安全管理制度》。

为确保企业各生产单位的安全设施的安装率、使用率和完好率达到规定要求，依据国家有关法律法规及公司章程规定，制定了《安全设施管理制度》。

为规范企业关键装置重点部位管理，避免事故发生，保障生产和职工生命安全，制定了《关键装置重点部位安全管理规定》。

为规范企业从业人员职业安全环保教育培训工作，提高从业人员安全环保素质，减少职业危害，防止发生各类事故，依据相关法律法规，制定了《安全生产教育培训制度》，适用于企业所属员工、劳务工、外来施工单位及所属人员。

为了加强企业安全保卫工作，规范人员、车辆及物资出入秩序，确保企业财产安全，营造安全有序的生产经营和发展建设环境，制定了《人员、车辆及物资出入管理制度》。

为做好企业射线探伤作业的管理，保护员工和射线探伤作业人员的身体健康，防止放射事故的发生，制定了《射线探伤作业管理规定》。

为了加强气瓶管理，建立一个气瓶管理、使用、储存、监督检查管理程序。依据《危险化学品安全管理条例》国务院令第 591 号、《气瓶安全监察规程》、《压力容器安全监管规程》，制定了《气瓶安全管理制度》。

为加强特种作业人员的安全技术培训、考核和管理，提高特种作业人员安全意识和安全素质，防止人员伤亡，实现安全生产，提高企业经济效益，依据《特种设备作业人员监督管理办法》（国家质监总局令第 70 令）、《特种作业人员安全技术培训考核管理规定》（国家安监总局 30 号令），制定了《特种作业人员管理规定》。

为建立防火防爆一般要求、防火防爆主要措施、等级划分、消防设施管理等要求，杜绝火灾、爆炸事故发生，依据相关法律法规，制定了《危险品防火防爆规定》。

为保证人员密集场所安全疏散设施完好，确保紧急状态下的安全疏散，制定了《安全疏散管理制度》。

为确保企业电气设备正常运行，预防电气事故发生，制定了《电工安全作业规定》。

为搞好企业职业病防治工作，使作业环境符合国家职业卫生标准和要求，逐步改善作业环境，保护职工健康及其相关权益，除职业病危害，防治职业病，保护员工健康及其相关权益，根据《职业病防治法》《职业病目录》等相关法律法规，制定了《职业卫生管理规定》。

为降低雷电、大风、暴雨、地震、冰雹等自然灾害对企业的危害程度，提高企业的经济效益、社会效益和环境效益，确保生产安全，制定了《防灾抗灾管理规定》。

为了保障女职工的合法权益，促进男女平等，充分发挥女工在企业生产和建设中的作用，根据国家《中华人民共和国妇女权益保护法》《女职工劳动保护规定》，制定了《女工保护安全管理办法》。

为了对多晶硅生产过程中可能发生的各种事故和突发事件做出全过程控制，确保各种紧急状态得到快速、及时和有效的处置，将可能的人员伤害、环境污染和财产损失降到最低，编制了《综合应急预案》。

为切实搞好企业安全生产，进一步落实安全生产责任制，强化领导干部履行安全生产职责，提高现场突发事件的应急处置效率，根据国家相关文件要求，结合企业实际，制定了《领导带班值班制度》。

为贯彻落实国家有关安全技术标准和规程，认真检查并及时发现和消除企业设备设施、工艺管线、作业环境、人员操作等方面的隐患，保护职工的健康、安全，维护良好的生产秩序，提高生产效率，保证生产工作的安全顺利进行，制定了《安全生产巡回检查制度》。

为确保开停车安全有序进行，规定化工生产装置（大检修）正常开、停车过程，短时开、停车及突发事情导致系统紧急开、停车的管理方法和程序，制定了《开、停车管理制度》。

为了确保企业采购物资的适宜性，满足生产、工艺、技术及其他相关要求，制定了《合格供应商管理办法》。

为正确合理使用监控设备，确保企业各个监控区域的生产安全，防止事故和安全事件发生；利用监控系统保存事故或安全事件的影像资料，便于追究责任和总结经验教训，制定了《监控系统管理规定》。

为加强企业公用工程系统管理，保证公用工程安全、稳定运行，为公司整体生产提供保障，制定了《公用工程管理制度》，适用于水、电、蒸汽、压缩空气、氮气、导热油的各生产及使用单位。

为了保证企业设备的安全运行，保护人员生命和财产的安全，加强企业内部设备管理，建立健全设备管理的各项规定、规程，明确设备管理职责，使设备始终处于良好的状态下运行，更好地服务于企业生产，以增强企业生产经营能力，制定了《设备管理制度》。

为了提高企业员工的知识水平、工作能力和能动性，使企业各级设备管理人员与操作人员熟知设备管理相关法律法规、专业技术基础知识、公司设备管理制度及设备管理各项规章制度，使设备管理工作更加有序、规范，确保设备安全、连续、稳定运行，促进安全生产，制定了《设备培训管理规定》。

技术管理是企业管理的重要组成部分，是对企业全部技术活动过程及各要素进行科学管理的总称，是提高企业市场竞争力，确保技术的先进可行性与经济合理性，以使企业获取最大经济效益的基础性工作，贯穿于企业管理的全过程。为规范企业技术管理，制定了《技术管理制度》。该制度涵盖了生产过程技术变更及工艺控制、技术考核、技术信息及情报管理、施工（不含土建、结构施工）管理规范、科研项目管理、知识产权管理，以及科研考核管理。

6.4　安全生产相关的操作规程

(1) 工艺控制及一般规定

① 企业应按照不同的多晶硅生产具体工艺及特点，根据《多晶硅行业安全技术指导书》制定岗位操作规程。

② 多晶硅生产的工艺技术指标和中间控制指标应仔细核对、严格控制，重要的控制指标应设管理控制点。更改指标应有相应的安全保障，并经技术负责人批准。

③ 加热设备、提纯设备、还原设备、氢化反应设备、HCl 与 TCS 合成设备、制氢设备、干法回收设备、辅助设备（过滤机、离心机、各类泵、空气压缩机、通风机、电动葫芦）等生产设备的操作应按照安全操作规程进行。

④ 系统开停车基本指导书

a. 系统开车前应先检查并确认水、电、汽（气）必须符合开车要求，设备及其安全附件完好，各种原料、材料、辅助材料的供应必须齐备，合格，投料前必须进行分析验证。

b. 检查阀门开闭状态及盲板抽加情况，保证装置流程畅通，各种机电设备及电气仪表等均应处在完好状态。

c. 保温、保压及洗净的设备要符合开车要求，必要时应重新置换，清洗和分析，使之合格。

d. 必要时停止一切检修作业，无关人员不准进入现场。

e. 各种条件具备后开车，开车过程中要加强有关岗位之间的联络，严格按开车方案中的步骤进行，严格遵守升降温，升降压和加减负荷的幅度（速率）要求。

f. 开车过程中要严密注意工艺的变化和设备运行的情况，加强与有关岗位和部门的联系，发现异常现象应及时处理，情况紧急时应中止开车，严禁强行开车。

g. 必须编制停车方案，正常停车必须按停车方案中的步骤进行。用于紧急处理的自动停车联锁装置，不应用于正常停车，加强与有关岗位和部门的联系。

h. 系统降压，降温必须按要求的幅度（速率）并按先高压后低压的顺序进行。凡需保压、保温的设备容器等，停车后要按时记录压力，温度的变化。

i. 大型传动设备的停车，必须先停主机，后停辅机．

j. 设备（容器）卸压时，要注意易燃，易爆，易中毒等化学危险物品的排放和散发都应进入尾气处理系统，防止造成事故。

k. 冬季停车后，要采取防冻防凝措施。

⑤ 紧急处理。

工艺及机电设备等发生异常情况时，应迅速采取措施，并通知有关岗位协调处理。如仍不可控，或发生爆炸、着火、大量泄漏等事故时，立即启动应急救救援预案。

（2）三氯氢硅提纯

① 提纯塔开车。

a. 应按照所开提纯塔的工艺操作规程（或作业本指导书）的要求操作。

b. 提纯塔进料前要确保所有相关设备、阀门、管道均已打压检漏吹扫合格，各种仪表监控装置经校验合格并正常投用。

c. 该提纯塔以及相关所有设备管道用高纯氮气置换合格（经检测后氮中氧小于5000ppm，露点小于−45℃）。

d. 应按照工艺技术操作规程的要求逐步开车，注意进料流量，升温升压速度，防止因为升压过快引起塔失去控制，发生事故。在开塔过程中注意，冷热源的投入必须遵循“先冷后热”的原则，先通冷却介质，再通加热介质，在通入热源之间要先进料，应避免加热设备“干烧”的状况。

② 提纯塔运行控制

a. 提纯塔运行中要严格按照工艺操作参数控制，不应超过所有参数的控制范围。

b. 提纯塔运行中如果出现泄漏时应立即采取停塔处理措施，停止加热，停止进出料，打开尾气阀门泄压，通入高纯氮气，防止因为泄漏出现着火爆炸等次生事故。如果条件允许，可使用带压堵漏工具对泄漏部位进行封堵，否则待压力降低后将塔内物料倒出，高纯氮气置换，分析合格后再对泄漏部位进行处理。

c. 提纯塔运行中要精心观察各参数运行是否异常，定期对循环水pH值及系统压力进行检测，以确保在换热器泄漏时能够及时发现处理。

③ 提纯塔停车

a. 提纯塔停车时应遵循“先热后冷”的原则，当提纯塔所有进出料停止，与其他系统断开后，先停止热源，保持冷却水继续运转，待塔内温度降下来、塔压维持稳定后方可关闭冷却循环水。停塔过程中应随时监视塔内压力和温度情况。

b. 提纯塔停塔后依据实际情况进行后续处理。如停塔后不需检修且物料没有倒出，则要继续监视塔内各个参数，保证塔内各参数正常，且保持微正压；如需要检修，则应把塔内所有物料倒出，高纯氮气置换合格后进行检修。

(3) 还原尾气干法回收

① 还原尾气干法回收系统开车。

a. 应按照还原尾气干法回收系统的工艺操作规程（或作业本指导书）的要求操作。干法回收系统进料前要确保所有相关设备、阀门、管道均已打压检漏吹扫合格，各种仪表监控装置经校验合格并正常投用。

b. 所有相关设备管道先使用高纯氮气置换（经检测后氮中氧小于5000ppm，露点小于－45℃），合格后再使用高纯氢气置换，氢气置换合格（氢中氮小于5000ppm，氢中氧小于10ppm）后才可以进料。

c. 干法回收系统进料后，循环降温的过程中要加强现场巡检，防止因为系统温度降低造成的泄漏。降温过程中严格控制降温速度，防止低于设备承受温度而发生的设备损坏。

② 还原尾气干法回收系统运行控制。

a. 应按照还原尾气干法回收系统的工艺操作规程（或作业本指导书）的要求操作。在干法回收系统运行期间，操作者要精心调整，确保各个参数都保持在正常范围内。

b. 正常运行时突然停水，停电，泵、压缩机、冷冻系统会立刻跳停，鼓泡淋洗系统压力会迅速升高，应立即开启鼓泡淋洗系统尾气阀门泄压，停止向还原系统供料，操作人员严密监控各个参数，一旦出现超压现象应及时泄压。

c. 氢气或物料泄露，应立即将泄漏部位与其它部分断开，利用尾气管道泄压，当系统压力低于氮气系统压力时，向系统内通入高纯氮气，降低泄漏物中可燃物质含量，避免发生着火爆炸等次生事故。

d. 运行中要定时对各个部分气体以及物料进行检测（成分、杂质），通过检测结果对控制参数进行适当的调整，以优化系统的运行效果。

③ 还原尾气干法回收系统停车

a. 应按照还原尾气干法回收系统的工艺操作规程（或作业本指导书）的要求操作。

b. 干法回收系统停车过程中，要注意各参数是否异常，特别是鼓泡淋洗系统和脱吸塔压力是否异常（不能超过系统设定压力），随时做好泄压的准备。

(4) 四氯化硅氢化

① 硅粉与触媒加料。

a. 应按照氢化系统和混料机的工艺操作规程（或作业本指导书）的要求操作。

b. 硅粉与触媒下料时应打开除尘装置，控制加料速度，防止固体粉尘飞扬。操作者应佩戴相关劳动防护用品。

c. 加料完成后关闭活化干燥器加料阀门，并加上盲板（按AQ 3027—2008要求），升压检漏合格后方可进行下一道工序。

② 硅粉与触媒的活化干燥。

a. 应按照氢化系统和氢气加压净化系统的操作规程（或作业本指导书）的要求操作。

b. 进氢气前要确保所有相关设备、阀门、管道均已打压检漏吹扫合格，各种仪表监控装置经校验合格并正常投用。

c. 系统运行前要确保高纯氮气置换合格，（经检测后氮中氧小于5000ppm，露点小于－45℃）。氢气置换合格（氢中氮小于5000ppm，氢中氧小于10ppm）。

d. 活化干燥过程中要严格按照触媒的升温曲线进行升温，升温过程要严格监控系统各参数的变化情况，升温速度不能过快，防止设备管道因为短时间内形变过大而造成的损坏。所有电加热设备运行时必须确保有足量的气体流动，避免因为局部过热造成设备、管道发生泄漏。

e. 活化干燥过程中发生氢气泄漏着火时，要立即停止所有运行设备，切断氢气来源，及时通入氮气，利用各个尾气点泄压。同时利用干粉灭火器、二氧化碳灭火器或氮气及时扑救。

③ 氢化反应过程运行控制。

a. 应按照氢化系统的操作规程（或作业指导书）的要求操作。

b. 进氢气前要确保所有相关设备、阀门、管道均已打压检漏吹扫合格，各种仪表监控装置经校验合格并正常投用。

c. 运行前应确保氮气置换合格（经检测后氮中氧小于5000ppm，露点小于－45℃），氢气置换合格（氢中氮小于5000ppm，氢中氧小于10ppm）。

d. 混合气预热炉附近等氢化系统关键部位，应按照《氢气使用安全技术规程》（GB 4962—2008）安装氢气报警装置，按照《石油化工可燃气体和有毒气体监测报警设计规范》（GB 50493—2009）安装氯化氢报警装置。

④ 停车氧化抽渣。

a. 应按照氢化系统的操作规程（或作业指导书）的要求操作。停车时要遵循“先热后冷”的原则，先停止所有的加热设备，压缩机继续运转，当系统温度降至规定值之下，再停止降温设备和压缩机。

b. 停车后将系统内剩余物料倒出，压力卸为微正压，开始氮气置换。氮气置换合格后（氮中氢小于5000ppm），将氢化系统与其他系统加盲板断开。

（5）三氯氢硅还原。

① 三氯氢硅还原系统开车。

a. 开车应按照三氯氢硅还原系统的工艺规程（或作业指导书）要求进行操作。

b. 开车前要确保所有相关设备、阀门、管道均已打压检漏吹扫合格；氮气置换合格（检验以氮中氧＜5000ppm视为合格）；氢气置换合格（检验以氢中氮＜1000ppm，氢中氧＜10ppm视为合格），氢气置换合格后系统具备开炉条件。

c. 还原炉装置区间、混合气体工艺管路室内输送区间的屋顶必须装置可燃性气体实时监测装置，经校验能监测出低浓度氢气（如氢气爆炸下限的1/10以下）等可燃性气体。

d. 应按照工艺技术操作规程的要求逐步开车，硅芯高压击穿时人员禁止触摸还原炉及与其相连的任何管路设施；启炉成功后注意进料流量，升温升压速度的平稳控制，防止因为升压过快出现泄漏事故。

e. 开车过程中，现场巡检监护人员应携带移动式可燃性气体报警仪、防毒面具、防爆对讲机等，一旦检测到有泄漏状况，在采取自我防护措施的前提下，及时与中控室取得联系，并服从指挥，按照应急预案进行处理。

② 三氯氢硅还原系统运行控制

a. 运行应按照三氯氢硅还原系统的工艺规程（或作业指导书）要求进行操作。

b. 建立巡检监测制度：及时巡检炉内情况，并监测炉内压力，进出气温度压力变化；适时检查还原炉连接电缆、接头等运行状况，防止过热烧红现象发生。发现异常，按应急预案进行处理。

c. 定时进行巡检，记录工艺运行参数，并比照前后运行参数，防止系统出现异常。

③ 三氯氢硅还原系统停车。

a. 按照三氯氢硅还原系统的工艺规程（或作业指导书）要求进行操作。

b. 还原炉停混合气后，应先通氢气进行置换，硅棒断电后，应待还原炉出气温度降低至100℃以下再通入氮气进行置换，使氮中氢在氢气爆炸下限1/10以下。

（6）危险化学品运输、装卸作业

① 危险化学品运输

a. 危险化学品运输应具有运输危险化学品货物经营资质，应专车专用，应设有车辆消防安全设施，并有明显标志。

b. 汽车运输、装卸危险货物作业应符合 JT 617—2004（汽车运输危险货物规则）、JT 618—2004（汽车运输、装卸危险货物作业规程）规定。汽车运输危险货物车辆标志应符合 GB 13392—2005（道路运输危险货物车辆标志）要求。

② 危险化学品装卸

a. 应按照危险化学品装卸车的操作规程（或作业指导书）的要求操作。

b. 运输氯硅烷的槽车设计压力不得低于 0.6MPa。

c. 车辆进入装卸位置后，应先接好防静电导线，隔离装卸车区域，禁止其他车辆进入装卸车区域。

d. 氯硅烷装卸作业应使用承压能力不低于 0.6MPa 的耐压软管，连接形式必须采用法兰连接；

e. 雷雨天不得进行氯硅烷装卸车作业，当物料装卸区有动火作业时应停止装卸作业。

f. 氯硅烷装卸车过程发生泄漏时应立即将泄漏部位与其它系统断开，操作人员穿戴防护用品将物料压入事故罐内，然后根据泄漏部位的具体情况确定处置方法。

（7）公用工程

① 氢气站的生产应严格遵守 GB50177—2005《氢气站设计规范》和 GB4962—2008《氢气使用安全技术规程》的有关规定。

② 热能转换系统应按照设计要求向工艺系统提供加热或冷却介质，生产操作时按照工艺技术规程、安全操作规程（或作业指导书）执行。

③ 循环冷却水的水质符合 GB 50050—2007 的规定，水质稳定剂须经化验并确认符合要求才能投入生产使用；水质稳定剂的存放地点符合安全要求。

④ 生产装置各 10kV 配电站应为双回路供电，母联具有备自投功能。当一路电源事故跳闸时，可自动切换至另一电源供电。其设计容量应满足单电源带全部负荷运行。

⑤ 所有变配电站均为两台及以上配变变压器运行，互为备用，其低压具有手动合环运行功能，变压器容量应满足单台变压器同时带低压全部负荷运行。

6.5　监督措施与管理方法

针对三氯氢硅和多晶硅行业的安全生产问题，河南省从 2011 年开始，进行了一系列的专项整治。2011 年 4 月，河南省安全生产监督管理局印发《河南省 2011 年多晶硅行业安全生产专项整治方案》，同时在全省范围内开展多晶硅（含三氯氢硅）行业的安全生产专项整治。

2011 年 7 月，河南省安监局在信阳召开了多晶硅行业安全生产专项整治会议及研讨班。来自全省十多个市县的安监部门和相关企业的近百人参加了会议。

近年来，按照当时文件和会议的统一安排，河南省开展了系统、严格、持续的多晶硅行业安全生产专项整治活动，取得了明显效果。

（一）总体思路

（1）指导思想

深入贯彻《国务院关于进一步加强企业安全生产工作的通知》（国发［2010］23 号）、

《关于危险化学品企业贯彻落实＜国务院关于进一步加强企业安全生产工作的通知＞的实施意见》（安监总管三［2010］186号）和《河南省人民政府关于进一步加强化工行业安全生产工作的若干意见》（豫政［2010］29号）三个文件精神，严格行业准入条件，切实落实企业安全生产主体责任，建立健全企业安全生产的机制体制。统筹兼顾，综合整治，持续改进，全面提升全省多晶硅生产企业安全生产水平。

（2）管理要求

许多多晶硅企业最初属于冶金部门管理，其管理和要求与化工企业不尽相同，也相应带来一些安全方面的问题。对此，河南省安全监管局根据多晶硅生产中涉及危险化学品较多，以及在工艺过程中基本采取化学合成的特点，明确将其完全纳入危险化学品安全监管，在工艺和操作中按照化工行业的要求进行。并根据国家有关要求，在2011年底前完成危险化学品登记。

（3）安全共享

在整个整治过程中，针对多晶硅行业的特殊情况，确立一个思想，即技术上可以保密，但涉及安全的应该公开，这不仅是政府的责任，也是我们社会主义国家的企业家尤其是国有企业的社会责任。这方面，作为国有企业的洛阳中硅高科技有限公司做出了无私贡献。他们依据在多晶硅安全生产方面的深入研究和本行业的事故教训，组织人员起草了《多晶硅生产企业安全技术指导书》，交省局以（豫安监管［2011］35号）文印发。并在全省推行，极大地改善了多晶硅行业缺少安全知识和安全标准，致使安全生产工作陷入盲目和被动的局面。

（二）整治要求

（1）安全标准化达标。按照国务院23号文以及相关文件要求，河南省要求所有多晶硅（含三氯氢硅）企业在2011年年底前达到安全生产标准化三级，在2012年年底前达到标准化二级。目前这个目标已经实现。

（2）安全监管部门在多晶硅项目审查严格准入条件，从源头上杜绝不安全项目上马。一是按照《多晶硅行业准入标准》，对于不符合标准要求的项目，以及属于应该淘汰的落后产能，坚决不予上马或者淘汰；二是要求企业应建在当地规划的化工园区（集聚区）内。不在园区的要制定搬迁计划，要求各级政府制定各项引导政策，在2015年年底前完成搬迁。

（3）提升本质安全。一是对于未经正规设计，缺少自动化装置的企业，要求在2011年底前对原有设计进行诊断，并在此基础上完成自动化控制安全设施设计改造；二是对涉及有毒有害、易燃易爆场所全部安装介质泄漏报警仪表；三是对危险化学品重大危险源按照国家安监总局《险化学品重大危险源监督管理暂行规定》（安监总局令第40号_2011）要求进行辨识、评估、备案，并结合AQ 3035—2010、AQ 3036—2010要求安装安全监控预警系统。四是在危险化学品充装环节全面使用液化气体万向节管道充装系统。

（4）落实企业主体责任，加强安全管理。一是要求企业按照河南省安全生产监督管理局印发的《河南省危险化学品企业落实安全生产主体责任实施方案》以及《河南省危险化学品企业落实安全生产主体责任指南》的要求，制定本企业落实主体责任方案，在安全监管部门备案后实施；二是积极开展隐患排查，并实施专家聘请制度，签订协议，每年至少2次聘请外企业或本集团公司的外部专家协助排查隐患，这样可以弥补企业技术力量的不足，也可以突破安全技术方面的壁垒和局限，更加全面排查隐患；三是提升人员素质，要求企业对从业人员接触的危险源、危险因素，危险化学品的危险、危害特性、紧急处置等方面进行安全培训，安全监管部门进行现场抽查考试；四是河南省安监局制定了《关于规范河南省危险化学品生产经营单位从业人员基本条件的意见》，要求多晶硅企业严格按照规定，严把人员准入

关，并清理或提高不合格人员。

（5）规范安全技术操作。要求企业按照《多晶硅行业安全技术指导书》，结合本企业实际，制定相关操作规程和岗位安全生产责任制。

（三）主要做法

（1）宣传发动

各地安全监管部门根据整治工作的总体要求，对本地区有关企业进行排查摸底，制定本地区的整治方案，明确任务，提出要求，与省安监局提出的整治方案一并贯彻到企业。有关企业搜集相关资料，全面宣传专项治理方案及要求，培训有关知识内容，并将有关资料发到基层人员手中，做到人手一本，应知尽知。

（2）制定企业方案并实施。一是制定专项整治的工作计划和工作方案；二是制定本企业安全操作规程和岗位职责；三是各级安全监管部门根据当地企业情况，采取有关安全监管人员定点联系企业的方法，分配工作任务和职责，帮助企业解决整治过程中出现的问题，确保方案的实施。

（3）检查验收。在企业落实各项方案进行自查自纠以后，由当地安全监管部门制定验收方案，组织专家进行验收。对验收不合格的，令其停产整顿，提请省局暂扣安全生产许可证。逾期未整改的或整改达不到要求的，提请省局依法吊销安全生产许可证，并提请政府予以关闭。省安全监管局抽调有关安全监管人员和专家，组织专项检查组对有关企业整治情况进行抽查，并将抽查结果公布。

（4）持续改进。河南省 2011 年完成多晶硅企业专项整治后，2012 年这类企业都已达到安全生产标准化二级水平。近年来，基本按照标准化中持续改进的要求，实现了计划—实施—检查—处理的 PDCA 循环。

6.6　成果和建议

在各级政府部门和相关企业的共同努力下，河南省多晶硅/三氯氢硅生产企业坚持贯彻国家安全生产的法律法规和标准规范，持续改进安全生产，全面落实企业安全生产主体责任，已经基本建立和自我完善了自动运行的安全生产机制体制。

同时，在多晶硅项目大干快上的疯狂形式下，提高安全准入条件，严把项目安全审查，停止一些不符合安全条件，未完整履行安全审批手续的项目，在保障安全生产的同时，也减轻了河南省多晶硅行业产能过剩的程度。

2012 年以来，由于多晶硅行业安全生产专项整治以及企业安全生产机制体制的正常运行，河南省多晶硅行业至今没有出现人身伤亡事故，安全生产形式有了根本好转。

作为安全生产管理者，我们对多晶硅/三氯氢硅行业提出如下建议：

（1）慎重产业化。作为企业在上项目前一定要先搞清楚实验室产品、中试产品和产业化产品概念的内涵和外延，知道哪些事情或改进应该放到实验室里做，哪些应该在中试阶段完成，进入产业化以后哪些能做，哪些不能做。绝对不能把本该在实验室里做的、不成熟的技术直接搬到产业化生产中。

（2）制定标准规范的迫切性。鉴于目前技术发展程度，我国急需制定工艺、设备、乃至环境、安全等标准规范。对于一个新生行业，如果来不及制定完善的技术标准，最起码应该先制定安全规范。设计和生产中如果引用其他行业的标准规范，不一定合适，例如建筑防火规范中对于厂房高度的要求等。有些问题都可以在制定标准过程中解决。在制定标准时，可以直接引用其它标准的某些条文，引用某些数据。

(3) 安全技术应该公开。任何一个企业，都有一定的社会责任，也更应该树立道德观念，不能眼睁睁地看着竞争对手出事故。一个技术先进、安全措施完备的企业，可以保守自己的先进生产技术，哪怕竞争对手废品率高，成本高，无法生产，作为竞争对手都可以不予理会。但涉及到安全方面的技术，过于保密则是缺乏责任感的表现。同行频繁出事故，容易引起整个行业遭受社会舆论的压力，最终会影响到行业内所有的企业。

河南省安监局张朝显副局长对近两年全省多晶硅行业监管工作取得的成绩予以充分肯定，同时对下一步工作提出六点要求：要将创新安全理念、解决思想隐患、推动责任落实放在突出位置；要全面落实企业安全生产主体责任；要突出重点，强化多晶硅企业监管；要严格源头管理，推进新建项目进园区；要因地制宜，稳步推进安全生产标准化建设；要认真做好汛期安全生产工作，确保安全度汛。

附录一 责任关怀全球宪章

责任关怀是化工行业的全球自发计划，在这个计划下各个公司通过各自的国家协会共同努力，不断提高他们在健康、安全和环境方面的表现，并且随时和其利益相关者交流他们的产品和工艺过程。全球责任关怀的核心原则：①不断提高化工企业在技术、生产工艺和产品中对环境、健康和安全的认知度和行动意识，从而避免产品周期对人类和环境造成损害；②充分使用能源并使废物达到最小化；③公开报告其行动、成绩和缺陷；④倾听、鼓励并与大众共同努力以达到理解和主张他们关注和期望的内容；⑤与政府和相关组织在相关规则和标准的发展和实施中进行合作，来更好地制定和协助实现这些规则和标准；⑥在生产链中给所有管理和使用“化学品责任管理”的人提供帮助和建议。

国外知名的化学公司在责任关怀方面付出了大量努力，也取得了瞩目成就。例如瓦克公司，他们在世界的稳健快速发展，得益于责任关怀战略的全面实施，环保、健康、安全（EHS）是瓦克全球发展的生命线。作为德国化学工业协会的一员，早在责任关怀的倡议提出伊始，瓦克就全力响应承诺责任关怀的各项原则。在瓦克，环境保护、健康和安全都是最优先考虑的因素，每年集团都在产品和工厂的安全与环境兼容性，员工健康和安全以及各类培训等方面投资数亿欧元。

随着我国硅产业的大力发展，各种产品产能的不断扩大，相伴而生的安全和环境问题也日益突出。近两年，相关生产企业的安全事故频发，“爆炸”、“火灾”、“泄漏”，这一个个本应该都是防患于未然的名词，却时常变成残酷的事实发生在我们周围，每一场事故都让人不寒而栗、心有余悸。且不说事故对企业本身造成的经济损失有多大，就是人员伤亡给他们亲人带来的伤痛以及环境污染给周围居民带来的影响也是久挥之不去的，这甚至影响到整个中国硅产业的声誉和前进的步伐。一个个血的事实，一次次惨痛的教训，需要国内企业对安全和环保问题高度重视，以促进我国产业的健康、稳定、可持续发展。

责任关怀是化工行业的全球自发计划，在这个计划下各个公司通过各自的国家协会共同努力，不断提高他们在健康、安全和环境方面的表现，并且随时和其利益相关者交流他们的产品和工艺过程。

一、采用全球责任关怀的核心原则

责任关怀全球宪章的核心原则包括：

1. 不断提高化工企业在技术、生产工艺和产品中对环境、健康和安全的认知度和行动意识，从而避免产品周期对人类和环境造成损害；

2. 充分使用能源并使废物达到最小化；

3. 公开报告其行动、成绩和缺陷；

4. 倾听、鼓励并与大众共同努力以达到理解和主张他们关注和期望的内容；

5. 与政府和相关组织在相关规则和标准的发展和实施中进行合作，来更好地制定和协助实现这些规则和标准；

6. 在生产链中给所有管理和使用“化学品责任管理”的人提供帮助和建议。

二、实施国家责任关怀项目的基本特征

各国化学组织需根据以下八项指导原则来制定自己的责任关怀计划：

1. 建立并执行一套会员企业共同签署的指导性原则；

2. 使用与责任关怀理念相一致的标语；

3. 通过一系列制度、准则、政策或指导性文件来实施有效的管理，以帮助企业取得更好的成绩；

4. 拟定一套绩效指标来衡量企业所取得的成绩；

5. 与会员和非会员组织进行交流；

6. 通过网络信息分享最佳实践成果；

7. 鼓励所有企业和组织参与到责任关怀的行列中来；

8. 会员企业通过系统程序来检验其执行责任关怀的情况。

三、坚持推进可持续发展

责任关怀是化学工业创办的一个独特的、自发的活动，旨在使全球的化工企业为责任关怀事业做出更多的贡献，整个化工行业会通过提高行动意识、经济条件和发展创新工艺向责任关怀活动迈出实质性的步伐，以大力扶持可持续发展。企业将增加与股东之间的交流以获取更多的机会，通过责任关怀来致力于可持续发展。化工行业通过合理管理化学品能力的构建来实现可持续发展目标，并将继续支持所有国际性活动向这一目标迈进。

四、不断提高和报告表现

希望每个参与责任关怀的化工公司都为自己的环境、健康和安全措施收集资料并报告表现。

预计每个国家的协会都会收集、对照、报告来自于他的成员的资料，将以国际水平公开对照并报告这些资料，并且在最小范围内每两年更新一次。

为了继续在改善上取得成果，每个实施责任关怀的国家协会将：

1. 与参与的成员一起定期评定利益相关者对扩大、修订行为报告或行为的其他因素的期望。

2. 在分享并采用最好的实践去改善环境、健康和安全行为上，提供实际帮助和支持，以及其他与责任关怀实施需要有关的帮助。

实施责任关怀的化工公司将：

1. 在实施责任关怀时，国际上普遍认可责任关怀由“计划、实施、验证、改进”各因素组成，采用管理系统。

2. 在世界范围内建立新的工厂和扩大现有的设备时，利用洁净、安全的技术和方法。

3. 超越对责任关怀实施的自我评定，采用无论是协会、政府部门还是其他外部组织实行的验证方法。

五、加强世界范围内的化学品的管理

在未来几年内，产品管理问题将逐渐地影响责任关怀倡议。

化学协会国际理事会（ICCA）将建立一个强大的全球项目来评价并管理化工产品带来的风险，并且发展一个统一的产品管理系统分支。

国家协会与其成员企业将致力于这个全球性的努力：

1. 致力于现有的责任关怀产品生产事项的全部实施，包括所有现有的规定、指导和实践。

2. 改善产品管理行为并加强行业承担的义务和结果的公共意识。

3. 通过多方协助，发展并共享最好的实践。

4. 为了安全和有效使用化学品，与上游提供者和下游化学品使用者合作改善方式方法。

5. 通过一些倡议，像高生产量化学检测项目和长程研究倡议，鼓励并支持教育、研究和检测，将带来关于化学品的风险和利益有用的信息。

6. 符合 ICCA 全球管理政策，实施加强生产管理义务，并且对照化学品的社会期望，不断地进行生产管理实践。

六、沿着化学工业价值链支持拥护和推动责任关怀的扩大

责任关怀的公司和协会都致力于沿着自身的价值链促进责任关怀的理念、原则的实施，并且传达化学工业对经济和社会贡献的重要性。

化学公司和国家的协会都致力于增加与他们商业伙伴和其他利益相关者的对话和透明度，扩大对化学工业的了解和理解。

他们将和国家政府、多边和非政府组织共同定义相互协助的优先事项，并且分享信息和专门的技术。

全球化学工业将在公司之间发展和分享信息和实践。

七、积极地支持自己国家和全球责任关怀的管理程序

化学工业通过化学协会国际理事会致力于加强透明和有效的全球责任关怀管理程序，确保在集体实施过程中的责任义务。

管理程序将由化学协会国际理事会来实施，并承担其他一些事项，例如：跟踪和交流表现承诺；定义和监测责任关怀责任义务的实施；支持国家协会的管理；帮助公司完成宪章承诺；当任何一家责任关怀公司或者协会达到他的承诺时，建立全球撤销程序。

八、致力于利益相关者对化学工业活动和产品的期望

全球化学工业将延伸当地的、国家的和全球的对话程序，使得化学工业可以解决外部利益相关者的期望，帮助责任关怀不断地发展。

九、提供合理的资源更有效地实施责任关怀

参与责任关怀的公司必须支持和达到国家项目的要求，并且提供充足的资源。

注：《责任关怀全球宪章》由化学协会国际理事会（ICCA）拟定，于 2006 年 2 月 5 日在阿联酋迪拜召开的国际化学品管理大会上通过并发布。目前，全球有 50 多个国家和地区加入了责任关怀行动。

附录二 硅产业链示意图

硅石
金属硅
沉淀法白炭黑
特种单体
甲基氯硅烷
氯硅烷
烷氧基硅烷
硅微粉
碳化硅
中间体
四氯化硅
多晶硅
单硅烷
高纯石英
硅烷偶联剂
特种弹性体
特种硅油
有机硅弹性体
硅油/乳液
专用化学品
气相法白炭黑
光纤
硅晶片
单晶硅
电子气体
薄膜电池
硅溶胶
磨料
石英晶片
石英玻璃
硅耐热材料
碳化硅晶片
硅片电池
IC及器件

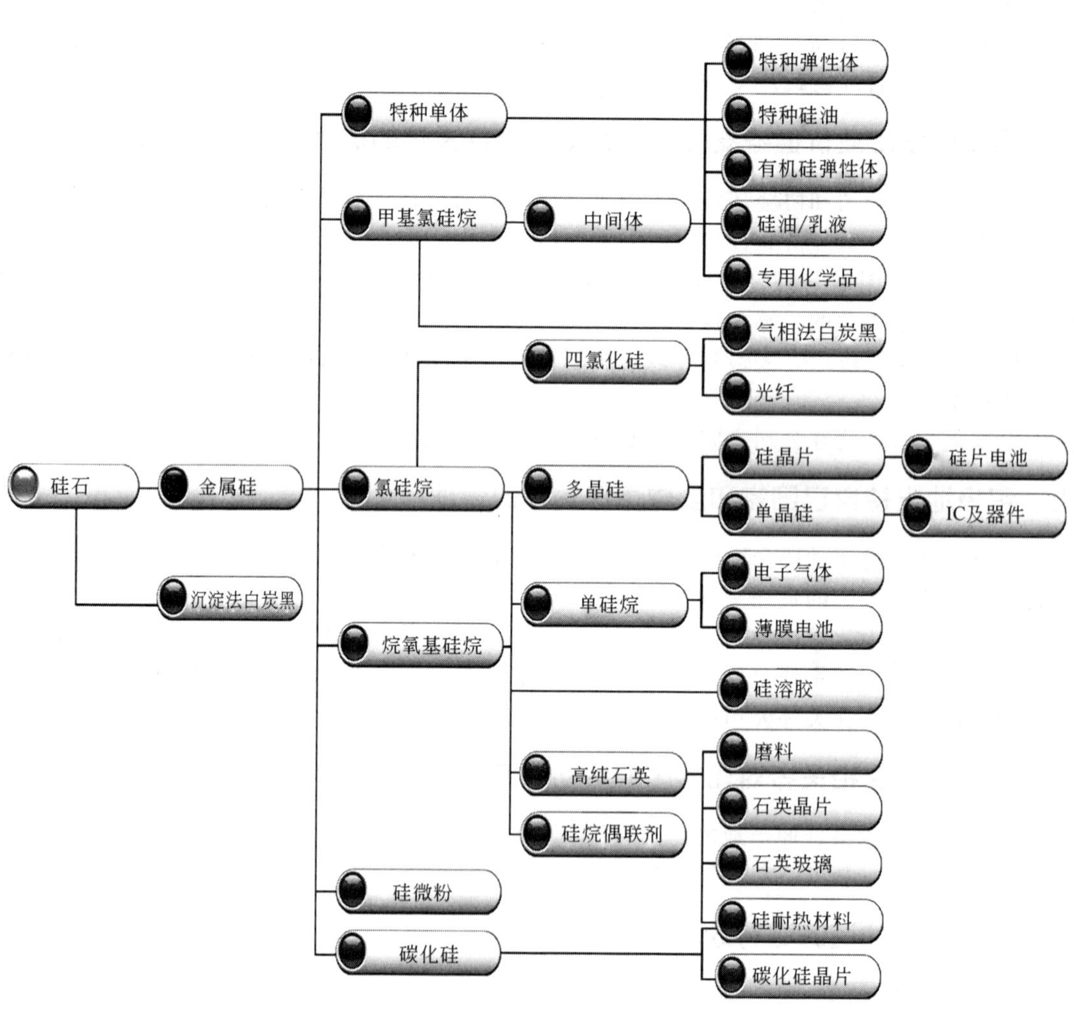

附录三 2013年硅业大事记

1月

蓝星预告2012年巨亏

蓝星化工新材料股份有限公司22日发布2012年业绩预亏公告，公告称，经公司财务部门初步测算，预计公司2012年1～12月净利润将出现亏损，亏损额度大约在10.3亿元左右。公司方面表示，2012年以来，受化工市场低迷的影响，公司有机硅系列、苯酚丙酮-双酚A-环氧树脂系列、氯丁橡胶等主要产品需求明显萎缩，产品市场价格持续走低；另外公司业务经营资金需求造成公司信贷规模扩张，整体融资成本上升，财务费用较去年有较大幅度的增加。

保利协鑫全年亏损预警

保利协鑫旗下的江苏中能目前总产能为6.5万吨/年。尽管继续降低制造成本，但该公司称2012年上半年亏损3.3亿港元，并发布了全年亏损的预警。声称其主要原因是国外多晶硅低价倾销导致。该公司还在其全年财务报告中表示有望产生减值费用，对库存和生产设施不利。

宁夏阳光申请破产保护

继协成硅业后，宁夏阳光因生产成本严重倒挂，资不抵债，生产经营无法持续，近日向宁夏回族自治区石嘴山市中级人民法院申请破产清算，成为第二家破产的中国多晶硅企业。而受宁夏阳光影响，公司预计2012年度归属于上市公司股东的净利润将为亏损。已裁定宁夏阳光符合《中华人民共和国企业破产法》第二条规定的“不能清偿到期债务并且资产不足以清偿全部债务或者明显缺乏清偿能力”的判断标准。

中国取消金属硅出口关税

2013年1月1日起，根据中华人民共和国财政部2013年关税实施方案通知，金属硅出口关税被正式取消。关税取消后，中国金属硅出口市场逐渐回归理性，同时有利于提高中国金属硅在国际市场上的竞争力。

江西海多千吨级七甲基三硅氧烷建成投产

江西海多化工有限公司于2013年1月上旬建成了千吨级七甲基三硅氧烷的生产装置。该公司就此项目申请了相关专利。

2月

硅宝科技2月22日发布2012年年度业绩快报显示，公司去年实现营业总收入3.7亿元，同比增加9.5%；归属于上市公司股东的净利润6146万元，同比增加22%。

四川银邦事故2死3伤

四川银邦硅业有限公司承担“四川省高新技术产业重大关键技术项目”——“多晶硅副产物资源化综合利用项目”千吨级中试装置（4000吨/年），即用多晶硅和三氯氢硅副产物四氯化硅生产四甲氧基硅烷。3月28日该公司发生一起四氯化硅中毒事故，造成2人死亡3人受伤。据该公司现场工作人员介绍，该事故是由于一名操作工人没有做好防护的情况进行四氯化硅罐体清理导致。

3月

泸州北方化学工业有限公司技改扩建7万吨/年有机硅单体项目于2010年开工建设，经过2年多的建设，项目于2012年12月顺利完成了工程建设，2013年初开始陆续进行了公用工程、工艺设备等的单机试车，3月基本完成了单机试车，并进行了“三查四定”工作，现已进入“三查四定”后的整改阶段，2013年5月进行投料试车。

中国氟硅有机材料工业协会2012年会暨2013年氟硅产业创新发展和合作交流大会3月28～29日在北京召开。在此次会议上，“产能过剩”、“同质化竞争”等成为与会人员谈及行业现状时用到的频率较高的词汇。与此同时，如何提升行业整体水平、推动行业健康可持续发展成为此次会议讨论的焦点。

中国国际光伏技术大会（CPTIC）于2013年3月20日在上海举行，会议由SEMI、中国光伏产业联盟、中国电子商会联合主办。大会讨论了硅材料制备技术、晶硅生长与硅片加工技术、晶硅光伏电池技术、薄膜光伏电池制造及可靠性技术、新兴光伏技术、光伏系统实施与并网技术、光伏市场与政策分析等。

室温固化有机硅材料技术研讨会在杭召开

2013年3月29日，由浙江省氟硅化学品科技创新服务平台主办的“室温固化有机硅材料技术研讨会”在杭州师范大学召开。杭州师范大学有机硅化学与材料技术实验室和企业专家就室温固化有机硅材料技术做了精彩的报告。平台理事长来国桥教授对有机硅行业进展做了介绍，分析了有机硅行业现状及未来发展前景。蒋剑雄教授、邬继荣、彭家健、吴连斌、张飞豹和张保根等专家分别从LED封装材料技术、密封胶技术研发、硅氢加成催化剂研发进展、有机硅树脂及其复合材料研发、107硅橡胶生产技术等技术领域作了精彩的专题演讲，并与现场参会人员展开了良好的技术和产业交流。

4月

欧盟委员会做出延长对中国台湾地区进口原产于中国金属硅征收19%反倾销税的决定。欧盟委员会通过调查发现，从2008年1月1日至2012年6月30日的时间段里，中国台湾对欧洲金属硅出口量激增了300%。而中国台湾本土并没有真正的金属硅厂，其产品全部来源于中国大陆。欧盟认为，大陆企业这种规避方法使欧洲对中国征收反倾销税的意义大打折扣，遂作出延长对从台湾进口金属硅征收19%反倾销税的决定。

蓝星新材4月9日披露2012年年报，巨亏10.4亿元，创上市以来最大亏损。对此，在年报中蓝星新材透露将处置部分与主业无关的资产，例如合成橡胶业务。

2013年（第七届）有机硅精细化学品暨硅橡胶标准化、通用化技术交流会2013年4月11～12日在上海航空酒店火车南站店召开，会议由中国化工经济技术发展中心、中国石油和化学工业联合会中小企业委员会、宁波鑫谷硅胶有限责任公司主办。

中国对进口美欧韩多晶硅反倾销初裁再度延期

从一位接近商务部的人士处证实，商务部已经向此案的各利害关系方下发了一份《关于

调整“对美国、韩国太阳能级多晶硅反倾销调查和对美国、欧盟太阳能级多晶硅反倾销反补贴调查倾销补贴调查程序参考时间表”的通知》，将发布初裁公告的时间推迟到了 6 月底之前。

山东莒南签下 5 万吨硅胶生产项目

从莒南县政府获悉，由青岛琪丰化工有限公司投资 5 亿元建设的硅胶生产项目近日签约。

据悉，青岛琪丰化工有限公司，系国内重要的硅胶系列产品的生产商与经营商。该公司将投资 5 亿元在山东莒南大店工业园投资建设五万吨硅胶生产项目，主要生产各种型号硅胶及配套产品，着力打造山东最大的硅胶生产基地。

加拿大对华金属硅进行双反调查

4 月 23 日，加拿大国际贸易法庭发布公告，对原产于中国的金属硅进行反倾销和反补贴产业损害问询。根据相关法律程序，加拿大国际贸易法庭将于 2013 年 6 月 21 日对该案作出反倾销和反补贴产业损害初裁，若为肯定性裁决，加拿大边境服务署将继续对该案进行调查，并将于 2013 年 7 月 22 日作出反倾销和发补贴初裁。

晨光 6 万吨偶联剂项目在金砂湾工业园开工

江西晨光 6 万吨有机硅烷偶联剂项目 4 月在湖口县金砂湾工业园正式开工建设。项目总投资 12 亿元，能生产 30 多个系列产品。一期将在 2013 年底建成，同时新建有机硅烷偶联剂工程研发中心、国家级有机硅烷偶联剂应用研发中心及博士后流动站，形成一个有机硅新材料硅烷偶联剂基地。

5 月

道康宁举办“生活中的奇妙有机硅”活动

5 月 11～12 日，道康宁在成都 SOS 儿童村举办“生活中的奇妙有机硅”主题活动，大约 310 名来自儿童村和成都当地小学的学生，通过有机硅冰箱贴、硅胶印刷手帕、奇酷保湿凝露和太阳能船这些特别设计的实验，在包括 11 名道康宁员工在内的志愿者指导下，自己动手做实验，探索有机硅和科学的无限可能。道康宁大中华区总裁张康明表示：“我们很高兴将道康宁青少年科技日活动的举办地点扩大到成都，并看到当地不同生活条件的孩子都能从中受益。我们将一如既往重视中国中西部地区。”

蓝星有机硅举行医疗保健产品车间落成典礼

2013 年 5 月 16 日蓝星有机硅在上海工厂举行了隆重的医疗保健产品车间落成典礼。该项投资是蓝星有机硅实现战略增长计划的重要部分，使公司成为有机硅行业首屈一指的供应商。该车间拥有中国首家有机硅行业洁净室，专业生产医疗行业监管 Silbione 有机硅产品，应用于齿科印模复模，矫形、修护，舒适护理和皮肤护理。

三友化工拟建 10 万吨有机硅项目

三友化工 5 月 22 日公告，公司将投资近 5 亿元用于控股子公司唐山三友硅业有限责任公司建设有机硅二期工程项目。

四川永祥发生氯硅烷泄漏

5 月 23 日凌晨，四川永祥公司“氢化工序”回收装置法兰压盖垫子泄漏形成酸雾扩散。经现场救护人员采用水喷淋，及时关闭阀门后，泄漏得到有效控制。据悉，泄漏未造成人员伤亡和财产损失。相关人士透露，该事故未影响多晶硅的生产，目前产量为 100 吨/月，但是鲜见市场报价。

黄河水电水管爆裂进入检修

黄河水电产能为2500吨/年，相对于中大型多晶硅生产企业，其产能和升本优势并不明显。但属于中国电力投资集团，具有健全的产业布局。在去年严峻局势下仍坚持生产，实属不易。企业内部核算的多晶硅价格略高于市场价。五月中下旬，黄河水电多晶硅因水管爆裂，被迫停车，公司借机对其设备进行检修，暂定6月中、下旬重新开车。

新疆特变三期项目月产600t

新特变电工致力于高性价比的太阳能光伏电站——多晶硅、硅片、组件、并网逆变器和系统集成服务为一体的竞争优势。公司成立至今，共建设太阳能离、并网光伏电站3000多座，总装机容量位居全国第一，仅2012年共完成装机建设450MW。公司目前总产能1.5万吨，一期和二期产能3000吨/年，三期1.2万吨/年的生产线已经正式生产，目前月产600吨/月。

6月

欧盟“双反”公布了初裁结果

6月4日，欧盟委员会正式就去年9月启动的对华光伏产品“双反”调查作出初裁，决定将从2013年6月6日起至8月6日对产自中国的光伏组件征收11.8%的临时反倾销税，如果期间双方未能达成新的和解协议，自2013年8月6日起，反倾销税率将升至47.6%。

新安股份拟收购宏达新材有机硅材料子公司

新安股份6月28日与宏达新材就宏达新材全资子公司江苏利洪硅材料有限公司股权收购事宜签署了《股权收购（转让）意向书》。新安股份拟收购利洪公司100%的股权。

利洪公司注册资本2.05亿元，主营业务为有机硅材料及其制品的生产和销售，现有年产7.5万吨有机硅单体生产装置，另有一套年产7万吨硅氧烷（约14万吨单体）的生产装置正在建设中。其2012年末总资产13.5亿元，净资产6.1亿元，2012年销售收入3.01亿元，净利润亏损4200万元。

新安股份和宏达新材发布公告称，新安股份将收购宏达新材子公司（利洪硅材料有限公司）100%股权。此次收购完成后，新安股份有机硅单体产能将达到27.5万吨，宏达新材则完全剥离有机硅单体业务。

山西潞安弃多晶硅产业

潞安集团与德国森特塞姆公司合作，潞安集团的多晶硅产能达到1万吨/年，采用西门子闭环工艺，是该集团继煤基合成油项目、太阳能电池项目、工业硅项目成功投产后，在非煤产业领域实现高端化转型发展的又一个重要成果。然而，本一度想寻找出路的山西潞安，再三考察国际国内行情，最终决定放弃多晶硅生产线，目前已经开始采用各种抵债方法偿还上游企业欠款。

7月

光伏新政

2013年7月15日，国务院下发《关于促进光伏产业健康发展的若干意见》，指出“十二五”光伏发电装机容量将提高至35GW，并对光伏市场的拓展、规范发展和政策支持提出了新的要求和指导；其中，上调装机目标、规范高效产能和完善支持政策成为三大亮点。提出了2014年中国要建设14GW光伏电站，其中8GW为分布式项目的总体目标。

今起美韩多晶硅将被征临时反倾销税

7月18日起，我国将对来自美国和韩国的太阳能级多晶硅征收临时反倾销税。中国商

务部公告，从 2013 年 7 月 24 日起，进口经营者在进口被调查产品时，应依据初裁确定的各公司倾销幅度向中国海关提供相应的保证金。其中，美国多晶硅企业保证金比例为 53.7%～57%，韩国企业保证金比例为 2.4%～48.7%。

徐州天成白炭黑二期开车成功

徐州天成氯碱有限公司白炭黑二期工程，2500 吨/年气相法白炭黑生产线于 7 月底一次开车成功，已达到设计负荷，并产出优级产品。该项目今年 3 月启动，从开始对工艺及设备论证到设备安装调试试运，实际施工时间 3 个多月。项目成功开车使该公司白炭黑年生产能力提升一倍，达到 5000 吨/年。

舜盈光伏东莞二氧化硅项目因环评搁浅

东莞黄江镇舜盈光伏能源材料项目在 7 月份被取消重大项目资格，据报道原因在于未通过环评。东莞市黄江镇政府有关负责人称舜赢光伏投资方可能将该项目牵往湖北。广东舜盈光伏材料有限公司拟投资 3.14 亿元在东莞市黄江镇刁朗村泓富一街进行新建项目，主要从事二氧化硅的加工生产，生产规模为高纯二氧化硅 1 万吨/年。项目 3 月底才完成奠基，在国内光伏产业受国际贸易限制的大环境下，这一项目逆市投建，占地 700 亩。该项目落马，确实是因为“环评瓶颈”而搁浅。报道由于该项目所采用的技术在国内未有先例，虽经该公司技术团队的多次全面解释和技术改良，仍难以消除社会各界对该项目在环保方面的疑虑，因此，该项目在申请环评和土地规划调整方面，遇到环评专家的质疑及项目选址周边居民的强烈反对，直接导致该项目在环评和土地规划调整方面至今仍无法通过。

中能为首四企上书商务部

参与多晶硅“双反”申诉的中国最大的四家多晶硅企业（江苏中能、洛阳中硅、重庆大全和江西赛维）已于上周共同上书中国商务部，要求增加对韩国的惩罚性关税、通过对欧盟的多晶硅初裁及将多晶硅列入来料加工禁止类目录。江苏中能看来，对韩国的反倾销幅度过小，特别是占据韩国对华多晶硅出口 90%的 OCI 公司税率仅为 2.4%。“由此可能会掀起该国对中国多晶硅的新一轮出口狂潮。”

8月

浙江新展有机硅有限公司发布解散清算公告

浙江新展有机硅有限公司于 2013 年 8 月 5 日决定解散公司，并于同日成立了公司清算组。请公司债权人于公告发布之日起 45 日内，向本公司清算组申报债权。

新疆西部合盛产业园 20 万吨有机硅项目开工建设

8 月 16 日，新疆西部合盛循环经济产业园 20 万吨有机硅项目开工仪式在石河子市开发区举行。新疆西部合盛循环经济产业园是以硅材料为主体的循环经济产业园，由合盛集团投资建设。该园区已累计完成 20 万吨工业硅、2×330GW 热电厂工程一期、3 万吨石墨电极以及 30 万立方米新型墙体材料等项目建设。新建设的 20 万吨有机硅项目科技含量高、投资规模大、产业联动强，具有良好的经济效益和社会效益，对推动八师、石河子市经济发展具有重要意义。

湖北新蓝天新材料股份有限公司异地改扩建年产 53000 吨有机硅烷项目主体投产

项目选址位于仙桃市经济开发区化工产业园内，在淘汰、关停位于仙桃市干河办事处袁市的现有 1 万吨/年甲基三乙酰氧基硅烷（D10）生产线、1 万吨/年甲基三丁酮肟基硅烷（D30）生产线、3000 吨/年三甲氧基氢硅烷（TMS）生产线的基础上异地改扩建。建设的主要内容包括：新建 1 万吨/年甲基三乙酰氧基硅烷（D10）生产线、1 万吨/年三甲氧基氢硅烷（TMS）生产线、5000 吨/年 γ-缩水甘油醚氧丙基三甲氧基硅烷（KH560）生产线、

3000 吨/年乙烯基三甲氧基硅烷（A171）生产线、1.5 万吨/年氯丙基三乙氧基硅烷（R2）生产线、1 万吨氨丙基三乙氧基硅烷（KH550）生产线等主体工程。项目总投资 24000 万元，其中环保投资 2880 万元。

9月

商务部 16 日发布 2013 年第 63 号公告，初裁决定对原产于美国的进口太阳能级多晶硅实施临时反补贴措施。公告称，经调查，在本案调查期内，原产于美国的进口太阳能级多晶硅存在补贴，中国国内多晶硅产业受到实质损害，且补贴与实质损害之间存在因果关系。

根据《中华人民共和国反补贴条例》的有关规定，经商务部建议，国务院关税税则委员会决定，自 2013 年 9 月 20 日起，对原产于美国的进口太阳能级多晶硅采用保证金形式实施临时反补贴措施。进口经营者在进口上述产品时，应依据本初裁确定的各公司从价补贴率向中国海关提供相应的保证金。

巴西延长对华二氧化硅沉淀物反倾销调查期

近日，巴西贸易发展工业部贸易保护局致函我驻巴西使馆经商处，告知巴方决定将进口自中国的二氧化硅沉淀物（Dióxido de silício precipitado）反倾销案调查延期 6 个月。

2013 中国（东海）硅产业发展高层论坛

9 月 26-28 日在江苏连云港市东海县嘉臣国际大酒店召开。会议由东海县人民政府、中国化工经济技术发展中心、中国建筑材料科学研究总院石英院主办，东海县硅产业发展局、全国硅产业绿色发展战略联盟承办。来自国务院发展研究中心、中国建筑材料科学研究总院、国家新能源工程技术研究中心、武汉大学等专家到会发言，近 300 名参会代表共同探讨了石英、硅微粉、石英玻璃、光纤、硅溶胶的制造技术及其在下游的应用。

光伏制造行业规范条件出台

2013 年 9 月 17 日，工信部发布《光伏制造行业规范条件》。要求企业生产的多晶硅电池和单晶硅电池的光电转换效率分别不低于 18%和 20%，多晶硅电池组件和单晶硅电池组件光电转换效率分别不低于 16.5%和 17.5%。同时，按照规范，在生产规模上多晶硅项目每期规模需大于 3000 吨/年；硅锭年产能不低于 1000 吨；硅棒年产能不低于 1000 吨；硅片年产能不低于 5000 万片。申报符合规范名单时上一年实际产量不低于产能要求的 50%。

10月

OCI-三孚 6000 吨/年白炭黑项目投产

OCI 与唐山三孚合资 6000 吨/年气相白炭黑项目，试车多次后正式投入生产。生产原料为四氯化硅，由唐山三孚提供。OCI 与唐山三孚分别占 80%、20%股份。

黄河硅烷法多晶硅生产工艺项目通过验收

中电投黄河公司《硅烷法多晶硅生产工艺研究》科技项目验收专家委员会结题验收。2012 年 7 月，黄河公司开始进行硅烷法多晶硅生产工艺研究科技项目研究工作，通过对硅烷制备和硅烷法生产多晶硅的主要技术的研究并结合公司现有多晶硅装置情况，对硅烷法的工艺物料、辅助系统、自控仪表、安全、三废处理、装置布置、人员配备、项目工期、操作模式和投资效益估算等进行了详细的研究，最终完成了硅烷法多晶硅生产工艺研究科研项目。

国电晶阳电子级多晶硅达标

10 月 1 日，国电内蒙古晶阳能源有限公司质量部完成了晶阳公司第一炉多晶硅的质量分析，其多个参数符合电子级多晶硅标准。

分析人员首先选取具有代表性的硅棒作为样品，采取钻取套料的方式取得直径 20mm 的样品；之后经过清洗、腐蚀等步骤处理完毕后，再在区熔炉中制取单晶硅；制取的单晶硅再经过喷砂处理后测量它的电学参数，然后切取样片测试氧、碳含量。

江西重点扶持光伏等 6 大战略性新兴产业

江西省战略性新兴产业投资引导资金管理委员会办公室近日制定并印发《2014 年江西省战略性新兴产业重大项目申报指南》，将根据突出重点、扶优扶强原则，重点扶持新一代信息技术、生物、先进装备制造、新材料、锂电及电动汽车、节能环保 6 个产业领域。

中天氟硅单体合成车间爆炸

2013 年 10 月 18 日 11 时左右，浙江中天氟硅新材料有限公司合成车间，因氯甲烷、硅混合物泄露而引发一起爆炸事故，并引发火灾。经公安、消防等部门的及时救援，11 点 30 分左右，现场大火被扑火，事故未造成人员伤亡，经环保部门监测，此次爆炸没有对周边大气和水环境造成影响。

对欧多晶硅反倾销延期

10 月 31 日商务部公告关于多晶硅反倾销延期公告（欧）。由于对原产于欧盟的进口太阳能级多晶硅反倾销案情况较为特殊和复杂，商务部决定将本案的调查期限延长 6 个月，即截止日期为 2014 年 5 月 1 日。

11 月

2013 液体硅橡胶技术发展研讨会

全国硅产业绿色发展战略联盟、中国硅产业发展研究中心等主办的 2013 液体硅橡胶技术发展研讨会 2013 年 11 月 7～8 日在广州召开。近年来，随着中国经济的快速增长，中国的有机硅工业也得到迅猛发展。有机硅材料性能优异、使用寿命长，符合当今“低碳经济”的核心思想。硅橡胶是有机硅产品中产量最大、应用最为广泛的一类产品。会议的举办对推动我国液体硅橡胶工业加工技术的发展，发展液体硅橡胶产品新技术、新工艺、新现状、新发展有重要意义，为国内外厂商提供了交流、展示与合作的平台。本次会吸引业内人士 170 余人。王跃林、吴春雷、李彦民、张春辉、黄驰、李凤仪、熊婷等专家在会议上作了精彩发言。此次研讨会对如何实现液体硅橡胶领域“新技术、新工艺、新发展”的主题进行探讨和交流，也为国内外厂商提供了交流合作平台。

星火厂有机硅下游多个车间建成试生产

在江西星火有机硅厂与法国 BSI 及项目承担单位的共同努力下，20 万吨有机硅一体化项目下游密封胶、生胶、混炼胶、乳液、白炭黑等多个车间相继建成并投入试生产，截至 10 月底，这些车间已累计生产各类产品 19000 吨，实现销售收入 3.2 亿元。与此同时，这将对星火厂延长有机硅产品产业链、提高产品附加值和改变产品品种单一的局面发挥至关重要的作用。

20 万吨有机硅一体化项目下游各生产装置全程引进 BSI 技术，从工艺的优化、设备的选择、控制的方案、安全等级及环保要求等方面均达到世界一流水平，特别是在安全控制方面，项目在严格执行国家工程建设安全管理规定的同时，积极吸收国外安全文化理念，建立健全了一整套安全管理制度，落实了安全管理责任制，项目建设及试生产期间均未发生任何人员伤害和设备损失，项目安全工时已达 1289 多万小时。

大全新能源宣布新疆多晶硅扩产计划

大全新能源公司宣布公司董事会正式批准新疆多晶硅生产基地的扩产计划，投资 10 亿元将其年产能扩到 12000 吨/年。项目签约仪式于 11 月 13 日在新疆石河子举行。

2013年11月份，工信部产业政策司对第五批符合《铁合金行业准入条件》的企业名单予以公示，其中共涉及工业硅企业12家，累计产能达30.99万吨。

乐山多晶硅各企业开始着手重整

11月初，川投能源公告称将联姻通威集团，重组新光硅业。具体重组方案待通威集团对新光硅业进行审计、评估等尽职调查后再另行商定。

唐山举办有机硅专利技术成果对接活动

11月唐山市科技局举办有机硅专利技术成果对接活动。唐山三友硅业、河北工业大学等20余家企业、科研机构及院校参会。活动特别邀请了原化工部成都有机硅应用研究中心副总工程师姜承永作了有机硅行业发展现状、发展趋势的主题报告。针对该市产业基础及国内市场情况，推介了一批优秀专利产品。

五大单晶硅片企业联手推统一标准

面对激烈的竞争，国内单晶硅厂商祭出了新法宝——树立行业标准。国内主要的几家单晶硅片生产商近日联手推出了两类新的单晶硅片尺寸标准，希望借此抢夺长期占据市场主流的多晶硅片产商份额，不想错失国内及东南亚的光伏电站建设热潮。

12月

光伏准入名单公布

12月初，国家工信部正式公布符合《光伏制造行业规范条件》的名单，此中11家多晶硅企业入围。入列的第一批名单的11家多晶硅企业分别是：六九硅业、洛阳中硅、南玻硅材料、中能硅业、亚洲硅业、黄河上下游水电开发公司、陕西天宏硅材料、瑞能硅材料、永祥多晶硅、新特能源（特变电工旗下太阳能企业）、大全新能源。

世界最大沉淀法白炭黑生产线凤阳县点火

位于凤阳县硅工业园的安徽确成硅化学有限公司年产6万吨白炭黑生产线正式投产，该项目2012年9月动工，2013年12月10日白炭黑生产线项目进行点火烘炉，首批产品20天后将生产下线，这条生产线是目前世界上沉淀法白碳黑单体最大的一条生产线。该项目总投资11.6亿元，计划未来3～5年内，分期建成年产68万吨硅酸钠、30万吨“白炭黑”生产线。项目一期工程为2条7万吨/年的硅酸钠生产线和1条6万吨/年“白炭黑”生产线，2条年产7万吨的硅酸钠生产线已于2012年顺利投产。

蓝星有机硅亚太区举办2013标签及胶带技术研讨会

上海，2013年12月2日-蓝星有机硅，一家全球一体化有机硅生产商举办技术研讨会，介绍Silcolease有机硅离型剂最新产品与解决方案。蓝星有机硅 Silcolease系列产品性能独特，涵盖了有机硅离型剂所使用的各种业技术，包括：无溶剂型热固化体系，无溶剂辐射固化体系（无溶剂环氧化学与阳离子固化，丙烯酸酯自由基固化），乳液系列，热固化溶剂系列和压敏胶。

安徽确成年产6万吨白炭黑生产线进行点火烘炉

安徽确成硅化学有限公司年产6万吨“白碳黑”生产线于12月点火烘炉。该项目于2012年9月动工建设，历时15个月。项目热风锅炉10天后点火，20天左右出产品，成为目前世界上“白炭黑”单体最大的一条生产线。

安徽确成硅化学有限公司由江苏无锡确成硅化学有限公司投资建设。项目总投资11.6亿元，占地面积约500亩，计划未来3～5年内，分期建成年产68万吨硅酸钠、30万吨“白炭黑”生产线。项目一期工程为2条7万吨/年的硅酸钠生产线和1条6万吨/年“白炭黑”生产线。2条年产7万吨的硅酸钠生产线已于2012年11月份顺利投产，二期、三期项

目正在等待环评通过。项目全部建成投产后，将成为世界最大的“白炭黑”生产企业。

2013中国金属硅大炉子生产技术培训班

中国金属硅生产技术史上具有划时代意义的“金属硅大炉子生产技术培训班”于2013年12月9～13日在云南昆明举行。培训班由中国化工经济技术发展中心、全国硅产业绿色发展战略联盟主办。

金属硅是硅铝合金、晶硅和有机硅的原料，随着新能源和新材料产业的飞速发展，国内外多晶硅和有机硅产业迅速发展，对金属硅的需求也日益增长，带动我国金属硅产业发展壮大。目前，我国金属硅产能、产量占世界2/3以上，炉子数量占世界总数的90%以上，平均企业规模仅相当于国外企业的1/10到1/5，综合能耗水平和污染治理水平严重滞后，制约了我国金属硅产业的健康发展。

《国务院关于进一步加强淘汰落后产能工作的通知》（国发〔2010〕7号）已经要求在2010年底以前淘汰6300千伏安以下矿热炉（包括金属硅炉），并推广使用25000千伏安大炉子。在工信部2013年公布的第一批工业行业淘汰落后产能企业名单中，不仅包括一些高于10000千伏安矿热炉，甚至还有低于6300千伏安的没有淘汰。今年10月，国务院又出台了关于化解产能严重过剩矛盾的指导意见（国发〔2013〕41号）。金属硅产业整合、技术升级迫在眉睫。

法国著名硅业工程师、资深金属硅专家并在中国从事多年硅业生产管理工作的Mr. Daniel Bajolet作为培训班讲师，传授金属硅大炉子的先进技术管理方法和经验，解答实际生产中的难点难题，从金属硅生产的化学反应原理，到选料、配方、炉子操作、精炼、烧结、粉碎等进行了详细讲解，并对生产企业提出的问题进行详细解答。通过学习，各企业的技术精英们看到了与国际先进水平的差距、掌握了技术管理和革新的方向。

课程包括以下主要内容：代表性生产设备及工具；电弧炉所涉及的化学原理；熔炉管理步骤：管理工具，最佳固碳率选择；原料选择（石英、黑色材料、木屑、电极；添加剂等）；管理混合计算和达到预期粗金属硅的工具；针对不同供应商所供原料的最佳生产方案，中国的相关情况；化学级硅规格（有哪些？为什么有这些？如何做到？）；精炼工艺及相关工具；烧结工艺；粉碎工艺；炉子的电气管理（最佳的电压/电流组合）；电极管理；工厂的分析工具；总制造成本计算工具；有机硅、多晶硅及硅合金不同工艺路线对硅粉的质量要求；关键杂质的正确检测方法。

开化合成被责令停产整顿

12月20日晚，新安子公司开化合成在生产过程中因员工操作失误，导致空气中氯化氢气体浓度超标，引发周边村民到工厂区域聚集。据记者调查，是由于水解过程中产生的氯化氢不能被吸收，造成集中排放，引发负面影响。开化县环境检测站赶赴现场，相隔45min进行2次检测。结果显示空气中氯化氢气体浓度为1.03毫克/立方米、0.87毫克/立方米，超过国家标准19倍、16倍。几天后，开化合成收到当地环保局整改通知书，并要求立即停止生产，对造成事故性排放进行彻查整改，未经验收同意不得恢复生产。公司内部表示，目前正停产整改，通过验收后将择日恢复生产。此次事件也为业内同行敲响了警钟。

开化合成现拥有3万吨/年有机硅单体、2万吨/年三氯氢硅、4000吨/年苯基氯硅烷、3000吨/年白炭黑，另外在建9000吨/年硅烷偶联剂。2013年1～9月，该公司实现销售收入4.2亿元，实现净利润1200万元。本次停产整改对开化合成当期效益有一定影响，但不会对公司整体效益产生大的影响。

附录四　国务院《关于促进光伏产业健康发展的若干意见》

国发〔2013〕24号

各省、自治区、直辖市人民政府，国务院各部委、各直属机构：

发展光伏产业对调整能源结构、推进能源生产和消费革命、促进生态文明建设具有重要意义。为规范和促进光伏产业健康发展，现提出以下意见：

一、充分认识促进光伏产业健康发展的重要性

近年来，我国光伏产业快速发展，光伏电池制造产业规模迅速扩大，市场占有率位居世界前列，光伏电池制造达到世界先进水平，多晶硅冶炼技术日趋成熟，形成了包括硅材料及硅片、光伏电池及组件、逆变器及控制设备的完整制造产业体系。光伏发电国内应用市场逐步扩大，发电成本显著降低，市场竞争力明显提高。

当前，在全球光伏市场需求增速减缓、产品出口阻力增大、光伏产业发展不协调等多重因素作用下，我国光伏企业普遍经营困难。同时，我国光伏产业存在产能严重过剩、市场无序竞争，产品市场过度依赖外需、国内应用市场开发不足，技术创新能力不强、关键技术装备和材料发展缓慢，财政资金支持需要加强、补贴机制有待完善，行业管理比较薄弱、应用市场环境亟待改善等突出问题，光伏产业发展面临严峻形势。

光伏产业是全球能源科技和产业的重要发展方向，是具有巨大发展潜力的朝阳产业，也是我国具有国际竞争优势的战略性新兴产业。我国光伏产业当前遇到的问题和困难，既是对产业发展的挑战，也是促进产业调整升级的契机，特别是光伏发电成本大幅下降，为扩大国内市场提供了有利条件。要坚定信心，抓住机遇，开拓创新，毫不动摇地推进光伏产业持续健康发展。

二、总体要求

（一）指导思想

深入贯彻党的十八大精神，以邓小平理论、“三个代表”重要思想、科学发展观为指导，创新体制机制，完善支持政策，通过市场机制激发国内市场有效需求，努力巩固国际市场；健全标准体系，规范产业发展秩序，着力推进产业重组和转型升级；完善市场机制，加快技术进步，着力提高光伏产业发展质量和效益，为提升经济发展活力和竞争力作出贡献。

（二）基本原则

远近结合，标本兼治。在扩大光伏发电应用的同时，控制光伏制造总产能，加快淘汰落后产能，着力推进产业结构调整和技术进步。

统筹兼顾，综合施策。统筹考虑国内外市场需求、产业供需平衡、上下游协调等因素，采取综合措施解决产业发展面临的突出问题。

市场为主，重点扶持。发挥市场机制在推动光伏产业结构调整、优胜劣汰、优化布局以及开发利用方面的基础性作用。对不同光伏企业实行区别对待，重点支持技术水平高、市场竞争力强的骨干优势企业发展，淘汰劣质企业。

协调配合，形成合力。加强政策的协调配合和行业自律，支持地方创新发展方式，调动地方、企业和消费者的积极性，共同推动光伏产业发展。

（三）发展目标

把扩大国内市场、提高技术水平、加快产业转型升级作为促进光伏产业持续健康发展的根本出路和基本立足点，建立适应国内市场的光伏产品生产、销售和服务体系，形成有利于产业持续健康发展的法规、政策、标准体系和市场环境。2013～2015年，年均新增光伏发电装机容量1000万千瓦左右，到2015年总装机容量达到3500万千瓦以上。加快企业兼并重组，淘汰产品质量差、技术落后的生产企业，培育一批具有较强技术研发能力和市场竞争力的龙头企业。加快技术创新和产业升级，提高多晶硅等原材料自给能力和光伏电池制造技术水平，显著降低光伏发电成本，提高光伏产业竞争力。保持光伏产品在国际市场的合理份额，对外贸易和投融资合作取得新进展。

三、积极开拓光伏应用市场

（一）大力开拓分布式光伏发电市场

鼓励各类电力用户按照“自发自用，余量上网，电网调节”的方式建设分布式光伏发电系统。优先支持在用电价格较高的工商业企业、工业园区建设规模化的分布式光伏发电系统。支持在学校、医院、党政机关、事业单位、居民社区建筑和构筑物等推广小型分布式光伏发电系统。在城镇化发展过程中充分利用太阳能，结合建筑节能加强光伏发电应用，推进光伏建筑一体化建设，在新农村建设中支持光伏发电应用。依托新能源示范城市、绿色能源示范县、可再生能源建筑应用示范市（县），扩大分布式光伏发电应用，建设100个分布式光伏发电规模化应用示范区、1000个光伏发电应用示范小镇及示范村。开展适合分布式光伏发电运行特点和规模化应用的新能源智能微电网试点、示范项目建设，探索相应的电力管理体制和运行机制，形成适应分布式光伏发电发展的建设、运行和消费新体系。支持偏远地区及海岛利用光伏发电解决无电和缺电问题。鼓励在城市路灯照明、城市景观以及通讯基站、交通信号灯等领域推广分布式光伏电源。

（二）有序推进光伏电站建设

按照“合理布局、就近接入、当地消纳、有序推进”的总体思路，根据当地电力市场发展和能源结构调整需要，在落实市场消纳条件的前提下，有序推进各种类型的光伏电站建设。鼓励利用既有电网设施按多能互补方式建设光伏电站。协调光伏电站与配套电网规划和建设，保证光伏电站发电及时并网和高效利用。

（三）巩固和拓展国际市场

积极妥善应对国际贸易摩擦，推动建立公平合理的国际贸易秩序。加强对话协商，推动全球产业合作，规范光伏产品进出口秩序。鼓励光伏企业创新国际贸易方式，优化制造产地分布，在境外开展投资生产合作。鼓励企业实施“引进来”和“走出去”战略，集聚全球创新资源，促进光伏企业国际化发展。

四、加快产业结构调整和技术进步

（一）抑制光伏产能盲目扩张

严格控制新上单纯扩大产能的多晶硅、光伏电池及组件项目。光伏制造企业应拥有先进技术和较强的自主研发能力，新上光伏制造项目应满足单晶硅光伏电池转换效率不低于20%、多晶硅光伏电池转换效率不低于18%、薄膜光伏电池转换效率不低于12%，多晶硅生产综合电耗不高于100千瓦时/千克。加快淘汰能耗高、物料循环利用不完善、环保不达标的多晶硅产能，在电力净输入地区严格控制建设多晶硅项目。

（二）加快推进企业兼并重组

利用“市场倒逼”机制，鼓励企业兼并重组。加强政策引导和推动，建立健全淘汰落后产能长效机制，加快关停淘汰落后光伏产能。重点支持技术水平高、市场竞争力强的多晶硅和光伏电池制造企业发展，培育形成一批综合能耗低、物料消耗少、具有国际竞争力的多晶硅制造企业和技术研发能力强、具有自主知识产权和品牌优势的光伏电池制造企业。引导多晶硅产能向中西部能源资源优势地区聚集，鼓励多晶硅制造企业与先进化工企业合作或重组，降低综合电耗、提高副产品综合利用率。

（三）加快提高技术和装备水平

通过实施新能源集成应用工程，支持高效率晶硅电池及新型薄膜电池、电子级多晶硅、四氯化硅闭环循环装置、高端切割机、全自动丝网印刷机、平板式镀膜工艺、高纯度关键材料等的研发和产业化。提高光伏逆变器、跟踪系统、功率预测、集中监控以及智能电网等技术和装备水平，提高光伏发电的系统集成技术能力。支持企业开发硅材料生产新工艺和光伏新产品、新技术，支持骨干企业建设光伏发电工程技术研发和试验平台。支持高等院校和企业培养光伏产业相关专业人才。

（四）积极开展国际合作

鼓励企业加强国际研发合作，开展光伏产业前沿、共性技术联合研发。鼓励有条件的国内光伏企业和基地与国外研究机构、产业集群建立战略合作关系。支持有关科研院所和企业建立国际化人才引进和培养机制，重点培养创新能力强的高端专业技术人才和综合管理人才。积极参与光伏行业国际标准制定，加大自主知识产权标准体系海外推广，推动检测认证国际互认。

五、规范产业发展秩序

（一）加强规划和产业政策指导

根据光伏产业发展需要，编制实施光伏产业发展规划。各地区可根据国家光伏产业发展规划和本地区发展需要，编制实施本地区相关规划及实施方案。加强全国规划与地方规划、制造产业与发电应用、光伏发电与配套电网建设的衔接和协调。加强光伏发电规划和年度实施指导。完善光伏电站和分布式光伏发电项目建设管理制度，促进光伏发电有序发展。

（二）推进标准化体系和检测认证体系建设

建立健全光伏材料、电池及组件、系统及部件等标准体系，完善光伏发电系统及相关电网技术标准体系。制定完善适合不同气候区及建筑类型的建筑光伏应用标准体系，在城市规划、建筑设计和旧建筑改造中统筹考虑光伏发电应用。加强硅材料及硅片、光伏电池及组件、逆变器及控制设备等产品的检测和认证平台建设，健全光伏产品检测和认证体系，及时发布符合标准的光伏产品目录。开展太阳能资源观测与评价，建立太阳能信息数据库。

（三）加强市场监管和行业管理

制定完善并严格实施光伏制造行业规范条件，规范光伏市场秩序，促进落后产能退出市场，提高产业发展水平。实行光伏电池组件、逆变器、控制设备等关键产品检测认证制度，未通过检测认证的产品不准进入市场。严格执行光伏电站设备采购、设计监理和工程建设招投标制度，反对不正当竞争，禁止地方保护。完善光伏发电工程建设、运行技术岗位资质管

理。加强光伏发电电网接入和运行监管。建立光伏产业发展监测体系，及时发布产业发展信息。加强对《中华人民共和国可再生能源法》及配套政策的执法监察。地方各级政府不得以征收资源使用费等名义向太阳能发电企业收取法律法规规定之外的费用。

六、完善并网管理和服务

（一）加强配套电网建设

电网企业要加强与光伏发电相适应的电网建设和改造，保障配套电网与光伏发电项目同步建成投产。积极发展融合先进储能技术、信息技术的微电网和智能电网技术，提高电网系统接纳光伏发电的能力。接入公共电网的光伏发电项目，其接网工程以及接入引起的公共电网改造部分由电网企业投资建设。接入用户侧的分布式光伏发电，接入引起的公共电网改造部分由电网企业投资建设。

（二）完善光伏发电并网运行服务

各电网企业要为光伏发电提供并网服务，优化系统调度运行，优先保障光伏发电运行，确保光伏发电项目及时并网，全额收购所发电量。简化分布式光伏发电的电网接入方式和管理程序，公布分布式光伏发电并网服务流程，建立简捷高效的并网服务体系。对分布式光伏发电项目免收系统备用容量费和相关服务费用。加强光伏发电电网接入和并网运行监管。

七、完善支持政策

（一）大力支持用户侧光伏应用

开放用户侧分布式电源建设，支持和鼓励企业、机构、社区和家庭安装、使用光伏发电系统。鼓励专业化能源服务公司与用户合作，投资建设和经营管理为用户供电的光伏发电及相关设施。对分布式光伏发电项目实行备案管理，豁免分布式光伏发电应用发电业务许可。对不需要国家资金补贴的分布式光伏发电项目，如具备接入电网运行条件，可放开规模建设。分布式光伏发电全部电量纳入全社会发电量和用电量统计，并作为地方政府和电网企业业绩考核指标。自发自用发电量不计入阶梯电价适用范围，计入地方政府和用户节能量。

（二）完善电价和补贴政策

对分布式光伏发电实行按照电量补贴的政策。根据资源条件和建设成本，制定光伏电站分区域上网标杆电价，通过招标等竞争方式发现价格和补贴标准。根据光伏发电成本变化等因素，合理调减光伏电站上网电价和分布式光伏发电补贴标准。上网电价及补贴的执行期限原则上为 20 年。根据光伏发电发展需要，调整可再生能源电价附加征收标准，扩大可再生能源发展基金规模。光伏发电规模与国家可再生能源发展基金规模相协调。

（三）改进补贴资金管理

严格可再生能源电价附加征收管理，保障附加资金应收尽收。完善补贴资金支付方式和程序，对光伏电站，由电网企业按照国家规定或招标确定的光伏发电上网电价与发电企业按月全额结算；对分布式光伏发电，建立由电网企业按月转付补贴资金的制度。中央财政按季度向电网企业预拨补贴资金，确保补贴资金及时足额到位。鼓励各级地方政府利用财政资金支持光伏发电应用。

（四）加大财税政策支持力度

完善中央财政资金支持光伏产业发展的机制，加大对太阳能资源测量、评价及信息系统建设、关键技术装备材料研发及产业化、标准制定及检测认证体系建设、新技术应用示范、农村和牧区光伏发电应用以及无电地区光伏发电项目建设的支持。对分布式光伏发电自发自用电量免收可再生能源电价附加等针对电量征收的政府性基金。企业研发费用符合有关条件的，可按照税法规定在计算应纳税所得额时加计扣除。企业符合条件的兼并重组，可以按照现行税收政策规定，享受税收优惠政策。

（五）完善金融支持政策

金融机构要继续实施“有保有压”的信贷政策，支持具有自主知识产权、技术先进、发展潜力大的企业做优做强，对有市场、有订单、有效益、有信誉的光伏制造企业提供信贷支持。根据光伏产业特点和企业资金运转周期，按照风险可控、商业可持续、信贷准入可达标的原则，采取灵活的信贷政策，支持优质企业正常生产经营，支持技术创新、兼并重组和境外投资等具有竞争优势的项目。创新金融产品和服务，支持中小企业和家庭自建自用分布式光伏发电系统。严禁资金流向盲目扩张产能项目和落后产能项目建设，对国家禁止建设的、不符合产业政策的光伏制造项目不予信贷支持。

（六）完善土地支持政策和建设管理

对利用戈壁荒滩等未利用土地建设光伏发电项目的，在土地规划、计划安排时予以适度倾斜，不涉及转用的，可不占用土地年度计划指标。探索采用租赁国有未利用土地的供地方式，降低工程的前期投入成本。光伏发电项目使用未利用土地的，依法办理用地审批手续后，可采取划拨方式供地。完善光伏发电项目建设管理并简化程序。

八、加强组织领导

各有关部门要根据本意见要求，按照职责分工抓紧制定相关配套文件，完善光伏发电价格、税收、金融信贷和建设用地等配套政策，确保各项任务措施的贯彻实施。各省级人民政府要加强对本地区光伏产业发展的管理，结合实际制定具体实施方案，落实政策，引导本地区光伏产业有序协调发展。健全行业组织机构，充分发挥行业组织在加强行业自律、推广先进技术和管理经验、开展统计监测和研究制定标准等方面的作用。加强产业服务，建立光伏产业监测体系，及时发布行业信息，搭建银企沟通平台，引导产业健康发展。

国务院　2013年7月4日

附录五　国家发改委修改《产业结构调整指导目录(2011年本)》

国家发展和改革委员会令第21号

为更好地适应转变经济发展方式的需要，根据《国务院关于发布实施＜促进产业结构调整暂行规定＞的决定》（国发［2005］40号），我委会同国务院有关部门对《产业结构调整指导目录（2011年本）》有关条目进行了调整，形成了《国家发展改革委关于修改＜产业结构调整指导目录（2011年本）＞有关条款的决定》，现予公布，自2013年5月1日起施行。法律、行政法规和国务院文件对产业结构调整另有规定的，从其规定。

主任：张　平

2013年2月16日

国家发展改革委关于修改《产业结构调整指导目录（2011年本）》有关条款的决定

一、鼓励类“四、电力”第3项“采用30万千瓦及以上集中供热机组的热电联产，以及热、电、冷多联产”修改为“采用背压（抽背）型热电联产、热电冷多联产、30万千瓦及以上热电联产机组”。

二、鼓励类“五、新能源”增加“海上风电机组技术开发与设备制造”作为第11项。

三、鼓励类“五、新能源”增加“海上风电场建设与设备制造”作为第12项。

四、鼓励类“六、核能”增加“核电站应急抢险技术和设备”作为第12项。

五、鼓励类“十九、轻工”第15项“二色及二色以上金属板印刷机及配套光固化（UV）设备；高速食品饮料罐制造生产线及配套设备；高速金属薄板覆膜设备及覆膜铁食品饮料罐加工设备”修改为“二色及二色以上金属板印刷、配套光固化（UV）、薄板覆膜和高速食品饮料罐加工及配套设备制造”。

六、鼓励类“二十、纺织”第1项“差别化、功能性聚酯（PET）的连续共聚改性［阳离子染料可染聚酯（CDP、ECDP）、碱溶性聚酯（COPET）、高收缩聚酯（HSPET）、阻燃聚酯、低熔点聚酯等］；熔体直纺在线添加等连续化工艺生产差别化、功能性纤维（抗静电、抗紫外、有色纤维等）；智能化、超仿真等差别化、功能性聚酯（PET）及纤维生产；腈纶、锦纶、氨纶、粘胶纤维等其他化学纤维品种的差别化、功能性改性纤维生产”修改为“差别化、功能性聚酯（PET）的连续共聚改性［阳离子染料可染聚酯（CDP、ECDP）、碱溶性聚酯（COPET）、高收缩聚酯（HSPET）、阻燃聚酯、低熔点聚酯等］；熔体直纺在线添加等连续化工艺生产差别化、功能性纤维（抗静电、抗紫外、有色纤维等）；智能化、超仿真等差别化、功能性聚酯（PET）及纤维生产（东部地区限于技术改造）腈纶、锦纶、氨纶、粘胶纤维等其他化学纤维品种的差别化、功能性改性纤维生产”

七、鼓励类“二十、纺织”第6项“采用紧密纺、低扭矩纺、赛络纺、嵌入式纺纱等高速、新型纺纱技术生产多品种纤维混纺纱线及采用自动络筒、细络联、集体落纱等自动化设备生产高品质纱线”修改为“采用紧密纺、低扭矩纺、赛络纺、嵌入式纺纱等高速、新型纺纱技术生产多品种纤维混纺纱线及采用自动络筒、细络联、集体落纱等自动化设备生产高品质纱线（东部地区限于技术改造，新建和扩建除外）”。

八、鼓励类“三十二、商务服务业”第 2 项“经济、管理、信息、会计、税务、审计、法律、节能、环保等咨询与服务”修改为“经济、管理、信息、会计、税务、鉴证（含审计服务）、法律、节能、环保等咨询与服务”。

九、鼓励类“三十九、公共安全与应急产品”第 19 项“大型公共建筑、高层建筑、森林、水上和地下设施消防灭火救援技术与产品”修改为“大型公共建筑、高层建筑、石油化工设施、森林、山岳、水域和地下设施消防灭火救援技术与产品”。

十、鼓励类“三十九、公共安全与应急产品”第 22 项“破拆、切割、疏堵、提升、投送等高效救援产品”修改为“侦检、破拆、救生、照明、排烟、堵漏、输转、洗消、提升、投送等高效救援产品”。

十一、鼓励类“三十九、公共安全与应急产品”增加“登高平台消防车、举高喷射消防车、机场消防车、森林消防车、城市轨道交通专用消防车”作为第 44 项。

十二、鼓励类“三十九、公共安全与应急产品”增加“具有灭火、侦查、排烟、救助等功能的消防机器人”作为第 45 项。

十三、鼓励类“三十九、公共安全与应急产品”增加“公称直径≥150mm 的消防水带、人工合成橡胶衬里消防水带”作为第 46 项。

十四、鼓励类“三十九、公共安全与应急产品”增加“水性钢结构防火涂料、预制组合式钢结构防火构件”作为第 47 项。

十五、鼓励类“三十九、公共安全与应急产品”增加“不燃外保温材料、阻燃制品”作为第 48 项。

十六、鼓励类“三十九、公共安全与应急产品”增加“用于哈龙替代的合成类气体灭火剂、泡沫灭火剂氟表面活性剂替代物、建筑外保温材料高效灭火剂、无磷类阻燃剂、塑胶及合成类纺织品高效灭火剂、金属火灾专用灭火剂”作为第 49 项。

十七、鼓励类“三十九、公共安全与应急产品”增加“洁净气体灭火系统、探火管灭火装置、风力发电装置专用灭火系统”作为第 50 项。

十八、鼓励类“三十九、公共安全与应急产品”增加“使用节能环保新型光源的消防应急照明和疏散指示产品”作为第 51 项。

十九、限制类“三、电力”第 3 项“直接向江河排放冷却水的火电机组”删除。

二十、限制类“十一、机械”第 15 项“电线、电缆制造项目（用于新能源、信息产业、航天航空、轨道交通、海洋工程等领域的特种电线电缆除外）”修改为“6 千伏及以上（陆上用）干法交联电力电缆制造项目”。

二十一、限制类“十一、机械”第 25 项“220 千伏及以下高、中、低压开关柜制造项目（使用环保型中压气体的绝缘开关柜除外）”修改为“220 千伏及以下高、中、低压开关柜制造项目（使用环保型中压气体的绝缘开关柜以及用于爆炸性环境的防爆型开关柜除外）”。

二十二、限制类“十三、纺织”第 1 项“单线产能小于 10 万吨/年的常规聚酯（PET）连续聚合生产装置”修改为“单线产能小于 20 万吨/年的常规聚酯（PET）连续聚合生产装置”。

二十三、限制类“十五、消防”第 1 项“火灾自动报警设备”修改为“火灾报警控制器（包括联动型、独立型、区域型、集中型、集中区域兼容型）、消防联动控制器、点型感

烟/温火灾探测器（独立式除外）、点型红外/紫外火焰探测器（独立式除外）、手动火灾报警按钮”。

二十四、限制类“十五、消防”第2项“灭火器项目”修改为“干粉灭火器、二氧化碳灭火器”。

二十五、限制类“十五、消防”第3项“碳酸氢钠干粉（BC）和环保型水系灭火剂”修改为“碳酸氢钠干粉灭火剂（BC）、磷酸铵盐干粉灭火剂（ABC）”。

二十六、限制类“十五、消防”第4项“防火门项目”修改为“防火阀门（包括防火阀、排烟阀、排烟防火阀）、木质防火门、采用酸洗磷化生产工艺的钢质和钢木质防火门、新建初始规模小于6万平方米/年的防火卷帘项目”。

二十七、限制类“十五、消防”第5项“消防水带项目”修改为“天然橡胶有衬里消防水带、无衬里消防水带、消防软管卷盘、消防湿水带、PVC衬里消防水带”。

二十八、限制类“十五、消防”第6项“消防栓（室内、外）项目”修改为“室内消火栓、室外消火栓、消防水泵接合器的翻砂生产、加工、装配工艺”。

二十九、限制类“十五、消防”第7项“普通消防车（罐类、专项类）项目”修改为“水罐消防车、泡沫消防车、供水消防车、供液消防车、泵浦类消防车”。

三十、限制类“十五、消防”增加“防火封堵材料、溶剂型钢结构防火涂料、饰面型防火涂料、电缆防火涂料”作为第8项。

三十一、淘汰类“一、落后生产工艺装备”“（三）电力”第3项“以发电为主的燃油锅炉及发电机组（5万千瓦及以下）”修改为“以发电为主的燃油锅炉及发电机组”。

三十二、淘汰类“一、落后生产工艺装备”“（四）石化”第10项“氯氟烃（CFCs）、含氢氯氟烃（HCFCs）、用于清洗的1，1，1-三氯乙烷（甲基氯仿）、主产四氯化碳（CTC）、以四氯化碳（CTC）为加工助剂的所有产品、以PFOA为加工助剂的含氟聚合物、含滴滴涕的油漆、采用滴滴涕为原料非封闭生产三氯杀螨醇生产装置（根据国家履行国际公约总体计划要求进行淘汰）”修改为“氯氟烃（CFCs）、含氢氯氟烃（HCFCs）、用于清洗的1，1，1-三氯乙烷（甲基氯仿）、主产四氯化碳（CTC）、以四氯化碳（CTC）为加工助剂的所有产品、以PFOA为加工助剂的含氟聚合物、含滴滴涕的涂料、采用滴滴涕为原料非封闭生产三氯杀螨醇生产装置（根据国家履行国际公约总体计划要求进行淘汰）”。

三十三、淘汰类“一、落后生产工艺装备”“（五）钢铁”第24项“冷轧带肋钢筋生产装备”修改为“单机产能1万吨及以下的冷轧带肋钢筋生产装备（2012年，高延性冷轧带肋钢筋生产装备除外）”。

三十四、淘汰类“一、落后生产工艺装备”“（十二）轻工”第5项“直接接触饮料和食品的聚氯乙烯（PVC）包装制品”删除。

三十五、淘汰类“一、落后生产工艺装备”“（十七）其他”第1项“含氰电镀工艺（电镀金、银、铜基合金及予镀铜打底工艺，暂缓淘汰）”修改为“含有毒有害氰化物电镀工艺［氰化金钾电镀金及氰化亚金钾镀金（2014年）；银、铜基合金及予镀铜打底工艺（暂缓淘汰）］”。

三十六、淘汰类“二、落后产品”“（九）轻工”第6项“一次性发泡塑料餐具”删除。

附录六　新材料产业“十二五”发展规划

前　言

材料工业是国民经济的基础产业，新材料是材料工业发展的先导，是重要的战略性新兴产业。“十二五”时期，是我国材料工业由大变强的关键时期。加快培育和发展新材料产业，对于引领材料工业升级换代，支撑战略性新兴产业发展，保障国家重大工程建设，促进传统产业转型升级，构建国际竞争新优势具有重要的战略意义。

根据《中华人民共和国国民经济和社会发展第十二个五年规划纲要》和《国务院关于加快培育和发展战略性新兴产业的决定》的总体部署，工业和信息化部会同发展改革委、科技部、财政部等有关部门和单位编制了《新材料产业“十二五”发展规划》。本规划是指导未来五年新材料产业发展的纲领性文件，是配置政府公共资源和引导企业决策的重要依据。

专栏 1　新材料的定义与范围

新材料涉及领域广泛，一般指新出现的具有优异性能和特殊功能的材料，或是传统材料改进后性能明显提高和产生新功能的材料，主要包括新型功能材料、高性能结构材料和先进复合材料，其范围随着经济发展、科技进步、产业升级不断发生变化。为突出重点，本规划主要包括以下六大领域：①特种金属功能材料。具有独特的声、光、电、热、磁等性能的金属材料。②高端金属结构材料。较传统金属结构材料具有更高的强度、韧性和耐高温、抗腐蚀等性能的金属材料。③先进高分子材料。具有相对独特物理化学性能、适宜在特殊领域或特定环境下应用的人工合成高分子新材料。④新型无机非金属材料。在传统无机非金属材料基础上新出现的具有耐磨、耐腐蚀、光电等特殊性能的材料。⑤高性能复合材料。由两种或两种以上异质、异型、异性材料（一种作为基体，其他作为增强体）复合而成的具有特殊功能和结构的新型材料。⑥前沿新材料。当前以基础研究为主，未来市场前景广阔，代表新材料科技发展方向，具有重要引领作用的材料。

一、发展现状和趋势

（一）产业现状

经过几十年奋斗，我国新材料产业从无到有，不断发展壮大，在体系建设、产业规模、技术进步等方面取得明显成就，为国民经济和国防建设做出了重大贡献，具备了良好发展基础。

新材料产业体系初步形成。我国新材料研发和应用发端于国防科技工业领域，经过多年发展，新材料在国民经济各领域的应用不断扩大，初步形成了包括研发、设计、生产和应用，品种门类较为齐全的产业体系。

新材料产业规模不断壮大。进入新世纪以来，我国新材料产业发展迅速，2010 年我国

新材料产业规模超过 6500 亿元，与 2005 年相比年均增长约 20%。其中，稀土功能材料、先进储能材料、光伏材料、有机硅、超硬材料、特种不锈钢、玻璃纤维及其复合材料等产能居世界前列。

部分关键技术取得重大突破。我国自主开发的钽铌铍合金、非晶合金、高磁感取向硅钢、二苯基甲烷二异氰酸酯（MDI）、超硬材料、间位芳纶和超导材料等生产技术已达到或接近国际水平。新材料品种不断增加，高端金属结构材料、新型无机非金属材料和高性能复合材料保障能力明显增强，先进高分子材料和特种金属功能材料自给水平逐步提高。

但是，我国新材料产业总体发展水平仍与发达国家有较大差距，产业发展面临一些亟待解决的问题，主要表现在：新材料自主开发能力薄弱，大型材料企业创新动力不强，关键新材料保障能力不足；产学研用相互脱节，产业链条短，新材料推广应用困难，产业发展模式不完善；新材料产业缺乏统筹规划和政策引导，研发投入少且分散，基础管理工作比较薄弱。

（二）发展趋势

当今世界，科技革命迅猛发展，新材料产品日新月异，产业升级、材料换代步伐加快。新材料技术与纳米技术、生物技术、信息技术相互融合，结构功能一体化、功能材料智能化趋势明显，材料的低碳、绿色、可再生循环等环境友好特性倍受关注。发达国家高度重视新材料产业的培育和发展，具有完善的技术开发和风险投资机制，大型跨国公司以其技术研发、资金、人才和专利等优势，在高技术含量、高附加值新材料产品中占据主导地位，对我国新材料产业发展构成较大压力。

从国内看，“十二五”是全面建设小康社会的关键时期，是加快转变经济发展方式的攻坚时期，经济结构战略性调整为新材料产业提供了重要发展机遇。一方面，加快培育和发展节能环保、新一代信息技术、高端装备制造、新能源和新能源汽车等战略性新兴产业，实施国民经济和国防建设重大工程，需要新材料产业提供支撑和保障，为新材料产业发展提供了广阔市场空间；另一方面，我国原材料工业规模巨大，部分行业产能过剩，资源、能源、环境等约束日益强化，迫切需要大力发展新材料产业，加快推进材料工业转型升级，培育新的增长点。

专栏 2　战略性新兴产业对部分新材料的需求预测

01	新能源 “十二五”期间，我国风电新增装机 6000 万千瓦以上，建成太阳能电站 1000 万千瓦以上，核电运行装机达到 4000 万千瓦，预计共需要稀土永磁材料 4 万吨、高性能玻璃纤维 50 万吨、高性能树脂材料 90 万吨，多晶硅 8 万吨、低铁绒面压延玻璃 6000 万平方米，需要核电用钢 7 万吨/年，核级锆材 1200 吨/年、锆及锆合金铸锭 2000 吨/年。
02	节能和新能源汽车 2015 年，新能源汽车累计产销量将超过 50 万辆，需要能量型动力电池模块 150 亿瓦时/年、功率型 30 亿瓦时/年、电池隔膜 1 亿平方米/年、六氟磷酸锂电解质盐 1000 吨/年、正极材料 1 万吨/年、碳基负极材料 4000 吨/年；乘用车需求超过 1200 万辆，需要铝合金板材约 17 万吨/年、镁合金 10 万吨/年。
03	高端装备制造 “十二五”期间，航空航天、轨道交通、海洋工程等高端装备制造业，预计需要各类轴承钢 180 万吨/年、油船耐腐蚀合金钢 100 万吨/年、轨道交通大规格铝合金型材 4 万吨/年、高精度可转位硬质合金切削工具材料 5000 吨。到 2020 年，大型客机等航空航天产业发展需要高性能铝材 10 万吨/年，碳纤维及其复合材料应用比重将大幅增加。
04	新一代信息技术 预计到 2015 年，需要 8 英寸硅单晶抛光片约 800 万片/年、12 英寸硅单晶抛光片 480 万片/年，平板显示玻璃基板约 1 亿平方米/年，TFT 混合液晶材料 400 吨/年。

续

05	节能环保 “十二五”期间，稀土三基色荧光灯年产量将超过30亿只，需要稀土荧光粉约1万吨/年；新型墙体材料需求将超过230亿平方米/年，保温材料产值将达1200亿元/年；火电烟气脱硝催化剂及载体需求将达到40亿元/年，耐高温、耐腐蚀袋式除尘滤材和水处理膜材料等市场需求将大幅增长。
06	生物产业 2015年，预计需要人工关节50万套/年、血管支架120万个/年，眼内人工晶体100万个/年，医用高分子材料、生物陶瓷、医用金属等材料需求将大幅增加。可降解塑料需要聚乳酸(PLA)等5万吨/年、淀粉塑料10万吨/年。

二、总体思路

（一）指导思想

深入贯彻落实科学发展观，按照加快培育发展战略性新兴产业的总体要求，紧紧围绕国民经济和社会发展重大需求，以加快材料工业升级换代为主攻方向，以提高新材料自主创新能力为核心，以新型功能材料、高性能结构材料和先进复合材料为发展重点，通过产学研用相结合，大力推进科技含量高、市场前景广、带动作用强的新材料产业化规模化发展，加快完善新材料产业创新发展政策体系，为战略性新兴产业发展、国家重大工程建设和国防科技工业提供支撑和保障。

（二）基本原则

坚持市场导向。遵循市场经济规律，突出企业的市场主体地位，充分发挥市场配置资源的基础作用，重视新材料推广应用和市场培育。准确把握新材料产业发展趋势，加强新材料产业规划实施和政策制定，积极发挥政府部门在组织协调、政策引导、改善市场环境中的重要作用。

坚持突出重点。新材料品种繁多、需求广泛，要统筹规划、整体部署，在鼓励各类新材料的研发生产和推广应用的基础上，重点围绕经济社会发展重大需求，组织实施重大工程，突破新材料规模化制备的成套技术与装备，加快发展产业基础好、市场潜力大、保障程度低的关键新材料。

坚持创新驱动。创新是新材料产业发展的核心环节，要强化企业技术创新主体地位，激发和保护企业创新积极性，完善技术创新体系，通过原始创新、集成创新和引进消化吸收再创新，突破一批关键核心技术，加快新材料产品开发，提升新材料产业创新水平。

坚持协调推进。加强新材料与下游产业的相互衔接，充分调动研发机构、生产企业和终端用户积极性。加强新材料产业与原材料工业融合发展，在原材料工业改造提升中，不断催生新材料，在新材料产业创新发展中，不断带动材料工业升级换代。加快军民共用材料技术双向转移，促进新材料产业军民融合发展。

坚持绿色发展。牢固树立绿色、低碳发展理念，重视新材料研发、制备和使役全过程的环境友好性，提高资源能源利用效率，促进新材料可再生循环，改变高消耗、高排放、难循环的传统材料工业发展模式，走低碳环保、节能高效、循环安全的可持续发展道路。

（三）发展目标

到2015年，建立起具备一定自主创新能力、规模较大、产业配套齐全的新材料产业体系，突破一批国家建设急需、引领未来发展的关键材料和技术，培育一批创新能力强、具有核心竞争力的骨干企业，形成一批布局合理、特色鲜明、产业集聚的新材料产业基地，新材料对材料工业结构调整和升级换代的带动作用进一步增强。

到2020年，建立起具备较强自主创新能力和可持续发展能力、产学研用紧密结合的新材料产业体系，新材料产业成为国民经济的先导产业，主要品种能够满足国民经济和国防建设的需要，部分新材料达到世界领先水平，材料工业升级换代取得显著成效，初步实现材料大国向材料强国的战略转变。

专栏3　“十二五”新材料产业预期发展目标

01	产业规模 总产值达到2万亿元，年均增长率超过25%。
02	创新能力 研发投入明显增加，重点新材料企业研发投入占销售收入比重达到5%。建成一批新材料工程技术研发和公共服务平台。
03	产业结构 打造10个创新能力强、具有核心竞争力、新材料销售收入超150亿元的综合性龙头企业，培育20个新材料销售收入超过50亿元的专业性骨干企业，建成若干主业突出、产业配套齐全、年产值超过300亿元的新材料产业基地和产业集群。
04	保障能力 新材料产品综合保障能力提高到70%，关键新材料保障能力达到50%，实现碳纤维、钛合金、耐蚀钢、先进储能材料、半导体材料、膜材料、丁基橡胶、聚碳酸酯等关键品种产业化、规模化。
05	材料换代 推广30个重点新材料品种，实施若干示范推广应用工程。

三、发展重点

（一）特种金属功能材料

稀土功能材料。以提高稀土新材料性能、扩大高端领域应用、增加产品附加值为重点，充分发挥我国稀土资源优势，壮大稀土新材料产业规模。大力发展超高性能稀土永磁材料、稀土发光材料，积极开发高比容量、低自放电、长寿命的新型储氢材料，提高研磨抛光材料产品档次，提升现有催化材料性能和制备技术水平。

稀有金属材料。充分发挥我国稀有金属资源优势，提高产业竞争力。积极发展高纯稀有金属及靶材，大规格钼电极、高品质钼丝、高精度钨窄带、钨钼大型板材和制件、高纯铼及合金制品等高技术含量深加工材料。加快促进超细纳米晶、特粗晶粒等高性能硬质合金产业化，提高原子能级锆材和银铟镉控制棒、高比容钽粉、高效贵金属催化材料发展水平。

半导体材料。以高纯度、大尺寸、低缺陷、高性能和低成本为主攻方向，逐步提高关键材料自给率。开发电子级多晶硅、大尺寸单晶硅、抛光片、外延片等材料，积极开发氮化镓、砷化镓、碳化硅、磷化铟、锗、绝缘体上硅（SOI）等新型半导体材料，以及铜铟镓硒、铜铟硫、碲化镉等新型薄膜光伏材料，推进高效、低成本光伏材料产业化。

其他功能合金。加快高磁感取向硅钢和铁基非晶合金带材推广应用。积极开发高导热铜合金引线框架、键合丝、稀贵金属钎焊材料、铟锡氧化物（ITO）靶材、电磁屏蔽材料，满足信息产业需要。促进高强高导、绿色无铅新型铜合金接触导线规模化发展，满足高速铁路需要。进一步推动高磁导率软磁材料、高导电率金属材料及相关型材的标准化和系列化，提高电磁兼容材料产业化水平。开发推广耐高温、耐腐蚀铁铬铝金属纤维多孔材料，满足高温烟气处理等需求。

专栏 4　特种金属功能材料关键技术和装备

01	稀土功能材料技术 开发高纯稀土金属集成化提纯、磁能积加矫顽力大于 65 的永磁材料、高容量大功率储能材料、稀土合金快冷厚带等生产技术。
02	稀有金属材料技术 开发多元合金熔炼、大型合金铸锭成分均匀化控制、中间合金制备、超高纯(≥6N)金属加工及清洗、大尺寸超高纯金属靶材微观组织控制、硬质合金全致密化烧结及涂层沉积定向控制等技术。
03	半导体材料技术 实现 8 英寸、12 英寸硅单晶生长及硅片加工产业化,突破 12 英寸硅片外延生长等技术,开发多晶硅绿色生产工艺。
04	其他功能合金技术 开发新一代非晶带材高速连铸工艺、薄规格(0.18～0.20mm)高磁感取向硅钢生产技术、超细超纯铜合金制备加工工艺。
05	特种金属功能材料关键装备 12～18 英寸硅单晶生长的直拉磁场单晶炉,线切割机,高频电磁感应快速加热装置,等静压成套设备,大尺寸、超高真空、超高温烧结炉,熔盐电解精炼设备,高功率电子束熔炼炉,大型化学气相沉积炉等。

(二) 高端金属结构材料

高品质特殊钢。以满足装备制造和重大工程需求为目标，发展高性能和专用特种优质钢材。重点发展核电大型锻件、特厚钢板、换热管、堆内构件用钢及其配套焊接材料，加快发展超超临界锅炉用钢及高温高压转子材料、特种耐腐蚀油井管及造船板、建筑桥梁用高强钢筋和钢板，实现自主化。积极发展节镍型高性能不锈钢、高强汽车板、高标准轴承钢、齿轮钢、工模具钢、高温合金及耐蚀合金材料。

专栏 5　重大装备关键配套金属结构材料

01	电力 核电用汽轮机转子锻件、发电机转轴锻件、承压壳体材料、换热管材、堆内构件材料、锆合金包壳管等;超超临界火电机组锅炉管、叶片、转子;燃机用高温合金叶片、高温合金轮盘锻件;水电机组用大轴锻件、抗撕裂钢板、薄镜板锻件等。
02	交通运输 轨道列车用大型多孔异型空心铝合金型材、高速铁路车轮车轴及轴承用钢;车辆用第三代汽车钢及超高强钢、高品质铝合金车身板、变截面轧制板、大型镁合金压铸件、型材及宽幅板材等。
03	船舶及海洋工程 船用高强度易焊接宽厚板、特种耐腐蚀船板、货油舱和压载舱等相关耐蚀管系材料、殷瓦钢等;海洋工程用高强度特厚齿条钢、大口径高强度无缝管、不锈钢管及配件、深水系泊链、超高强度钢等。
04	航空航天 高强、高韧、高耐损伤容限铝合金厚、中、薄板,大规格锻件、型材、大型复杂结构铝材焊接件、铝锂合金、大型钛合金材、高温合金、高强高韧钢等。

新型轻合金材料。以轻质、高强、大规格、耐高温、耐腐蚀、耐疲劳为发展方向，发展高性能铝合金、镁合金和钛合金，重点满足大飞机、高速铁路等交通运输装备需求。积极开发高性能铝合金品种及大型铝合金材加工工艺及装备，加快镁合金制备及深加工技术开发，开展镁合金在汽车零部件、轨道列车等领域的应用示范。积极发展高性能钛合金、大型钛板、带材和焊管等。

专栏 6　高端金属结构材料关键技术和装备

01	高品质特殊钢技术 开发超高纯铁(S+P<35ppm)冶炼、大规格铸锭熔铸、大锻件最佳化学成分配比、成型和热处理工艺技术，低成本、低能耗高品质特钢流程技术。
02	新型轻合金材料技术 发展高洁净、高均匀性合金冶炼和凝固技术，大规格铸锭均质化半连铸技术，大型材等温挤压、拉伸与校正技术，复杂锻件等温模锻、铝合金板材新型轧制、中厚板(80～200mm)固溶淬火、预拉伸与多级时效技术，高性能铸造镁合金及高强韧变形镁合金制备、低成本镁合金大型型材和宽幅板材加工、腐蚀控制及防护技术，钛合金冷床炉熔炼、15 吨以上铸锭加工、2 吨以上模锻件锻压、型材挤压、异型管棒丝材成型和残料回收技术。
03	高端金属结构材料关键装备 开发高功率(单枪功率≥500kW)电子束炉和等离子炉，大型特钢精炼真空电渣炉，高纯净大规格铝锭半连铸装备，等温模锻、等温挤压、固溶淬火、三级时效等装备，大型厚板预拉伸、时效成型热压及超声摩擦搅拌焊接装备，8 吨以上钛合金熔炼真空自耗电弧炉，30MN 以上镁合金压铸机和挤压机，大面积等温焊接等成套装备。

（三）先进高分子材料

特种橡胶。自主研发和技术引进并举，走精细化、系列化路线，大力开发新产品、新牌号，改善产品质量，努力扩大规模，力争到 2015 年国内市场满足率超过 70%。扩大丁基橡胶（IIR）、丁腈橡胶（NBR）、乙丙橡胶（EPR）、异戊橡胶（IR）、聚氨酯橡胶、氟橡胶及相关弹性体等生产规模，加快开发丙烯酸酯橡胶及弹性体、卤化丁基橡胶、氢化丁腈橡胶、耐寒氯丁橡胶和高端苯乙烯系弹性体、耐高低温硅橡胶、耐低温氟橡胶等品种，积极发展专用助剂，强化为汽车、高速铁路和高端装备制造配套的高性能密封、阻尼等专用材料开发。

工程塑料。围绕提高宽耐温、高抗冲、抗老化、高耐磨和易加工等性能，加强改性及加工应用技术研发，扩大国内生产，尽快增强高端品种供应能力。加快发展聚碳酸酯（PC）、聚甲醛（POM）、聚酰胺（PA）、聚对苯二甲酸丁二醇酯（PBT）、聚苯醚（PPO）和聚苯硫醚（PPS）等产品，扩大应用范围，提高自给率。积极开发聚对苯二甲酸丙二醇酯（PTT）和聚萘二甲酸乙二醇酯（PEN）等新型聚酯、特种环氧树脂和长碳链聚酰胺、耐高温易加工聚酰亚胺等新产品或高端牌号。力争到 2015 年国内市场满足率超过 50%。

其他功能性高分子材料。巩固有机硅单体生产优势，大力发展硅橡胶、硅树脂等有机硅聚合物产品。着力调整含氟聚合物产品结构，重点发展聚全氟乙丙烯（FEP）、聚偏氟乙烯（PVDF）及高性能聚四氟乙烯等高端含氟聚合物，积极开发含氟中间体及精细化学品。加快电解用离子交换膜、电池隔膜和光学聚酯膜的技术开发及产业化进程，鼓励液体、气体分离膜材料开发、生产及应用。大力发展环保型高性能涂料、长效防污涂料、防水材料、高性能润滑油脂和防火隔音泡沫材料等品种。

专栏 7　先进高分子材料关键技术和装备

01	核心技术 加强基础聚合物制备、集成创新和成套工艺技术研究，开发分子结构设计、分子量控制及工艺参数控制等先进聚合技术。加快 PA6 高压前聚工艺技术、PBT 直接酯化法生产技术、PC 酯交换和 PI 技术产业化。突破 ϕ4000mm 甲基流化床、ϕ1200mm 苯基沸腾床等有机硅单体合成技术。开发反应体系配方设计和后处理工艺，材料改性和加工成型技术以及配套助剂，可降解及回收材料技术等。
02	关键装备 开发大型在线检测控制聚合反应器、流化干燥床、脱气釜、汽提釜、直接脱挥装置、螺杆聚合反应器、先进混炼机、专用模具、高速挤出和大型注射成型设备、大型无水无氧聚合反应器等。

（四）新型无机非金属材料

先进陶瓷。重点突破粉体及先驱体制备、配方开发、烧制成型和精密加工等关键环节，扩大耐高温、耐磨和高稳定性结构功能一体化陶瓷生产规模。重点发展精细熔融石英陶瓷坩埚、陶瓷过滤膜和新型无毒蜂窝陶瓷脱硝催化剂等产品。积极发展超大尺寸氮化硅陶瓷、烧结碳化硅陶瓷、高频多功能压电陶瓷及超声换能用压电陶瓷。大力发展无铅绿色陶瓷材料。建立高纯陶瓷原料保障体系。

特种玻璃。以满足建筑节能、平板显示和太阳能利用等领域需求为目标，加快特种玻璃产业化，增强产品自给能力。重点发展平板显示玻璃（TFT/PDP/OLED），鼓励发展应用低辐射（Low-E）镀膜玻璃、涂膜玻璃、真空节能玻璃及光伏电池透明导电氧化物镀膜（TCO）超白玻璃。加快发展高纯石英粉、石英玻璃及制品，促进高纯石英管、光纤预制棒产业化。积极发展长波红外玻璃、无铅低温封接玻璃、激光玻璃等新型玻璃品种。

其他特种无机非金属材料。巩固人造金刚石和立方氮化硼超硬材料、激光晶体和非线性晶体等人工晶体技术优势，大力发展功能性超硬材料和大尺寸高功率光电晶体材料及制品。积极发展高纯石墨，提高锂电池用石墨负极材料质量，加快研发核级石墨材料。大力发展非金属矿及其深加工材料。开发高性能玻璃纤维、连续玄武岩纤维、高性能摩擦材料和绿色新型耐火材料等产品。加快推广新型墙体材料、无机防火保温材料，壮大新型建筑材料产业规模。

专栏8　新型无机非金属材料关键技术和装备

01	先进陶瓷技术 开发高纯超细陶瓷粉体及先驱体制备、陶瓷蜂窝结构设计技术。
02	特种玻璃技术 开发超薄玻璃基板成型、低辐射镀膜玻璃膜系设计与制备、高纯石英粉（≥5N）合成和光纤管（金属杂质＜1ppm）制备技术、电子专用石英玻璃及制品制备技术、6代以上TFT-LCD玻璃基板及OLED玻璃基板制备技术。
03	其他特种无机非金属材料技术 开发高纯石墨（≥4N）电加热连续式化学提纯、高温连续式绝氧气氛窑生产、柔性石墨碾压法和挤压法加工技术，半导体用石墨保温材料加工技术，人工晶体生长及加工等技术。
04	新型无机非金属材料关键装备 开发6代以上TFT-LCD用玻璃基板窑炉，气氛加压陶瓷烧结炉，超硬材料用大型压机、大功率（30～100kW）微波等离子体和超大面积（150～300mm²）热灯丝CVD金刚石膜成套装备，高纯石墨用高温（3000～3500℃）各项同性等静压机，（炉内氧含量≤1000ppm）连续式绝氧气氛窑，石墨负极材料包覆和炭化装备等。

（五）高性能复合材料

树脂基复合材料。以低成本、高比强、高比模和高稳定性为目标，攻克树脂基复合材料的原料制备、工业化生产及配套装备等共性关键问题。加快发展碳纤维等高性能增强纤维，提高树脂性能，开发新型超大规格、特殊结构材料的一体化制备工艺，发展风电叶片、建筑工程、高压容器、复合导线及杆塔等专用材料，加快在航空航天、新能源、高速列车、海洋工程、节能与新能源汽车和防灾减灾等领域的应用。

专栏9　高性能增强纤维发展重点

01	碳纤维 加强高强、高强中模、高模和高强高模系列品种攻关，实现千吨级装置稳定运转，提高产业化水平，扩大产品应用范围。

续

02	芳纶 扩大间位芳纶(1313)生产规模,突破对位芳纶(1414)产业化瓶颈,拓展在蜂巢结构、绝缘纸等领域的应用。
03	超高分子量聚乙烯纤维 积极发展高性能聚乙烯纤维(UHMWPE)干法纺丝技术及产品,突破纺丝级专用树脂生产技术,降低生产成本。
04	新型无机非金属纤维 积极发展高强、低介电、高硅氧、耐碱等高性能玻璃纤维及制品,大力发展连续玄武岩、氮化硼和岩棉等新型无机非金属纤维品种。
05	其他高性能纤维材料 积极发展聚苯硫醚、聚[2,5-二羟基-1,4-苯撑吡啶并二咪唑]、芳砜纶、聚酰亚胺、对苯基并双噁唑纤维等新品种。

碳/碳复合材料。以耐高温、耐烧蚀、耐磨损及结构功能一体化为重点，加强材料预成型、浸渍渗碳及快速制备工艺研究。积极开发各类高温处理炉、气氛炉所需要的保温筒、发热体和坩埚等材料，推广碳/碳复合材料刹车片、高温紧固件等在运输装备、高温装备中的应用。

陶瓷基复合材料。进一步提高特种陶瓷基体和碳化硅、氮化硅、氧化铝等增强纤维，以及新型颗粒、晶须增强材料及陶瓷先驱体制备技术水平，加快在削切工具、耐磨器件和航空航天等领域的应用。

金属基复合材料。发展纤维增强铝基、钛基、镁基复合材料和金属层状复合材料，进一步实现材料轻量化、智能化、高性能化和多功能化，加快应用研究。

专栏 10　高性能复合材料关键技术和装备

01	核心技术 重点突破聚合、纺丝、预氧化、碳化等高性能聚丙烯腈基碳纤维产业化关键技术,芳纶纤维聚合、纺丝及溶剂回收技术等。开发陶瓷基复合材料烧结、渗透等制备加工技术,碳/碳复合材料液相浸渍、渗碳及快速制备工艺,开发纤维增强型树脂基复合材料缠绕、铺放、热融预浸、真空辅助树脂转移成型(VARTM)技术。
02	关键装备 重点突破碳纤维用大容量聚合釜、饱和蒸汽牵伸、宽口径高温碳化、恒张力收丝装置,芳纶用耐强腐蚀高精度双螺杆聚合装置,复合材料用多轴缠绕机、热融预浸机、纤维铺放机、超高温热压成型设备。

（六）前沿新材料

纳米材料。加强纳米技术研究，重点突破纳米材料及制品的制备与应用关键技术，积极开发纳米粉体、纳米碳管、富勒烯、石墨烯等材料，积极推进纳米材料在新能源、节能减排、环境治理、绿色印刷、功能涂层、电子信息和生物医用等领域的研究应用。

生物材料。积极开展聚乳酸等生物可降解材料研究，加快实现产业化，推进生物基高分子新材料和生物基绿色化学品产业发展。加强生物医用材料研究，提高材料生物相容性和化学稳定性，大力发展高性能、低成本生物医用高端材料和产品，推动医疗器械基础材料升级换代。

智能材料。加强基础材料研究，开发智能材料与结构制备加工技术，发展形状记忆合金、应变电阻合金、磁致伸缩材料、智能高分子材料和磁流变液体材料等。

超导材料。突破高度均匀合金的熔炼及超导线材制备技术，提高铌钛合金和铌锡合金等低温超导材料工程化制备技术水平，发展高温超导千米长线、高温超导薄膜材料规模化制备技术，满足核磁共振成像、超导电缆、无线通信等需求。

四、区域布局

按照国家区域发展总体战略和主体功能区定位，立足现有材料工业基础，结合各地科技人才条件、市场需求、资源优势和环境承载能力，大力发展区域特色新材料，加快新材料产业基地建设，促进新材料产业有序、集聚和快速发展。

推进区域新材料产业协调发展。巩固扩大东部地区新材料产业优势，瞄准国际新材料产业发展方向，加大研发投入，引领产业技术创新，着力形成环渤海、长三角和珠三角三大综合性新材料产业集群。充分利用中部地区雄厚的原材料工业基础，加快新材料产业技术创新，大力发展高技术含量、高附加值的精深加工产品，不断壮大新材料产业规模。积极发挥西部地区资源优势，加强与东中部地区经济技术合作，依托重点企业，加快促进资源转化，推进军民融合，培育一批特色鲜明、比较优势突出的新材料产业集群。

有序建设重点新材料产业基地。特种金属功能材料要立足资源地和已有产业基地，促进资源综合利用，着力提高技术水平；高端金属结构材料要充分依托现有大中型企业生产装备，加快技术改造和产品升级换代，严格控制新布点项目；先进高分子材料应坚持集中布局、园区化发展，注重依托烯烃工业基地，围绕下游产业布局；新型无机非金属材料应在现有基础上适当向中西部地区倾斜；高性能复合材料原则上靠近市场布局，碳纤维等增强纤维在产业化和应用示范取得重大突破前原则上限制新建项目。

专栏 11　重点新材料产业基地

01	稀土功能材料基地 重点建设北京、内蒙古包头、江西赣州、四川凉山及乐山、福建龙岩、浙江宁波等稀土新材料产业基地。
02	稀有金属材料基地 重点建设陕西西安、云南昆明稀有金属材料综合产业基地，福建厦门、湖南株洲硬质合金材料基地。加快在中西部资源优势地区建设一批钼、钽、铌、铍、锆等特色稀有金属新材料产业基地。
03	高品质特殊钢基地 以上海、江苏江阴等为中心，重点建设华东高品质特殊钢综合生产基地。依托鞍山、大连等老工业基地，打造东北高品质特殊钢基地。在山西太原、湖北武汉、河南舞阳、天津等地建设若干专业化高品质特殊钢生产基地。
04	新型轻合金材料基地 重点建设陕西关中钛合金材料基地，重庆、山东龙口和吉林辽源新型铝合金材料基地，山西闻喜、宁夏石嘴山新型镁合金材料基地。
05	特种橡胶基地 重点建设北京、广东茂名、湖南岳阳、甘肃兰州、吉林、重庆等特种橡胶基地。
06	工程塑料基地 重点建设江苏苏东、上海、河南平顶山工程塑料生产基地及广东改性材料加工基地。
07	高性能氟硅材料基地 重点建设浙江、江苏、山东淄博、江西九江、四川成都高性能氟硅材料基地。
08	特种玻璃基地 重点建设陕西咸阳、江苏、广东、河南洛阳、安徽特种玻璃基地。
09	先进陶瓷基地 重点建设山东、江苏、浙江先进陶瓷基地。
10	高性能复合材料基地 重点建设江苏连云港、山东威海、吉林碳纤维及其复合材料基地，重庆、山东泰安、浙江嘉兴等高性能玻璃纤维及其复合材料基地，北京、广东、山东等树脂基复合材料基地，湖南碳/碳复合材料基地，四川成都综合性复合材料基地。

五、重大工程

“十二五”期间，集中力量组织实施一批重大工程和重点项目，突出解决一批应用领域广泛的共性关键材料品种，提高新材料产业创新能力，加快创新成果产业化和示范应用，扩大产业规模，带动新材料产业快速发展。

（一）稀土及稀有金属功能材料专项工程

工程目标：力争到2015年，高性能稀土及稀有金属功能材料生产技术迈上新台阶，部分技术达到世界先进水平，在高新技术产业领域推广应用达到70%以上。

主要内容：组织开发高磁能积新型稀土永磁材料等产品生产工艺，推进高矫顽力、耐高温钕铁硼磁体及钐钴磁体，各向同性钐铁氮粘结磁粉及磁体产业化，新增永磁材料产能2万吨/年。加快开发电动车用高容量、高稳定性新型储氢合金，新增储氢合金粉产能1.5万吨/年。推进三基色荧光粉，3D显示短余辉荧光粉，白光LED荧光粉产业化，新增发光材料产能0.5万吨/年。加快高档稀土抛光粉、石油裂化催化材料、汽车尾气净化催化材料产业化，新增抛光粉产能0.5万吨/年、催化剂材料0.5万吨/年。组织开发硬质合金涂层材料、功能梯度硬质合金和高性能钨钼材料，新增高性能硬质合金产能5000吨/年、钨钼大型制件4000吨/年、钨钼板带材产能3000吨/年。推进原子能级锆管、银铟镉控制棒材产业化，形成锆管产能1000吨/年。

（二）碳纤维低成本化与高端创新示范工程

工程目标：到2015年，碳纤维产能达到1.2万吨，基本满足航空航天、风力发电、运输装备等需求。

主要内容：组织开发聚丙烯腈基（PAN）碳纤维的原丝产业化生产技术，突破预氧化炉、高低温碳化炉、恒张力收丝机、高温石墨化炉等关键装备制约，开发专用纺丝油剂和碳纤维上浆剂。围绕聚丙烯腈基（PAN）碳纤维及其配套原丝开展技术改造，提高现有纤维的产业化水平，实现GQ3522[1]型（拉伸强度3500～4500MPa，拉伸模量220～260GPa）千吨级装备的稳定运转，降低生产成本。加强GQ4522（拉伸强度≥4500MPa，拉伸模量220～260GPa）、QZ5526（拉伸强度≥5500MPa，拉伸模量≥260GPa）等系列品种技术攻关，实现产业化。开展大功率风机叶片、电力传输、深井采油、建筑工程、交通运输等碳纤维复合材料应用示范。

（三）高强轻型合金材料专项工程

工程目标：到2015年，关键新合金品种开发取得重大突破，形成高端铝合金材30万吨、高端钛合金材2万吨、高强镁合金压铸及型材和板材15万吨的生产能力，基本满足大飞机、轨道交通、节能与新能源汽车等需求。

主要内容：组织开发汽车用6000系铝合金板材，实现厚度0.7～2.0mm、宽幅1600～2300mm汽车铝合金板的产业化；加快完善高速列车用宽度大于800mm、直径大于250mm、长度大于30m的大型铝型材工艺技术，促进液化天然气储运用铝合金板材等重点产品产业化；积极开发航空航天用2000系、7000系、6000系、铝锂合金等超高强80～200mm铝合金中厚板及型材制品，复杂锻件及模锻件。开发高强高韧、耐蚀新型钛合金和冷床炉熔炼、型材挤压技术，推进高性能ϕ300mm以上钛合金大规格棒材，厚度4～100mm、宽度2500mm热轧钛合金中厚板，厚度0.4～1.0mm、宽幅1500mm冷轧钛薄板，大卷重（单重3吨以上）钛带等产品产业化。推进低成本AZ、AM系列镁合金压铸，

[1] GQ3522、GQ4522、QZ5526均为聚丙烯腈基碳纤维国家标准牌号（GB/T 26752—2011）。

低成本 AZ 系列镁合金挤压型材和板材产业化，开展镁合金轮毂、大截面型材、宽幅 1500mm 以上板材、高性能铸锻件等应用示范。

（四）高性能钢铁材料专项工程

工程目标：到 2015 年，形成年产高品质钢 800 万吨的生产能力，基本满足核电、高速铁路等国家重点工程以及船舶及海洋工程、汽车、电力等行业对高性能钢材的需要。

主要内容：组织开发具有高强、耐蚀、延寿等综合性能好的高品质钢材。重点推进核电压力容器大锻件 508-3 系列、蒸汽发生器 690 传热管、AP1000 整体锻造主管道 316LN 等关键钢种的研发生产，实现核电钢成套供应能力。提升超超临界锅炉大口径厚壁无缝管生产水平，形成年产 50 万吨生产能力。加快开发船用特种耐蚀钢和耐蚀钢管，分别形成年产 100 万吨和 10 万吨生产能力。开发高速铁路车轮、车轴、轴承等关键钢材，形成年产 5 万套生产能力。开发长寿命齿轮钢、螺栓钢、磨具钢、弹簧钢、轴承钢和高速钢等基础零件用钢，形成年产 300 万吨生产能力。开展 DPT、TRIP、热成形、第三代汽车钢、TWIP 等高强汽车板生产和应用示范，形成年产 300 万吨生产能力。大力实施非晶带材、高磁感取向硅钢等应用示范。

（五）高性能膜材料专项工程

工程目标：到 2015 年，实现水处理用膜、动力电池隔膜、氯碱离子膜、光学聚酯膜等自主化，提高自给率，满足节能减排、新能源汽车、新能源的发展需求。

主要内容：积极开发反渗透、纳滤、超滤和微滤等各类膜材料和卷式膜、帘式膜、管式膜、平板膜等膜组件和膜组器，满足海水淡化与水处理需求。提高氯碱用全氟离子交换膜生产工艺水平，组织开发动力电池用高性能电池隔膜、关键装备和全氟离子交换膜及其配套含氟磺酸、含氟羧酸树脂，实现产业化。建成氯碱全氟离子交换膜 50 万平方米/年、动力电池用全氟离子交换膜 20 万平方米/年、及其配套全氟磺酸树脂和全氟羧酸树脂，加快发展聚氟乙烯（PVF）太阳能电池用膜。

（六）先进电池材料专项工程

工程目标：先进储能材料、光伏材料产业化取得突破，基本满足新能源汽车、太阳能高效利用等需求。

主要内容：组织开发高效率、大容量（≥150mA·h/g）、长寿命（大于 2000 次）、安全性能高的磷酸盐系、镍钴锰三元系、锰酸盐系等锂离子电池正极材料，新增正极材料产能 4.5 万吨/年，推进石墨和钛酸盐类负极材料产业化，新增负极材料产能 2 万吨/年，加快耐高温、低电阻隔膜和电解液的开发，积极开发新一代锂离子动力电池及材料，着力实现自主化。开发高转化效率、低成本光伏电池多晶硅材料产业化技术，研发新型薄膜电池材料。加快推进超白 TCO 导电玻璃等关键产品产业化，形成产能 5000 万平方米/年。积极发展太阳能真空集热管，推动太阳能光热利用。开展大容量钠硫城网大储能电池研究，完成大功率充放电，电池寿命 10 年以上，实现 10MW 示范电站并网。

（七）新型节能环保建材示范应用专项工程

工程目标：到 2015 年，高强度钢筋使用比例达到 80%，建筑节能玻璃比例达到 50%，新型墙体材料比例达到 80%，加快实现建筑材料换代升级。

主要内容：组织推广 400MPa 以上高强度钢筋、高效阻燃安全保温隔热材料、新型墙体材料、超薄型陶瓷板（砖）、无机改性塑料、木塑等复合材料、Low-E 中空/真空玻璃、涂膜玻璃、智能玻璃等建筑节能玻璃。提高建筑材料抗震防火和隔音隔热性能，加快绿色建材产业发展，扩大应用范围，推动传统建材向新型节能环保建材跨越。

（八）电子信息功能材料专项工程

工程目标：提高相关配套材料的国产率，获取原创性成果，抢占战略制高点，力争掌握一批具有自主知识产权的核心技术。

主要内容：着力突破大尺寸硅单晶抛光片、外延片等关键基础材料产业化瓶颈；大力发展砷化镓等半导体材料及石墨和碳素系列保温材料，推动以碳化硅单晶和氮化镓单晶为代表的第三代半导体材料产业化进程；积极发展4英寸以上蓝宝石片、大尺寸玻璃基板、电极浆料、靶材、荧光粉、混合液晶材料等平板显示用材；促进碲镉汞外延薄膜材料、碲锌镉基片材料、红外及紫外光学透波材料、高功率激光晶体材料等传感探测材料的技术水平和产业化能力提升；突破超薄软磁非晶带材工程化制备技术，加快高频覆铜板材料、BT树脂、电子级环氧树脂、电子铜箔、光纤预制棒、特种光纤、通信级塑料光纤、高性能磁性材料、高频多功能压电陶瓷材料等新型元器件材料研发和产业化步伐。推动材料标准化、器件化、组件化，提高产业配套能力。

（九）生物医用材料专项工程

工程目标：提高人民健康水平、降低医疗成本，提高生物医用材料自主创新能力和产业规模。

主要内容：大力发展医用高分子材料、生物陶瓷、医用金属及合金等医用级材料及其制品，满足人工器官、血管支架和体内植入物等产品应用需求。推动材料技术与生命科学、临床医学等领域融合发展，降低研发风险和生产成本，提高产业规模。

（十）新材料创新能力建设专项工程

工程目标：提升新材料产业主要环节自主创新能力。

主要内容：进一步加大关键实验仪器、研发设备、控制系统的投入力度，建设一批具有较大规模、多学科融合的高层次新材料研发中心，重点开展材料的组份设计、模拟仿真、原料制备等基础研究，研发推广材料延寿、绿色制备、纳米改性、材料低成本和循环利用等共性技术，开发氧氮分析仪、高温测试仪、超声检测仪、扫描电子显微镜等专用设备。在重点新材料领域，建立和完善30个新材料研究开发、分析测试、检验检测、信息服务、推广应用等专业服务平台，推动新材料标准体系建设和应用设计规范制订，促进新材料创新成果产业化和推广应用。

六、保障措施

（一）加强政策引导和行业管理

落实《国务院关于加快培育和发展战略性新兴产业的决定》要求，建立和完善新材料产业政策体系，加强新材料产业政策与科技、金融、财税、投资、贸易、土地、资源和环保等政策衔接配合。制定和完善行业准入条件，发布重点新材料产品指导目录，实施新材料产业重大工程。推进组建新材料产业协会。建立健全新材料产业统计监测体系，把握行业运行动态，及时发布相关信息，避免盲目发展与重复建设，引导和规范新材料产业有序发展。

（二）制定财政税收扶持政策

建立稳定的财政投入机制，通过中央财政设立的战略性新兴产业发展专项资金等渠道，加大对新材料产业的扶持力度，开展重大示范工程建设，重点支持填补国内空白、市场潜力巨大、有重大示范意义的新材料产品开发和推广应用。各有关地方政府也要加大对新材料产业的投入。充分落实、利用好现行促进高新技术产业发展的税收政策，开展新材料企业及产品认证，完善新材料产业重点研发项目及示范工程相关进口税收优惠政策。积极研究制定新材料“首批次”应用示范支持政策。

（三）建立健全投融资保障机制

加强政府、企业、科研院所和金融机构合作，逐步形成“政产学研金”支撑推动体系。制定和完善有利于新材料产业发展的风险投资扶持政策，鼓励和支持民间资本投资新材料产业，研究建立新材料产业投资基金，发展创业投资和股权投资基金，支持创新型和成长型新材料企业，加大对符合政策导向和市场前景的项目支持力度。鼓励金融机构创新符合新材料产业发展特点的信贷产品和服务，合理加大信贷支持力度，在国家开发银行等金融机构设立新材料产业开发专项贷款，积极支持符合新材料产业发展规划和政策的企业、项目和产业园区。支持符合条件的新材料企业上市融资、发行企业债券和公司债券。

（四）提高产业创新能力

加强新材料学科建设，加大创新型人才培养力度，改革和完善企业分配和激励机制，完善创新型人才评价制度，建立面向新材料产业的人才服务体系。鼓励企业建立新材料工程技术研究中心、工程实验室、企业技术中心、技术开发中心，不断提高企业技术水平和研发能力。围绕材料换代升级，建立若干技术创新联盟和公共服务平台，组织实施重点新材料关键技术研发、产业创新发展、创新成果产业化、应用示范和创新能力建设等重大工程，发挥引领带动作用，促进新材料产业全面发展。

（五）培育优势核心企业

发挥重点新材料企业的支撑和引领作用，通过强强联合、兼并重组，加快培育一批具有一定规模、比较优势突出、掌握核心技术的新材料企业。鼓励原材料工业企业大力发展精深加工和新材料产业，延伸产业链，提高附加值，推动传统材料工业企业转型升级。高度重视发挥中小企业的创新作用，支持新材料中小企业向“专、精、特、新”方向发展，提高中小企业对大企业、大项目的配套能力，打造一批新材料“小巨人”企业。鼓励建立以优势企业为龙头，联合产业链上下游核心企业的产业联盟，形成以新材料为主体、上下游紧密结合的产业体系。

（六）完善新材料技术标准规范

瞄准国际先进水平，立足自主技术，健全新材料标准体系、技术规范、检测方法和认证机制。加快制定新材料产品标准，鼓励产学研用联合开发重要技术标准，积极参与新材料国际标准制定，加快国外先进标准向国内标准的转化。加强新材料品牌建设和知识产权保护，鼓励建立重要新材料专利联盟。加快建立新材料检测认证平台，加强产品质量监督，建立新材料产品质量安全保障机制。

（七）大力推进军民结合

充分利用我国已有军工新材料产业发展的技术优势，优化配置军民科技力量和产业资源，推进国防科技成果加速向经济建设转化，促进军民新材料技术在基础研究、应用开发、生产采购等环节有机衔接，加快军民共用新材料产业化、规模化发展。鼓励优势新材料企业积极参与军工新材料配套，提高企业综合实力，实现寓军于民。建立军民人才交流与技术成果信息共享机制，积极探索军民融合的市场化途径，推动军民共用材料技术的双向转移和辐射。

（八）加强资源保护和综合利用

高度重视稀土、稀有金属、稀贵金属、萤石、石墨、石英砂、优质高岭土等我国具有优势的战略性资源保护，加强战略性资源储备，支持有条件的企业开展境外资源开发与利用，优化资源全球化配置，为新材料产业持续发展提供保障。合理规划资源开发规模，整顿规范矿产资源开发秩序，依法打击滥采乱挖，提高资源回采率。积极开发材料可再生循环技术，

大力发展循环经济，促进资源再生与综合利用。加大短缺资源地质勘查力度，增加资源供给。

（九）深化国际合作交流

鼓励企业充分利用国际创新资源，开展人才交流与国际培训，引进境外人才队伍、先进技术和管理经验，积极参与国际分工合作。鼓励境外企业和科研机构在我国设立新材料研发机构，支持符合条件的外商投资企业与国内新材料企业、科研院校合作申请国家科研项目。支持企业并购境外新材料企业和技术研发机构，参加国际技术联盟，申请国外专利，开拓国际市场，加快国际化经营。

附录七 金属硅精炼平衡图

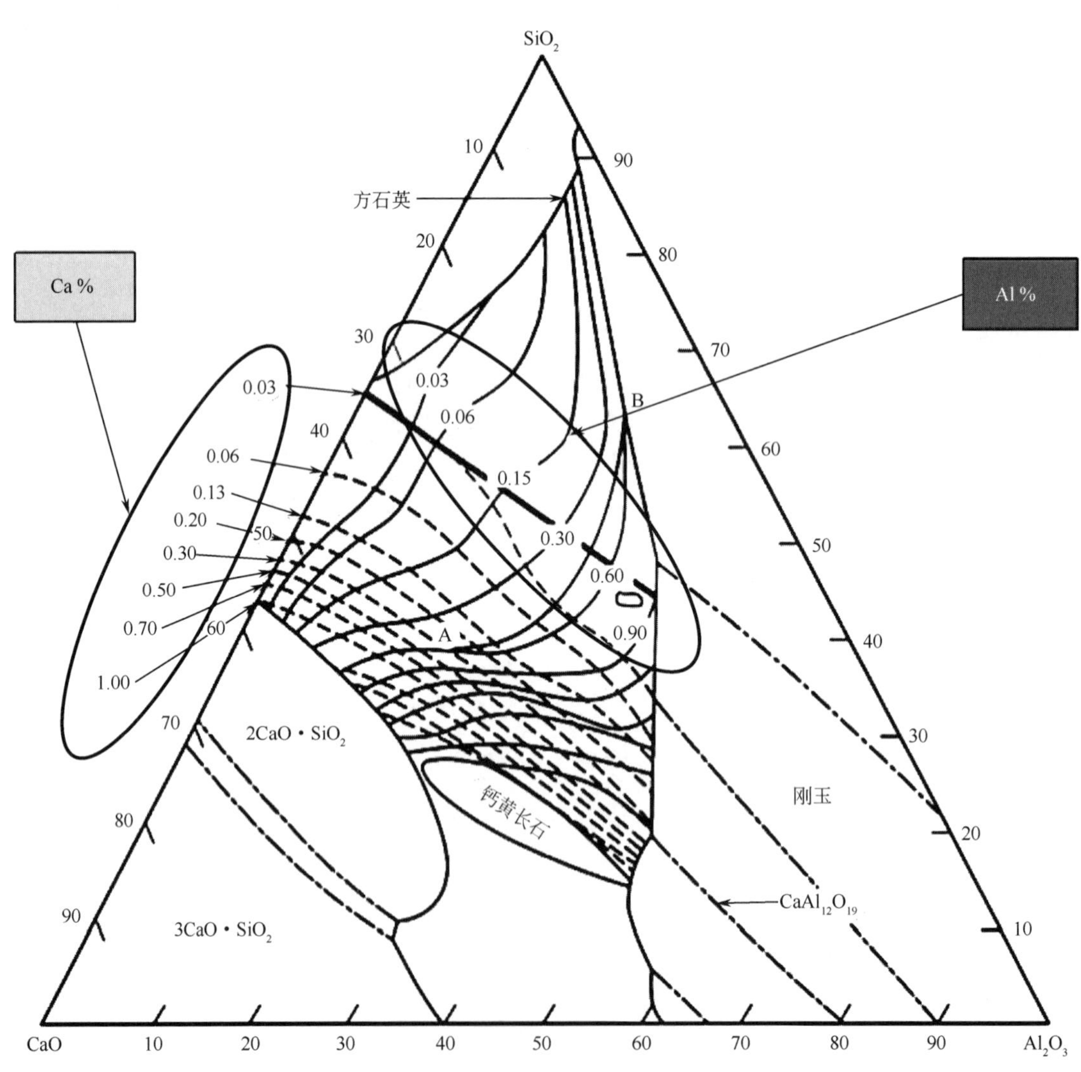

附录八　常见硅材料基本物理化学信息

产　　品	分子式	CAS	常温形态	闪点/℃	沸点/℃
石英	SiO_2	14808-60-7	固体	—	2230
金属硅	Si	7440-21-3	固体	—	2355
三氯氢硅	Cl_3HSi	10025-78-2	液体	−27	31～32
四氯化硅	$SiCl_4$	10026-04-7	液体	57.6	58
单硅烷	SiH_4	7803-62-5	气体	—	−112
多晶硅	Si	7440-21-3	固体	—	2355
单晶硅	Si	7440-21-3	固体	—	2355
正硅酸乙酯	$Si(OC_2H_5)_4$	78-10-4	液体	38	160
γ-氯丙基三甲氧基硅烷	$C_6H_{15}ClO_3Si$	2530-87-2	液体	47.5	195.5
烯丙基三氯硅烷	$C_3H_5Cl_3Si$	107-37-9	液体	31.1	115.2
三甲氧基硅烷	$C_3H_{10}O_3Si$	2487-90-3	液体	−4	81
三乙氧基硅烷	$C_6H_{16}O_3Si$	998-30-1	液体	27	134～135
双-[γ-(三乙氧基硅)丙基] 四硫化物	$C_{18}H_{42}O_6S_4Si$	40372-72-3	液体	262	509.6
双-[γ-(三乙氧基硅)丙基] 二硫化物	$C_{18}H_{42}O_6S_2Si_2$	56706-10-6	液体	202.844	411.791
γ-氨丙基三乙氧基硅烷(KH550)	$C_9H_{23}NO_3Si$	919-30-2	液体	104.4	222.1
乙烯基三甲氧基硅烷(KH171)	$C_5H_{12}O_3Si$	2768-02-7	液体	22.8	123
甲基丙烯酰氧丙基三甲氧基硅烷(KH570)	$C_{10}H_{20}O_5Si$	2530-85-0	液体	76.669	232.643
γ-2,3-环氧丙氧丙基三甲氧基硅烷(KH560)	$C_9H_{20}O_5Si$	2530-83-8	液体	81.9	299.4
气相二氧化硅	$SiO_2 \cdot nH_2O$	10279-57-9	固体		
沉淀二氧化硅	$SiO_2 \cdot nH_2O$	112926-00-8	固体	23	2230
硅微粉	Si	7440-21-3	固体	—	2355
硅溶胶	$SiO_2 \cdot nH_2O$	14808-60-7	液体	—	2230
一氯甲烷	CH_3Cl	74-87-3	气体	−46	−24.2
一甲基三氯硅烷	CH_3SiCl_3	75-79-6	液体	−13	66
二甲基二氯硅烷	$(CH_3)_2SiCl_2$	75-78-5	液体	−9	70
三甲基一氯硅烷	$(CH_3)_3SiCl$	75-77-4	液体	−18	57
甲基苯基氯硅烷	C_7H_9ClSi	1631-82-9	液体	62	113
二甲基氢氯硅烷	C_2H_6ClSi	1066-35-9	液体	−28	34.6
四甲基二氢二硅氧烷	$C_4H_{14}OSi_2$	3277-26-7	液体	1.533	78.924
八甲基四硅氧烷	$C_8H_{24}O_4Si_4$	556-67-2	液体	63.2	175
十甲基五硅氧烷	$C_{10}H_{30}O_5Si_5$	541-02-6	液体	95.6	210
六甲基二硅氧烷	$C_6H_{20}O_2Si_3$	1189-93-1	液体	15	128
二甲基硅油	$(C_2H_6OSi)N$	63148-62-9	液体	300	—

附录九 安全环境事故警示录

★三菱材料多晶硅厂发生爆炸事故

2014 年 1 月 9 日 13 点 05 分日商三菱材料（Mitsubishi Materials）旗下位于日本三重县的四日市工厂发生爆炸事件，造成 5 人死亡、12 人受伤。

★车胎爆炸引燃整个多晶硅车厢

2014 年 1 月 21 日凌晨 2 时 37 分，沈海高速往上海方向兴仁出口处一辆满载单晶硅的大型挂车轮胎爆炸引发大火，据挂车司机介绍，车辆在行驶过程中，他和押车的同伴突然听到“嘭”的一声后，发现右后车胎爆了并引发了火灾，便立即拨打“119”报警求助。

★洛阳一家硅厂因管道裂缝毒气泄漏

2014 年 2 月 16 日上午 9 时许，位于洛阳市关林路最西端的一处硅厂发生毒气泄漏，事故没有造成人员伤亡。洛龙区宣传部工作人员透露，此次泄漏的原因是一处管道有裂缝，造成了有毒气体泄漏，毒气应该为四氯化硅。

★荆州一化工厂起火

2014 年 3 月 24 日上午 9 时 18 分，湖北省荆州市江陵县秦市乡谭彩豆村一化工厂起火，经现场、询问知情人及观察，该工厂主要生产二甲基硅油，主要着火点为反应炉。

★四川雅安发生一起石棉硅熔浆烫伤事故

2014 年 3 月 31 日晚上 11 时 30 分许，四川省雅安市石棉县工业园区内的达兴硅业有限公司在生产过程中发生安全事故。尚未凝固的硅熔浆泄漏飞溅，导致 9 名工人烫伤，其中，3 名伤者有 50%～70%的烫烧伤。

★四川乐山化工厂发生四氯化硅中毒事故

2013 年 03 月 29 日上午，位于四川乐山五通桥区西坝前峰村 5 组的四川银邦硅业有限公司发生四氯化硅中毒事故，导致 2 人死亡 1 人中毒。

★随州市随县一生产硅烷的化工厂发生爆炸燃烧

2013 年 4 月 16 日 8 时 35 分，随州市随县一生产硅烷的化工厂发生爆炸燃烧，接警后，随州支队出动 5 台大功率消防车及 40 名官兵进行扑救，市环保局出动环境检测人员对现场进行适时监测。消防官兵在离现场 2 公里以外就能看尽滚滚浓烟和爆炸产生的烟圈气云，到场后，只见化工厂一片狼藉，厂房已经烧塌，厂房内生产硅烷的原材料大部分化为灰烬，20 多桶成品硅油大部分已经爆裂，厂房内生产的半成品硅油发生猛烈燃烧。

★化工车间爆炸引发大火

2013年8月6日中午11点16分，江苏扬州高邮市消防大队接到110指挥中心电话，称菱塘镇三友化工厂车间发生爆炸。据了解，发生险情的车间主要生产六甲基二硅烷，这起火灾没有造成人员伤亡。

★衢州中天氟硅发生爆炸事故

2013年10月18日11时5分左右，位于衢州高新园区的浙江中天氟硅新材料有限公司合成车间因氯甲烷、硅混合物渠漏引发一起爆炸事故，并引发火灾。经当地公安、消防等部门的及时救援，当日11点30分左右，现场大火被扑灭，事故未造成人员伤亡。

★货车翻下公路致硅粉燃烧

2013年12月25日5时42分，云南大理永平县消防大队接到指挥中心调令称：320国道保山至永平方向距永平20公路处，一辆装载硅粉的货车翻入公路下，硅粉发生燃烧。

★唐山古冶区发生四氯化硅泄漏事故

2012年2日23时29分，唐山市公安消防支队接到报警，称位于古冶区北外环东百大沟煤矿附近的四个四氯化硅贮罐发生泄漏。接到报警后，该支队立即指派辖区京华道消防中队出动两辆消防车和10名官兵赶赴现场展开救援。经初步侦察，官兵得知发生泄漏的贮罐位于一块废弃空地内，罐内贮有40吨的四氯化硅液体，由于内部压力较大，泄漏较猛烈，并伴有强烈的刺鼻气味。

★宜昌市猇亭区一小型化工厂发生火灾

2012年3月27日下午2点45分，宜昌市猇亭区一有机硅低沸物处理厂发生火灾，所幸无人员伤亡。起火物在燃烧过程中产生大量刺激性气体，据现场专家分析，火灾产生的烟尘主要成分为而二氧化碳及二氧化硅，对人体无害。

★硅胶车间火灾

2012年05月9日上午10时许，天河区柯木塱金葫工业区一硅胶车间发生火灾，大火狂烧一小时后被消防员扑灭，无人员伤亡，事故原因为高温天气以及机器长时间运行过热所致。

★淋淋硅胶股份公司浙江分厂发生硅胶泄露

2012年07月09日，浙江省温州市，瓯海区瞿溪街道，流经林桥村的瞿溪河长约2km的河道被乳胶污染，一夜之间变成了“牛奶”河。瓯海区环保局办公室主任戴东鹏称，经过调查，查明污染物是天然硅胶，是该村的淋淋贸易有限公司在装卸天然硅胶过程中，因操作不当造成泄漏。漏出的硅胶顺着下水道排入了瞿溪河，后经扩散污染了整条河流，也就是居民们看到的“牛奶河”。

★高速两车追尾致危化品泄漏

2012年7月20日23时44分，位于沪渝高速宜昌往武汉方向1178km处，发生一起两车追尾事故，一辆大货车撞上载有35吨二甲基二氯硅烷的危化品运输车，事故直接导致了危化品二甲基二氯硅烷的泄漏，经现场侦查得知，危化品运输车尾部被撞击，有15个桶装的二甲基二氯硅烷散落一地，其中有2桶破裂正在泄漏。消防官兵鏖战3个小时，成功处置该起事故，事故未导致人员伤亡。

★杭州建德一化工厂装有硅甲烷罐体爆炸并起火

2012年9月25日下午2时许，杭州建德新安化工集团股份有限公司厂区突发爆炸并起火，瞬间厂区升腾起大量黑烟。发生爆炸的厂区位于建德市白沙——更楼工业功能区有机硅区块，属于新安江化工有机硅厂罐区。发生爆炸的是供卸货处，过火面积近 $200m^2$，而燃烧的是一种名为硅甲烷的化学物质，在事故中有一名工人手臂被灼伤。

★化工厂四氯化硅原料起火

2012 年 10 月 17 日 11 时 20 分左右，内蒙古通辽市奈曼旗大沁他拉镇化工园区的泰禾大化工厂的四氯化硅桶装原料发生火灾，当地消防官兵迅速赶到现场扑救，通辽市政府启动了应急预案，调集了通辽市包括邻近的赤峰市消防部队共 16 辆消防车 77 名消防官兵和周边铲车、洒水车、救护车等赶到现场救援。事故没有造成人员伤亡。

★南京华特硅材料厂发生爆燃事故

2012 年 10 月 19 日下午 15 时 30 分，南京市溧水县石湫镇南京华特硅材料厂一仓库发生爆燃。发生事故的南京华特硅材料有限公司是南京晨虹特气有限公司的子公司，位于溧水石湫工业园区，总面积 3000 多平方米，于 2007 年建成投产，年产硅烷约 5t，是国内唯一专业生产电子工业化学气体的企业。据了解，事故是由于工人在搬运钢瓶时操作不慎，空钢瓶倾倒砸到装满硅烷的实瓶，导致瓶内硅烷泄露，遇空气爆炸起火，随即引发其它钢瓶爆燃。

★宏达新材长江分公司发生火灾

2012 年 11 月 8 日下午 1 时许，镇江停产整顿企业江苏宏达新材料有限公司长江分公司发生火灾。经初步查明，火灾事故原因是外来装运一甲基二氯氢硅烷的槽罐车溢出引起的，现场大火已被扑灭，事故未造成人员伤亡。事故发生在副产品堆放区域，长江分公司主要产品有机硅单体生产相关的生产厂房、设备和存货未受到损失。

★四川乐山发生四氯化硅泄漏事件

2012 年 12 月 3 日下午，四川乐山市沙湾区太平镇费槽村顺河街乐山力盾铸钢有限公司对面一废弃储存罐有不明液体泄漏，同时产生大量浓雾。沙湾区沫若大道消防中队接警后立即出动 2 两消防车及 12 名官兵赶往现场。随后经过 3 个中队消防官兵 6 个小时的联合奋力作战成功消除险情，此次四氯化硅泄漏事故未造成人员伤亡。

★二甲基二氯硅烷高速路上泄漏

2012 年 12 月 18 日 17 时 16 分，位于沿海高速往徐州方向处，一辆大货车掉落 13 桶二甲基二氯硅烷，并导致部分罐体泄漏。事故现场，空气中弥漫着烟雾，散发着刺激性气味，并随着风向自南往北飘散，严重影响过往车辆的通行。经环保监测部门现场检测初步认定，泄露物质为二甲基二氯硅烷。消防官兵立即配合高速交警大队对该路段进行了警戒，并派出战斗组着防化服佩戴空气呼吸器对泄漏的二甲基二氯硅烷检查。经检查 8 桶完整，5 桶正在泄漏。次日 3 时许，消防官兵在环保监测部门、高速交警大队的配合下将罐体安全转移。

★河南某多晶硅厂附近有毒气体泄漏

2011 年 1 月 30 日晚 6 点半左右，洛阳新区一多晶硅厂发生毒气泄漏，附近小营村，候城村的村民安全转移疏散。

★陕西户县黄柏遭四氯化硅倾倒

2011 年 2 月 20 日凌晨，户县环境监理人员巡查发现，五竹乡吴家堡村东的黄柏河边，一辆辽宁牌照大型罐车准备倾倒罐体内的四氯化硅。看到检查人员后，两名司乘人员弃车而逃。

★污物跨省到山东莘县

2011 年 3 月 12 日凌晨 2 时许，3 名男子从江苏盐城阜宁县一化工厂将 25t 四氯化硅运

至山东聊城莘县的一条小河边，用高压橡胶管将罐车内的 25 吨四氯化硅全部排放到了小河中。

★四氯化硅废液进入湖北钟祥城市污水处理厂

2011 年 4 月，湖北随州某公司将大约 600 吨四氯化硅废液通过湖北钟祥城市排水管网大量进入城市污水处理厂，导致厂内生物菌种全部死亡、设备严重受损，处理厂因此瘫痪 2 个多月。

★武黄高速公路“4.29”三氯氢硅泄露燃烧事故

2011 年 4 月 29 日 14 时 39 分，位于武黄高速公路鄂州段黄石往武汉方向 36km+350m 处（路口收费站前 1.3km）一车牌号为苏 LF3951、储罐牌号为苏 L1132 挂的槽罐车顶部安全阀破裂，导致罐内储存的 23.7 吨三氯氢硅发生大量泄漏并发生燃烧，挥发的气体四处弥漫，严重危及武黄高速行驶车辆和周围村民安全。

★山东菏泽四氯化硅随意倾倒

2011 年 5 月 10 日前后，吉林通化辉南县辉发城造纸厂将江苏某公司四氯化硅运输至山东菏泽，并偷倒进菏泽单县农村的水塘、灌溉沟渠。约 2000 余吨四氯化硅废液被排放，受污染水体面积约 4 万平方米，受污染土壤面积约 40 亩。

★濮阳境内发生四氯化硅泄漏事故

2011 年 6 月 17 日凌晨 3 时许，位于河南省濮阳县柳屯镇西没岸村的一家废品收购站内，一辆辽宁牌号储运四氯化硅的车辆发生泄漏，导致周围数百平方米的草木枯萎，上百只畜禽死亡。

★河南洛阳多晶硅厂爆炸

2011 年 8 月 24 日下午 4 时，洛阳偃师市府店庙前多晶硅厂三声巨响，气罐爆炸后附近房屋摧毁大片，罐体内大量有毒气体往四周泄漏。事故造成数名员工死伤。

★甘肃四氯化硅泄露致陇海线中断

2011 年 9 月 4 日 16 时 40 分，甘肃省境内 316 国道一辆装有三氯氢硅和四氯化硅的汽车翻倒发生泄露，遇雨形成雾状气体，致使与公路并行的陇海铁路陇西至鸳鸯镇间接触网受到腐蚀，供电跳闸，三趟列车行车中断，旅客健康未受影响。

★浙江某多晶硅公司污染疑导致村民患病

自 2011 年 9 月 15 日起，浙江某能源公司开始因环境污染问题，遭到浙江省海宁市袁花镇红晓村多名村民的声讨，村民认为，红晓村 3300 个村民中，有 6 个白血病，31 个癌症患者，是晶科能源制造的污染所致。2011 年 9 月 21 日该司下属单位再爆含氟物质泄漏。目前公司已经全面停产 1.2GW 电池生产线，复工时间待定。

★河北某多晶硅生产污染屡遭投诉

自 2010 年起，河北某多晶硅生产持续排放刺鼻气体，厂区周围及气体排放口附近的道路绿化带植物大面积枯萎，叶片焦黄濒临死亡，污染严重影响人体健康，屡遭村民投诉。

★三氯氢硅泄漏

2011 年 10 月 15 日，东营河口开发区文兴科技化工有限公司发生三氯氢硅气体泄漏，东营消防支队接到报警后，迅速前往处置，经过 40 名消防官兵殊死鏖战近 4 个小时，有效控制了泄漏，成功阻止了灾害的蔓延，保住了周边两个三氯氢硅储罐、4 个车间、两个储罐储存能力为 30 吨的卧室圆柱形储罐，避免了人员伤亡和次生灾害，将损失和影响降到了最低程度。

★湖北40吨四氯化硅泄漏

2011年10月16日上午10点30分左右，钟祥市金福祥纺织厂旁一贮存40吨的四氯化硅贮罐发生泄漏。经过当地钟祥市消防大队和公安、安监、气象等有关部门的联合行动下，经过近20小时的救援，疏散群众800余名，包括一名78岁老人在内的2名中毒昏迷人员安全获救。

★江苏某新材料公司发生爆炸

2010年2月8日中午12点10分左右，常州市溧阳南渡镇新材料工业园区的江苏某新材料公司原料仓库发生爆炸，随后导致有毒气体泄漏并引发大火。经过消防官兵将近3个小时的紧张处置，最终成功熄灭大火，并遏制了化学气体的进一步扩散。据悉这起事故中并没有造成人员伤亡。

发生爆炸的是该厂甲基氯硅烷仓库，而这个所谓仓库实际上就是一块露天的空地。有人表示，很可能是当天气温回升，产生了静电，最终引发了原料的自燃。

★浙江某有机硅公司发生火灾事故

2010年2月20日下午2时，浙江某有机硅公司硅油车间原材料储罐突然起火，火灾伴有爆炸并导致硅油车间也发生燃烧。消防人员全力扑救，至下午4时火势基本得到控制，2名轻微灼伤人员也得到了及时救治。

★上海宝山区南大工业园工厂四氯化硅泄漏

2010年3月9日，宝山区祁骆路18号大场南大工业园内，一工厂发生四氯化硅泄漏事故，抢险部门紧急出动。据了解，泄漏气体本身无害，事故没有造成人员伤亡。

★湖北枣阳一化工厂起火造成化学物质泄漏

2010年3月22日16时30分左右，位于湖北枣阳市董岗火车站附近的一化工有限公司厂房突然起火。公司负责人介绍说，大火烧毁了一个车间，造成一吨多有机硅、甲基硅油泄漏。现场着火车间上方黑烟滚滚，周围能见度仅几米左右，并且弥漫着刺鼻的味道。

在现场消防人员努力下，大火于19时左右被扑灭。枣阳市政府有关负责人表示，由于此次泄漏的化学物质属无毒无害，对周边环境和群众生活没有造成较大影响。

★湖北某有机硅新材料公司发生火灾

2010年3月24日21时，鄂州葛店开发区某有机硅新材料公司突发大火，着火车间内还有3个装有100吨甲醇、乙醇及三甲氧基硅烷的储罐，车间四周是材料仓库、罐区和其他车间，火情十分危急。经消防官兵4小时扑救，25日凌晨0时55分，大火被彻底扑灭。据初步调查，火灾为该公司员工操作不当引起，幸未造成人员伤亡。

★江苏某公司生胶车间发生爆炸

2010年03月25日13点45分，江苏某公司生产车间发生爆燃事故，导致一名工作人员烧伤。事故发生在生胶生产车间，是由于原料爆炸引起的。据了解，当日扬中市风很大，市区正处于工厂的下风口，车间爆炸后浓烟滚滚，引起了周边居民的骚动。

★宁波硅胶生产企业发生火灾

2010年3月25日凌晨5时20分，浙江宁波余姚陆埠镇黄箭山一硅胶生产企业发生火灾。扑救过程中升起一团团形似小型蘑菇云的火焰，将屋顶击出一个20多平方米的大洞，引起的冲击波更是将1名战士击倒在地，周围的机器设备被冲击波震得一片狼藉。所幸扑救及时，未造成人员伤亡。

★非法生产有机硅油致爆炸

2010年4月1日，衢江经济开发区南山路南侧一下水道发生化学品爆炸事故。通过现场勘验、询问调查等方法，结合爆炸样品检测结果及专家技术分析，对该起事故原因做出了认定。

据了解，从2009年12月底开始，周某在原衢州市恒化工业有限公司厂房，利用易燃易爆的有机硅低沸物非法生产有机硅油，生产过程中的废弃物直接排入市殡仪馆一侧的下水道。由于下水道是一个相对密封的空间，废水中含有多种低沸点、低闪点易燃易爆有机硅化合物，长时间在下水道内挥发、聚集达到爆炸极限，进而导致爆炸。

★赤峰某公司储罐爆炸疏散700多人

2010年4月4日10时10分许，赤峰某公司的原料储罐发生爆炸事故造成2人死亡、1人受伤。爆炸体为容积1000m^3的原料储存罐（罐内存有化学品四氯化硅200m^3）。事故原因是工人在为工业用储存四氯化硅的罐体解压时，由于压力过大导致发生爆炸。4月4日23时20分，经环保部门监测，空气质量达到正常标准。爆炸现场周边被疏散的700多名居民开始陆续返回。

据介绍，此次发生爆炸的公司位于赤峰市元宝山区五家镇境内，项目规划用地面积240亩，建筑面积11600m^2，总投资2亿元。

★河北四氯化硅泄漏事故引起当地重视

2010年6月2日媒体报道，河北省石家庄市行唐县一名农民非法私存四氯化硅，近日发生泄漏事故，造成周围大片农作物死亡。抢险救援人员迅速对泄漏罐体进行了修复，并进行压土掩埋，阻止了四氯化硅的二次泄漏。

★江西某多晶硅企业发生爆炸

2010年7月26日下午4点半，江西某太阳能高科技公司小硅料厂发生燃烧爆炸事故，造成2名工人严重烧伤，烧伤面积达80%。

★淄博市发生一起硅粉爆炸事故

2010年8月8日上午11时，位于张店良乡工业园内的某硅粉公司在研磨硅粉过程中发生爆炸，造成7人受伤，受伤人员被迅速送往医院救治。

★内蒙古商都县一化工厂发生井喷事故

2010年8月10日凌晨，内蒙古商都县某公司发生井喷事故，造成3人死亡，2人受伤。

★河南范县一化工厂四氯化硅泄漏

2010年10月14日下午5时40分，河南范县杨集乡一家废弃化工厂内一个装有四氯化硅化学品的大罐发生泄漏，弥漫方圆数公里，当地多数群众感觉不适，周围数百平方米的草木和墙外部分即将收割的水稻枯死。

★河北武邑一罐车泄漏四氯化硅2600村民紧急疏散

2010年11月2日晚9时许，武邑县城东一辆装有四氯化硅的专用罐车，向一私制的储罐内灌注时，不慎发生泄漏。事发后，县委、县政府立即组织周边三个村的2600多名村民紧急疏散。事件未造成人员伤亡及严重环境污染。

★星火工业园一有机硅厂发生火灾

2009年1月12日上午，星火工业园的某新材料公司发生火灾，持续了近两个小时，火势才得以控制。该公司是一家生产硅烷偶联剂的厂。

★江苏某硅材料公司发生火灾

2009 年 5 月 9 日 14 时 35 分，江苏泰州消防支队接到 110 指令，江苏某化工集团厂区内的硅材料有限公司低沸物储罐区发生泄漏并引发火灾。9 辆消防车和 60 名官兵赶赴现场救援。14 时 41 分，消防官兵佩戴空气呼吸器从着火区的南面和北面各出 4 支水枪进行灭火，同时各出 2 支水枪对着火区域周边的氯甲烷储罐、低沸物氯硅烷混合储罐进行冷却降温，防止爆炸。15 时 01 分，火势被控制，15 时 20 分，大火被完全扑灭。

★开化某公司发生硅粉粉尘爆炸

2009 年 8 月 9 日 13 点 15 分左右，浙江开化某公司新制粉车间发生硅粉粉尘爆炸，事故造成两名当班员工烧伤。其中一人烧伤面积达 81%。

据了解，发生爆炸的是新制粉车间的一个储尘器。事故发生时，现场共有四、五名员工。爆炸后，容器内的硅粉粉尘喷溅到了距离相对较近的一名操作工和一名维修检查人员身上，两人随即被高温粉尘烧伤。发生爆炸的储尘器放置在一栋厂房的三楼。从厂房外面可以清晰看到，由于受爆炸冲击波的影响，厂房顶部的部分铁皮被掀翻，一楼至三楼的外墙铁皮不同程度破损。

★长沙某能源公司发生硅烷泄漏事故

2009 年 8 月 17 日 18 时 10 分长沙某公司发生硅烷泄露引发爆炸。由于该厂技术人员操作不当，引发一瓶约 4 公升的硅烷罐体发生泄露，泄露发生后技术人员迅速撤离，不久就引发爆炸。

经过官兵与厂技术人员通力合作，将储罐安全转移到距离厂区约 1000m 空旷区域内的一个水池里，让其平稳泄露，等待生产厂家进行真空倒罐处置。

★20 吨甲基氢二氯硅烷原料车上泄漏

2009 年 8 月 27 日 8 时许，一辆装载 20 多吨甲基氢二氯硅烷的货车在途经南陵县工山镇乌霞寺公园路段时发生泄漏。消防部门接警后迅速赶往救援，发现车厢后门打开一半，共计 100 多桶（约 20 多吨）装有甲基氢二氯硅烷的蓝色塑料桶在白色烟雾的笼罩下若隐若现，大量刺激性气体从几个歪倒的桶内溢出。周围大量围观群众，当时正刮着风，泄漏点公路南侧 200m 处为居民住宅，情况十分紧急。经过 1 个小时的堵漏，成功排除险情。

★佛山某有机硅厂事故

佛山某应用材料有限公司是一家生产硅橡胶产品及其相关助剂的公司，生产过程中部分原料是危险化学品。据初步调查，12·7 事故是由于生产过程中离心泵起火，厂区灭火器材配置不足，致使火势迅速蔓延扩大而造成。这次事故虽然没有造成人员伤亡，但影响极大。

2005 年，因为酮肟交联剂生产车间工人忘记关闭高位滴加缸加料开关，造成一反应釜爆炸起火，因事发深夜无人上班，没造成人员伤亡，但生产车间和大部分设备被毁。

2007 年 1 月 12 日，该公司交联剂生产车间因工人操作失误，误将甲基三氯硅烷当作溶剂与丁酮肟加在一起，引发反应釜起火爆炸，致使 2 人死亡，车间和设备被毁。

2009 年 12 月 7 日，在生产过程中离心泵起火发生爆炸。对上述 3 起事故，调查小组分析认为，出事化工厂存在安全责任不落实、安全教育不到位、安全管理不到位、应急处置不妥当和设备存在安全缺陷等问题。

★呼市一硅业园区三氯氢硅泄漏

2009 年 10 月 26 日 7 时 06 分，呼市消防支队接到报警称，位于呼市金桥开发区电厂北路一硅业工业园区三氯氢硅发生泄漏，雾状刺鼻气体向四周逐步扩散，接警后，支队立即调动管区中队 3 辆消防车、25 名官兵赶到现场排险，事故中未有人员中毒。

★永修星火化工园区某化工厂爆炸

2008年3月24日14时16分，江西九江永修县星火化工园区某化工厂原料车间发生爆炸并引起火灾，火势凶猛，烈焰熊熊，在一次爆炸后，又连续发生了两次爆炸，厂区内数以万计的化工原料、大型化工生产设备和仅一墙之隔的星火化工厂面临着严重威胁，一旦事态扩大，后果不堪设想。当地出动3辆消防车，20余名官兵赶赴现场，并向支队指挥中心请求增援。支队迅速调派特勤中队、共青大队共计5辆消防车，40余名官兵赶赴事发现场处置。九江消防官兵历时2小时惊心动魄的奋力扑救，成功处置了这起爆炸火灾事故。

该化工厂始建于2003年8月，占地面积60亩，总投资两千万元，该企业主产品为有机硅混合单体，一甲、二甲和含氢单体等的混合物，并进一步深加工生产氢硅油和稀盐酸等产品，主产品和主原料均具有易燃易爆性，火灾危险性大。事发前，由于冰雪灾害天气将原料车间顶棚压垮，原料移至露天堆放，进入3月以来，大量有机硅废料进入公司，由于部分物料桶密封不严造成物料泄漏爆炸，并引起火势蔓延。

★荆州某化工有限公司发生爆炸

2008年4月20日22点50左右，位于沙市区西湖管理区的某公司内的一个车间起火燃烧并发生爆炸，一名正在作业的工人当场死亡。由于化工原料燃烧后产生了大量有毒的气体，工厂附近的村民被迫紧急疏散。经过30多名消防官兵近2个小时的扑救，大火才被扑灭。该公司主要产品为硅烷偶联剂。

★湖北省一中试基地突然发生爆炸

2008年6月11日8时30分，湖北省一中试基地突然发生爆炸，燃烧物有可能对环境造成影响。该事故导致操作工一死一伤，燃烧物产生的污染物对大气环境影响不大。

据悉，该基地主要生产环已基二甲氧基硅烷的化工试剂，爆炸燃烧后，燃烧生成物为二氧化碳、水和氧化镁，对大气环境影响不大。消防部门在灭火过程中，使用的是干粉灭火剂，也没有造成水体污染。

经初步核实，事故中烧毁三甲氧基硅烷140kg、镁粉26kg，工作人员已将未燃烧的130kg氯代环己烷安全转移至仓库。环境监察人员要求该基地，将车间内20余空桶和一些产品转移到安全处，同时派人24小时监守仓库，确保环境安全。

★镇江一化工品露天堆场发生火灾

2008年9月10日9时许，江苏某新材料有限公司长江分公司一储有大量三氯硅烷桶罐的露天堆场发生火灾，镇江新区消防大队官兵迅速赶到现场，10分钟即扑灭大火。

★永登发生一起硅块爆裂事件

2008年9月30日8时10分，位于永登的某公司发生了一起硅块爆裂的安全事故，事故造成1死1伤。事故发生后，永登县政府立即成立了由安监、工会等部门组成的事故调查小组，企业于第一时间启动了紧急预案应对事故。

附录十 《危险化学品名录》2012版涉及的87种含硅物质分类

类别	种类	产品名
2.1	2	四氢化硅、甲基氯硅烷
2.3	2	四氟化硅、二氯硅烷
3.1	1	四甲基硅烷
3.2	21	六甲基二硅烷胺、有机硅烷化合物，如：甲基三氯硅烷、二甲基二氯硅烷、三甲基氯硅烷、乙基三氯硅烷、乙烯(基)三氯硅烷(抑制了的)、二甲基二乙氧基硅烷、三甲基乙氧基硅烷、六甲基二硅烷、六甲基二硅醚、正硅酸甲酯、正硅酸乙酯包埋液、1452# 胶黏剂、酚醛·缩醛有机硅黏合剂、聚硅氧橡皮基印模膏、硅酸苯悬浮液、有机硅树脂、有机硅建筑防水剂、有机硅漆稀释剂
3.3	8	正硅酸乙酯、乙基三乙氧基硅烷、乙烯三乙氧基硅烷、硅钢片树脂、有机硅耐高温漆、油基硅钢片漆、酚醛硅钢片漆、铝粉有机硅耐热漆
4.1	1	硅粉(非晶形的)
4.3	12	硅锂、硅铁锂、硅铁铝(粉末状的)、硅化镁、硅化钙、三氯硅烷、甲基二氯硅烷、乙基二氯硅烷、硅钙、硅锰钙、硅铝、硅铁(30%≤Si<90%)
6.1	14	毒鼠硅、硅酸铅、二级无机氟硅酸盐类，如：氟硅酸钠、氟硅酸钾、氟硅酸铵、氟硅酸镁、氟硅酸钡、氟硅酸锌、硅酸酯类，如：硅酸二乙酯、硅酸丁酯、氢氟硅酸苯胺、甲基三乙氧基硅烷
8.1	26	氟硅酸、四氯化硅、一级有机氯硅烷化合物，如：丙基三氯硅烷、丁基三氯硅烷、戊基三氯硅烷、己基三氯硅烷、辛基三氯硅烷、壬基三氯硅烷、十二烷基三氯硅烷、十六烷基三氯硅烷、十八烷基三氯硅烷、二氯苯基三氯硅烷、氯苯基三氯硅烷、苯基三氯硅烷、烯丙基三氯硅烷(稳定了的)、环己基三氯硅烷、环己烯基三氯硅烷、二乙基二氯硅烷、苯基二氯硅烷、甲基苯基二氯硅烷、乙基苯基二氯硅烷、二苯(基)二氯硅烷、二苄基二氯硅烷、三苯基氯硅烷、氯甲基三甲基硅烷